旅游学概论

（微课版）

主　编　白翠玲　和文征
副主编　张　启　王红宝　杨丽花
　　　　曲建强　陆相林

北京理工大学出版社
BEIJING INSTITUTE OF TECHNOLOGY PRESS

内容简介

本教材主要内容分为九章，具体包括绪论，旅游与旅游活动，旅游者，旅游资源，旅游业，旅游市场，旅游目的地，旅游影响，旅游业组织、管理与发展模式，各章节相互支撑、相互关联，构成一个有机的整体。

本教材注重基本理论、基本知识的介绍和基本技能的训练，力求阐述全面、结构合理、内容准确、观点鲜明、资料翔实、简洁实用，可供普通高等院校旅游管理类专业本科生及研究生使用，也可作为成人自学用书。

图书在版编目（CIP）数据

旅游学概论：微课版 / 白翠玲，和文征主编.
北京：北京理工大学出版社，2025. 1.
ISBN 978-7-5763-4715-9

Ⅰ. F590

中国国家版本馆 CIP 数据核字第 2025J2N340 号

责任编辑：李慧智　　文案编辑：李慧智
责任校对：刘亚男　　责任印制：李志强

出版发行 / 北京理工大学出版社有限责任公司
社　　址 / 北京市丰台区四合庄路 6 号
邮　　编 / 100070
电　　话 / （010）68914026（教材售后服务热线）
（010）63726648（课件资源服务热线）
网　　址 / http://www.bitpress.com.cn

版 印 次 / 2025 年 1 月第 1 版第 1 次印刷
印　　刷 / 河北盛世彩捷印刷有限公司
开　　本 / 787 mm×1092 mm　1/16
印　　张 / 15.5
字　　数 / 367 千字
定　　价 / 89.00 元

前言

旅游学概论是旅游类学科的基础课和核心课程。开设该课程的目的是让学生对旅游学的基本概念、基本理论和基本方法，以及旅游业运行中的新规律和新动向有系统的认识，不断提升学生解决旅游行业复杂问题的综合能力和思维逻辑性。

党的二十大报告指出："坚持以文塑旅、以旅彰文，推进文化和旅游深度融合发展。"本教材贯彻落实党的二十大精神，贯彻新发展理念，秉承旅游高质量发展的理念，融入中国旅游发展实践，揭示旅游的新质生产力，提升旅游在国内外的竞争力，以期更好地满足人民群众对美好生活的需要。本教材坚持为党育人、为国育才，积极探索新时代大学生课程思政教育教学。在融入二十大报告内容的基础上，在知识目标和能力目标外增加素养目标，并以中国旅游产业发展中的案例进行导入，以"二维码"的形式加入"知识链接与知识拓展"的内容，在相应章节增加"新时代旅游者行为演变""新时代旅游资源的演变""新时代中国旅游市场的发展"等节内容。本教材旨在介绍中国旅游业发展鲜活生动的实践、规章制度和标准等，系统展现旅游业的中国化场景，传递中国旅游业在中国经济、社会和环境等发展过程中所展现的中国人文精神和中国式创新，揭示旅游在消费领域的规律及其贡献，激发学生的学科认同、历史认同、国家认同和民族认同，塑造其价值观、人生观和世界观，坚定中国特色社会主义道路自信、理论自信、制度自信和文化自信，增强旅游专业学子的社会责任感与社会担当意识，树立为旅游事业发展建功立业的信念。

本教材遵循产教融合、课程思政、线上线下协同的原则，为国家线上线下混合式一流课程的配套教材，在学银在线平台有丰富的视频和文字等课程资源。本教材内容分为九章：第一章，首先以旅游活动的起源为切入点，回顾了世界和中国旅游的产生和发展脉络，通过对旅游学研究概况的分析，明确了旅游学的研究对象和内容、学科性质、体系和研究方法，明确旅游发展与国家发展同频共振的关系；第二章，在分析已有概念的基础上，提出了旅游的概念，明确了旅游的本质属性与特征，分析了旅游活动的构成、类型与特征，并总结了新时代旅游活动的发展趋势，增强旅游学子社会责任与社会担当；第三章，阐述了旅游者的概念、旅游者产生的条件，明确了旅游者的类型及其需求特点，从消费者的角度分析新时代旅游者的行为演变，从文化自信、社会主义精神文明建设等角度分析旅游者行为；第四章，在对旅游资源的内涵与特点分析的基础上，明确其类型，兼顾开发和保护，激发学生爱家乡、爱祖国的情感，并充分理解“绿水青山就是金山银山”的含义；第五章，阐述了旅游业的概念、构成、性质和特点，在明确旅游产品与服务的基础上，系统阐述旅游供给要素如旅游饭店、旅游交通、旅游景区、旅游娱乐业及旅游购物等的特点、作用和现状，让学生深刻领会和理解我国新时代旅游业的发展路径，增强其行业责任感和行业自豪感；第六章，阐述了旅游市场概念、旅游市场的空间格局及流动规律，体会我国旅游业蓬勃发展的趋势及在国际上举足轻重的地位，激发学生的自豪感和使命感；第七章，概括了旅游目的地的概念及类型、旅游目的地的形成条件和空间结构，明确旅游产业与区域共生、共享、共建的关系，建立行业发展的大局观；第八章，阐述了旅游的经济影响、环境影响、社会文化影响及旅游的可持续发展，激发学生理解并践行新时代生态文明观，使其成为优秀传统文化的保护者、传承者；第九章，在分析旅游公共管理、智慧管理及旅游行业组织基础上，对旅游发展模式进行了综合阐述，使学生对旅游业发展整体情况有一个系统认识。

本教材由白翠玲、和文征担任主编，张启、王红宝、杨丽花、曲建强、陆相林担任副主编。编写人员的具体分工如下：白翠玲编写第一章，和文征、陆相林编写第二章，王红宝编写第三章，张启编写第四章，王红宝、和文征编写第五章，和文征编写第六章，杨丽花编写第七章，张启编写第八章，和文征、曲建强编写第九章，全书由白翠玲、和文征编写大纲和总纂定稿。

本教材在编写过程中，得到了北京理工大学出版社的大力支持，并参阅了大量学者的文献资料，在此一并表示衷心感谢！尽管编者为本书的编写付出了最大努力，但由于水平有限，书中不足之处在所难免，恳请广大读者批评指正。

编　者

2024 年 4 月

目录

第一章 绪 论

学习目标

知识目标：

1. 了解国内外旅游活动的历史；

2. 掌握古代中国旅游的形式，近代旅游产生的基础及发展情况，熟悉现代中国及世界旅游的发展；

3. 了解旅游学的研究历史，理解旅游学科的性质、体系，熟悉旅游学的研究方法。

能力目标：

1. 能系统梳理旅游活动发展历史，探索旅游活动逻辑框架；

2. 理解旅游研究的逻辑起点，掌握旅游活动的产生与发展中的影响因素，尤其是中国现代旅游业发展的原因。

素养目标：

1. 通过对国内旅游业发展历程的学习，体会旅游业发展过程中社会、经济、文化的演变及其中蕴含的中华民族的人文精神，激发学科认同、历史认同、国家认同和民族认同，坚定中国特色社会主义道路自信、理论自信、制度自信和文化自信；

2. 通过对旅游学历史的学习，明确旅游业发展与国家发展的同频共振的关系。

难点与重点

1. 中国古代旅行社的产生与发展；

2. 中国现代旅游业的发展情况；

3. 旅游学研究对象与内容。

案例导入

徐霞客的“旅游”

生物进化论指出，人是由猿进化而来的，马克思主义则揭示了劳动在由猿变人的进化中起到的关键性作用。“人猿相揖别”，这是人类历史的开端，也是人类行迹的开始。中国是一个拥有五千年文明的古老国家，是世界上唯一拥有连续的、丰富多彩的历史文化的国家，这使我国旅游资源非常丰富。我国历来有“读万卷书，行万里路”的传统，从古到今的大史学家如司马迁，大文学家如李白、杜甫、孟浩然等，都践行了这句话。他们都在青年时期漫游过，为精彩纷呈的旅游史留下浓墨重彩的一笔。

徐霞客是其中的典型代表。徐霞客（1586—1641），名弘祖，字振之，号霞客，出生于明代南直隶江阴（今江苏江阴市）南旸岐村的一个书香世家，父亲徐有勉淡泊名利，既不愿为官，也不愿与权势交往，而喜欢游览山水。徐霞客受父亲影响，自幼喜读历史著作、地经图志及游记之书，少时便立下“大丈夫当朝碧海而暮苍梧”的旅游宏愿。15 岁曾参加童子试，未获成功。从此放弃科举之路，转而广览群籍，誓做博学之人。家中有祖上所留名为“万卷楼”的藏书楼，为徐霞客读书提供了极佳的条件。如果是家中没有的奇书，他只要一看到，就一定会想方设法购买。其族兄徐仲昭曾说他“性酷好奇书，客中未见书，即囊无遗钱，亦解衣市之，自背负而归。今充栋盈箱，几比四库”。19 岁时，徐霞客父亲去世。徐霞客守孝三年后，虽想出游，但碍于“父母在，不远游”的古训，不得不在家侍奉老母。其母却鼓励儿子志在四方，到广阔的山川中去增长见闻。徐霞客十分感动，他 22 岁时，头戴母亲做的远游冠，迈出了远行的步伐。

徐霞客的旅游生涯，可分为前后两个阶段。第一阶段是从万历三十六年至天启四年（1608—1624 年），也就是他 22 岁至 38 岁。这一阶段，由于老母健在，不宜远游，因此他坚持“每岁三时出游，秋冬觐省，以为常”，有时候带着母亲一起出游。在这 16 年里，徐霞客西至华岳，东游落迦（即今浙江舟山的普陀山），北访燕冀，南历庐山。这一时期，出游的时间短，所游之处也是交通较方便的地方，出游目的偏重于游览名山大川。在这个阶段，徐霞客不畏艰难，“高而为鸟，险而为猿”，攀登在高山险谷之间。一次去黄山游览，途遇大雪。当地人告诉他有些地方雪深及腰，山路尽掩，劝他不要前行，但他坚持上山，拄一铁杖探路，行至山腰，山势愈陡。背阳的山路凝结成冰，一走一滑。他就用铁杖在冰上凿坑，然后脚踩冰坑艰难攀登，终于登上山顶。山上僧人见到他时惊奇莫名，原来他们被大雪困在山上已达数月，这期间从无人上来。徐霞客还走过福建武夷山的三条险径：大王峰的百丈危梯，白云岩的千仞绝壁和接笋峰的“鸡胸”“龙脊”。当他登上大王峰时，日暮天暗，下山寻路不见，于是用手抓住悬着的荆棘，“乱坠而下”。

第二阶段是从天启五年至崇祯十三年（1625—1640 年），也就是他 39 岁至 54 岁。为母守孝三年结束后，自 1628 年起，他开始了在全国的漫游生涯，尤其是 1636—1640 年，是他长途跋涉、艰苦旅行的时期，足迹由浙、赣、湘、桂的平原、丘陵、山区，直到云贵高原的深山险谷、人迹罕至的蛮荒地区。在这个阶段，徐霞客历经艰难，曾经多次遭遇强盗并钱尽粮绝。此次游历，从湖南进入广西，再进入贵州和云南，最后一直到达中缅交界的腾越（今云南腾冲），行至丽江时，因足疾无法行走，地方官用车船送徐霞客返回江阴。回家后他一病不起，在病中还不断研究自己收集的岩石标本。1641 年病逝于家中，终年 56 岁。

从 22 岁起，徐霞客从事旅游和考察 30 余年，四次远程跋涉，游踪遍及今江苏、浙江、山东、河北、山西、陕西、河南、安徽、江西、福建、广东、湖南、湖北、广西、贵州、云南和北京、天津、上海等地，踏遍大半个中国。所游名山胜水无数，名山如泰山、普陀山、天台山、雁荡山、九华山、黄山、武夷山、庐山、华山、武当山等，胜水如太湖、岷江、黄河、富春江、闽江、九鲤湖、钱塘江、潇水、湘水、郁江、黔江、黄果树瀑布、盘江、滇池、洱海等。他自背行李赶路，主要靠徒步跋涉，有时也骑马和乘船。所行之处多为荒凉的深山老林和人迹罕至的边疆地区。他不避狂风暴雨，不畏毒蛇猛兽，与长风相伴，与云雾为友，以野果充饥，用清泉解渴，数遭大难，备尝旅途的艰辛。

徐霞客不是一般的随意旅行，而是带有考察性质，每天不管多累，都要将当天的所见所闻记录下来。常常在跋涉一天、疲惫至极后，仍然在荒村野寺的油灯下，残垣老树的篝火旁，坚持写游记，并对自己在古籍上看到的很多知识进行了验证和勘误，最终给我们留下了60余万字的《徐霞客游记》。他身上体现了中国古代学者的实践精神和科学精神。可以说，徐霞客是那个时代的一个真正“爱国者”。他把这些热爱都落实在了行动上。对山水的热爱、对国家的热爱，无不表现出徐霞客的爱国精神。

近年来，人们将徐霞客誉为“游圣”。2011 年 4 月 10 日，国务院正式批复同意自2011 年起，将每年的 5 月 19 日定为“中国旅游日”，源自《徐霞客游记》开篇“游天台山记”：“癸丑之三月晦（1613 年 5 月 19 日），自宁海出西门，云散日朗，人意山光，俱有喜态。”《徐霞客游记》开篇的短短 24 个字，为后人留下了文化旅游的瑰宝。

（案例改编自：谢贵安，谢盛．中国旅游史［M］．武汉：武汉大学出版社，2012.；王淑良．中国旅游史［M］．北京：旅游教育出版社，2003.）

请思考：

1. 你对中国古代旅游有什么看法？
2. 徐霞客的精神对你有什么启发？

第一节 旅游活动的起源

研究旅游活动的起源，一直是旅游本质研究的逻辑起点。我们应通过世界和中国旅游活动的发展历程，获得旅游研究的脉络，明确影响旅游活动的要素，理解旅游的多学科性质，明晰旅游学科体系和旅游研究方法。

一、人类旅游活动起源学说

【视频】人类活动起源学说

人类旅游活动起源一直是旅游学界争论不休的热点话题，也是旅游学研究中的难点。当前，国内和国外学界对旅游活动的起源存在三种不同的理解：第一种较流行的理解认为，旅游是社会发展到一定时期的产物，因此得出了“旅游自古就有”的结论；第二种看法则认为，旅游活动是工业革命和市场经济发展的产物，出现于 18 世纪产业革命之后的英国；第三种看法则认为，旅游活动真正形成于以宗教祭祀、士人漫游、宗教旅游、贸易

商务旅游等活动为代表的封建社会。

第一种看法，因“古代”一词概念模糊，难以确定，又因在国内外经典辞书上没有“旅游”这一规范用词，而受到旅游学界的质疑。

第二种看法，是从旅游产业的角度来看的，学者认为人类旅游产生于19世纪初期的产业革命时期。产业革命后，旅游活动已经发展到一定的规模。为实现消遣娱乐的需要而进行的非功利性的观光或度假活动，远远超出原先的规模。托马斯·库克旅行社的问世标志了近代旅游业的产生。

第三种看法，源于学者对中国旅游活动的研究。学者认为中国旅行现象产生于原始社会末期，真正形成于魏晋南北朝时期。有的学者认为原因有三：一是旅游审美动机的产生。魏晋南北朝时期的隐逸文化开启了“玩物审美”的“山水意识”，山水田园诗的问世，山水田园画的诞生，园林艺术的勃兴，意味着这一时期人们的审美对象从社会美转向自然美，旅游审美意识开始独立并趋向完整，这一时期的士人漫游具有旅游审美的自觉性和主动性。二是旅游活动的经常性和内涵的丰富性。魏晋南北朝时期参加漫游的士人之多、之广，史无前例。与此同时，宗教旅游兴起，并伴有郦道元探查江河之旅，三国时期东吴康泰、朱应出使南洋的航海之行，以及“舟船继路，商使交属”的繁忙商务旅行等。三是“旅游”一词在南朝问世，在我国古代典籍中，“旅”“游”两字出现得很早而且使用频率高，但都是分开使用的，直到南朝梁沈约《悲哉行》中，“旅”与“游”才第一次以合成词出现，并在以后的唐宋明清诗词中再现。“旅游”一词最初在沈约的诗中出现有历史偶然性，但在这时涌现是历史的必然。从这时算起，“旅游”一词的产生至今有1 500余年的历史了。

知识链接

中国人对于旅游行为的界定和概括，最早还不是用“旅游”这一双音节词，而是用“旅”“游”“行”等一系列单音节字，最早可追溯到上古时期。

- “旅”字早在周代金文里就有了。“旅”有旅客、客居和旅途之义。《周易·复卦》载：“先王以至日闭关，商旅不行。”这里是指旅客。《左传·庄公二十二年》载：“羁旅之臣，幸若获宥。”这里是指客居。《尔雅·释宫》谓：“旅，途也。”这里是指旅途。
- “游”字产生得更早，在商代甲骨文中已经出现，有遨游和游览之意。《诗经·大雅·卷阿》云：“岂弟君子，来游来歌，以矢其音。”《诗经·唐风·有杕之杜》曰：“彼君子兮，噬肯来游?”郑玄给它的注是：“游，观也。”以上均是游观和游览之意。游还有嬉戏和玩乐之意，如《论语·述而》“志于道，据于德，依于仁，游于艺”中的“游”就是此意。
- “行”字早在商代甲骨文中也已出现，是道路之意，此后由道路引申为在路上走。《诗经·唐风·有杕之杜》曰：“独行踽踽，岂无他人?”《墨子·公输》：“行十日十夜，而至于郢。”句中的“行”都是行走之意。外出行走，不可能不注意四周的风景和奇异风俗，所引发的审美愉悦和求知冲动自不能免。

沈约之后，“旅游”一词不断见诸典籍。唐初王勃在《涧底寒松》中载：“岁八月壬子，旅游于蜀。”唐代诗人高适在其《别韦五》诗中，也使用了“旅游”一词：“徒然酌杯酒，不觉散人愁。相识仍远别，欲归翻旅游。夏云满郊甸，明月照河洲。

莫恨征途远，东看漳水流。”李白的“一生专入名山游”，陆龟蒙的“陵阳佳地昔年游”，罗隐的“一年两度锦城游”等，其“游”字均是游览之义。明吴承恩《杂著》：“乃有仙翁号东园公，初晋七袠，言开曼龄，是日高晏……会有京华旅游淮海浪士，闻之欢喜。”可以说，中国人的旅游活动不仅发生得很早，而且对这一活动的记载也很早，对其指称、概括和界定也十分久远。

二、人类迁徙、旅行的发展

旅游一个最基本的特征是空间的移动，从这个角度来讲，迁徙、旅行活动便是旅游现象产生的前奏。

（一）人类迁徙的发展

在原始社会前期，人类主要靠自然分工，以狩猎和采集为生，人类的生存饱受饥饿和自然灾难的威胁。到了新石器时代中期，畜牧业和原始农业开始形成，人类历史上开始出现第一次社会大分工。虽然在游牧部落和农业部落间的产品交换现象开始萌芽，但由于当时生产力低下，劳动剩余物少，这种交换仅仅是偶然现象，范围也仅限于相邻的部落。因此，从主观上来讲，人类还不存在有意识地自愿外出旅行的需要，但从客观上来讲，迁徙是为了自然（如气候、天灾）或特定人为因素（如战争）的威胁而被迫产生的，是出于生存需要。

因此，我们可以认为，迁徙是早期人类为了生存而被动地适应自然环境的一种“自然行为”。虽然迁徙具有客观的外部特征——空间转移，但因迁徙是一种单向的、非往复的运动，缺乏时间上的暂时性以及导致迁徙的非社会性技点，即这一时期的人类客观上无旅行的物质基础，主观上亦无外出旅行的愿望，不属于现今意义上的旅行和旅游。

迁徙与旅游的区别如下：

（1）目的不同。迁徙的目的是求生和避险，而不是消遣游玩。

（2）特征不一。迁徙是离开原来的居住地而不是暂时的活动，即迁徙不具有暂时性。

（3）属性不同。迁徙更多是早期人类趋利避害的本能反应，具有自然属性；而旅游是一种社会现象，具有社会属性。

（二）人类旅行的产生

到了新石器时代晚期，第二次社会大分工导致手工业从农业和畜牧业中分离，促使剩余劳动力从家庭劳动中分离出来，劳动生产率提高，商品经济得到发展，加速了私有制的形成，剩余产品数量增多，产品交换范围扩大；第三次社会大分工导致商业从农业、牧业、手工业中分离出来，专门从事商品交换的商人出现，人们为了了解其他地区的生产和需求情况，交换自己的产品，要去其他地区，这样产生的旅行经商不是消遣和度假活动，主要是为了扩大贸易，加深对其他区域的了解；同时，人类从流动性生活走向定居性生活，标志着人类智慧的进步、理性的提高和劳动创造的文化意识的发展。到了封建社会，生产技术的发展和社会经济的繁荣为当时的旅行打下了坚实的基础。参与主体仍以商人阶层和帝王、贵族等统治阶层及其附庸阶层为主，以经商旅行、帝王巡游、士人漫游等形式为主。但因求生性和非普遍性，而与现代旅游的意义不同。

可以说是商人开创了旅行的先河。人类有意识和自愿地外出旅行活动始于原始社会末期，并在奴隶社会时期得到迅速发展。但这种活动并非消遣和度假活动，主要是由于产品或商品交换，从而推动了人们对旅行的需要。

旅行是人们出于迁徙以外的任何目的，离开自己的常住地到异地做短暂停留并按原计划返回的行为。旅行与旅游的区别如下：

（1）目的不同。单纯的旅游指人们出于消遣性目的而暂时离家外出的活动；而旅行泛指人们出于任何目的，如商务、求学、打工等，往来于不同地点间的空间转移活动。

（2）离开时间不同。在完成目的地访问活动后，旅游的人必须返回其原来的居住地；旅行则不一定。

（3）内容不同。旅行仅仅是为完成某个动机的一般空间流动过程，旅游则包含旅行和游览。有旅游必定有旅行，有旅行不一定有旅游。

基于旅行活动的发展，古代旅游开始萌芽。游览、观光、游宴等活动纷纷涌现，形式以士人漫游、宗教旅游、贸易商务旅游等为主，这些活动已开始带有一定的旅游色彩，但在出行目的上还缺乏自觉性和超功利性，在规模上往往又是个别的、偶然的，不具有社会普遍性。因此，人类的旅游行为虽然孕育于人类的迁徙和旅行行为中，但迁徙和旅行具有明显的被迫性、求生性和非普遍性，不是人类纯粹意义上的旅游行为，因而只能被称作处于萌芽状态的“准旅游”。

第二节　世界旅游的产生和发展

从历史的眼光看，人类的旅游活动起源于原始社会早中期的迁徙，原始社会晚期、奴隶社会和封建社会的旅行。原始社会的迁徙在此不再赘述，下面从世界古代旅行活动、世界近代旅游和现代旅游的产生与发展三个方面进行叙述。

一、世界古代旅行的产生与发展

【视频】世界古代旅行的产生与发展

旅行作为一种经济活动产生于原始社会末期，它是伴随商业活动的兴起而产生的。在早期人类历史上，有三次社会大分工。第一次是畜牧业与农业的分离，第二次是手工业从农业、畜牧业中分离出来，第三次是原始社会末期和奴隶社会早期，商业从农业、畜牧业和手工业中分离出来。商业的发展，促使商人到处奔走，旅行活动由此开始。

（一）奴隶社会时期——人类旅行的发展时期（原始社会末期—476 年）

旅行首先是在世界最早进入文明时代的中国、埃及、巴比伦、印度和古代的希腊、罗马发展起来的。古代奴隶制经济、政治和文化的发展，为古代旅行奠定了基础，并在古希腊、罗马时代达到全盛。

古代埃及的宗教旅行很发达，每年都要举行几次宗教节日集会活动，其中规模最大的是“布巴斯提斯市的阿尔铁米司祭”，前往参加盛会的男男女女，乘大型游艇，妇女打着手板，男子吹着笛子，还有些人唱歌和拍手，途经临河镇、城市，都要靠岸表演，到达布巴斯提斯时，供上丰盛的祭品。

宗教旅行鼎盛的时期是在古希腊时代。古希腊的提洛岛、特尔斐和奥林匹斯山是当时世界著名的宗教圣地。在建有宙斯神庙的奥林匹亚，奥林匹亚节是最负盛名的盛典、宙斯神大祭之日，前来参加者络绎不绝。节庆期间，举行赛马、赛车、赛跑、角斗等体育活动，这种活动一直延续至今，发展成现代的奥林匹克运动会。当时的奥林匹亚庆典，纯属一种宗教活动，但却促进了周围剧院的建立和宗教旅行的发展。后来，宗教旅行逐渐遍及全球，成为一种世界性的旅行活动。

罗马时代是世界古代旅行的全盛时期。古罗马帝国以罗马为中心，修建了很多公路，它们分别由当地部门管理，并由军队保护，社会治安逐渐好转。由于这些空间移动的基本条件越来越完备，一部分特权阶层开始以寻求乐趣为目的的闲暇性旅行，出现了疗养、观览庙宇、欣赏建筑、游览古迹等各种目的的旅行。这一时期还出现了最早的自然观光旅行，例如，英国北部灿若明珠的湖泊，希腊北部雄伟的顿泊河谷，以及作为文化标志的尼罗河、莱茵河和小亚细亚蜿蜒曲折的河流，都成为极富魅力的旅游吸引地。普鲁塔施说：“世界的涉足者将他们一生中最宝贵的时间都花在旅馆和船上。”为适应旅行的发展，古罗马在去那不勒斯沿途建起了豪华别致的别墅，供旅游者享用。罗马帝国后期，基督教取得合法地位，朝拜圣地的宗教旅行随之兴起。

由以上资料可以看出，剩余物的出现，私有制的产生，商人的产生，有闲阶层的出现，以及交通工具和设施的建设，促进了旅行的产生和发展。

（二）封建社会时期——旅行活动一度陷于沉寂也有所发展（476 年—16 世纪）

对于国外封建社会时期旅行的发展，以阿拉伯帝国、意大利等国家的旅行发展为例进行叙述。

1. 西欧旅行的发展

公元 476 年西罗马帝国的灭亡，是西欧由奴隶制向封建制过渡的重要标志。直至公元 11 世纪，西欧的封建化过程才基本完成。“中世纪是从粗野的原始状态发展而来的。它把古代文明、古代哲学、政治和法律一扫而光，以便一切都从头做起。它从没落了的古代世界承受下来的唯一事物就是基督教和一些残破不全而且失掉文明的城市。”① 和东方一些文明国家相比，西欧封建社会初期相当落后，自然经济占统治地位，社会经济发展水平低，商品流通微弱，闭塞的农奴庄园成为当时主要的经济细胞和基层的政治组织。封建割据、王权衰落，整个精神文化领域为僧侣阶层所垄断，劳动群众反农奴化的斗争持续不断，这些都是早期西欧封建社会旅行减少的主要原因。

在 10 世纪至 11 世纪，“从中世纪的农奴中产生了初期城市的城关市民”②，城市兴起。铁制农具的增多和土地耕种方式的改善，在一定程度上改善了农奴的处境，保证了农奴的生产积极性，社会生产力有了显著提高。但不管是在城市，还是农村，绝大多数农奴始终没有摆脱封建领主的剥削。尤其是无休止的封建会战，使该时期的旅行发展状况远不及罗

① 恩格斯. 德国农民战争［M］//马克思恩格斯全集（第 7 卷）. 北京：人民出版社，2012：400.

② 马克思，恩格斯. 共产党宣言［M］//马克思恩格斯选集（第 1 卷）. 北京：人民出版社，2012：273.

马帝国时期的水平。由于当时的历史条件，罗马天主教会成了封建统治的重要国际中心，这使得宗教旅行和朝觐旅行成为当时旅行的主要形式。这种情况一直持续到 16 世纪中叶。

2. 阿拉伯宗教旅行

公元七八世纪，地跨亚非欧大陆的阿拉伯帝国，处于发展的鼎盛时期，以首都巴格达为中心，广修驿道，多置驿站，交通运输空前发展，驿道四通八达，驿站备有马、骡和骆驼。当时伊斯兰教已取得合法地位，并规定了朝觐制度，使每一个有能力的伊斯兰教徒平生都会进行一次长途旅行。朝觐期间，各地的旅行团云集麦加，参加朝拜典礼，也云游于此做生意或献艺。驿站局还编写了许多旅行指南，对伊斯兰教徒、旅客、商贾有很大的用处。

公元 9 世纪到 10 世纪的商人旅行盛行。这个时期，东西方之间的贸易几乎掌握在阿拉伯人手里。阿拉伯商人东来中国，西至大西洋东岸，北达波罗的海，南抵非洲内陆。他们在长期旅行中积累了丰富的旅行知识。约在 916 年，唐代来华的阿拉伯商人苏莱曼撰写的《苏莱曼东游记》（一译《中国印度见闻录》），对中国唐代的社会风土人情有相当详细的记载。10 世纪的雅古特（1179—1229）撰写的《地名辞典》记述了从新几内亚到大西洋的山川、河流及各国的主要城市、商道和名胜等，集阿拉伯人旅行地理知识之大成。

这一时期，开始出现以求知求学为主的旅行。“学问虽远在中国，亦当求之”，阿拉伯人是寻求知识而爱好旅行的突出代表。例如，著名的阿拉伯旅行家伊本・拔图塔于 1352—1353 年，漫游了西非马里王国，他在游记中留下了许多国家的珍贵史料。阿拉伯的旅行家和历史学家马苏第，被称为阿拉伯的希罗多德，曾游历埃及、巴勒斯坦、印度等地。其著作《淘金场与宝石矿》（通常译作《黄金草原》）内容不只叙述历史，还涉及地理、宗教、哲学、自然科学等，著作中多处提到中国，推崇中国人的手工技艺，认为中国人是世界上最聪明的人，擅长雕塑及其他技艺。

3. 意大利商务旅行

13 世纪，外交、贸易旅行发展起来，城市开始复兴，中产阶级迅速成长，马可・波罗就是其中的典型代表。公元 1275 年，马可・波罗随父亲和叔叔经两河流域，越伊朗高原和帕米尔高原来到东方，至上都，得到元世祖忽必烈信任，在元的 17 年间，忽必烈曾安排他到中国各地和一些邻近国家进行游览和访问。公元 1292 年马可・波罗离开中国，从海路经苏门答腊、印度等地，于 1295 年回到威尼斯。3 年后，马可・波罗在战争中被俘，他口述游历的见闻，由狱友记录下来，这就是著名的《马可・波罗游记》。此书对研究中世纪时期的中西交通及中意友好关系等，具有重要的历史价值，而且对新航线的开辟和航海事业的发展有很大的影响。

15 世纪，西方产业革命兴起，引起了对外扩张和对黄金的需求。《马可・波罗游记》盛赞东方的富庶，驱使欧洲的商人、航海家、封建主从事海洋远航。例如，当时著名航海家哥伦布，屡向葡萄牙国王建议向西环海航行以探索通往印度和中国的海上航线，未被采纳。后哥伦布移居西班牙，1492 年哥伦布奉西班牙统治者之命，携带致中国皇帝的国书，横渡大西洋，到达巴哈马群岛和古巴、海地等地。在以后的三次航行中，哥伦布发现了新大陆，开辟了由欧洲到美洲的新航线。1498 年又有葡萄牙人瓦斯冬・达・伽马发现了绕过非洲南端的好望角通往印度的新航线。1519—1522 年麦哲伦绕地球一周，证明了地圆说，对科学的发展及人们对宇宙的观念都具有重大意义。这一时期的航海旅行，兼有探险、考

察旅行的性质。

4. 开辟新航路探险旅行

17 世纪后，科学考察旅行和带有掠夺性的探险旅行出现。17 世纪，沙俄政府组织了“探险队”“航海者”等以“考察”“旅行”等名义进行“地理发现”，所到之处都将其划为沙俄的“领土”。18 世纪中叶，英国为掠夺殖民地，组织了多次探险旅行队，其中包括自然科学工作者，从事航海路线、动物、植物和地质的研究。例如，以库克船长为首的探险队，曾于 1768—1771 年、1772—1775 年、1776—1779 年进行了三次环球航行。达尔文在航行过程中，通过对各地的实地考察，找到了物种起源的科学解释，创立了伟大的进化论学说。这一时期具有科学意义的旅行，对人类的进步起到了重要的作用。

18 世纪中叶，世界上第一次出现了真正自觉的、有特定目的的自然观光旅游。当时正值资本主义初期，资产阶级提出了个性解放的口号，以冲破中世纪宗教对人性的束缚。在资产阶级浪漫主义代表人物卢梭、歌德、海涅等的影响下，“回归大自然”的热潮掀起。一些大文豪、画家、音乐家酷爱大自然，用文学作品、画卷和音乐鼓励人们到大自然中去，为自己的创作寻觅源泉。这种酷爱自然、崇尚自然、回归自然的浪漫主义时代精神，成为后来旅游业快速发展的思想基础。

综上所述，封建社会时期的旅行具有以下特点：

（1）从参加者看，多为帝王、官僚、贵族等统治阶级及其附庸阶级。他们人数不多，在人口中所占比重很小，因此此时的旅游活动不具有普遍的社会意义。

（2）从旅游类型看，宗教、贸易经商旅行仍然占据主导地位，真正意义上的消遣性质的活动较少。

（3）受当时生产和生活方式的影响，依附于土地的农民的休闲时间少、收入不足，普遍缺乏对旅行的兴趣和要求。

二、世界近代旅游的产生（17 世纪—19 世纪中叶）

【视频】近代旅游和旅游业的开端（上）

纵观历史，人们总是出于不同原因外出旅行。如在 18 世纪末的英国，上层阶级中间开始非常流行海滨沐浴。社会技术的进步使得人们获得了更多赚取财富的机会，“货币逐渐升值，中上层阶级逐渐认识到他们已经有经济能力负担一个美好的海滨假期”。同时，休假时间的增加，尤其是铁路交通的发展对旅游活动产生了极其重大的影响。英国学者赫恩（Hern）认为，“正是铁路带来了人类观念的巨大变化，因为它改变了英国海滨度假的社会阶层结构”。铁路交通的发展能够使人们以实惠的价格走得更远、更快捷。19 世纪中期，随着收入的不断增多和交通系统的不断改进，越来越多的人有能力去旅游。促成近代化旅游产生与发展的主要原因是工业革命。

（一）产业革命对旅游的影响

在欧洲，18 世纪中后期发生了产业革命。产业革命给人类社会带来了一系列的变化，对旅游的发展也有重大的影响。产业革命对旅游的影响主要表现在以下几个方面：

首先，产业革命加速了城市化的进程，并且使人们工作和生活的重心从农村转移到工业城市。工作和生活地点的变化对产业革命后的旅游发展而言是一种新的刺激因素。

其次，产业革命改变了人们的工作性质。随着大量人口涌进城市，原先那种复杂多样的农业劳动被重复单调的工业劳动所取代，人们有改变环境的强烈需要，旅游的异地性满足了人们的这种需求。

再次，产业革命也带来了阶级关系的新变化。产业革命的发生造就了新的阶级——资产阶级和工人阶级，改变了过去只有地主和贵族有时间和金钱从事非经济目的消遣旅游活动的状况，这两大阶级成为旅游活动的新生力量。

最后，随着科技的进步，蒸汽技术开始在交通运输工具中应用，出现了蒸汽动力的轮船（18 世纪末）、火车（1814 年）等新式交通工具。低廉、速度快、运载力大的轮船和火车逐渐替代了马车，人们外出活动的半径得以增加，大规模的人群流动成为可能。

这些条件不仅使商务旅行的数量大大增加，更重要的是为娱乐消遣活动奠定了基础，从而促进近代旅游业的迅速发展。

（二）托马斯·库克的旅游活动与近代旅游发展

工业革命的发展从主观和客观两个方面为近代旅游的产生奠定了基础。在近代旅游的发展中发挥重要作用的是托马斯·库克。

1. 首次团体火车旅游活动

托马斯·库克，1808 年生于英国，幼年家境贫寒，刚满 10 岁就被迫辍学去学艺谋生，曾为一花园管理员做助手，并从他那里学到许多人情世故，该管理员嗜酒如命，由于一次饮酒过量而猝死，之后又跟姑父学木工，姑父也是暴饮之徒，因酒精中毒而死亡。17 岁时，他进入拉特兰教会当巡回教士，这项工作使他云游四方，激发了他对旅游的兴趣。当时，由于社会经济落后，人们生活贫乏，嗜酒如命的酒徒很多。眼看亲人和自幼拜师学艺的园艺师傅都因嗜酒而断送了生命，托马斯·库克对酒产生了强烈的憎恶感。

为了帮助人们摆脱这种状态，他首先创办了一个戒酒会，1841 年召开了一次禁酒大会，托马斯·库克在莱斯特城张贴广告、招徕参与者。1841 年 7 月 5 日他包租一列火车，运送 570 名参与者，从英国中部的莱斯特前往洛赫伯勒去参加禁酒大会，往返行程 22 英里（1 英里=1.61 千米），团体收费每人一先令，免费提供带火腿肉的午餐及小吃，还有一个唱赞美诗的乐队跟随。这次活动可以说是近代旅游及旅游业开端的标志。

原因有四点：第一，这次的团体旅游是非商业性的“业余活动”，活动的根本目的是参加禁酒大会，不是单纯的消遣旅游；第二，参加的人数众多，具有较为广泛的公众性；第三，托马斯·库克不仅发起、筹备和组织了这次旅游，而且自始至终随团陪同和照顾，是现代旅行社全程陪同的最早体现；第四，规模巨大，成绩突出。这次活动增加了托马斯·库克对组织旅游活动的兴趣和信心，为他在以后创办旅行社奠定了基础，提供了经验。

2. 成立旅行社，进行首次商业性组团活动

托马斯·库克的禁酒工作成绩卓著，声名远扬。社会上对团体旅行感兴趣的人，都要求托马斯·库克为他们提供服务，他就开始酝酿新的计划。之后，托马斯·库克组建了一个旅游服务处，为旅客安排交通工具和筹划旅游活动项目，成了短途旅游的组织者和经

营者。

1845 年托马斯·库克旅行社（即通济隆旅行社，今已倒闭）在莱斯特正式诞生，“为一切旅游公众服务”是它的服务宗旨。托马斯·库克自任领队，组织了 350 人的消遣观光团去利物浦旅游，历时一周。这次活动的特点是：第一，旅行社为每个成员发了一份活动日程表，还为旅行团配置了向导，编发了导游手册，这是世界上第一次有商业性导游（具体来说是地陪）陪同的以观光消遣为目的旅游活动；第二，这次旅游活动考察线路、组织产品、宣传组团直到配备陪同和导游都体现了当今旅行社的基本业务，所以说这次活动开创了旅行社业务的基本模式；第三，编写并出版了世界上第一本旅游指南《利物浦之行手册》，内容包括行程中日程安排和有关事项要求等；第四，这次旅游活动在廉价宾馆、游览地点及沿途停留地点等方面，事先都有周密的组织和安排，托马斯·库克自己担任陪同和导游的同时，还聘请当地人为旅行团解说和导游。因此，它的意义是 1841 年第一次组织团体火车旅游活动所不能比拟的。

此后，托马斯·库克组织出国旅游活动，去巴黎参观世博会，发放代金券，组织环球旅游等，使其成为旅游的代名词。托马斯·库克旅行社的问世标志着近代旅游业的诞生。

知识拓展

2019 年 9 月 23 日，历经 178 年后，“旅行社鼻祖”托马斯·库克集团宣告破产清算。

网址：https://baijiahao.baidu.com/s?id=1645723315410228484&wfr=spider&for=pc

三、现代旅游业的发展（1946 年至今）

【视频】现代旅游业的发展

人类的旅游活动历史悠久，但在第二次世界大战以前，无论是旅游者的人数、参加的阶层、旅程的距离以及旅游消费都受到较大限制。直到第二次世界大战以后，世界经济逐渐恢复，尤其进入 20 世纪 60 年代，和平与发展逐渐成为时代主流。宏观环境的改观，为现代旅游的兴起和普及创造了前所未有的良好条件，并使其在 20 世纪的半个多世纪里持续、蓬勃地发展，而在 21 世纪继续发展。

（一）现代旅游业迅速发展的原因

1. 国际政治局势相对稳定，国际联系不断加强

第二次世界大战结束以后，联合国和许多国际组织出现，国际的协调和联合加强，世纪各国进一步认识到和平的重要性，和平与发展成为世界人民的共识与国际政治形势的主流。这种和平环境一方面有利于各国进行经济建设，提高人民生活水平；另一方面利于各国人民开展政治、经济、文化的交流。这为世界旅游业发展提供了必要的前提和保证，使得世界旅游业迅速崛起。

2. 经济迅速发展，人民生活水平不断提高

在相对稳定的国际环境下，各国都致力于经济建设，全球经济总量迅速增长，人们的收入水平不断提高，大众旅游活动的支付能力显著增强。据统计，以1979年的美元价值计算，1949年的全世界生产总值为25 000亿美元，20世纪60年代末为62 000亿美元，90年代末仅美国就超过了70 000亿美元，2002年全世界生产总值达327 432亿美元。20世纪的最后20年，世界生产创造的财富相当于此前人类生产的总财富之和。特别是发达国家，经济增长速度更快，如美国人均国民收入在1950年为1 870美元，1970年为4 789美元，1980年达11 319美元，而2001年达341 280美元。美国1999年的家庭收入调查表明，最穷的20%的家庭平均税后收入为13 000美元。无论是发达国家，还是发展中国家，随着经济的发展、收入水平的提高，人民生活大为改善，旅游消费支付能力极大增强。

3. 随着交通运输工具的进步，旅行的时空距离缩短

交通运输工具的改进，使运量增大、速度加快、价格降低，极大地增强了运输能力，缩短了旅游者旅行时间，使数量庞大的游客出游成为可能。第二次世界大战后，汽车、飞机制造技术不断改进，汽车、飞机逐渐成为主要的交通运输工具。汽车产业成为20世纪的支柱产业之一，特别是在发达国家，拥有小汽车的家庭不断增多。长途公共汽车运营网络也不断扩大和完善，高速公路四通八达，汽车成为许多国家尤其是欧美发达国家人们中短程旅游的主要交通工具。在洲际或国际以及国内长途旅行中，飞机因性能改善而成为最主要的交通工具。尤其是20世纪70年代后，空中客车的使用，使远程旅行十分舒适、快捷，旅游者对目的地的选择更多。与此同时，航空运输网络和机场设施建设使世界各大城市紧密联系在一起，联运方式使运输成本不断降低，大大减少了旅游者的旅游开支。火车、轮船在竞争压力下不断改进技术，如磁悬浮和轮轨技术使列车速度达300多千米/时。许多国家致力于完善铁路交通网络，高效、安全、便捷、舒适的火车运输极大地方便了远途旅行。在远洋运输方面，巨型豪华游轮吸引了不少游客。现在，水陆空各种交通运输在世界范围内形成网络，各种交通网相互衔接，连成一体，极大地方便了游客，促进了现代旅游业的快速增长。

4. 随着生产自动化程度的提高，带薪假期得以增加

第二次世界大战后，随着科学技术的进步，各产业生产过程的自动化程度不断提高并日益普及，生产效率因而不断提高。生产自动化程度的提高使劳动时间得以缩短，使人们的带薪假期得以增加。到20世纪60年代以后，很多国家都在不同程度上规定了带薪假期制度，这种变化使作为闲暇活动重要形式之一的旅游有了时间上的保证。参加旅游活动的人数迅速增加，出游的距离和在外逗留的期限也大大加长。

5. 人们旅游意识增强，旅游需求增多

一方面随着经济的发展，人们在解决了基本的生存需要后，对旅游这种高层次精神文化需要的动机增强；另一方面，城市化进程加快，客观上促成人们需要进行旅游以调节精神状态，提高生活质量。此外，人口基数增大也带来旅游总需求的增长。第二次世界大战结束时，世界仅25亿人口，到1987年7月11日，世界人口达到50亿，2003年达到61.5亿，在2022年年底达到80亿。虽然一些发展中国家还有大量人口没有解决温饱问题，但大多数人口的经济状况改善明显。庞大的人口基数，使旅游者绝对数大幅增长。

第二次世界大战以来，工业化和城市化改变了人们的生活方式，大批人口涌向城市。城市数量不断增多，城市人口比重不断提高，2001 年全世界城市人口比重达 42.7%。一些发达国家城市人口占总人口的比例在 70%以上，如 2001 年法国达到 75.5%，德国达到 87.7%。在城市环境中，城市居民生活节奏相对比农村居民要紧张、单调得多，城市空气污染比农村严重，城市的视觉环境、声光电环境更易使人心理疲惫、情绪紧张，城市生活的拥挤、嘈杂、污染、紧张更加促使人们产生旅游的愿望和需求，因而人口稠密的城市成了重要客源地。广大城市人口旅游动机的增强以及客观条件的许可是旅游快速发展的一个重要原因。

6. 教育事业发展、信息技术进步和旅游宣传效果的影响

第二次世界大战后世界各国都重视教育，使教育事业不断发展，使人们的求知欲增加。教育的发展提高了个人素质，减少了旅游者在旅行过程中的障碍，使旅游活动的效果更好，因此，人们可以信心十足地走出家门，参加各种旅游活动。

20 世纪后期，信息技术成就斐然，给人们的生产生活带来了巨大改变，地球变得越来越小，被人们称为“地球村”。经济全球化、市场一体化成为世界发展的主流。对旅游者来说，信息网络技术迅速发展，可以随时随地让人们掌握世界各地的情况，为旅游者提供各种服务及资源状况，帮助他们更精确地制订旅游计划，圆满地完成旅游活动。

旅游业加强旅游宣传效果，通过能迅速传递信息的电视、电影、广播、互联网乃至报纸、杂志来介绍世界各地的自然风光、文物古迹、风土人情，使较多的人对异地、异国的风土人情、名山大川产生了兴趣，激发了旅游需求，这对于旅游热的兴起和发展无疑也有重要影响。

7. 各国政府的鼓励和支持

旅游活动的巨大经济和社会作用，使有条件的国家都在支持本国旅游业的发展。多年来，世界各国政府为发展现代旅游业，便利接待外国旅游者，加强国内旅游而采取了支持态度和鼓励措施。发展旅游业，既可以创收外汇，增加国家财政收入；又可以增加就业机会，缩小地区之间的经济差距；还可以改善和提高一个国家的政治形象，不断提高国际地位。

旅游业在不少发达国家的经济中占有非常重要的地位，甚至是本国的经济支柱，如被誉为旅游王国的西班牙。由于旅游业具有依靠资源优势和投资见效快等特点，很多旅游资源丰富的发展中国家也把旅游业作为经济腾飞的突破口，大力发展旅游业，如韩国、东南亚和加勒比海地区各国。各国支持旅游业的手段很多，有政府投资进行基础设施建设、贷款优惠、税收优惠，还出台政策减少出入境手续，以政府力量对外进行宣传推销，主办大型群众性活动等。世界各国不仅扶持旅游业，也鼓励国民积极参与旅游活动，以起到扩大消费、促进就业、提高国民素质等作用。如日本在 20 世纪 60 年代中期就倡导国民出境旅游，我国也在近年以各种措施鼓励民众出国旅游。

（二）现代国际旅游发展的特点

现代旅游是同社会化的大生产紧密结合的，现代生产的高度社会化必然使旅游具有与之相适应的社会化特点。

1. 游客的大众性

所谓大众化，一是指旅游参加者的范围已扩展到普通的劳动大众，旅游活动在世界各地

各个阶层都普遍开展起来；二是参加旅游的人数越来越多，旅游目的地越来越远；三是群体性、规范性旅游增加；四是旅游作为一种激励员工的手段，已被企业或各种组织广泛采用。

2. 增长的持续性

第二次世界大战后，世界经济的发展经历了许多曲折和兴衰的过程，尤其是西方国家的经济，都经历多次经济危机的冲击。唯独旅游业“一枝独秀”，可以预判，在今后历史发展过程中，只要不发生世界大战或全球性的经济危机，世界旅游增长的持续性不会改变，世界旅游业将继续发展。只要保持社会的稳定，坚持改革开放，保证国民经济的健康发展，旅游业一定能持续发展和快速增长。

3. 地理的集中性

随着现代科学技术的发展和交通运输工具的进步，各地空间距离不断缩短，旅游跨度增加。但是，现代旅游者不是较平均地分布在全球各个地区，他们往往集中到某些地区或国家旅游，甚至集中到某些景点参观或从事其他旅游活动。现代旅游的地理集中性不仅反映在国际旅游的分布格局上，具体到一个国家同样也呈现这一特性。

4. 旅游的季节性

根据旅游资源的不同性质和不同的旅游类型，现代旅游的季节性非常突出。一般来说，主要依赖自然旅游资源吸引游客的国家和地区，旅游接待量的季节性波动比较大；主要依靠人文旅游资源吸引游客的国家和地区，旅游接待量的季节性波动就比较小。消遣型旅游受季节性制约多一些，事务型旅游几乎不受季节性影响。四季分明的国家和地区，四季中接待游客的波动量比较大；四季不太分明的国家和地区，四季中接待游客量就稳定一些。

5. 发展的广泛性

旅游的发展有赖于社会生产水平的提高。现代旅游首先在西方经济发达国家兴起，全世界90%以上的国际旅游者来自发达国家和地区，同时，他们又接待世界80%的国际旅游者。旅游业经受世界多次经济萧条的冲击仍然兴旺不衰，显示了它是一个很有活力和发展前途的产业。发展中国家的旅游业也普遍发展起来。世界已有100多个国家经营国内、国际旅游业，有160多个国家参加联合国旅游组织（即世界旅游组织，2024年改为此名）。由于世界各国和地区的旅游事业的普遍发展使旅游者几乎可以无处不到，边远地区旅游的局限性正在逐渐消失。

6. 服务的一体性

由于科学技术的发展和人们旅游需求层次的不断提高，现代旅游服务的一体化特点越来越明显。所谓服务一体化，就是为旅客提供食、住、行、游、购、娱系统服务；为游客提供离开家园到返回家园的全程服务。这既是现代大众旅游组团旅游的基本要求，也是现代化、国际化大规模的群体性旅游活动能顺利开展的基本条件。

第三节　中国旅游的产生和发展

中国是具有五千多年发展历史的文明古国，也是世界上旅行游览活动最早兴起的国家之一。中国旅游业的发展阶段可以分为古代旅行阶段、近代旅游阶段和现代旅游阶段。

一、中国古代旅行的产生和发展（原始社会末期—1840 年）

奴隶制社会中，生产技术的发展促进了生产效率的提高，剩余物品逐渐增加，金属货币出现，音乐舞蹈有所发展，为旅行的产生和发展奠定了坚实的基础。

（一）中国古代旅行产生的条件

1. 良好的社会环境

我国奴隶制社会在夏、商、西周时期蓬勃发展，历经 1300 多年，政治上的稳定和农业生产技术的不断发展为旅行的发展奠定了良好的基础。

在文化艺术方面，音乐舞蹈不仅供奴隶主贵族享受，而且为奴隶主在生产劳动时所使用。当时演奏的古乐器主要有铜铃、铜铙等，并具有一定的表演水平。文字的发展拓展了人们的社会生活领域，为人们思想的交流、情感的表达、社会的文明立下了不朽的功勋，为旅游的发展铺平了道路。乐器和乐舞的产生，不仅丰富了人们的娱乐生活，而且为日后的旅游活动奠定了基础。

2. 相对完善的交通体系

从相关资料可以看出，我国在原始社会已经有成型的水利灌溉系统。西周时，农业生产采用休耕制与井田制，与井田区内的灌溉系统相应的道路系统，称为“阡陌”或“经界”，这便成为连接乡村或城乡的水路和陆路交通道路。

春秋战国时期，已经有邮驿制度，在主要交通道路上设立传社，道路平坦宽阔，交通工具日趋完善，还安排膳食住宿，管理十分有序。除了迎送宾客使节之外，还负责传递公文信件。交通道路和交通工具在客观上促进了商旅活动的发展。

3. 城市与客舍的产生

商旅频繁的交往活动，促进了城市的建设和旅馆的兴起。比如春秋战国时代的商业中心——赵国的邯郸、齐国的临淄、东周的洛阳等形成货物交易的集散中心。城市的发达、商业的昌盛、人口的密集，使旅行的发展成为必然。

4. 商品经济的发展

商品是一种专门为交换而生产的产品。交换最初是物物直接交换，从偶然的交换到有意的交换，源起甚早，历时也相当长。在母系氏族社会晚期如浙江余姚河姆渡遗址就出土了稻谷。产品的丰富使交换有了可能。随着社会分工、畜牧业的独立和生产力的提高，交换也日渐频繁。黄帝以后，原始城市也已出现，考古发现的多座龙山时期的城址说明了这一点。有了舟楫之便，远距离的交换也有了条件。

到了夏代，铜器的使用使农业有了更多的剩余，也促进了部落之间的交换活动。西周时期，商业已成为一个不可缺少的部门。原居住在黄河下游的商部落在夏朝初期便向外发展，开启了商旅之先河，为旅行活动创造了必要的条件。

（二）奴隶制社会旅行的发展（公元前 21 世纪—公元前 476 年）

中国奴隶制社会旅行的产生比西方社会要早得多，出现在距今 4 200 年左右的殷商时代。该阶段的主要旅行形式有帝王巡游、政治旅行、商旅旅行和外交朝觐旅行等形式。

1. 帝王巡游

奴隶制社会中帝王巡游的代表人物是周穆王。周穆王西巡开启了中国古代旅游的先河。据《穆天子传》卷四结尾处统计里数的记述“自春山以西，至于赤乌氏春山三百里；东北还至于群玉之山，截春山以北（七百里）；自群玉之山以西，至于西王母之邦三千里”，穆王西巡往返行程达数千公里，大致是自今天的陕西启程入河南，往北经山西渡黄河，出雁门关到达河套平原以北的内蒙古，再向西经宁夏、甘肃、青海、新疆，越过帕米尔高原首先到达犬戎族居住的地方，然后西行到达中亚细亚巴基斯坦的瓦罕。返程是顺黑火（锡尔河）向北 1 000 公里至西北大旷原，取道黎利河经天山北路东归。这次巡游路途遥远艰难，有明确的目的地，且有八骏马作为交通工具，有地理通伯夭为“导游”，可称为中国旅游史上的先驱。这是中国古代旅行史上具有开拓性的旅行活动，对日后帝王巡游从形式到内容上都具有示范意义。同时，有助于后人对西部地区的了解，促进东西的沟通、交流和相互学习，从此新疆玉石成批东运，中原的丝绢、铜器不断西传。这可能是最早的黄河流域与中亚锡尔河上游的联系。

2. 政治旅行

春秋时周室衰微，诸侯恣行，礼崩乐坏，大批的文人游历于各个国家，出现了诗人政治、游说旅行的高潮。如孔子游历诸国 14 年，劝行王道，无人理睬，于是以著《春秋》来宣传他的政治主张。继孔子之后，著名的游说之客还有墨子、孟子、苏秦、张仪、商鞅、邹衍、韩非、李斯等。而苏秦与张仪的游说之旅最具有代表性，均以布衣取卿相，一个身佩六国相印，另一个则在秦国为相。春秋战国时期屈原的放逐之旅是痛苦而悲壮的，他所写的《离骚》《九歌》《九章》《天问》等作品记录了自己被迫放逐的行旅生活。

3. 商旅旅行

中国真正的商旅是从商朝逐步发展起来的，也是该时期比较活跃的旅行形式。商代不仅有了货币，而且交换活动已成为一种专门行业，一些人从生产部门和需求者中间分离出来，专门从事此业。社会分工使城市、交通条件大大改善，与周边各国人民的交通贸易日益发达。商品流通逐步扩大，流入市场的产品日益增多。

4. 外交朝觐旅行

周公“制礼乐”，目的在于巩固周王室统治，由此产生了一套完整的、严格的君臣、父子、兄弟、亲疏、尊卑、贵贱的礼仪制度。任何一种礼仪都可以形成旅行和乐舞的活动，尤其是宾礼，派生出了朝见、聘问、会盟等外交集会，可以说是现代会议旅游的先导和雏形，也是春秋战国时期旅行活动的重要组成部分。

（三）封建制社会旅行的发展（公元前 475 年—公元 1840 年）

中国封建社会长达两千多年，在各个朝代统一期间，社会比较稳定，生产技术和社会经济较之前都有很大的发展。主要的旅行类型有秦汉的边远外交旅行、魏晋南北朝的山水旅行、隋唐的仕宦旅行、宋元明清的海外商旅及学术旅行。代表人物有李时珍、徐霞客、顾炎武。常见的旅游类型如下：

1. 帝王巡游

相较于奴隶制社会的帝王巡游，封建社会的帝王巡游具有更多游的成分。帝王巡游的目的，一是饱览风景名胜，二是显示帝王权威，三是封禅。封禅地点一般选择名山大川，主要是泰山。张守节在《史记正义》中解释：“此泰山上筑土为坛以祭天，报天之功，故曰封。此泰山下小山上除地，报地之功，故曰禅。”秦始皇、汉武帝等都是封建社会帝王巡游的代表。此外，隋炀帝在扬州观琼花，清康熙、乾隆下江南等，都是尽人皆知的帝王巡游的典型事例。

2. 官吏宦游

中国古代历朝官吏宦游也称外交旅行，指的是封建时期各朝官吏奉帝王派遣，为执行某种政治、经济、军事任务而进行的旅行活动。其中以张骞出使西域和郑和七下西洋影响最大。此外，三国时期的朱应、康泰，唐代的杜环，元代的汪大渊等是中国古代外交旅行的杰出代表。

3. 买卖商游

往返各地做买办的活动为“商旅”，做买卖所经之路为“商路”，如被历史上称为“海上丝绸之路”的是海上商贸旅行线路。当时买卖商游规模巨大，不仅各地漕运水路四通八达，驿道陆路遍及各地，而且西南各省有栈道，沿海地区有海运。商路的开辟，为商旅的兴起提供了条件，是商务旅行发达的重要标志。

4. 士人漫游

士人漫游主要指文人为了各种目的而进行的旅行游览活动。士人漫游的代表人物主要有屈原、陶渊明、李白、杜甫、欧阳修、陆游等。士人漫游始于先秦，各个时期的士人漫游的目的又各有侧重，其形式和内容也有相应的变化。

5. 宗教云游

宗教云游是以朝拜、求经等为主要目的而进行的旅行，至今仍有很大的吸引力，其代表人物主要是法显、玄奘、鉴真等。

6. 佳节庆游

在中国古代，各族人民的生活习俗和喜庆佳节很多，如汉族的春节庙会、元宵灯会、清明踏青、端午竞舟、中秋赏月、重阳登高等，蒙古族的那达慕大会，藏族的雪顿节，彝族的火把节，傣族的泼水节，土族的花儿会等。

二、中国近代旅游发展阶段（1840—1949 年）

【视频】近代旅游和旅游业的开端（下）

中国的近代旅游指的是 1840 年鸦片战争到 1949 年中华人民共和国诞生这一历史时期的旅游。这一时期的中国由一个独立的封建国家沦为半殖民地半封建社会，虽然有一些有识之士和革命先行者如孙中山、严复等人多次到西方国家考察和游历，但因特殊的历史背景，这一阶段我国的旅游业未能获得较快发展。

20 世纪 20 年代，我国也出现了现代意义上的旅游，出现了开办旅行社、出版旅游杂志、开发旅游资源、参加旅游博览会等活动。当时的上海交通较为发达，民族资本集中，是中国与国际联系密切的城市。这为上海旅游业的发展，提供了较好的条件。

（一）开办旅行社

在国外旅行社蓬勃发展、外国旅游企业侵入中国市场的情况下，上海商业储蓄银行的陈光甫为了给上海商业银行扩大生财之道，于1923年8月开办中国人自己的旅行社，成立了上海商业储蓄银行。上海商业储蓄银行旅行部是中国第一家旅行社。此旅行部一经成立，很受国内外人士的欢迎。1924年春，该旅行部组织了第一批国内旅游团，由上海赴杭州游览。1925年春，该旅行部开始承办出国旅游业务，第一次组织由20余人组成的赴日本“观樱”旅行团。在3周时间内，游客游览了日本的长崎、京都、东京、大阪等地。1927年春，出版了中国第一本《旅行杂志》，先是出版季刊，后改为月刊，专门宣传祖国的风景名胜、秀丽风光。后来此杂志一直出版、发行至1954年。1927年6月该旅行部更名为中国旅行社，分设7部1处，即运输、车务、航务、出版、会计、出纳、稽核7部和文书处。业务范围也相应扩大，包括代售国内外各种交通票据，办理和提供住宿与餐食，举办赴国内外的团体旅行，出版期刊和各种宣传品，代办各种出国手续和证件等。除上海的中国旅行社外，当时还出现过几家地方性的旅行社，业务以组织集体旅游为主，但规模都不大。

知识链接

陈光甫（1881—1976），生于江苏镇江，原名辉祖，后易名辉德，字光甫，中国近现代著名银行家。陈光甫创造了中国金融史上的多个“第一”，在20世纪前半叶的中国有举足轻重的影响，被誉为“中国最优秀的银行家”“中国的摩根”。他还是中国现代旅游业鼻祖，创办了中国最早的旅行社。

资料网址：https://zgt.china.com.cn/v2/content/2022-09/28/content_19409.html

（二）旅游交通

铁路是近代旅游的主要交通工具，中国从1876年起建有胶济铁路、滇越铁路、广九铁路、中东铁路。近代中国的内河航运、远洋航运、公路运输和民用航空对旅游和旅游业的发展提供了一定的条件。

幅员广大、人口众多的中国，直到1949年中华人民共和国成立前，只修建了铁路2.6万公里，无论按国土或按人口平均，都远低于欧、美，也低于亚洲的平均数。这些铁路集中在中国的东半部。1931年以前，在东经110°以东，即大致从包头南下经潼关至柳州一线以东地区，集中了全部铁路里程的94%，其中东北地区又独占44%，而广大的西北、西南地区仅占6%。1931年以后，西南、西北和华东南虽有铁路建设，但没有根本改变这种局面。中国近代铁路建设情况如表1-1所示。

表1-1 中国近代铁路建设情况（1880—1949年） 单位：千米

年份	新建	累计
1880	9	9
1881—1894	438	447
1895—1900	718-99（台湾铁路随台湾让给日本）	1 066
1901—1911	8 266	9 332
1912—1927	3 855	13 187
1928—1937	4 356+4 258（日本在东北所筑铁路）	21 801

续表

年份	新建	累计
1938—1945	1 803+2 176（日本在华北所筑铁路）+ 924（日本在台湾所筑铁路）	26 704
1946—1949	175	26 879（经战争损毁，实存路线 22 000）

资料来源：中国近代铁路建设. 宓汝成. http://www.chinabaike.com/article/sort0525/sort0521/2007/20070715141086_2.html.

知识链接

京张铁路是中国第一条铁路，由詹天佑主持修建，具有极其重要的历史意义。这条铁路在 1905 年 9 月开工修建，历经 4 年艰苦修建，于 1909 年 10 月正式通车。这是中国第一条完全由自己勘测、设计、施工和管理的国有干线铁路。京张铁路全线长约 202 公里，初期设有 14 个车站、125 座桥梁、210 座涵洞。它不仅比预期提前 2 年完工，还节省经费约 29 万两白银。

资料来源：https://baijiahao.baidu.com/s?id=1770098755134886873&wfr=spider&for=pc

（三）旅游住宿

近代旅馆从清代末期开始发展，有外资经营的西式旅馆，民族资本经营的中西式旅馆，铁路沿线的招商客栈及会馆和公寓等。

（1）西式旅馆是指清末英、美、法等外国资本侵入中国后，按照西方建筑风格装修和经营的旅馆，大多建于帝国主义列强在中国的租借地或势力范围之内，其中上海最多。如法国卢夫勒式的皇宫饭店，德国恺撒式的德华饭店，美国斯塔特勒式的美国饭店，英国皇家式的维多利亚饭店等。

（2）中西式旅馆是中国民族资本向旅馆业投资兴建的半中半西风格的新式旅馆，既接受了西方旅馆的某些影响，又继承了中国的历史传统，其建筑形式多为庭院式或园林式。如北京于 1912 年修建的长安春饭店，1918 年修建的东方饭店，1922 年修建的中央饭店；天津于 1923 年修建的国民饭店；上海的中央饭店、大中华饭店、扬子饭店、国际饭店。

知识链接

在北京市西城区万明路的巷子里，有这样一间有着百年历史的饭店——东方饭店。陈独秀、李大钊、蔡元培、鲁迅等社会名流都曾在此下榻……如今，饭店老楼的建筑结构及楼梯、阳台均为 1918 年原物，这里也被打造成中国首家民国文化主题酒店。

资料来源：https://baijiahao.baidu.com/s?id=1764914708540489197&wfr=spider&for=pc

（3）招商客栈是中华民国建立以后随铁路兴建而发展起来的。据有关部门统计，1934年重要铁路线上见于记载的旅馆和客店有 1 000 多家，主要接待过往旅行者和客商。

（4）会馆和公寓在中国出现较早。汉代京师已有外地同郡人的邸舍。公寓与旅馆相似，不同之处是接待对象以居住较长时间的旅客为多，房租也多以月计。

（四）旅游景区和旅游促销

这一时期的中国旅游，除了出现旅行社外，在旅游资源开发方面，也曾利用外资，在庐山、北戴河、莫干山、鸡公山等地建设了避暑区。在旅游促销方面，参加过芝加哥、伦敦博览会，另在上海、杭州举办过相当规模的国货博览会和西湖博览会。

（五）旅游活动

中外联系加强，来华旅行的外国人和出国旅行的中国人都大大增多。西方来华旅游大多与帝国主义殖民侵略活动联系在一起，中国人出国旅行大多和洋务留学联系在一起。

（1）西方的商人、传教士、学者和一些冒险家来到中国，在一些通商口岸和风景名胜区巧取豪夺，建造房舍，供其经商、传教、游览和休憩之用。

（2）当时中国政府与西方列强建立外交关系，向西方各国派驻使节，不少外交官员考察异域，游历甚为广泛。

（3）不少人民出国出卖劳动力，其中也有一些人在谋生之余顺道游览观赏。

（4）为学习西方的科技知识，不少青少年漂洋过海出国留学，尤其是 19 世纪 70 年代洋务运动时期，出现“留学热潮”。

以上是这一时期所取得的相关成就，但总体而言，这一时期我国近代旅游业只是刚刚起步，在列强干预、内政腐败、战火连绵的情况下，未能获得较大发展。

三、中国现代旅游的发展（1949 年至今）

【视频】中国现代旅游业的发展

中国的现代旅游业是指中华人民共和国成立以来的旅游业发展历史。新中国旅游业的发展经历了以外事接待为主的起步阶段、以入境旅游为主的改革振兴阶段、三大市场并行的拓展发展阶段、以国内旅游为主的全面发展阶段四个阶段。

（一）以外事接待为主的起步阶段（1949—1977 年）

外事接待阶段是指中华人民共和国成立至 1978 年改革开放之前。中华人民共和国成立时，我国生产力水平低下，经济落后，社会市场需求不足；同时受国际政治环境的影响，我国旅游部门的工作以外交工作为核心，负责来华国际友人的接待任务。所以，该阶段旅游接待多为单纯政治接待，经济性特征并不明显。

从人群看，主要是接待全世界各地的华侨，其次是接待来自苏联和东欧等国家的旅游者。西方国家的旅游者只占极少数。基本特点是旅游接待多为单纯政治接待，不计成本、不讲效益。该阶段的主要标志是两大旅行社系统的成立和中国旅行游览事业管理局的建立。

1. 两大旅行社系统的成立

（1）华侨旅行社的成立。

出于扩大统一战线和贯彻侨务工作的需要，1949 年 11 月 19 日，福建省厦门市成立了华侨服务社，其后，著名侨乡广东、福建及全国 16 个大中城市相继成立了华侨服务社。1957 年，全国各地的华侨服务社统一更名为“华侨旅行服务社”，首都北京成立了“华侨旅行服务总社”，标志着全国华侨旅行服务网络的形成。其主要任务是为华侨等回国探亲、访友、参观、旅游提供接待服务。1963 年，国务院又将港澳同胞纳入华侨服务社接待范畴。1974 年 1 月 3 日，经国务院批准，中国旅行社成立，与华侨旅行社合署办公，统称为中国旅行社，名义上定为“国营企业”，实际运作中都是行政或事业单位而不是企业，隶属于政府的侨务系统。

（2）中国国际旅行社成立。

1952 年，“亚洲及太平洋区域和平会议”在我国召开。由于这次会议的影响，此后来华公务和旅游的外宾逐渐增多。为了满足接待的需要，尤其是政治性任务接待的需要，1954 年 4 月 15 日，中国国际旅行社总社（以下简称“国旅总社”）在北京正式成立，同年，在上海、天津、广州、南宁、哈尔滨、南京、杭州、武汉、沈阳、大连、丹东、满洲里 12 个城市成立了分支社，开始从事接待邀请客人、国际友人、互换和自费游客业务。它在成立之初，是隶属国务院的外事接待单位。在此之前，全国还没有专门管理旅游业的行政机构，国旅总社实际上代行了政府管理职能。截至 1957 年年底，国旅在全国各主要大中城市设立 19 个分支社，国旅的接待业务网络初步形成。国旅在这一时期基本上没有经营外国自费旅游业务，以政治接待为主，由国务院及地方政府的外事办公室领导。

1978 年以前政府办旅行社主要是为了争取外国人和华侨来访，使他们更好地了解和支持中国，以扩大中国的对外影响，属于友好接待性质。那时对旅行社的要求主要是取得接待工作的政治效果而不是经济效益；主要根据政治条件选择接待对象，而不是广为招徕；旅行社的体制也是行政或事业单位而不是企业。

2. 中国旅行游览事业管理局的建立

1956 年至 1960 年，我国国际旅游和华侨、港澳同胞回内地旅游呈平稳上升趋势。而从 1961 年至 1963 年，苏联和东欧来华的旅游者逐年下降，西方国家旅游者大幅增加。

为了加强对旅游工作的领导和管理，1964 年 7 月，中国旅行游览事业管理局成立，其直接意义是中国旅游事业从此有了专门领导机构，中国旅游业的管理体制进入了一个新的时期。这个时期实行的是政企合一的体制，国家旅游局和国旅总社是“两块牌子，一套人马”。对外招徕用国旅总社的牌子，对内管理行使国家旅游局的职能。这种局社合一的体制，标志着中国旅游业的管理机制进入了新的历史时期。

到 1965 年，来华旅游者总数的 86% 来自西方国家，我国国际旅游市场发生了根本变化。1965 年 1 月，中共中央、国务院同意中国旅游事业管理局党组《关于第一次旅游工作会议的报告》，并指出当时我国旅游事业应采取“政治挂帅，稳步前进，逐步发展”的方针。1964 年至 1966 年，周恩来总理访亚非 14 国，中法建交，以及中国和古巴通航等一系列外交成果为我国旅游业提供了更广阔的市场。同时，来华旅游者人员构成也有较大变化，散客增多，民间组织的旅游团所占的比重日益增长，经济效益也有较大提高。

3. 旅游业遭受重创

从 1967 年到 1977 年，旅游业处于停滞阶段，旅游接待只是用来进行单纯的政治接待。1968 年，全国仅接待外宾 303 人。20 世纪 70 年代初期，毛泽东主席要求做好国际交流工作，国际旅游接待才有所恢复。1973 年，中国与日本、美国、联邦德国等国家签订了互设旅游办事处协议，这标志着中国与外国旅游机构的合作开始。

（二）以入境旅游为主的改革振兴阶段（1978—1990 年）

该阶段是改革开放之后，以接待入境旅游和国内旅游逐步发展为主的阶段。入境旅游人次增长 18 倍多。该阶段的主要标志是旅游业由政治经济双重发展目标转向以经济发展目标为主，且中国加入世界旅游组织，确立了中国旅游业在世界上的地位。

1. 政治经济双重发展目标发展时期

1978 年年底召开的党的十一届三中全会，提出要实行对内改革、对外开放的政策。1978 年 11 月 23 日，国务院批转全国旅游工作座谈会纪要。1978 年 10 月到 1979 年 7 月，邓小平同志连续发表了关于旅游业的五篇讲话，分别为《要大力发展民航旅游业》（1978 年 10 月 9 日）、《旅游业要变成综合性的行业》（1979 年 1 月 2 日）、《旅游事业大有文章可做》（1979 年 1 月 6 日）、《发展旅游事业，增加国家收入》（1979 年 1 月 17 日）、《把黄山的牌子打出去》（1979 年 7 月 15 日），要求尽快发展旅游业①。按照邓小平同志指示，国务院成立以主管副总理为首的旅游工作领导小组，各地政府也相继成立领导小组。开放和高层决策人推动了我国旅游业发展的步伐。

1979 年 8 月 6 日，国务院决定将全国各地的高级饭店划归地方旅游局和国际旅行社分（支）社管理，实行企业化经营；1979 年 11 月 29 日，国务院批转了国家旅游局关于大力发展旅游事业若干问题的报告。1980 年，国家开始在一批大学里开办旅游系或旅游专业，又决定将北京第二外国语学院划归国家旅游总局领导。1981 年，《国务院关于加强旅游工作的决定》确定了旅游的双重性质和双重目标，指明“旅游事业在我国既是外事工作的一部分，也是经济事业的一部分”，旅游业发展要实现“政治经济双丰收”，一方面，中国入境旅游照旧完成国家接待外宾的任务；另一方面，要抓住市场开放契机，通过入境旅游赚取大量外汇，为国民经济发展与旅游业发展奠定良好基础。1981 年 10 月，中国旅行游览事业管理局不再由外交部代管，改由国务院直接领导，成立国务院旅游工作领导小组。1982 年 8 月 23 日，五届人大常委会第 24 次会议确定中国旅行游览事业管理局更名为中华人民共和国国家旅游局，为国务院直属机构。这为中国旅游业走上产业化大发展的道路奠定了基础。1978—1991 年中国入境旅游人数与国际外汇旅游收入处于稳步增长阶段，具体情况如图 1-1 所示。

---

① 中央文献研究室，国家旅游局. 邓小平论旅游［M］. 北京：中央文献出版社，2000.

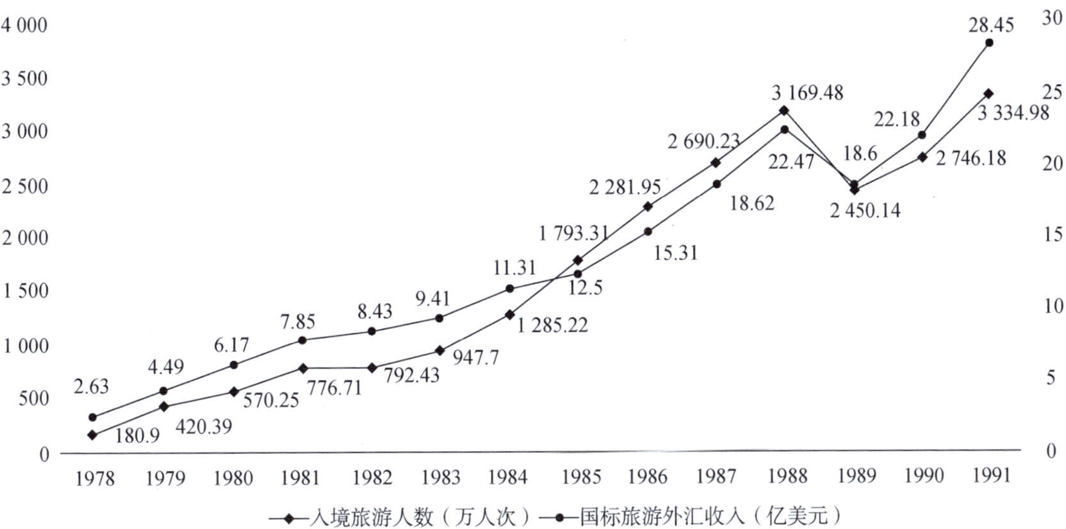

图 1-1　1978—1991 年中国入境旅游人数与国际外汇旅游收入

数据来源：国家统计局官网

1983 年 10 月，国宝级文物“马踏飞燕”（铜奔马）被国家旅游局确定为中国旅游标识，并沿用至今，如图 1-2 所示。同时，中国各地旅行游览事业管理局也陆续改名为旅游局。

图 1-2　中国旅游标识

这一系列政策与行动，标志着中国旅游开始走向正规化、规范化的发展道路。

2. 以经济目标发展为主时期

20 世纪 80 年代中期，我国社会经济不断发展，人民生活水平不断提高，国内旅游市场逐步形成。国家有关部门也对国内旅游发展给予重视，提出国家、地方、部门、集体、个人“五个一起上”的方针，形成全社会大办国内旅游业的格局。

1985 年，国务院批转国家旅游局《关于当前旅游体制改革几个问题的报告》，提出“要从只抓国际旅游转为国际、国内一起抓”，对旅游管理体制，提出了应实行“政企分开，统一领导，分级管理，分散经营，统一对外”的原则。入境旅游开始从外事接待转型为市场经营，从只注重入境旅游向开始关注入境旅游和国内旅游转型，投资主体从由国家投资为主开始转变为国家、地方、集体、个人等多元投资，经营主体开始由事业性主体转型为企业性主体。在此期间，我国旅游行政管理机构也在进行同步改革，由政府主管开始向事业化、企业化转变。

1985 年 5 月 11 日国务院发布的中国第一部关于旅游的行政法规《旅行社管理暂行条例》，1988 年制定的《旅游涉外饭店星级的划分与评定》，标志着中国旅游业管理规范化和标准化工作的开始。1985 年 12 月 20 日，国务院常务会议决定，把旅游业发展列入国家的“七五”计划，这是旅游业第一次在国家计划中出现，是我国旅游业发展史上的一个里程碑。1986 年，旅游业的接待人数和创汇收入被正式纳入《中华人民共和国经济和社会发展第七个五年计划（1986—1990）》，这标志着我国已将旅游业发展纳入国民经济发展计划。1986 年，国务院旅游工作领导小组改为旅游协调小组，1987 年国务院再次提出：

"要大力发展旅游业。" 1988 年，国务院将旅游协调小组撤销，成立了国家旅游事业委员会。国家旅游局不再直接进行接待或者负责组建旅行团，国旅总社实行企业化管理，国家旅游局与国旅总社真正实现了政企分离。

3. 中国加入世界旅游组织

1975 年 5 月，世界旅游组织承认中华人民共和国为中国唯一合法代表。1983 年 10 月 5 日，该组织第五届全体大会通过决议，接纳中国为正式成员，成为它的第 106 个正式会员，标志着中国旅游业跨入世界旅游业的行列。

在一系列正确的旅游方针政策指引下，通过不断改革，我国旅游业长期以来的外事接待模式得到改变，旅游业作为一个综合性的经济事业的性质得到肯定。但是由于中国旅游设施不完善以及其他因素，此时我国旅游业采用了优先发展入境旅游的非常规发展模式，对国内旅游则实行"不宣传、不提倡、不反对"的方针，将入境旅游作为赚取外汇的主要手段。

（三）三大市场并行的拓展发展阶段（1991—2011 年）

在拓展发展阶段，中国旅游业的发展以国内旅游、出境旅游和入境旅游并行发展为主要特征。

1. 国内旅游的发展

1991 年，《关于国民经济和社会发展十年规划和第八个五年计划纲要》正式明确将旅游业的性质定为"产业"。

1992 年 6 月印发的《关于加快发展第三产业的决定》，明确指出将旅游业作为第三产业的重点。1993 年，国务院办公厅转发国家旅游局《关于积极发展国内旅游业的意见》，对国内旅游工作提出"搞活市场、正确领导、加强管理、提高质量"的指导方针，拉开了国内旅游发展的帷幕。

1995 年 5 月 1 日起，我国实行周五工作制，每周有两天的"双休日"。1999 年 5 月 1 日，全国实行五一、国庆七天长假制（加上传统春节，被称为三个旅游"黄金周"），推动了国内旅游"井喷式"发展。迅猛发展的内生需求与入境旅游，共同构成了中国旅游业发展的双翼。

2000 年之后，中国旅游业地位不断提升。2001 年，《国务院关于进一步加快旅游业发展的通知》中要求"树立大旅游观念，充分调动各方面的积极性，努力扩大旅游发展规模，进一步发挥旅游业作为国民经济新的增长点的作用"。尤其是 2009 年国务院下发《关于加快发展旅游业的意见》，对旅游业提出了清晰的定位，要将旅游业培育成国民经济重要产业、战略性支柱产业和人民满意的现代服务业。2009 年国家旅游局"大力发展国内旅游，积极发展入境旅游，有序开展出境旅游"方针的提出，将国内旅游放在优先位置，进一步有效推动了国内旅游市场的发展。

2010 年，中国人均 GDP 超过 5 000 美元，公共假期有 115 天，达到了中等发达国家水平。发展至此，以往制约出游的"钱"和"闲"已经解决，大大促进了国内旅游的发展。2012 年，国内旅游人次近 30 亿，位居世界第一，中国国内旅游业进入大众化发展的新阶段。1992—2011 年中国国内旅游人次和旅游收入如图 1-3 所示。

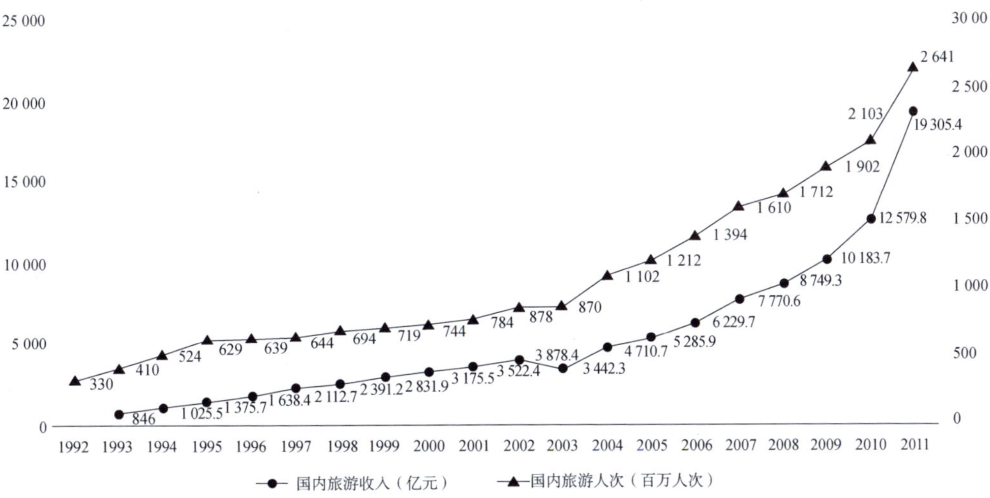

图 1-3 1992—2011 年中国国内旅游人次和旅游收入

数据来源：国家统计局官网

2. 出境旅游市场的形成

1983 年 11 月，作为试点，广东省率先开放本省居民赴香港旅游探亲。1984 年，国务院批准开放内地居民赴港澳地区的探亲旅游。1990 年，经国务院批准，国家旅游局发布实施了《关于组织中国公民赴东南亚三国旅游的暂行管理办法》，旅游目的地限于新马泰三国，以后又增加了菲律宾等。这次批准的只是出国探亲旅游，公民出国旅游所需费用一律自理，采取由海外亲友交费的办法。1997 年 7 月 1 日正式实施了《中国公民自费出国旅游管理暂行办法》。2012 年，中国出境旅游人数已超过 8 000 万人次，中国成为全球第三大出境旅游客源国，中国出境旅游对世界旅游市场的贡献率超过 7%，标志中国出境旅游市场的蓬勃发展。1994—2011 年出境旅游人数如图 1-4 所示。

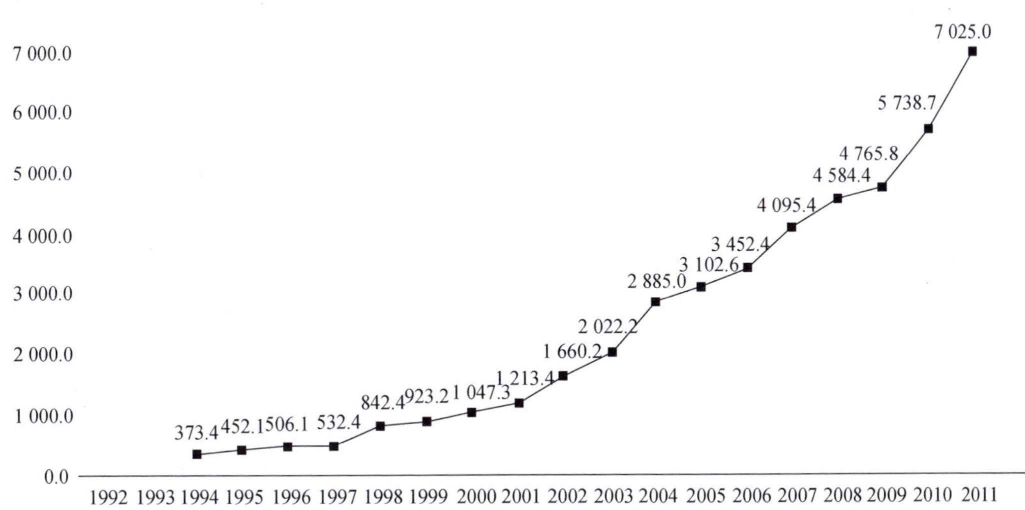

图 1-4 1994—2011 年出境旅游人数

（注：官方数据记录从 1994 年开始）

3. 入境旅游市场的发展

2006 年，中国入境旅游 12 494. 21 万人次，比上年增长 3. 9%。其中：外国人2 221. 03 万人次，增长 9. 7%；香港同胞 7 390. 97 万人次，增长 5. 3%；澳门同胞 2 440. 87 万人次，下降 5. 2%；台湾同胞 441. 35 万人次，增长 7. 4%。入境过夜游客 4 991. 34 万人次，比上年增长 6. 6%。全国旅游外汇收入为 339. 49 亿美元，比上年增长 15. 9%。2009 年入境旅游人数 1. 26 亿人次，下降 2. 7%；入境过夜旅游人数 5 088 万人次，下降 4. 1%；旅游外汇收入 397 亿美元，下降 2. 9%。国内旅游人数达 19. 02 亿人次，增长 11. 1%；国内旅游收入 1. 02 万亿元，增长 16. 4%。中国出境旅游人数 4 766 万人次，增长 4. 0%。中国公民出境旅游目的地国家和地区扩大至 139 个。2012 年，中国入境过夜旅游人数达到 5 772 万人次，位居世界第三。1992—2011 年国际旅游外汇收入与入境旅游人数如图 1-5 所示。

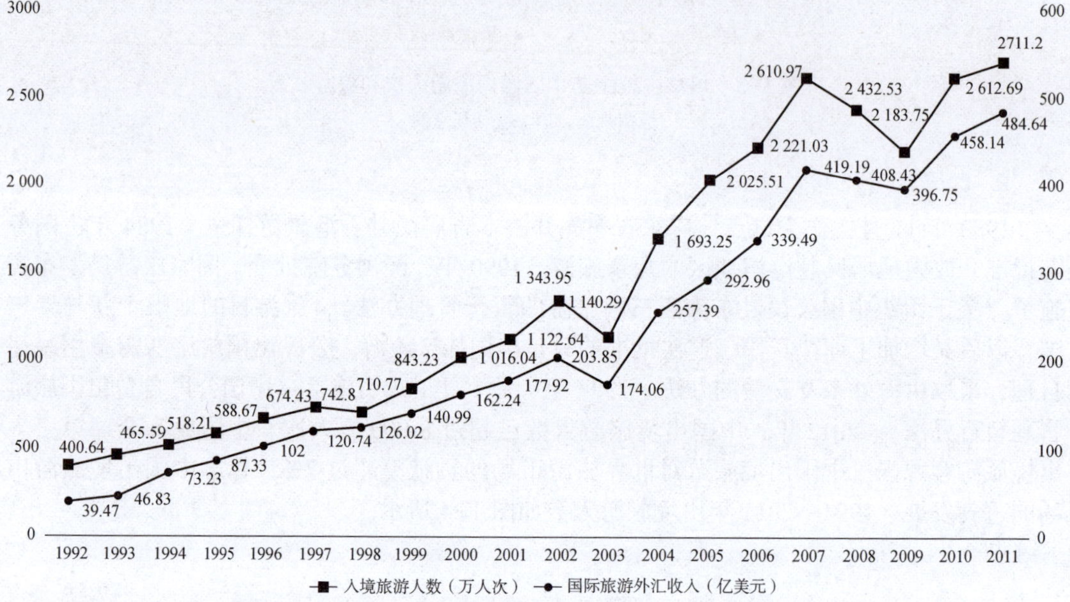

图 1-5　1992—2011 年国际旅游外汇收入与入境旅游人数

数据来源：国家统计局官网

可见，中国旅游业产业规模不断扩大，国内旅游、出境旅游和入境旅游三大市场繁荣兴旺。旅游业真正成为国民经济新的增长点和许多地方的支柱产业，中国成为世界旅游大国，努力向世界旅游强国目标迈进。

（四）以国内旅游为主的全面发展阶段（2012 年至今）

1. 国内旅游蓬勃发展

2012 年党的十八大召开以后，我国进入全面深化改革的新阶段，中央提出供给侧结构性改革和经济进入新常态的重要论断，旅游管理部门推行了一系列改革措施，推动旅游实现更高质量发展。2014 年中央经济工作会议提出了我国已经进入经济发展新常态的重要论断。2015 年 11 月 10 日召开的中央财经领导小组第十一次会议上，习近平总书记又提出了供给侧结构性改革。

2017 年党的十九大报告中明确提出：“中国特色社会主义进入新时代，我国社会主要矛盾已经转化为人民日益增长的美好生活需要和不平衡不充分的发展之间的矛盾。”并指出：“我国经济已由高速增长阶段转向高质量发展阶段。”人民群众旅游消费需求正从“有没有”向“好不好”转变，从低层次向高品质、多样化转变，从注重观光向兼顾观光与休闲度假转变。

2018 年，两会审议通过《关于深化党和国家机构改革的决定》，将文化部和国家旅游局合并组成文化和旅游部。旅游承载着人们对美好生活的向往，“诗和远方”走到一起，标志着我国进入文化和旅游融合高质量发展的全新阶段。

知识链接

2018 年 4 月 8 日，北京市朝阳门北大街 10 号，正式挂上了中华人民共和国文化和旅游部的门牌。改革开放以来，中国旅游业取得了举世瞩目的成就，从世界旅游市场中的无名一族，成长为世界重要的旅游目的地和客源国。40 多年来，中国旅游业的发展成就包括市场格局均衡发展，大众旅游时代来临、产业定位不断提升，旅游功能日渐丰富、供给体系逐步健全，出游品质显著提升、管理体制逐渐完善，旅游治理取得突破、旅游竞争力快速提高，国际影响力显著增强。

资料链接：激荡四十年·中国旅游业进化史（huanqiu. com）https://finance.huanqiu.com/article/9CaKrnKbSBu

2022 年，党的二十大报告中提出，“建好用好国家文化公园。以文塑旅、以旅彰文，推进文化和旅游深度融合发展”“巩固提升香港、澳门在国际金融、贸易、航运航空、创新科技、文化旅游等领域的地位”，对旅游提出了更高的要求。

我国经济发展进入新常态的重要论断和供给侧结构性改革的提出，推动着旅游业供给侧结构性改革。这一时期，旅游发展取得明显的成效。我国旅游收入不断攀升，旅游总收入年均增长 10.6%，2019 年旅游总收入达到了 6.63 万亿元，旅游及相关产业增加值占 GDP 的比重约为 4.56%。2020 年全国旅游及相关产业增加值为 40 628 亿元，比上年下降 9.7%，占国内生产总值的比重为 4.01%，比上年下降 0.55 个百分点。从 2012 年至 2022 年，全国 A 级旅游景区数量由 6 042 家增加到 14 917 家，5A 级旅游景区数量由 144 家增加到 318 家。全国红色旅游经典景区从 100 处扩展至 300 处，红色旅游接待游客年均增长率超过 11%，2019 年达到 14.1 亿人次。此外，有国家级、省级旅游度假区 671 家，全国乡村旅游重点村镇 1 299 个、省级以上旅游休闲街区 300 多家等。旅游业态不断丰富，旅游供给质量不断提升。随着互联网信息技术的进一步发展，中国旅游智慧化、数字化进程不断加速，传统出行与消费习惯被改变，中国正式进入“大众旅游”的黄金时代。在旅游发展新阶段，得益于航空、高铁、高速公路、城市轨道交通等基础设施的完善及公共服务和治理体系的现代化，旅游发展进入新格局。

总体来说，自改革开放以后，我国旅游业经历了波澜壮阔的 40 多年，旅游业从小到大，形成了国内旅游、入境旅游、出境旅游全面繁荣发展的市场格局，已经发展成一个多方位、多层面、多维度的综合性集群化现代产业体系，探索形成了一条具有中国特色的旅游发展道路。如今，旅游是现代生活方式的重要体现，旅游业是现代服务业的重要组成部分，承担着实现人的现代化、经济现代化和社会现代化的重要使命，是推进中国式现代化的重要基础和有力支撑。

2.《中华人民共和国旅游法》颁布实施

中国旅游业是一个新兴产业，没有现成法律可以沿袭。旅游法在改革开放之初就提上了议事日程。1982 年，国务院有关部门就着手起草旅游法。1988 年，旅游法曾列入七届全国人大常委会立法规划。但在旅游业发展初期，规模小、贡献少、影响弱，旅游立法一直没有提上正式议程。后来虽然旅游业快速发展，但随着国家法制建设日臻规范和完善，旅游综合立法空间也日趋狭窄。2013 年 4 月 25 日，第十二届全国人大常委会第二次会议审议通过了《中华人民共和国旅游法》（以下简称《旅游法》），国家主席习近平签署第三号主席令予以公布。这是中国旅游史上首部旅游法。后历经 2016 年、2018 年两次修正。

《旅游法》的出台，是在中国综合国力明显增强、旅游业综合贡献不断提高、对外开放不断扩大、人民生活显著改善的前提下实现的。2010 年，全国 27 个省（区、市）把旅游业确定为支柱产业或主导产业。2012 年，中国三大旅游市场总规模超过 32 亿人次，比改革开放初期增长数十倍。面对如此庞大的旅游市场，缺乏一部综合性的旅游法，不仅难以保障旅游业的持续健康发展，也满足不了亿万居民的热切期待。党中央、国务院审时度势、高瞻远瞩，从转变发展方式、加快发展现代服务业的战略高度出发，做出了“加紧旅游综合立法”的决策，将旅游法编制提上重要工作日程。

《旅游法》是中国旅游法治化建设的里程碑。针对旅游发展中的部门、行业和地区分割现状，按照市场经济和法治政府的要求，明确界定了政府公共服务和监督、行业组织自律、企业依法自主经营和旅游者守法的法律规范，既平衡了旅游者和经营者的责权利关系，又形成了“四位一体”市场规制的全方位格局，较好地解决了市场规则缺位问题。

与此同时，《旅游法》加强对旅游市场中“零负团费”等经营陷阱的打击，解决了现有法规效力不强、覆盖不广、衔接不够的问题，为治理旅游市场秩序提供了强有力的法律依据，将旅游法治化建设提高到一个新水平。

《旅游法》是中国建设旅游强国的坚实支撑，是保护旅游者放心出游、享受旅游的法律。经过两次修订，在维护各有关方权益总体平衡的前提下，《旅游法》更加重视和突出以旅游者为本，更加有力地保障了旅游者权益，为今后有效调整旅游业发展所引发的新型法律关系提供了法律依据。《旅游法》是中国旅游业凭借多年努力奋斗迎来的胜利果实。在中国旅游业发展史上，《旅游法》是承前启后、继往开来的一座丰碑。从此，中国旅游业全面进入有法可依、依法治旅的新时代。

知识链接

时至今日，文化和旅游部政策法规库中有法律现行有效 5 部，行政法规现行有效 12 部，部门规章现行有效 40 部，规范性文件现行有效 245 部。

官方网站：中华人民共和国文化和旅游部 https://zwgk.mct.gov.cn/zfxxgkml/zcfg/

3. 其他代表性文件的颁布

2009 年《国务院关于加快发展旅游业的意见》提出，把旅游业培育成为国民经济的战略性支柱产业和人民群众更加满意的现代服务业的两大战略目标。2013 年 3 月《旅游质量发展纲要（2013—2020 年）》和《国民旅游休闲纲要（2013—2020 年）》的颁布是继中国旅游业被提升到国家战略高度后，中国政府对旅游业发展的又一次积极推动，标志着中国旅游进入了大众旅游休闲时代。这说明旅游业作为现代服务业的支柱产业得到政府的认可，再次奠定了旅游业在国民经济中的战略地位。

2014 年，国务院印发《关于促进旅游业改革发展的若干意见》，强调了旅游业是现代服务业的重要组成部分，提出旅游业改革发展是适应人民群众消费升级和产业结构调整的必然要求。

2015 年，国务院办公厅发布《关于进一步促进旅游投资和消费的若干意见》，从改善旅游消费环境、新辟旅游消费市场、培育新的消费热点、开拓旅游消费空间、激发旅游消费需求等多方面进行了全方位的部署。2015 年，国务院发布《关于积极发挥新消费引领作用加快培育形成新供给新动力的指导意见》，将旅游定为消费升级的重点领域。2015 年，国务院发布《关于加快发展生活性服务业促进消费结构升级的指导意见》，将旅游服务作为主要的生活性服务业，要求加大改革力度，推动旅游服务消费迈向便利化、精细化和品质化。2015 年，国土资源部、住房和城乡建设部、国家旅游局联合出台《关于支持旅游业发展用地政策的意见》，以进一步推动旅游新业态发展，满足居民日益品质化的旅游消费需求。2015 年，国家旅游局出台《关于实施“旅游+互联网”行动计划的通知》，推动了旅游业的创新发展。

2016 年，国务院首次将旅游业发展规划纳入“十三五”国家重点专项规划，国务院办公厅发布《关于进一步扩大旅游文化体育健康养老教育培训等领域消费的意见》，将旅游产业定位为五大幸福产业之首。

2017 年 2 月 5 日，中共中央、国务院发布《关于落实发展新理念加快农业现代化实现全面小康目标的若干意见》，“旅游+”首次出现，中央政策推进乡村旅游进一步发展。时至今日，每年的中央一号文件中都提到，推动乡村产业高质量发展，乡村旅游为首要手段。

2018 年，《国务院办公厅关于促进全域旅游发展的指导意见》提出，发展全域旅游，将一定区域作为完整旅游目的地，以旅游业为优势产业，统一规划布局、优化公共服务、推进产业融合、加强综合管理、实施系统营销。

2019 年，《国务院办公厅关于进一步激发文化和旅游消费潜力的意见》提出，提升文化和旅游消费质量水平，增强居民消费意愿，以高质量文化和旅游供给增强人民群众的获得感、幸福感。

2022 年，国务院印发《“十四五”旅游业发展规划》，总结“十三五”发展成就，分析“十四五”发展机遇，勾画旅游业发展新蓝图。党的二十大报告提出，要“以中国式现代化全面推进中华民族伟大复兴”，在这一进程中，旅游业面临着理念重构和实践创新的现实课题。

第四节 旅游学的研究对象和内容

旅游学科的研究是伴随着近代社会旅游活动的发展而发展起来的。相较于其他比较成熟的学科，旅游学尚属十分年轻的学科。现在旅游学学科建设比较滞后，学者们对学科的基础领域理论争议很多，尚未形成比较系统、严谨的学科体系，因此国际上一般将旅游学称为旅游研究。鉴于惯常的用法，是将一种研究领域概括为某“学”，本书暂且使用“旅游学”，但这并不代表旅游研究达到了“学”的要求。

【视频】旅游的研究对象和内容

一、旅游学的研究概况

（一）国外旅游学的研究概况

在探讨旅游学研究对象和内容之前，先来看看国外旅游学的研究概况。将旅游作为科学研究对象进行理论探讨，最早见于19世纪末，迄今已有120多年的历史。但快速发展集中在最近四五十年。纵观国内外旅游研究历史，不难发现对旅游学研究对象的描述是从经济现象开始的，同时整个旅游学术研究一直渗透着功利主义的观点，对旅游学的研究重应用研究、轻理论探讨。大体上来看，国外对旅游学研究对象的探讨经历了以下几个阶段：

1. 旅游学研究的功利性阶段（19世纪末至第二次世界大战结束）

现代旅游自19世纪40年代在欧洲出现之后，旅游业在国民经济中的地位日益重要，成为英国、意大利、奥地利、德国等国家学者所关注的焦点。1899年，意大利商务部部长波迪奥（L. Bodio）发表的《关于意大利外国旅游者的流动与花费》①，被公认为把旅游学作为研究对象进行系统理论研究的标志。

19世纪初期，旅游条件得以改进，旅游消费迅速增长，旅游业开始成为一个引人注目、发展迅速的新兴行业。在这种背景下，1927年罗马大学讲师马里奥蒂（A. Mariotti）出版了旅游专著《旅游经济讲义》（*Lezioni di economia tourstica*），第一次从经济学角度对旅游现象做了系统的剖析和论证。他从旅游活动的形态、结构和活动要素的研究中得出结论，认为旅游活动是属于经济性质的社会现象。他的这种想法是受到当时学术思维方法的限制，只从旅游表象着眼，单纯地把旅游者和旅游业的供需关系视作旅游活动的全部，所以把旅游现象作为一种单纯的经济性质的活动。

1931年，德国的鲍尔曼出版了《旅游学概论》。1933年，英国人奥格威尔写了《旅游活动》，这本书用数学统计方法科学地研究旅游者的流动规律，并从经济学的角度给“旅游者”下定义。1935年德国学者、柏林大学教授葛留克斯曼出版了《旅游总论》（*Allgemeine Fremdenverkehrskunde*），该书系统论证了旅游活动的产生、基础、性质和社会影响。他从旅游活动的发生渊源和基础开始研究旅游现象，与马里奥蒂只从旅游活动的表面形态、结构着眼的研究，在方法上完全不同。他得出了这样一个结论，即“研究旅游现象是研究一个旅游活动的基础、发生的原因、运行的手段及其对社会的影响等问题，范围非常广泛，需要从不同学科去研究而不只从经济学的角度去考察它”。但他的观点在当时并未引起广泛影响，旅游活动仍被认为是一种旅游业的经营活动②。同年，英国学者诺尔瓦勒的《旅游事业论》出版。

---

① 目前被认为是近代旅游研究最早的论文。

② 申葆嘉．旅游学原理［M］．上海：学林出版社．1999

20 世纪 20 年代以后，全世界进入了严重危机和灾难的时期。这一时期，永久中立国瑞士的旅游研究仍在继续进行。1942 年瑞士圣加仑大学的亨泽克尔教授（Walter Hunziker）和伯尔尼大学的科雷夫教授（Kurt Krapf）发表了名为《旅游总论概要》（*Grundriss derAllgemeine Fremdenver Kehrslehre*）的专著。他们认为，旅游现象本质是具有众多相互作用要素和方面的复合体。葛留克斯曼、亨泽克尔和科雷夫把旅游作为非经济性质的多种社会关系和现象的总和加以研究。

第二次世界大战结束后，世界政治局势相对稳定。随着世界经济的恢复和发展，旅游业迅速发展，成为一种恢复和发展经济的手段。1954 年，德国学者克拉普特出版了《旅游消费》，将形成旅游消费的动力和旅游消费的过程作为研究对象。1955 年，意大利的特洛伊西出版了《旅游及旅游收入的经济理论》，对旅游经济概念、旅游收入及旅游效益进行了研究。从总体上看，这一时期的研究具有较明显的功利性，主要集中在经济学领域。

2. 全面发展阶段（20 世纪 60 年代到 70 年代）

20 世纪 60 年代后，旅游学研究进入大发展时期。首先是社会学家对旅游与社会发展的关系展开了研究活动，继而人类学家对旅游活动中人际关系及主客间不同文化背景接触导致的相互作用和影响进行了研究，在学术上出现了“旅游社会学”和“旅游人类学”的概念。20 世纪 70 年代开始，学者对旅游现象进行多学科的研究，加利福尼亚大学旅游管理系主任伦德伯格出版了专著《旅游业》，对旅游业各个方面的经营管理方面进行了比较完整的论述。密执安大学商学院旅馆和餐饮管理系的罗伯特·麦金托什和夏希肯特·格波特两位教授合著的《旅游学——要素、实践、基本原理》对旅游学进行了较为完整和理论性较强的论述。该时期旅游研究有三大特点：第一，实践性更加鲜明；第二，多学科性特征日益显现，许多学科从各自的研究视角开始介入旅游研究，在融合发展过程中逐渐形成了旅游经济、旅游文化、旅游环境等主要研究领域；第三，现代旅游学概念形成和旅游学框架体系开始初步建设，著名的旅游学家 Jafari 认为旅游学研究的对象是一个整体系统，这种看法也被许多国内的学者所认同（余书炜，吴必虎）。

3. 非经济研究阶段（20 世纪 80 年代至今）

从 20 世纪 80 年代后，在继续对旅游进行全面研究的同时，西方旅游学者的研究重点开始倾向于非经济领域，其目的是研究如何使旅游和旅游业持续、健康地发展下去。

旅游理论体系的研究更加深入。1981 年，美国的利珀（Neil Leiper）出版了《旅游学的研究趋势》，1988 年美国的乔威斯克（Z. Jovicic）出版了《旅游学原理与方法》，1995 年美国的戈尔德耐（C. R. Goeldner）、里奇（J. R. Brent. Ritchine）与麦金托什（R. W. Mclntosh）出版了《旅游业原理、方法与实践》。旅游方法的研究成为热点，美国的《旅游研究年刊》于 1988 年出版了专辑《旅游研究的方法论》，英国的史密斯（Stephen L. J. Smith）于 1989 年出版了《旅游分析手册》，英国的佩吉（Stephen J. Page）于 2003 年出版了《旅游管理》。这些著作都对旅游研究方法积极进行了研究。随着旅游研究范围的扩大和主题的深入，学者对旅游社会学、旅游文化学、旅游社会心理学、旅游民俗学、旅游符号学等方面进行了广泛的研究，并在旅游学的研究对象、内容和方法等方面取得了长足的进步。

（二）国内研究概况

相较于国外旅游研究近百年的历史而言，我国的旅游研究是伴随着改革开放而逐步发展起来的，只有短短 40 多年。时至今日，旅游学研究经历了从无到有、从少到多、从零散到系统、从借鉴到自主创新、从肤浅到深刻的发展历程，为旅游学科的发展奠定了基础。

我国旅游研究起步的时期，也是旅游产业地位确立和旅游教育创立和发展的时期，因此形成了旅游研究、旅游发展实践、旅游教育三个领域同步发展、相互促进的局面。谢彦君指出："中国的旅游发展走的是一种发展中国家模式，在过程上以先发展国际、后发展国内为次序，在战略上采取适度超前发展战略。这种模式所营造的氛围笼罩着学术领域，并相应地规定了学术研究的指向和指导思想，因而影响着旅游学理论的建设。"因此，国内对旅游学研究的探讨也是更多地从经济学的角度入手。

中国旅游学的研究有明显的政策导向和教育推动的倾向。中国旅游的研究起步于 1978 年，国家旅游局成立政策研究室，结合中国旅游发展的实际，借鉴国际旅游市场的发展规律，探讨具有中国特色的旅游业发展的方针政策。1981 年出版的《兴旺发达的世界旅游业》丛书，系统地介绍了 31 个国家发展旅游业的经验。后来，国家旅游局又编印了《旅游调研》等刊物，并陆续发表了学术文章，促进了中国旅游研究的发展。

伴随着旅游产业的发展，中国教育业同时起步。上海旅游高等专科学校、北京旅游学院以及南开大学、西北大学和杭州大学同时开创了中国旅游高等教育的先河，旅游教育蓬勃发展。此后，中国大量院校利用各自的师资和优势，大办旅游教育，旅游教材的建设也随之蓬勃发展。1982 年，邓观利出版了第一本关于旅游学的专业教材——《旅游概论》。1986 年，《旅游学刊》在北京旅游学院创立，这是国内第一本研究旅游学的专业期刊。在第一本旅游学教材面世之后，王洪斌、杨时进等人也出版了《旅游概论》。1991 年，李天元出版了《旅游学概论》，"旅游学"概念第一次出现在了中国旅游的研究中。随后，李坚（1991）、田里（1994）、谢彦君（1998）、马勇（1998）等出版的《旅游学概论》或《旅游学》，在框架体系和研究方法上都没有突破梅特利克和伯卡特的《旅游的过去、现在和未来》。经过 40 多年的发展，旅游专业的开设主要有三种情况：第一种是在经济管理类院系下开设旅游类专业；第二种是在师范类院校的地理专业下开设旅游专业；第三种是与其他专业交叉融合，进行专业开拓而开设旅游类专业，如地理、历史、林学、农学等专业下开设旅游与规划工程①等专业。改革开放 40 多年，我国旅游高等教育为旅游行业和其他服务性行业提供了大量的人才，有力支撑了国民经济的健康发展。

随着旅游教育的不断发展，旅游行业的日益强大，旅游研究领域也随之不断拓宽，研究成果数量不断增长，在中国知网（CNKI）上搜索"旅游"一词，出现的文章篇数是 761 984 篇，其中 2010 年发表的有 49 723 篇，学科分布涉及旅游、农业、文化、经济体育、资源、政治和教育等。但旅游学科的高级别专业期刊较少，旅游研究难以在权威性、高层次的旅游学术期刊上发表，旅游学者在经济管理、地理、林学、农学、园林等相关期刊上发表旅游专业学术论文。以上两者造成了旅游学科依赖于其他学科。同时，旅游理论重应用研究轻基础理论研究的局面有所改变，在旅游学基础理论研究领域已经初步整合。

---

① 目前，东华理工大学、河北地质大学、青海民族大学、滇西应用技术大学等学校开设了此专业。

二、旅游学的研究对象

研究对象的确定是学科成立的前提。很多学者对旅游学研究对象有各自的研究，目前还没有达成共识。以下是各位学者对旅游学研究对象的观点。

林南枝认为，旅游学是研究旅游活动一般规律的科学，是旅游活动之综合概括，包括旅游史、旅游业、旅游文化、旅游经济等。

李天元认为：“旅游学是研究旅游者、旅游业及双方活动对旅游接待地区社会文化、经济、环境之影响的科学。”

谢彦君曾指出：“旅游学以研究旅游现象的基本矛盾为核心，研究这种矛盾发生的基础、原因，研究这种矛盾的性质、形态和结构特征，研究这种矛盾的运动规律，研究这种矛盾所形成的复杂影响。”

王德刚认为：“旅游学是一门综合性的边缘学科，它是以研究旅游的三要素（旅游主体、旅游客体和旅游媒体）及其相互关系为核心，探讨旅游活动和旅游业发展规律的科学。”这种表述太过一般化，而不能体现旅游研究对象的特殊性。

明庆忠认为：“旅游学研究的对象，理所当然是旅游现象和过程，即旅游学是研究旅游复合体产生、演化运行规律，以及旅游活动运行规律的一门科学。”

申葆嘉认为：“旅游学的研究对象是作为社会宏观现象的旅游活动。”作为中国旅游学基础理论研究的先行者和探路者，申葆嘉指出，按社会科学的规范，旅游学研究可以分为基础理论研究、专业理论研究和应用理论研究，旅游学的三个理论层次分别对旅游现象中相应对象和范围的研究是旅游理论研究学术内容的主要部分，并倡导将宏观的旅游现象作为旅游学的研究对象和范围。

吴必虎认为：“旅游学的研究对象为旅游系统。”

田里认为：“旅游学是以世界范围为统一整体，以旅游的社会经济条件为特点，研究人类旅游的发生、发展及其活动规律的科学。”

陈才等学者从三个层次阐述旅游学的研究对象，认为旅游学是研究关于旅游活动良性运行和协调发展规律的综合性具体社会学科。

S. 科维奇认为，旅游学研究对象包括旅游业在现代社会中所具有的功能。

从以上观点可以看出，旅游学的研究对象主要包括三种观点，即“六要素论”“三体说”和“系统论”。

“六要素论”中的“六要素”指“吃、住、行、游、购、娱”，并以此来代表旅游业和旅游学研究的主要对象及矛盾。显然“六要素论”既反映出旅游者的需求与消费的基本结构，又刻画出旅游供给与旅游业的主体结构，既简单又通俗，概括性极强，符合人们对旅游现象的表面感知，是最先被提出来的观点，很受人们欢迎，至今仍有一定的市场。在各类政府文件、研究报告、学术研讨中，这一学说一直存在。吴必虎认为：“六要素仅仅反映了直接与旅游者接触的因素，主要包括旅行服务和接待服务、游览和娱乐服务方面的条件，而有些甚至直接与旅游者接触的因素，也未能完全概括，如旅游者约定或观看的媒体（目的营销）、旅游者途中接触到的自然环境和社会文化环境等。”而这些因素对旅游活动的产生具有的影响有时是不可忽视的。

“三体说”指的是旅游主体（旅游者）、旅游媒体（旅游业）和旅游客体（旅游资源）三个方面。这是目前大多数旅游学者普遍采用的观点，现行的旅游学教材也基本上采用这种观点进行组织。例如，王德刚解释说，“旅游学是一门综合性的边缘学科，它是以旅游的三要素（旅游主体、旅游客体、旅游媒体）为核心，研究旅游活动和旅游业发展规律的科学。”这种观点走出了把旅游学研究对象视为旅游经济现象（六要素）的那种单纯的、狭隘的结论，把旅游研究视为一种综合现象来研究，深入了对旅游学研究对象的探讨，拓宽了人们的视野。

把旅游的主体、客体和媒体定义为旅游学研究对象的核心，没有体现旅游现象的特殊性。因为，任何人的活动都与主体、客体和媒体有关系，旅游作为人类的一种特殊性社会经济活动，构成要素几乎都与国民经济的各个部门有直接或间接的关系。同时，“三体说”认为旅游活动的基本要素是旅游者、旅游业和旅游资源，这种说法需要反思。这是因为旅游业的出现公认是在产业革命之后，以托马斯·库克旅行社的成立为标志，在此之前难道不存在旅游活动吗？如果存在则旅游业不宜作为旅游活动的基本要素。因此，“三体说”实际上内部并无核心矛盾存在。同时它会使人们的认识自然地停留在事物的表面上，而忽略了事物表面背后深层次的内在的矛盾。以这种方式定义一个学科的研究对象，反映了这个学科的不成熟。

以上两种观点是从旅游经济活动的角度进行研究框架的构建，具有功利性的倾向，这与旅游学科发展历史短、旅游经济迅猛发展等客观情况有关。把旅游学的研究对象定为研究旅游经济活动的观点具有相当的表面性，代表了人们对旅游学研究对象的初级认识或表面认识，这种观点属于狭义的旅游经济观点。

在“六要素论”和“三体说”的局限性为人们所共识时，越来越多的学者提出了旅游“系统论”观点。田里认为：“旅游学是以世界范围为统一整体，以旅游的社会经济条件为特点，研究人类旅游的发生、发展及其活动规律的科学。”其中吴必虎先生的“系统说”在学界产生了很大的影响。这种观点运用旅游系统概念来描述和解释旅游学的研究对象，可以更好地理解旅游系统各要素的功能和旅游现象的运行范式，对于研究旅游规划理论与实践具有重要意义。但仔细审视一下，就会发现这种观点不过是“三体说”的变形而已，而且有浓厚的地理学味道，仍未刻画出旅游现象的内在联系，容易造成旅游概念的泛化。

谢彦君指出，国内大多数学者对旅游学研究对象的界定都是从旅游业的角度来审视旅游现象的，缺乏对旅游活动内在矛盾的分析。谢彦君认为，当前的“六要素论”和“三体说”仍是简单和表面层次的，其根源是功利性，提出旅游学要以旅游活动（旅游者活动和旅游产业活动）所展示的矛盾为研究对象，并提倡用旅游体验这个理论范畴来统领旅游学的各个分支学科。陈海波认为旅游学的研究对象应该是个体或群体惯常环境与非惯常环境切换复原中闲暇时间的体验，这个观点没有脱离谢彦君的“体验”核心。

上述对旅游学研究对象的种种争议，是旅游学从不成熟走向成熟过程中的必然现象。总之，当前对旅游学的理解描述，都认为旅游学是以旅游活动为研究对象，以旅游业为依托的综合学科。具体来讲，旅游学是以旅游现象为研究对象，以旅游业为依托，研究旅游有机体的形成发展规律、组成要素、运行关系，最终实现其社会、经济、生态效益的学科。

三、旅游学的研究内容

旅游学与其他学科一样，都有自己特定的研究对象和领域。但旅游学科的发展与旅游活动时间是密切相关的，只有在实践活动中，旅游学的特殊性和规律性才能彻底呈现出来。目前，我国旅游业处于全面发展阶段，各种旅游活动的特殊性和内在规律性逐渐呈现出来。迄今为止，旅游学的研究内容主要包括以下几个方面：

（一）旅游活动的本质

对旅游活动本质的研究是为了揭示旅游的本源问题，这是旅游研究的核心内容。国内外研究学者对旅游的本源问题持三种不同的观点：第一种观点认为旅游的起源与人类的起源同步，更多地具有人类自然属性的特征，把旅游看作是人类活动的一种空间位移的基本现象；第二种观点认为旅游活动是经济发展到一定阶段的社会现象，更多地具有人类社会属性的特征，把旅游看作是人类为了某种目的而进行的空间位移现象，属于泛旅游范畴；第三种观点认为旅游是工业革命的产物，更多地具有产业的特征，把旅游看作是以游览观光、休闲娱乐为主要目的的社会现象，属于狭义的旅游范畴。

以上三种观点都阐述了旅游的本源和旅游的特性，争议点在于旅游的本质，即旅游的本质是其社会性还是经济性。持社会性观点的学者认为，旅游活动是以人们内在的审美和愉悦为前提的，旅游需求因时代不同而具有不同的特征。持经济性观点的学者认为，旅游产业的发展是旅游发展的动力源泉，旅游活动离不开消费，本质分析要看哪个要素是旅游不可或缺的。本书认为，经济是外部支撑条件，但不是必要条件，而旅游活动的社会需求则是其内在的动力源泉。所以，旅游的本质是其社会性。

（二）旅游活动供给主体研究

旅游活动供给主体研究主要是对旅游发展过程中提供旅游产品以及相关服务的人或企业及其内在联系和发展规律的研究。各个旅游活动参与者之间并不是孤立存在的，而是有机联系、相互依存、相互作用、密不可分的。

（三）旅游活动需求主体研究

旅游活动需求主体研究包括对需求主体研究及其发展规律的研究。旅游活动需求主体是旅游者，旅游者的集合就构成旅游市场。旅游学要研究其内在本质关系，揭示其活动规律，调节各要素使之达到平衡的状态，最终促进整个旅游业的良性发展，增加旅游地的社会、经济和生态效益。

（四）旅游活动供求关系及平台的研究

该研究包括不同平台上旅游市场的研究。以前的研究主要集中在实体市场的研究。随着信息技术的发展，基于网络的旅游交易平台成为传统旅游市场有力的补充，关于旅游电子商务的研究也日益增多。因此，目前该方面的研究主要包括线下实体市场和线上网络市场两个方面的研究。

（五）旅游影响研究

旅游影响研究主要是研究旅游活动中，旅游者、政府、当地居民、企业经营者等相关利益主体之间相互作用，对经济、社会、环境等方面产生的积极影响和消极影响。旅游影响研究的本质和核心是旅游业可持续发展问题。除此之外，还包括一些新生领域的研究，如新业态旅游、智慧旅游等，这些方面的研究都是以上内容的延伸和拓展。

第五节　旅游学的学科性质、体系和研究方法

一、旅游学的学科性质

旅游作为一门新兴学科，已经得到官方的认可。教育部对1998年印发的《普通高等学校本科专业目录》和1999年印发的《普通高等学校本科专业设置规定》进行了修订，形成了《普通高等学校本科专业目录（2024年）》和《普通高等学校本科专业设置管理规定》。在《普通高等学校本科专业目录（2024年）》中，在管理学学科门类下单独设立旅游管理学科大类（编号为1209），该学科大类下又设旅游管理（120901K）、酒店管理（120902）、会展经济与管理（120903）和一个特设专业——旅游管理与服务教育（120904T）。这意味着，旅游管理本科专业不再是工商管理学科大类下属的二级学科，而与工商管理学科大类平级，升格为一级学科大类。但在国务院学位办《学位授予和人才培养学科目录》中，旅游管理仍属工商管理下面的二级学科，造成专业层次与学科层次不一致的矛盾，影响了综合性、多层次的人才培养和旅游高等教育改革。旅游学要想重新思考和整理发展方向和思路，改变当前的不合理格局，成为独立学科，还有一段路要走。

总结过去的研究，不难发现，对旅游的研究有一个从单一学科到多学科的过程。旅游学具有多学科的性质。最早对旅游现象进行研究的学科是地理学和经济学，后来随着办学院校的多元化，学者们根据自身的优势，从管理学、历史学、园林学、民族学、人类学等角度对旅游现象进行研究。那旅游学到底是什么样的一个学科呢？有的学者认为它是一门“交叉学科”，也有的学者认为它是一门“综合性的社会学科”。王德刚根据旅游学产生的条件和内容，认为它是一门综合性的边缘学科；谢彦君认为它具有跨学科的特征。按照“学科的特征在于它不依赖于其他学科的独立性。这种独立性反映在它的研究对象、语言系统和研究规范上”这个标准，旅游学科至今没有真正形成。

二、旅游学的学科体系

国外关于旅游学科体系的研究代表主要有“主体—手段—客体”模型和“客源地—途经地—目的地”模型。“主体—手段—客体”模型是1977年由邹潘（P. Chau）提出的，主体为旅游者，手段为旅游业，客体为旅游吸引物，对我国旅游学界影响显著。“客源地—途经地—目的地”模型，是由雷珀（Leiper）在1979年提出的，并在1990年进行了更正和完善。这个模型有旅游者、地理区域和旅游业三个基本元素。其中，旅游者是主体，其他旅游现象都是由旅游者活动引起的。旅游客源地是旅游业赖以生存的客源基础；途经地是旅游产品旅游过程地区或者中转访问的地区；旅游目的地是核心旅游活动实现的

场地，是旅游影响最大的地区。旅游业泛指参与旅游产品的各类企业和组织。

我国关于旅游学科体系的研究主要从经济学、社会学和现象学三个角度进行，从经济学角度研究的学科体系包括旅游经济学、旅游管理学、旅游开发与规划学、旅游社会学和旅游史学；从社会学的角度进行的研究主要基于旅游者的动机、偏好和需求，以及旅游的供给、生产组织和管理等，通常将人的需要、旅游需要和供需均衡等作为理论基础，其理论支撑和动力主要源于心理学、行为学、管理学和经济学的发展；从现象学的角度进行的研究是基于旅游作为一种特殊的社会现象，以目的地系统的主客关系及社会影响为理论基础，以研究客源地和目的地之间的社会冲突、理性交换、文化传播、文化变迁等为发展走向，其理论支撑是社会学、人类学及系统学。从外部现象系统化入手的开创人物为申葆嘉，从内部元素入手研究的主要人物是谢彦君，从系统论的角度入手的研究者主要是吴必虎。

作为一级学科，独立系统的基础理论体系为学科之本。自 20 世纪 90 年代之后，随着我国旅游产业体系的形成，以及国内旅游需求和出境旅游需求的形成，旅游学科研究开始从点向面扩展，旅游研究开始从以经济学、管理学为主体，向经济学、管理学、社会学、市场学、地理学、环境学、人类学等分支学科方向发展，形成了旅游学科比较完整的研究体系。之所以形成这样一个格局，一方面说明了旅游学科的综合性，仅仅从经济学、管理学角度是难以深刻认识旅游现象的。另一方面，形成这个格局也是我国高等院校院系调整、学科调整和学科转向的结果。近年来，大量从事旅游学科研究的新生力量的介入，多学科研究方法的融合，为旅游学科的理论突破创造了条件。但旅游学学科体系没有完全建立，各个研究人员从各自原定领域进入旅游研究领域，形成了多学科研究的态势。近年来，我国旅游研究和专业设立主要依托其他学科而设立，具有明显的多学科特征。

旅游学的多学科交叉的边缘学科特性，决定了它应拥有一个独立的较为完善的学科体系和规范化的专业结构。为了适应旅游管理学一级学科的地位，必须尽快建立合理的规范化的包括一级学科（旅游学）、二级学科（旅游管理、酒店管理、会展经济与管理、旅游管理与服务教育）以及研究方向（旅游规划与开发、旅游企业管理、旅游营销、区域旅游经济）等在内的旅游学科结构。

对已有研究成果进行总结，结合作者的认识，本书所界定的旅游学科体系如图 1-6 所示。旅游学科在其他学科知识应用、渗透的基础上，形成具有自身特色的旅游学科。自身特色体现在其独立的、具有反映学科特点和本质的研究对象，即旅游活动上。旅游学科体系包括旅游活动需求主体、旅游活动组织主体、旅游活动供求关系及平台三个模块。第一模块是旅游学研究的切入点，是从社会学、人类学、心理学、伦理学、美学的角度对旅游活动进行研究；第二模块是旅游学的拓展领域，是从经济学、管理学的角度对旅游活动进行研究；第三模块是对旅游活动中旅游者需求与产业组织之间的关系进行研究。

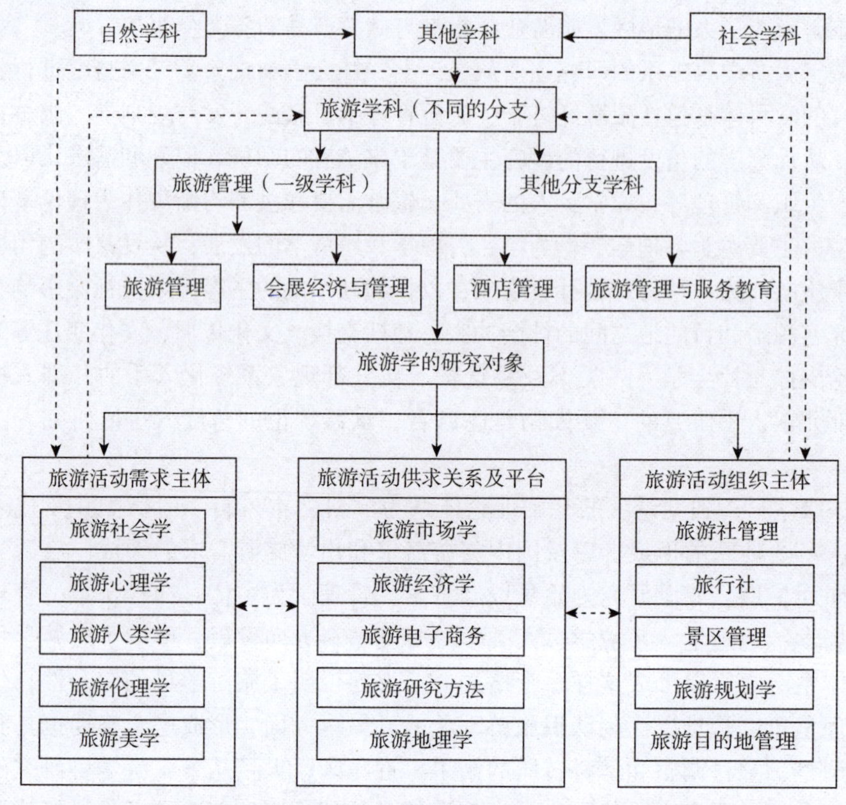

图 1-6　旅游学科体系

三、旅游学的研究方法

旅游学科研究历程伴随着研究方法的发展，旅游研究具有多学科的特征，所以旅游研究方法也借鉴其他学科的方法，形成了旅游学研究方法。

（一）研究方法特点：多学科的研究方法

旅游学科的研究具有多学科的属性，纵观旅游学的研究角度，研究者曾将旅游现象作为经济现象、社会现象和文化现象等来进行研究。从经济现象的角度进行研究，主要运用了统计分析、实证分析等经济学研究方法；从社会现象的角度进行研究，主要运用了社会学和人类学的研究方法；从文化现象进行研究，主要采用的是社会学和地理学等方法。可见，旅游学的研究方法具有很强的多重特征，在引入了经济学方法、社会学方法、地理学方法、人类学方法、心理学方法等各学科的方法后，结合旅游学的自身特点，逐渐形成了基于实证主义的旅游管理研究方法和基于心理学研究的旅游社会研究方法。

（二）研究方法体系

任何学科的研究方法都可以从哲学、一般性和具体方法三个层面进行阐述，旅游学科也不例外。首先，从哲学层面来看，旅游学的研究脱离不了科学的辩证唯物主义和历史唯物主义的方法论基础，运用实证研究和规范研究，对旅游实践进行客观性、科学性研究，形成旅游研究中的规范性内容。其次，从一般性的层面来看，与其他学科的研究方法大致相同，如归纳和演绎、分析和综合、历史分析法和系统功能法等，对旅游现象从历史和逻辑两个维度进行研究，最终形成旅游研究理论体系。最后，具体研究方法包括规范研究方法、案例实证研究方法、定性研究方法、质化研究方法和定量研究方法，探索性、描述性和解释性研究方法，以及演绎和归纳研究方法等不同的方法。

课后练习

一、单选题

1. 奴隶制社会旅行活动形式中比重最大的是（　　）。

A. 帝王巡游　　B. 政治旅行　　C. 外交朝觐旅行　　D. 商旅

2. 中国自然审美的确立是在（　　）。

A. 秦汉时期　　B. 魏晋南北朝　　C. 隋朝时期　　D. 唐宋时期

二、多选题

1. 对于国家第一个关于旅游业发展的战略性文件《国务院关于加强旅游工作的决定》（1981 年国务院 80 号文件），下列选项正确的有（　　）。

A. 提出“旅游事业在我国既是经济事业的一部分，又是外事工作的一部分”

B. 提出“旅游事业是一项综合性事业，是国民经济的一个组成部分，是关系到国计民生的一项不可缺少的事业”

C. 将“产业定位”列入国家第七个国民经济新的增长点

D. 明确旅游业为“国民经济的增长点”

2. 中国封建社会旅行的主要特点有（　　）。

A. 商旅占主导地位

B. 参加者主要为帝王、官僚和贵族阶级及其附庸阶层，但不具有普遍的社会意义

C. 乡村居民普遍缺乏对外出旅行的要求

D. 与社会的政治经济发展有直接的关系

3. 现代国际旅游发展的特点是（　　）。

A. 游客的大众性　　B. 地理的集中性

C. 发展的广泛性　　D. 服务的一体性

三、填空题

1. 旅游学的学科性质是______________。

2. 新石器时代晚期，第二次和第三次社会大分工，促进了______________的产生。

3. “旅游”一词，最早见于南朝梁沈约的________。

4. “近代旅游业之父”是______________。

5. 1841 年的创举——首次利用包租火车的方式组织团体旅游成为__________的开端。

6. 中国近代旅游的开创者是______________。

四、判断题

1. 中国的旅游发展走的是一种发展中国家模式，在过程上以先发展国际后发展国内为次序，在战略上采取适度超前发展战略。（　　）

2. 第二次世界大战后旅游活动的迅速发展，与政治环境的缓和、科技的进步和经济社会的发展密切相关。（　　）

3. 第二次世界大战后现代旅游活动的迅速发展再次证明，旅游活动的出现是人类社会经济发展到一定水平的产物，并且将随着社会经济的发展而演进。 （ ）

4. 中国改革开放之后旅游业的特点是政治性接待而非经济性经营。 （ ）

5. 中国旅游外事接待阶段，华侨旅行社和中国国际旅行社成立，中国国际旅行社代理政府管理职能。 （ ）

五、简答题

1. 你认为旅游活动起源于什么时间？旅游活动的本质是什么？社会性、经济性如何界定？

2. “六要素论”“三体说”和“系统论”的优缺点是什么？你认为旅游学研究对象应该是什么？

3. 你对“旅游学的研究内容是以‘旅游活动’为核心”这句话如何理解？

4. 目前旅游活动的新形式和新现象有哪些？

5. 中国旅游业的发展历程给你以什么样的启示？

第二章　旅游与旅游活动

学习目标

知识目标：

1. 了解旅游的定义，旅游活动的类型与划分意义；
2. 掌握旅游的概念和本质、属性与特征，熟悉旅游活动的本质、属性与特征，归纳旅游活动的种类与特点；
3. 了解旅游活动的构成；
4. 了解旅游活动的经济、社会、文化、环境、政策的影响。

能力目标：

1. 培养旅游活动发展历史的系统观，探索旅游活动逻辑框架；
2. 理解旅游研究的逻辑起点，掌握旅游活动的产生与发展中的影响因素；
3. 能分析现代旅游活动发展的原因及未来发展趋势。

素养目标：

1. 通过对旅游概念、本质与特征的学习，了解旅游学研究对象及学科体系内容，了解旅游与各行各业之间的关联，明确旅游乡村振兴、高质量发展等发展过程中展现的人文精神及贡献，激发学科认同、历史认同、国家认同和民族认同，坚定中国特色社会主义道路自信、理论自信、制度自信和文化自信；
2. 通过对旅游活动的概念、本质与特征的学习，掌握旅游活动的分类及划分意义，了解旅游活动对国家政治、经济、文化等的影响，增强旅游专业学子的社会责任感。

难点与重点

1. 旅游的概念；
2. 旅游的本质属性与特征；
3. 旅游活动的特征；
4. 新时代旅游活动的发展趋势。

案例导入

诗词中的“旅游”

2018 年国家文化部和国家旅游局合并，组成中华人民共和国文化和旅游部，展开了文旅融合发展的新篇章，这次合并也被概括为“诗与远方”的合并。在中国的文化史和旅游史中，“诗与远方”的现象由来已久。《诗经》《汉赋》等均大量选入记叙旅游的民歌或诗篇，魏晋时期更是有以谢灵运为首的文人所创的“山水诗”这一旅游文学的诗风。目前已知的文献中，南朝梁诗人沈约所写《悲哉行》是“旅游”一词见于中国典籍的开始，它比西方“Tourism”一词的出现要早 1 300 多年。

随着文化旅游深入融合发展，近年来跟着诗词去旅行的热度持续高涨。很多人憧憬“旅游”的启蒙钥匙，是“朝辞白帝彩云间，千里江陵一日还”的三峡壮景，是“横看成岭侧成峰，远近高低各不同”的庐山真面目，是“白日依山尽，黄河入海流”的鹳雀楼眺望，是“欲把西湖比西子，淡妆浓抹总相宜”的西湖断桥，是“会当凌绝顶，一览众山小”的泰山日出，是“日出江花红胜火，春来江水绿如蓝”的江南水乡等。

《长安三万里》这部国内高分动漫的主要人物是高适、李白两名唐代著名诗人，高适与李白初遇共同奔赴长安后，李白因报国无门索性到了扬州，并与高适定下了一年的扬州之约。时间到后高适赴扬州与李白相见，李白与高适等人坐船品着美酒欣赏着优美的舞蹈，后高适觉得扬州不适合自己遂返回家中。李白后来落魄来寻高适，而后入赘许家。经玉真公主举荐，其才学被世间广为流传，但因其不屑“摧眉折腰事权贵”被贬，后与友人岑夫子、丹丘生等人彻夜饮酒，并吟诵《将进酒》。李白一心报国却因投靠错了人被流放，后因天下大赦，于流放途中重获自由。李白随即顺长江而下，直抒“两岸猿声啼不住，轻舟已过万重山”。

（案例改编自：蔡敏华. 旅游学概论［M］. 北京：人民邮电出版社，2006.《人民日报》、新华网等官方媒体报道。）

请思考：

1. 你理解的旅游是什么？
2. 李白和高适去长安求职、高适赴李白扬州之约、朋友河边聚会、李白重访高适、高适升职赴任等是不是旅游活动？
3. 参与旅游活动能激发人的哪些精神？

第一节　旅游的概念

对旅游概念的研究，一直是旅游学研究的理论根基。对旅游概念的梳理和界定，有助于明确旅游的内涵，为旅游学科的深入学习奠定理论基础。

【视频】旅游的概念和特征

一、旅游概念的形成

旅游是社会经济发展到一定阶段的产物，从人类早期的旅行发展而来。随着世界各国经济的发展和人民生活水平的不断提高，旅游活动已成为人们日常生活的一个重要组成部分。作为国家战略性支柱产业，党的二十大报告中更是两次提到旅游，这也是旅游业内容首次被列入党代会报告。作为人类社会生活的一项重要内容，旅行的起源非常久远。从全球看，世界各地区、各民族的发展历史进程不同，导致人类的旅游活动究竟源自何时，并无统一的年代界定。从历史考察来看，腓尼基人、中国人和印度人可能是最早的旅行者，大约在公元前 4 000 年他们就到处周游进行贸易。由于人类早期的旅行主要是出于经商和贸易的需要，旅行的目的和内容单一，旅行人数规模和范围有限，社会影响也较小，因此在相当长的时期内，“旅行”一词没有明确的界定，只是作为一个日常用词。

“旅”“游”作为两个独立的概念，在中国古代就已经出现。先秦典籍《诗经》《易》始将“旅”定义为行旅、商旅。《尔雅》：“旅，途也。”郭璞注：“途即道也。”有“道、路”之意。“旅”字又引申出“客、客居”等意思。《易》经文中“旅卦”，主要是商旅卦，是西周初期人们对旅行方位观念的反映。朱熹《易 · 旅卦疏》云：“旅者，客寄之名，羁旅之称，失其本居而寄他方，谓之为旅。”“旅”的含义逐渐演变为“在途中”的状态，即旅行，指到外地做客或游历这一动作本身，从一个地方到另一个地方的移动过程。而游即遨游、游览的意思，古人认为“闲暇无事之为游”，我们可以看出，我国先民很早就已经察觉到旅游是一种必须在闲暇时间进行的活动。可见，“旅游”就是旅行游览，是“旅行”和“游览”两种活动的有机统一。

“旅游”一词的出现则稍晚，要追溯到魏晋南北朝时期。一些诗人在诗歌中运用“旅游”。如南梁诗人沈约的《悲哉行》中说到“旅游媚年春，年春媚游人”。唐代以后，“旅游”一词的使用频率就更高了，如唐代诗人韦应物《送姚孙还河中》有诗云“上国旅游罢，故园生事微。风尘满路起，行人何处归”；张籍《岭表逢故人》有“过岭万余里，旅游经此稀”的诗句。

现在“旅游”虽已成为常见与常用的一个普通名词，但关于“旅游”一词的科学概念和定义至今并无统一的说法。一般认为旅游一词是从英文 Tourism 翻译过来的，并且考证出 Tourism 这个词最早出现在 1811 年出版的《牛津词典》，原意是指游览的嗜好，而后才引申为指有关游览的学问。

“旅游”一词的解释在我国出现的比较晚。1931 年编写的《辞源》中只有“旅行”一词，其解释是：“今泛称外出做客。”这说明，那时虽然有旅游活动，但旅游作为一个普遍的概念还没有形成，也没有流行。1960 年出版的《现代汉语词典》中关于“旅游”的解释是“旅行游览”。1981 年出版的《辞海》增补本都没有“旅游”一词的条目，仍只有“旅行”一词。实际上，自 1964 年 7 月我国成立了中国旅行游览事业管理局、同年 11 月国务院召开了第一次旅游工作会议以后，我国相继成立了中国旅游出版社、中国旅游报社和上海旅游专科学校等，“旅游”一词在文献中和社会上才被广泛使用。1982 年，国家将最高旅游行政管理机构中国旅行游览事业管理局更名为中华人民共和国国家旅游局，肯定了“旅游”一词的客观存在。

二、现有旅游概念的研究

科学严密地界定旅游的概念，不仅具有重大理论意义，而且具有重要实践意义。由于旅游活动复杂多样，同时人们对旅游进行研究的目的不同，包括理论、统计、市场、管理等，因而对旅游概念有着不同的理解。

旅游概念存在分歧的另一个重要原因是，旅游存在两种不同的活动形式，即以消遣度假为目的的消遣型旅游和以工商事务为目的的差旅型旅游。两种旅游的活动目的、活动内容、活动特点等都有较大差异，因此，用一个严密精练的表述把两者统一在“旅游”的科学概念里，的确有很大难度。国内外学者及研究机构关于旅游的定义主要有以下表述，如表 2-1 所示。

表 2-1　国内外学者及研究机构关于旅游的定义

主要观点	学者及机构	主要特点
旅游狭义的理解是那些暂时离开自己的居住地，为了满足生活和文化的需要，或个人各种各样的愿望，而作为经济和文化商品的消费者逗留在异地的人的交往活动	蒙根·罗特（德国）	强调旅游是人与人的交往
旅游是非定居者的旅行和暂时居留而引起的现象和关系的总和。这些人不会长期定居，并且不牵涉任何赚钱的活动	亨泽克尔、科雷夫（瑞士）	强调旅游活动中必将产生的相关经济关系和广泛的社会关系——旅游内涵的综合性
旅游发生于人们前往和逗留在各种旅游地的流动，是人们离开他平时居住和工作的地方，短期暂时前往一个旅游目的地运动和逗留在该地的各种活动	伯卡特、梅特利克（英国）	强调旅游的重要特征是流动，以及旅游具有异地性和暂时性
旅游是暂时在异地的人的空余时间的活动，主要是出于休养；其次是出于受教育，扩大知识和交际的原因；再次是参加这样或那样的组织活动，以及改变有关的关系和作用	让·梅尔森（法国）	强调旅游的基本目的是消遣和增长知识
旅游是一种消遣休闲的活动，它包括旅行，或者离开定居点，在较远的地方逗留。其目的在于消遣、休息或丰富旅行者的经历和文化教育	维也纳经济大学旅游研究所（奥地利）	强调旅游在于消遣、休息或学习
旅游是人的活动，是市场的运动而非一项产业的运动，是流动人口对接待地区及其居民的影响	里考瑞什（英国）	强调旅游活动的本质是人的流动，以及旅游对社会的重要影响
旅游是人们离开通常居住和工作的地方，暂时前往目的地的旅行和在该地停留期间所从事的活动，以及旅游目的地为了满足旅游者的需要而创立的各种设施	库珀特、弗莱彻、吉尔伯特、万歇尔（英国）	强调旅游者的活动，以及由旅游活动而引发的目的地的旅游供给

续表

主要观点	学者及机构	主要特点
旅游是在吸引和接待旅游及其访问者的过程中，由于游客、旅游企业、东道政府及东道地区的居民的相互作用而产生的一切现象和关系的总和	罗伯特·麦金托什、夏希肯特·格波特（美国）	强调旅游所引发的各种现象和关系，即旅游的综合性
旅游是为了消遣而进行的旅行，在某一国逗留的时间至少超过 24 小时	马丁·普雷（美国）	强调旅游者的逗留时间至少超过 24 小时
旅游是游客为了满足其旅游需求，预计离开日常生活区域并会返回的，以视察或者游览其他区域美丽的风景、文物，体验其制度等为目的的外地旅游	韩国旅游公司（韩国）	强调旅游的愉悦性、暂时性、异地性
旅游是非定居者出于和平目的的旅行和逗留而引起的现象和关系的总和。这些人不会在旅游地定居和就业	李天元（中国）	强调旅游的综合性、暂时性和非就业性
旅游是个人以前往异地寻求愉悦为主要目的而度过的一种具有社会、休闲和消费属性的短暂经历	谢彦君（中国）	强调旅游的愉悦性、异地性和暂时性

从上述对旅游定义的不同表述中，可以看到不同学者对旅游认识和研究的出发点和侧重点不同。大体可归纳为两种：一种是从旅游者的活动角度出发，强调旅游者的活动目的、活动性质、活动时间；另一种是从旅游者活动与旅游目的地的关系的角度出发，强调旅游者的旅游活动及其所引发的各种现象和关系。两种表述各有其合理性。因为旅游首先是作为旅游主体的人的活动，即旅游者的旅游活动导致了各种旅游需求，旅游者的活动进而产生了旅游供给即旅游业的活动。但旅游又不仅仅是旅游者的活动，而是综合性的社会现象。旅游者往返于居住地与目的地的旅游活动和在目的地逗留期间的访问活动，会引发广泛多样的经济现象、社会现象、文化现象乃至政治现象。而旅游者、旅游企业、目的地政府以及目的地居民之间也会因不可避免的直接或间接接触而产生错综复杂的关系。在这个意义上，作为旅游学的研究对象，旅游的定义不应仅仅指旅游者的活动，而应将旅游业的活动以及旅游的影响等因旅游者的活动而引发的各种现象和关系也包括在内，从而构成旅游学的研究领域。只有这样，才能全面和深入地认识和研究旅游，揭示旅游的本质和客观规律。

在上述各种旅游定义中，以两位瑞士学者亨泽克尔（Hunziker）和科雷夫（Krapf）的表述较为科学和影响广泛。他们合著的《旅游总论概要》（1942）中给出的旅游定义，对“旅游”这一概念概括全面、表述精练，得到了较为广泛的认同，并于 20 世纪 70 年代为国际旅游科学专家协会（International Association of Scientific Experts in Tourism，AIEST）所采用。这一定义的深刻之处在于，它较全面地揭示了旅游的内涵和基本特征。旅行和逗留“引起的现象和关系的总和”不仅包括了旅游者的活动，也涵盖了由此产生的各种社会现象和社会关系，反映了旅游内涵的综合性；“非定居者”则体现了旅游活动的异地性；

“旅行和暂时居留”及“这些人不会导致长期定居”指出了旅游活动的暂时性；“不牵涉任何赚钱的活动”则说明了旅游活动的非就业性。

三、旅游概念的界定

从众多学者对旅游定义的不同表述中，可以得出以下几个方面的共识：

（1）旅游必须是旅游者离开自己的定居地到异国他乡旅行的活动，不以谋生和营利为目的。

（2）旅游是旅游者前往旅游目的地做短暂停留的活动，它完全不同于移民性质的长期居留，因为旅游者不会在旅游目的地就业。

（3）旅游是旅游者旅行和暂时居留而引起的各种现象和关系的总和，既包括旅游者主体的活动，也包括由此在客观上产生的所有现象和关系。

这些共识维系了很长一段时间。然而，伴随国际交往、合作的日益频繁，旅游业的蓬勃发展和世界经济全球化趋势的不断加强，在近些年涌现出了新的旅游现象，其中有些具有营利性特征，如现代商务旅游、会展旅游、贸易旅游等。因此原先的关于旅游不具有经济性质的论断就显得不够完善与精确了。另外，对于旅游的暂时性，在国际上进行统计时一般以一年为限。

结合上述变化，本书对旅游做出以下定义：旅游是人们离开居住地前往异国他乡以寻求愉悦体验为主要目的的旅行和暂时居留的一种生活方式。

第二节　旅游的本质与属性

正确理解旅游的本质属性，可以使人们对旅游有更深刻的认识，从而在发展、管理和处理其与社会、政治、经济、文化、环境的关系时，能更符合发展的一般规律和高质量发展的目标要求。

一、旅游的本质

旅游究竟属于一种什么性质的活动？业界从20世纪60年代起就开始讨论这个问题了。对于旅游活动的研究起源于意大利，学者马里奥蒂最早提出旅游是具有经济性质的一种社会现象，这一观点得到德国学者鲍尔曼的支持。此后，在相当长时间里，旅游被普遍视为一项具有重要经济意义的活动，这一认识深刻地影响着学术界，尤其是经济学界的思想。在20世纪三四十年代，德国的葛留克斯曼和瑞士的亨泽克尔、科雷夫提出了旅游现象属于非经济性质活动的观点。第二次世界大战后，一些社会学家、历史学家、文化界人士逐渐持文化论看法。更多的学者越来越注意到旅游现象的非经济性本质，即使一些原来持经济论的专家学者也开始扬弃自己的观点，建议广泛使用文化人类学和社会学的方法研究旅游。

从旅游发展的历史进程看，旅游是人类社会经济和文化发展到一定阶段的产物，因此它必定具备经济活动和文化活动的特点。旅游活动又是人在具体的社会环境中进行的，所以它必然会综合反映社会环境中的多种复杂现象。

对于旅游本质的认识，可以从以下三个方面来理解：

（一）旅游是一种高层次的消费活动

旅游是人们在满足了对基本生活必需品的需要后产生的高层次的享受型消费，并正在发展成人们生活中的一种基本需要。从社会生产发展的角度看，旅游发展的基础是经济的发展，只有当社会生产力发展，人们收入水平不断提高，闲暇时间增多时，旅游才能成为大众性的活动。从人类需要发展的角度看，随着人类社会的发展，人类会产生多种多样的需要，既有为延续和发展生命所必需的物质需要，也有为发展智力、道德、审美等方面的精神需要。按照马斯洛需要层次理论的解释，人的需要可分为生理需要、安全需要、社交的需要、受尊重的需要、自我实现的需要五个层次。上述五种需要层次是逐级上升的，当低一级需要获得相应满足以后，追求高一级的需要就成为继续奋进的动力。旅游需要是人的总体需要的一个组成部分，当人们满足日常的衣、食、住、行等基本需要之后，便自然而然地追求更高层次的享受，产生旅游的需要。旅游既有对基本生存需要的消费，又有对发展需要和享受需要的消费，更多的是对高层次需要的消费。即使是为满足生存需要的旅游消费，也远远超出日常生活的消费水平。因而，旅游是人们生活需要层次提高的表现，是一种高层次的消费活动。

（二）旅游是一种以审美为特征的精神活动

旅游最基本的形式是游览观光，而消遣型旅游是现代旅游重要和普遍的旅游类型。因此旅游从本质上可以说是一种以审美为突出特征的精神活动。追求美是人类文明的主要特征。审美活动是人类生活的基本内容之一，是在物质需要满足之后的更高的追求。人们之所以喜欢旅游，就是因为旅游能够满足人们对自然美、艺术美、生活美的欣赏和享受，得到日常生活得不到的那种精神体验。旅游审美活动内容是丰富多彩的，融优美、崇高、喜悦、悲壮、秀丽、雄奇、幽静为一体，能满足旅游者不同层次的审美需求。尽管旅游者有各种各样的出游动机，而且在旅途中要消耗大量体力，但最终都通过旅游饱览秀丽风光，观赏名胜古迹，消除紧张疲劳，使精神得到放松，进入心旷神怡的意境。此外，人们通过旅游消费得到一种占有欲望的满足，但这是一种精神文化占有欲的满足。如人们去陕西旅游，一望无际的秦川绿野、古朴无华的黄土风情和大量记录着我国历史发展轨迹的文化古迹，会让旅游者得到一种在其他地区得不到的审美享受，使人浮想联翩，这是一种只有身临其境才能产生的精神占有的满足感。旅游者通过旅游活动增长了人生乐趣，有利于精神的调剂和恢复，使身体、心智、精神得到良好和有益的锻炼。所以说，旅游是人类以审美为特征的精神活动。

（三）旅游是人类的一项综合性的社会活动

旅游不仅包括经济、物质的内容，也包括政治交往、文化合作、商务活动、学术考察、体育比赛、宗教朝圣等内容，是一项涉及各个领域的社会活动。旅游者在整个旅游活动中，也必然涉及政治、经济、文化等方面，构成综合性的社会活动。可以说，任何一项单独活动都不能称为旅游。各种有关的社会活动互为条件、互为依托、互相支持，才能构成旅游。

此外，旅游作为人民之间普遍的社会交往活动，不但能促进地区之间、国家之间的友好交往，而且能增进人民之间的相互了解和友谊，因此，各国政府和地区都十分重视旅游的社会作用。历年世界旅游组织提出的口号，清楚地反映了旅游的社会作用。例如，历年世界旅游日的主题口号如下：

2000 年——技术与自然：21 世纪黎明之际对旅游的两大挑战
2001 年——各国文化之间和平与对话的工具
2002 年——经济旅游：可持续发展的关键
2003 年——旅游业：一种消除贫困、创造就业与社会和谐的驱动力
2005 年——旅游和交通：从儒勒·凡尔纳的幻想到 21 世纪的现实
2006 年——旅游：让世界受益
2007 年——旅游：为妇女敞开大门
2009 年——旅游：让我们享受生活
2011 年——旅游：链接不同文化的纽带
2012 年——旅游：为可持续发展提供动力
2014 年——旅游：快乐旅游公益惠民
2016 年——旅游：促进发展、扶贫、和平
2018 年——旅游：数字化发展
2019 年——旅游业和工作：人人享有美好未来
2020 年——旅游与乡村发展
2023 年——旅游促进绿色发展

二、旅游的属性

从旅游本质到旅游现象，其涵盖面愈小、愈具体，个性愈明显。旅游主客体包罗万象，构成的旅游活动纷繁复杂。各种旅游的具体表现便构成了庞大的旅游现象，而这些旅游现象又受自然因素、旅游者个人因素、社会因素（文化、社会、经济）的影响，使旅游又体现出自然、社会、文化、经济等方面的属性。从旅游发展的历史演变看，旅游是社会经济、政治、文化发展的产物，旅游涉及了社会生活的众多层面，体现了多种社会现象和社会关系。随着我国文化复兴的开展，文旅融合发展持续深入，旅游作为文化的重要载体，其文化属性的占比逐渐增大。同时，旅游业作为国家战略性支柱产业，在扶贫攻坚、乡村振兴等战略实施中表现亮眼，“旅游”一词在二十大报告、“十四五”规划、高质量发展等多个战略部署中被频繁提及。这些都充分说明，旅游的政治属性、经济属性等日益凸显。结合旅游概念与本质，综合看旅游属性应聚焦在以下几个方面：

（一）社会属性

旅游作为一种社会现象，是作为旅游者的人的活动。旅游是人类社会经济和文化发展到一定阶段的产物，旅游的产生与发展是和社会经济的发展密切相关的。社会生产力的发展水平决定了各个时代旅游产业的规模、内容、方式和范围。在原始社会生产力十分低下的条件下，人们只能为生存而四处奔波，没有旅游的物质基础，因而没有旅游，只有为生存而进行的迁徙。进入奴隶社会，人类历史发展到一个新的时期，社会分工扩大，生产力水平提高，贫富差距产生，奴隶制的发展与繁荣为人们外出进行经商、宗教等方面的旅行活动提供了物质条件。但这种最原始的旅行，受社会条件和生产力落后的限制，只局限在极少数人范围内，无论从规模来看还是从地域范围来看都很小。近代资产阶级革命的爆发和随之而来的产业革命，使生产关系发生了深刻变革，生产力有了极大提高，社会财富急剧增长、城市化进程加快，人们的工作性质、生活方式和外出旅游活动随之发生改变。第二次世界大战后，世界局势的相对缓和和趋于稳定、全球经济的恢复与快速增长、国民收

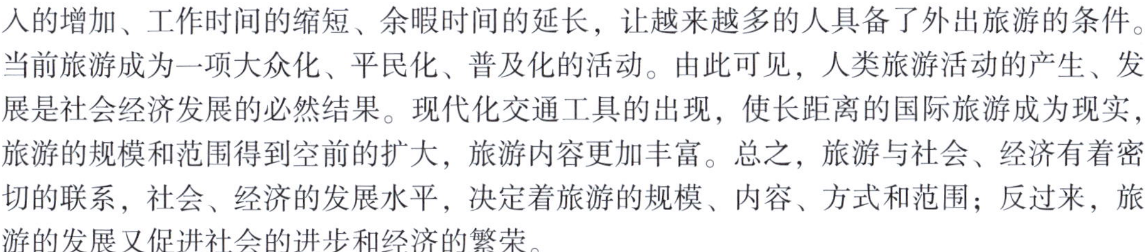

入的增加、工作时间的缩短、余暇时间的延长，让越来越多的人具备了外出旅游的条件。当前旅游成为一项大众化、平民化、普及化的活动。由此可见，人类旅游活动的产生、发展是社会经济发展的必然结果。现代化交通工具的出现，使长距离的国际旅游成为现实，旅游的规模和范围得到空前的扩大，旅游内容更加丰富。总之，旅游与社会、经济有着密切的联系，社会、经济的发展水平，决定着旅游的规模、内容、方式和范围；反过来，旅游的发展又促进社会的进步和经济的繁荣。

（二）休闲属性

旅游是一种发生在自由时间的行为，是有别于日常生活与工作状态的活动，属于休闲活动的一种。旅游通常发生在人们的自由时间内，如每日余暇、周末公休日、公共假日和带薪假期。这些自由时间使得人们可以从日常的劳动和生活中解脱出来，进行休闲活动。旅游的目的表现为借助各种可以娱情悦性的活动达到审美体验。旅游不仅仅是简单的移动，而是通过观光、游览、与人交往等活动，达到精神上的愉悦和放松。这些活动与日常的劳动和生存活动有明显的区别，更多地体现出休闲的特性。旅游是众多休闲活动的再组合。在旅游过程中，除了满足基本生理需求的活动外，如吃喝拉撒睡，其他活动如观光、游览、看电视、听广播和音乐、阅读书报、聊天、室内消遣、体育锻炼、观看节目演出、参加俱乐部活动等，几乎都是休闲行为。

（三）消费属性

旅游是一种高层次的消费活动，是一种消费行为而非生产行为。在现代社会中，旅游愈来愈成为人们社会生活的一项重要内容，成为人们物质生活和精神生活的一种需要。随着经济的发展，人们生活水平的普遍提高，收入的增加、闲暇时间的增多，旅游成为民众的普遍性活动。人们外出旅游，或欣赏自然风光、游览名胜古迹，或接触他乡风土人情，或了解异国文化，目的都是调节生活节奏，寻求物质和精神的享受。有些国家已经把旅游列为衣、食、住之后的一项日常生活内容。旅游消费与日常消费有很大的不同。旅游消费是间歇性的，且数额较大，非理性消费居多，其消费大部分是为了追求精神上的愉悦。据统计，2024 年前三季度，中国国内旅游人数已接近 43 亿人次，同比增长约 15%，旅游日益成为我国人民日常生活中的一项重要内容。虽然旅游的发展和普及程度受社会经济水平的影响，但实践表明，旅游正逐渐成为人们日常生活的重要内容。

第三节　旅游活动的构成

旅游是涉及众多方面的综合性社会文化现象。构成旅游活动的基本要素包括：旅游活动的主体——旅游者，旅游活动的客体——旅游资源，旅游活动的媒体（介体）——旅游业。主体、客体和媒体三者相互依存、相互制约、紧密结合，共同构成旅游活动这一复杂的综合性整体——人类生活的高级消费形式，并产生经济效益和社会效益。

一、旅游活动的主体——旅游者

旅游是人的活动，是人类社会实践的一部分，没有旅游者就没有旅游活动，更谈不上使旅游活动成为一种社会活动，所以旅游活动主体是旅游者。作为旅游主体的旅游者是旅游活动最主要的决定因素，也是最活跃的因素。可以说，旅游活动的全过程都是围绕旅游者这一主体进行和展开的。

旅游者旅游活动规模的不断扩大，使得外出旅游的人群形成一个具有足够规模的市场，产生可借以经营的多种商业机会，进而促进了旅游业的发展。作为一个“市场导向的行业”，从诞生的那一天起，旅游业的一切工作都是针对和围绕旅游者的需求而展开的。旅游活动的历史发展证明，旅游实践是先有旅游者的旅游活动，而后才有旅游业的经营活动。作为旅游活动主体的旅游者的数量、消费水平、旅游方式等，将直接影响和决定旅游业的发展水平及其内部构成。

旅游资源作为旅游活动开展的对象，其开发和利用也直接受到旅游者的客源结构、旅游流向以及旅游活动变化规律的影响和制约。一个地区的旅游开发通常是以客源市场为导向、以旅游资源为依托的。

旅游者作为旅游活动的主体，是处在一定社会关系之中的、具有一定社会文化背景的人。旅游者来自不同国度，属于不同民族，具有不同的生活方式和不同的思想情感。他们离开长住地前往异国他乡，不可避免地要与目的地社会的人群接触、交往，而产生一系列复杂的社会关系。而这种接触与交往既是旅游者访问异国他乡的客观结果，也是旅游者外出旅游的重要动机之一。

一个人能否成为旅游者还受到多种主客观条件的制约。就主观因素而言必须具有旅游动机，而客观因素包括必须具有一定的可随意支配收入和闲暇时间。此外，还有其他一些客观条件。一个人只有同时满足个人旅游需求的主观条件和客观条件，才能成为现实的旅游者，实施其旅游活动。

二、旅游活动的客体——旅游资源

旅游资源是旅游活动得以开展的物质基础，是吸引旅游者、激发旅游者旅游动机的直接因素，也是旅游业创收的前提。因此，旅游资源是一个国家和地区旅游业赖以存在和发展的最基本条件。人们之所以愿意到某个地方或某个国家去旅游，是因为那里存在对他们有吸引力的因素，包括自然因素、人文因素。不同的地域组合和表现特征成为吸引旅游者前往的决定性因素。显然，如果没有旅游资源所构成的具有吸引力的环境，旅游者不会前来访问，旅游活动也不能得到开展。尽管旅游者也会考虑旅游目的地的生活条件和服务水平，但这些都是旅游者选择旅游活动时考虑的次要因素。旅游资源由于自然和人文要素的组合不同而各具特色，既不可移动，又不可替代，只有身临其境、亲历其事才能真切感受到，进而获得真正的精神满足。

一个国家或地区旅游资源的特色和丰富程度是其旅游业发展成功的客观基础。对旅游资源的利用与开发水平，将直接影响到这个国家或地区旅游的规模、类型及发展水平。

旅游资源类型多种多样，自然因素、人文因素或其他任何因素以及由它们共同组合所形成的综合体，均可构成对旅游者的吸引力。

三、旅游活动的媒体——旅游业

旅游业是连接旅游主体和旅游客体的中介，即为旅游活动提供各种服务、安排，使旅游者旅游动机与愿望得以实现，并使旅游者从中得到最大满足和精神愉悦的那部分因素，我们也称其为旅游媒体。在近代旅游业产生以前，旅游活动主要是一种自发的、少数人参加的活动，旅游主体和客体直接联系；旅游者外出旅游活动大多表现为漫游探险等方式，缺乏对旅游客体的了解和认识；由于缺乏旅游设施和旅游服务，旅游者的旅游活动缺乏组织性，存在诸多不便。因此，早期旅游活动规模小、范围小。而旅游业自诞生之后，便在旅游者和旅游资源之间起到了媒介和桥梁作用。旅游业提供各种旅游供给以及对旅游市场进行组织，使得旅游活动方便易行，从而大大推动了旅游发展。

旅游活动三大要素互为依托和制约，构成一个统一的整体，任何一个要素发生变化都会影响到另外两个要素。旅游者的需求决定着旅游资源的类型和旅游业的发展程度，如旅游者的流量、流向和兴趣爱好的变化，必然影响旅游资源的开发建设规模、层次、类型，也会影响到旅游媒体中旅行社、旅游交通和饭店等旅游企业的运营情况；而旅游资源的成功开发或新景观、主题公园等建设，又会引起旅游者流向、流量的改变，进而引起旅游媒体在结构、规模等方面的变化；旅游交通、饭店以及旅行社等旅游业的发展水平和服务质量直接影响着旅游者的体验和满意度，更是会影响旅游目的地的社会效益和经济效益。

第四节　旅游活动的类型与特征

当今的旅游已涉足广阔的空间，深入社会、经济、政治、科学、文化、民族、宗教等各个领域，扩大到社会生活的各个方面，因而，旅游项目也具有多样性，呈现出不同的旅游形式，而且大量交叉进行。随着时代的进步，不断有新的旅游形式被创造出来。因此，无论是在旅游理论研究方面还是在旅游业经营管理方面，都需要对旅游活动的类型进行必要的划分，以透彻认识和分析不同类型旅游活动的特点。

一、旅游活动类型

由于旅游是一种综合性的社会现象，并且不同类型旅游活动之间存在着大量的交叉和联系，因此关于旅游的类型，目前国内外尚无统一的划分标准。人们往往根据自己的研究目的和角度，选用不同的划分标准，因而所划分的旅游类型也各异。根据旅游类型的多角度划分，可以归纳出以下几种类型：

（一）按照地域范围划分的类型

按照地域范围，旅游可分为国际旅游和国内旅游。

国际旅游是指一个国家的居民跨越国境到另外一个国家的旅游活动，包括入境旅游和出境旅游。前者指外国居民到本国的旅游活动，后者指本国居民到他国的旅游活动。由于特殊政治背景和历史的诸多原因，中国的出境旅游指的是中国公民（目前不包括港澳台居民）跨越国境和某些特定的界线到其他国家或特定行政区域的旅游活动。因此，我国内地（大陆）旅游统计资料上，将港澳台游客赴内地（大陆）旅游、内地（大陆）游客赴港澳台旅游也纳入国际旅游中。

国内旅游是指公民离开自己的惯常居住地到本国境内的其他地方进行的旅游活动，按旅游出行范围的大小通常分为地方性旅游、区域性旅游和全国性旅游等类型。

地方性旅游，一般是当地居民在本区、本县、本市范围内的旅游。实际上是一种短时间、近距离的参观游览活动，多数和节假日的娱乐生活活动相结合，时间短，活动项目较少，常是亲朋好友或家庭、小集体自发组织的旅游方式。地方性旅游又分为区域性旅游和全国性旅游。区域性旅游，指离开居住地到邻近地区进行的旅游活动。如石家庄某单位组织的北京三日游、上海组织的杭州二日游等。全国性旅游，指跨多个省份的旅游，主要指到离居住地更远的地方进行的旅游活动。如北京旅游者到广东省、海南省、云南省等地进行旅游活动。有的学者将离开居住地 1 000 公里以上的旅游活动称为远程旅游，在一定程度上等同于全国性旅游。

（二）按照活动内容与目的划分的类型

旅游者外出旅游的内容和目的各不相同，由此可分为观光旅游、度假旅游、商务旅游、个人家庭事务旅游、宗教旅游、研学旅游、购物旅游、特种旅游等。

1. 观光旅游

观光旅游是自古以来国内外最常见、最普遍的一种旅游形式，它是以到异国他乡游览自然风光、观赏名胜古迹、领略民俗风情为目的的旅游。目前，我国大多数国内旅游和接待的大多数入境旅游者都属于这类旅游。例如，美国科罗拉多大峡谷和尼亚加拉大瀑布、澳大利亚的大堡礁、埃及吉萨金字塔、希腊巴特农神庙，以及我国的十大风景名胜（包括北京故宫、万里长城、承德避暑山庄、西安秦陵兵马俑、长江三峡、桂林山水、杭州西湖、苏州园林、安徽黄山、台湾日月潭），都是观光旅游者向往的地方。

观光旅游活动的基本特点是“走马观花”，旅游者对旅游目的地社会生活的参与程度通常较低。对旅游目的地来说，观光旅游产品难以吸引旅游者多次重复购买或故地重游。

2. 度假旅游

度假旅游是近年来日益受旅游者青睐的一种旅游形式。一方面，由于人们生活水平不断提高，可自由支配收入增加，带薪假期延长，人们逐渐有时间与资金去旅游；另一方面，经济的发展和科技的突飞猛进，造成生活、工作节奏越来越紧张，人们逐渐由过去热衷的观光旅游转而向往休闲的度假旅游。他们中有为了疗养的，有为了避暑的，有为了避寒的，有为了休闲消遣的，利用较长的假期到风景名胜地，或森林，或海滩，或温泉，或山庄，或乡村度假，追求闲情逸致，消除疲劳，使身心得到放松，促进身心健康。西班牙南部阳光海岸、美国夏威夷群岛均是度假旅游的好地方。1992 年，我国国务院批准试办了 12 个国家级旅游度假区，这成为中国度假旅游业的起步。截至 2023 年 1 月，我国共有 60 个国家级旅游度假区。

一般来讲，度假旅游活动的特点包括多为一地式停留；在目的地的停留天数相对较多（同时也存在周末短期度假）；旅游消费水平较高；旅游活动节奏比较悠闲；旅游活动内容随意自由。

3. 商务旅游

商务旅游是最早出现的旅游形式之一。当今世界经济发展向全球化方向迈进，商务旅游在旅游市场中的地位和作用日益凸显。商务旅游市场由一般商务旅游、会展旅游和奖励旅游组成。商务旅游者多为白领阶层，文化程度高，收入和消费水平高，活动范围广，旅行经验丰富，重游率很高。商务旅游发展对饭店类型、功能、设施、服务等有一系列特定要求，突破了原有集食、住、购、娱为一体的观光型饭店格局，代之以商务型、会议型、展示型和套房型饭店结构，因此商务旅游的发展不仅可以推动饭店业的变革与创新，更重要的是给旅游目的地国家和地区带来商务、投资、贸易机会，以及当今世界最新的商贸、科技信息，能有力地促进当地经济发展。

商务旅游活动的开展通常具有重复率高、无季节性、消费水平高、对价格不敏感等特点。因此，商务旅游是一个价值很高的市场，航空公司和城市饭店对商务旅游者格外重视。

4. 个人家庭事务旅游

探亲访友、寻根溯源、新婚蜜月旅游是一种因个人或家庭事务而进行的特殊旅游，也是一项较为普遍的旅游活动，古今中外都有。改革开放以来，不少港澳台同胞和早年漂泊在外的华侨及其子女，以及曾在中国生活、工作过的外国朋友，以探亲访友形式来中国旅游。他们把故地重游、寻根问祖、联络亲情看作是一项十分有意义的活动。这类旅游在国外也很普遍，如美国黑人赴非洲的寻根探亲、一些白人到欧洲故国的寻梦求根活动等。

5. 宗教旅游

宗教旅游是一种古老的旅游形式，且一直延续到现在，主要是宗教信徒以前往宗教圣地朝拜为目的的出游活动。宗教信徒出于对宗教信仰的虔诚，每年都要到所信仰的宗教遗址、宗教建筑去朝访。印度的那烂陀寺、泰国的玉佛寺、印尼的婆罗浮屠、法国的巴黎圣母院、英国的威斯敏斯特大教堂、意大利的佛罗伦萨大教堂、德国的科隆大教堂、巴西的圣保罗大教堂和巴西利亚大教堂、墨西哥的瓜达卢佩圣母堂，还有中东的麦加、麦地那、耶路撒冷等，每年都吸引了大量旅游者。因此，宗教旅游至今仍是一项较重要的旅游活动。

6. 研学旅游

旅游是人生时间、空间的一种延展，其中一个重要目的和效用就是学习知识、增加阅历。研学旅游是旅游项目中的古老品种，历史上，游与学一直紧密结合在一起，“读万卷书，行万里路”就是经典写照。孔子以周游列国著称，他曾率领学生遍踏山川都邑，广求知识，丰富阅历，考察政风民情，宣传礼乐文化长达 14 年，堪称世界研学旅游的先师和典范。在现代，随着世界各国之间文化交流的加强，研学旅游得到迅速发展。各国之间相互派送留学生、培训生，学习对方的文化、历史和科学技术。一些在校学生也利用假期到他国访问、研学，增进对他国文化的了解。《国民旅游休闲纲要（2013—2020 年）》提出逐步推行中小学生研学旅行。研学旅游主题活动可以根据学生的需求和学习目标来确定，例如历史文化、科学技术、生态环境等。通过主题活动，学生可以深入了解相关领域的知识，加深对知识的理解和记忆。

7. 购物旅游

购物旅游是一种以购买异地商品为主要内容的旅游活动。它是随着社会经济发展、交通发达、人们生活水平提高而逐渐发展起来的一种购物与观光游览相结合的旅游方式。不少国家和地区利用游客渴望购物的心理，大力发展具有各种民族特色的土特产品、手工艺品和精巧美观的纪念品，以及迎合外来游客口味的名牌烟酒、化妆品和日用消费品，作为招徕游客创收的重要手段。例如，新加坡专门建立了手工艺中心，制造、展出各种具有地方色彩的手工艺品，并让游客参观制作过程，购买产品留作纪念。随着国内收入水平的普遍提高，出境进行购物旅游的人数日益增多。

8. 特种旅游

特种旅游是一种新兴的、方兴未艾的旅游形式，它是观光旅游和度假旅游等常规旅游的升级，是对传统常规旅游形式的发展和深化，因此是一种更高形式的特色旅游活动，也被称为“专题旅游”“专项旅游”“特色旅游”等。特种旅游是指为满足旅游者某方面的特殊兴趣与需要，定向开发组织的一种特色专题旅游活动。它的特征在于旅游生态环境和文化环境的原始自然性，旅游项目和线路的新奇探险性，旅游形式的自主参与性。人们为了丰富生活，拓宽视野，挑战自然，进行的探险旅游、生态旅游、森林旅游、冰雪旅游、观鸟旅游等，即为特种旅游。江河漂流、山崖攀登、沙漠探奇、海底寻秘为探险旅游者创造了富有刺激性的环境；极地考察、攀登世界屋脊珠穆朗玛峰成为当前世界探险旅游的热点。

（三）按照组织形式划分的类型

按组织形式划分，旅游可分为团体旅游和散客旅游。

团体旅游（Group Inclusive Tour，GIT）也称“集体综合旅游”，是由一定数量的旅游者组织起来以团体方式进行的旅游活动。旅游者一般按旅行社制定的日程、路线、交通工具、收费标准等进行抉择后事先登记并付款，到时成行。按照国际旅游行业的惯例，团体或团队一般是指同行人数至少为 15 人的旅游团。针对同行人数达到这一规模的团体消费者，旅游供应商通常会实行某种优惠的团体价格。我国旅游行业的现行惯例则是将同行人数至少为 10 人（含随团导游人员）的旅游团界定为团体或团队。对旅游消费者来说，团体旅游的主要优点是省心省力、安全感强、享有价格优惠。但团体旅游的缺点也很明显，主要表现为旅游者在开展活动方面会受原定计划安排和集体统一行动的限制，不能随意由个人自主安排，缺乏灵活性。对旅游经营者来说，团体旅游业务的主要优点是有利于组织相关服务产品的批量生产，从而降低单位服务产品的生产成本。

散客旅游又称自助游或自由行，是指旅游者根据个人兴趣自行设计旅游路线和活动项目，以个人、家庭或朋友（依照我国旅游行业的现行惯例，指 9 人以下的散客）结伴而行，零星现付各项旅游费用的旅游方式。散客旅游者有时也可能会要求旅行社根据自己的意愿，专门为自己安排整套的全程旅游服务，如代办入境、出境、过境临时居住和旅游签证，提供导游服务等。它的特点是自由灵活，随机性强，不受集体统一活动的限制，旅游费用可根据本人情况自行掌握，但购买旅游产品或服务时不像团体旅游那样能获得价格优惠，一般较团体旅游价格高。

除了以上三种分类方法以外，还有按照旅游路程长短分为短程旅游、中程旅游、远程旅游，按照旅游者年龄分为儿童旅游、青年旅游、中年旅游、老年旅游，按照享受程度分为豪华旅游、标准旅游、定制旅游，按照费用来源分为自费旅游、公费旅游、奖励旅游，按照交通工具分为航空旅游、铁路旅游、汽车旅游、徒步旅游、骑车旅游、游轮旅游，按照旅游资源分为海岸带旅游、温泉旅游、森林旅游、名山旅游、农村旅游、民族风情旅游、江河旅游、美食旅游等。总之，随着旅游的发展和人们需求的变化，旅游的种类也逐渐增多。

二、旅游活动的特征

旅游的活动内容和形式随着时代的发展而演变，但是它最本质的特性则不因时间的流逝而变化，始终贯穿在人类的旅游活动中。旅游活动的特征主要表现以下几个方面：

（一）异地性

旅游是人们离开常驻地到外地而进行的活动，也就是说旅游通常发生在居住地之外，人们前往不同的地方进行休闲、娱乐、探索等活动。这种异地性为人们提供了脱离日常生活、体验不同文化和环境的契机。

（二）暂时性

根据相关旅游定义，一般性的旅游体验通常是一次性的，持续时间较短。这种短暂性使得人们能够迅速体验到不同的风土人情，增加了旅游的多样性和丰富性，同时人们还需要在旅游结束后回到日常生活工作中。

（三）审美性

旅游活动是人进行自由审美的强化的实践形式，追求身心愉悦、获取最大的审美享受是每一个旅游者的愿望。老子在两千多年前就说："夫得是，至美至乐也。得至美而游乎至乐，谓之至人。"他把"至美""至乐"即一种超然之上的美感、快感归结为游的最高旨趣，是至今发现的关于旅游活动审美的最早的观点。在旅游活动中，自然美、艺术美、生活美、服务美……融为一体，审美需求、审美情趣、审美感受……贯穿于旅游活动全过程。自然界中的名山大川、嶙峋奇石、小桥流水、大漠孤烟、黄昏夕照、松柏竹梅……传统文化中的戏剧绘画、音乐舞蹈、园林建筑……乃至各种适应旅游者求新、求奇、求险心理而出现的娱乐活动，无不处处洋溢着美、渗透着美，滋润着旅游者的心灵。旅游活动中的一切，有的表现为静态美，有的表现为动态美，总之都审美化了。旅游者在欣赏自然风光之美、文化艺术之美和社会生活之美中，感受万物的存在与运动的意蕴，从而物我融合，景我融合，最终使心灵得到慰藉。

（四）休闲娱乐性

从旅游活动的时间和内容来看，休闲娱乐是旅游活动不可缺少的组成部分。从旅游的兴起和发展来看，休闲娱乐是主要目的，近代旅游更是以观光休闲娱乐为主。

再从旅游活动的具体组成来看，除去维持生命系统的活动外，其他许多活动，如观光、游览、摄影、体育运动、观看表演、欣赏音乐、人际交往、观赏花卉……几乎都是休闲行为；而由于生活节奏的加快和人们对文化内涵的追求，娱乐越来越成为旅游的重要部分，因而参与性、刺激性强的娱乐活动更被旅游者看好。所以，积极向上的休闲娱乐活动，既能使旅游者得到放松，恢复体力、增进健康，又能愉悦身心、增长知识，更能培养兴趣、陶冶情操。

（五）流动性

旅游的异地性，决定了旅游的流动性。因为旅游者旅游动机的实现，必须通过交通工具实现旅游者从居住地向旅游目的地的转移，从一个景点向另一景点的转移，从一个旅游游览区向另一个旅游游览区的转移，这种不间断的转移就产生了流动。

（六）多样性

旅游是一种综合性的活动，涉及食、住、行、游、购、娱等多个方面。这些方面相互关联、相互影响，共同构成了一个完整的旅游体验。同时，现代旅游业提供了丰富的旅游产品和服务，使旅游体验变得更加多样化。

第五节　新时代旅游活动的发展趋势

旅游活动的发展与社会经济的发展是一脉相承的，随着国际竞争力、社会经济、科学技术、生态环境的改变，人们生活水平的提高及旅游意识的增强，旅游活动的发展趋势与前景备受各行各界关注。因此，本书结合“一带一路”倡议、乡村振兴、文化复兴、新一百年目标、“十四五”规划、智慧化发展、高质量发展等新时代背景，综合考虑旅游者需求、旅游活动现状等，将旅游活动的发展趋势总结如下。

一、旅游活动由“量”到“质”转变

经过 40 多年的发展，我国已经成为全球最大的国内旅游市场和出境客源市场。在以点带面、全面开花的旅游发展过程中，粗放式的旅游已经不适用。今天的游客需求及发展目标，未来旅游活动的高质量发展，要求重新审视过去的要素、投资、开发等逻辑，结合旅游主体的需求，科学优化旅游资源配置，优化旅游媒体的管理经营活动，实现旅游活动的高质量、精细化转型。

二、旅游活动的多元化和个性化发展

随着人们物质生活的提高、旅游消费的升级、消费结构的变化、信息网络的发展、行业竞争的加剧等，旅游的消费需求呈现出个性化和差异化的趋势。《扩大内需战略规划纲要（2022—2035 年）》指出，大力发展度假休闲旅游，拓展多样化、个性化、定制化旅游产品和服务。旅游产业正在经历深刻变革，“资源为王”让位于“产品能力为王”，游客需求转向个性化、多样化、细分化，旅游出行方案扩展为乡村游、周边游、露营热。同时民俗体验游、追求“松弛感”的休闲慢游、音乐节及艺术展与演艺剧场文化游、Citywalk 等主题旅游活动受到偏爱。消费者对旅游活动的需求越来越多样化，旅游服务业也必须更加注重个性化服务。

三、旅游活动的智慧化发展

随着 5G、人工智能、大数据、区块链等技术的不断发展，各种智能设备应用到旅游行业，“互联网+旅游”模式成为未来主流趋势，数字化、智慧化旅游成为旅游活动新场景。智慧化可以提高旅游活动过程中游客的体验感和旅游服务质量，也为旅游活动提供了新的营销和运营手段。VR、AR、AI 等技术有助于我们“活化”历史文化资源；线上预订是游客开展旅游活动前的主要预订方式；旅游人、官媒、商业链等的官方账号是旅游者旅游攻略的主要来源。

四、旅游活动的跨界融合发展

旅游带动经济发展的作用日趋明显，各行各业和旅游融合创新，逐步实现了业态融合、产品融合、市场融合、服务融合，如农文旅融合、文旅+康养、文旅+IP 等。旅游跨界融合丰富了旅游活动的类型，满足了游客多种多样的旅游需求。例如，阳澄湖服务区以

“梦里水乡诗画江南”为主题，保留了粉墙黛瓦的古典苏派建筑风格，建筑总面积达到了40 000平方米。服务区内一共有3个迷你园林，分别是荷风、木樨、修竹，还有一个展示苏绣、宋锦、扇面等苏州非遗技艺的非遗展馆，科技馆拥有裸眼3D设备，帮助游客探索历史和文化。

五、旅游活动的文化体验发展

党的二十大报告指出：“坚持以文塑旅、以旅彰文，推进文化和旅游深度融合发展。”高品质的文化塑造高品质旅游的内核。文化创意、数字文化和智慧旅游等业态，云娱乐、云展览、云旅游、沉浸式体验等文旅新场景，通过文化景观的塑造、文化艺术展演、文化遗产活化、文化传统传承、文化智慧重现等方式丰富游客的文化体验活动。

课后练习

一、单选题

1. 我国“旅游”的释义最先出现在（　　）。

A.《悲哉行》　　B.《尔雅》

C.《现代汉语词典》　　D.《辞源》

2. 下面选项中，不是旅游活动的构成要素的是（　　）。

A. 旅游者　　B. 旅行社　　C. 旅游资源　　D. 文化旅游局

3. 旅游活动的开展能增进各国人民了解和友谊，缓和国际关系，这体现了旅游的（　　）属性。

A. 经济　　B. 文化　　C. 社会　　D. 政治

二、多选题

1. 关于旅游的概念，下面说法正确的有（　　）。

A. 旅游必须是旅游者离开自己的定居地到异国他乡以休闲愉悦为目的的活动，不以谋生和营利为目的

B. 旅游是旅游者前往旅游目的地做短暂停留的活动，它完全不同于移民性质的长期居留，因为旅游者不会在旅游目的地要求就业

C. 旅游是旅游者旅行和暂时居留而引起的各种现象和关系的总和，更多表现为旅游者的异地生活体验

D. 旅游是一种经济性活动

2. 现阶段旅游的基本属性是（　　）。

A. 消费属性　　B. 休闲属性　　C. 社会属性　　D. 经济属性

3. 旅游活动的特征有（　　）。

A. 异地性　　B. 暂时性　　C. 经济性　　D. 愉悦体验性

三、填空题

1. 旅游是人们离开__________前往__________以寻求__________为主要目的的旅行和__________的一种生活方式。

2. 旅游的本质：旅游是一种__________消费活动；旅游是一种__________

的精神活动；旅游是人类的一项综合性的____________。

3. 按照活动内容和目的划分，旅游分为_______、_______、_______、_______、_______、_______、_______、_______。

4. 旅游活动最主要的决定因素是____________；旅游活动得以开展的物质基础是____________。

四、判断题

1. 党的二十大报告中提出：“加大文物和文化设施保护力度，加强城乡建设中历史文化保护传承，建好用好国家文化设施场馆。坚持以文塑旅、以旅彰文，推进文化和旅游深度融合发展。”（ ）

2. “读万卷书，行万里路”，外出留学是修学旅游。（ ）

3. 按照费用来源，旅游活动分为自费旅游、商务旅游、公费旅游、会展旅游、奖励旅游等。（ ）

五、简答题

1. 你认为旅游活动的跨界融合可以有哪些形式？

2. 简述 AI 对旅游活动有哪些影响？

第三章　旅游者

学习目标

知识目标：

1. 理解旅游者的定义；
2. 掌握旅游者形成的客观因素和主观因素；
3. 熟悉旅游者的类型及其需求特点；
4. 熟悉新时代旅游者行为演变趋势。

能力目标：

1. 理论联系实际分析旅游者形成的客观因素和主观因素，培养学生观察和思考问题的能力；
2. 正确理解不同类型旅游者的行为特征，培养和强化学生对服务主体的认知能力。

素养目标：

1. 从文化自信、社会主义精神文明建设等角度规范旅游者行为；
2. 提高旅游者素质，做文明旅游者。

难点与重点

1. 旅游者的定义；
2. 旅游者产生的主客观条件；
3. 新时代旅游者行为演变趋势。

案例导入

新型旅游方式——“城市漫步”

近年来，随着旅游业的不断升级和人们消费观念的不断提高，Citywalk（城市漫步）作为一种慢节奏的轻松旅游方式在国内开始兴起，逐渐成了人们出游的新选择。“凭空出世”的Citywalk为什么会成为旅游新时尚呢？最直观的理由当然包括现代人们对自由、个性化旅游的需求，以及它更加环保节能，符合现代人“低碳出行”的理念。“城市漫步”所具有的独特属性还可以满足年轻人的社交需求，对于平时奔波忙碌的上班族乃至大学生来说，能够通过一个并不拘泥尴尬的团体活动，和同龄人一起探索城市，漫步聊天，共同度过一个新奇的周末，这无疑是非常棒的社交体验，也能满足年轻人的交友、娱乐等需求。作为一种新型旅游方式，“城市漫步”开始在社交媒体上走红。不少网友在平台上晒出了自己的路线图，相关的笔记已经超过40万篇，浏览量超过6 000万。不过，在“城市漫步”的过程中，一些隐性收费、领队资质等问题也同样引发了热议。

不同于传统的打卡式旅游，“城市漫步”并不需要大费周章地定线路、做攻略，但也并非完全漫无目的。在社交媒体上，晒出的路线也是五花八门。一张老地图、一份书店清单、一个“哪边绿灯先亮就先走哪条路线”的自定义规则，都能开启一次城市漫游。

中伦文德律师事务所上海分所律师熊乔认为：如果是小范围内，几个熟悉的朋友一起相约凑钱玩没有问题。但是如果经常性地安排活动，比如向社会公众征集报名，并且收取一定的费用，组织“城市漫步”爱好者去一些需要缴费的场所打卡的话，这属于盈利收入，属于盈利活动，需要有证经营，否则涉嫌无照经营。

对于购买此类服务的消费者，律师强调，要注意甄别网络上的虚假信息，关注自身的财产安全和人身安全，避免被骗。

案例改编自：

1. https://baijiahao.baidu.com/s?id=1773628410986794678&wfr=spider&for=pc
2. https://mp.weixin.qq.com/s/ppqSOnSd13b3641igqbz6w

请思考：

1. 新型旅游方式出现的背景是什么？
2. 与传统旅游方式相比，新型旅游者行为特征是什么？

党的二十大报告指出，“我们坚持把实现人民对美好生活的向往作为现代化建设的出发点和落脚点”“坚持以人民为中心的发展思想。维护人民根本利益，增进民生福祉”。旅游业作为“五大幸福产业”之首，关乎广大人民群众生活质量和幸福指数，而旅游者是旅游活动的主体，没有旅游者便没有旅游活动，更不会形成旅游业。旅游业的一切接待服务工作，一切设施设备，全部是围绕旅游者的需求而提供的。因此，旅游者成为旅游研究的主要对象之一。深入研究旅游者的概念、旅游者产生的主客观条件、旅游者的类型与需求特点，对旅游业的发展具有重要的理论意义和现实意义。

第一节　旅游者的概念

“旅游者”是从英文“tourist”翻译来的。1811年，“tourist”这个词出现在英国《牛津词典》上，经过200多年的发展，人们对旅游者的定义不断地进行了探索，游客、观光者、旅行者等称谓都被用来指代旅游者。

一、旅游者的官方定义

旅游者的定义一直为世界及各国的旅游组织和旅游机构所关注。官方定义一开始就特别注意旅游是否跨越国境的问题，由此形成了对旅游者的最基本分类，即国际旅游者与国内旅游者。

（一）国际旅游者的概念

纵观世界各旅游组织对国际旅游者所下的定义，主要包括以下几种：

1. 国际联盟统计专家委员会的定义

1937年，国际联盟统计专家委员会曾对外国旅游者的界定标准和人员范围做了解释和规定：外国旅游者“就是离开自己的居住国，到另一个国家访问至少24小时的人”。

根据国际联盟的解释，可列入旅游者的人员有：

（1）为了消遣、家庭事务及身体健康等目的而出国旅行的人。

（2）为出席会议或作为公务代表而出国旅行的人员（包括科学、管理、外交、宗教、体育等方面的会议或公务）。

（3）为工商业务而出国旅行的人。

（4）在海上巡游度假（cruising）过程中登岸访问的人员，即使其上岸停留时间不足24小时，亦视为来访旅游者（停留时间不足24小时者应分开并作为一类，必要时可不论其通常居住地为何处）。

不能列入旅游者的人员有：

（1）抵达某国就业任职（不管是否订有合同）或者在该国从事营业活动者，均不能列为旅游者。

（2）到国外定居者。

（3）到国外学习的住校的学生。

（4）边境地区居民日常越境工作的人。

（5）临时过境而不停留的旅行者，即使在境内时间超过24小时也不算旅游者。

国际联盟关于旅游者的定义最早对旅游者的范围进行了界定，使业界在测算时有了统一的国际旅游数据，这对各国进行旅游统计、旅游市场营销，以及旅游业的和谐发展具有重要意义。

2. 罗马会议的定义

第二次世界大战以后，经济的快速发展与和平的国际环境促使世界旅游业蓬勃发展，统一世界各国旅游统计口径问题开始真正得到有关国际旅游组织的重视。1963年，联合国在罗马召开了一次由全体成员国参加的国际性旅游会议，即罗马会议。这次会议就各国对旅游者的统计口径进行了新的规范，提出了“游客（Visitor）”这一总体概念。在“游客”下划分两类：一类是过夜旅游者，称为旅游者（Tourist）；另一类是不过夜的当日往返者，称为短途游览者（Excursionist）或一日游游客（Day Tripper 或者 Day Visitor）。

罗马会议对此所作的具体解释为：游客指除了获得报酬的职业以外，基于任何原因到一个不是自己通常居住的国家访问的人。根据这个定义，游客又分为如下类别：

（1）过夜旅游者，即到一个国家做短期访问至少逗留 24 小时的游客。其访问目的可属下列情形之一：

①消遣（包括娱乐、度假、疗养保健、学习、宗教、体育活动等）；

②工商业务、家庭事务、公务出差、出席会议。

（2）短途游览者或一日游游客，即到一个国家做短暂访问，停留时间不超过 24 小时的游客（包括海上巡游过程中的到访者）。

这一定义不包括那些在法律意义上并未进入所在国的过境游客，如没有离开机场中转区域的航空旅客。

3. 世界旅游组织的定义

世界旅游组织在 1981 年出版的《国内与国际旅游统计资料收集与提供方法手册》一书中，使用排除法，对国际游客的统计口径做了界定，并向全世界推荐。

根据世界旅游组织对国际旅游者的定义，应该列入国际游客的人员范围包括：

（1）为了娱乐、医疗、宗教、家庭事务、体育活动、会议、学习或过境进入另一国家者。

（2）外国轮船船员或飞机机组成员中途在某国短暂停留者。

（3）停留时间不足 1 年的外国商业或公务旅行者，包括为安装机械设备而到达的技术人员。

（4）负有持续时间不足 1 年使命的国际团体雇员或回国进行短期访问的旅行侨民。

不应该列入国际游客的人员范围包括：

（1）意图向目的国移民或在该国谋求就业者。

（2）以外交官身份或军事人员身份进行访问的人员。

（3）任何上述各类人员的随从人员。

（4）流亡者、流浪者或边境上的工作人员。

（5）打算停留 1 年以上者。

根据世界旅游组织对国际旅游者的解释，国际游客又可以分为国际旅游者（International Tourist）和短程国际旅游者（International Excursionist）。国际旅游者是指在目的国的住宿设施中至少度过一夜的游客。短程国际旅游者是指未在目的国住宿设施中过夜的游客，其中包括乘坐游船的乘客，这些乘客可能在所停靠的港口地区进行多日访问，但每天回到船上住宿。短程国际旅游者不包括正在过境途中的乘客，如降落于某个国家但未在法律上正式进入该国的航空班机过境乘客。

世界旅游组织的定义与罗马会议提出的定义相比较，二者反映的内容基本一致，唯一的区别在于个别条款的解释上。

4. 我国对国际旅游者的定义

与西方国家相比，我国旅游业起步较晚。随着改革开放的实施，我国招徕了大批海外游客，国际旅游业务迅速发展。在这种形式下，1979 年，我国统计局根据我国的实际情况，从统计工作的需要出发，参照国际定义，将国际旅游者定义为：旅游者是指来我国参观旅行、探亲、访友、休养、考察或从事贸易、业务、体育、宗教活动、参加会议等的外国人、华侨和港澳台同胞。

此外还规定了不属于旅游者的八种人：

（1）应邀来华访问的政府部长以上官员及其随行人员。

（2）外国驻华使、领馆官员，外交人员以及随行的家庭服务人员和受赡养者。

（3）在我国驻期已达一年的外国专家、留学生、记者、商务机构人员等。

（4）乘坐国际航班过境，不需要通过护照检查进入我国口岸的中转旅客。

（5）边境地区（因日常工作和生活而入出境）往来的边民。

（6）回大陆定居的华侨、港澳台同胞。

（7）已在我国大陆定居的外国人和原已出境又返回我国大陆定居的外国侨民。

（8）归国的我国出国人员。

为了便于统计，从技术的角度我国规定，来华海外游客是指因上述原因和目的，离开其长住国（或长住地区）到我国大陆访问，连续停留时间不超过 12 个月，并且在我国大陆活动的主要目的不是通过所从事的活动获取报酬的人。其中长住国（或地区）是指一个人在近一年的大部分时间内所居住的国家（或地区），或者虽然在这个国家（或地区）只住了较短的时间，但是在 12 个月内仍将返回的这个国家（或地区）。

目前，世界各国在对国际入境旅游者进行界定和统计时，都以罗马会议或者世界旅游组织的解释为基准。因此，可以认为，世界各国对于国际入境旅游者的界定在原则上已经达成共识。

（二）国内旅游者的概念

国内旅游与国际旅游的根本区别在于是否跨越国界。目前世界各国都有自己关于国内旅游者的定义，在使用标准上还没有统一，主要原因在于各国对于国内旅游者的范围划定或定义问题一直存在差异。

1. 世界旅游组织的定义

1984 年，世界旅游组织参考国际旅游者的定义，给出了国内旅游者的定义。其采用的界定标准与国际旅游者的界定标准基本一致。世界旅游组织把国内旅游者分为国内旅游者和不过夜国内旅游者。国内旅游者是指任何以消遣、闲暇、度假、体育、商务、公务、疗养、学习和宗教等为目的，而在其居住国，不论国籍如何，所进行的 24 小时以上的、1 年之内旅行的人。不过夜国内旅游者是指基于以上任一目的并在目的地逗留不足 24 小时的人。

2. 相关国家的定义

由于各国国内旅游情况复杂多样，一些指标难以把握，因此各国在参考国际旅游组织所提出的国内旅游定义的基础上，结合本国具体情况又分别提出了自己的定义。最常见的有两种类型。

第一类是以外出距离为标准来区分是否属于国内旅游者。如加拿大政府对国内旅游者定义是：离开所居住社区的边界到至少 50 英里以外的地方去旅行的人。美国国家旅游资源评审委员会及美国调查统计局使用的定义与加拿大政府部门的定义基本相同。1973 年，美国国家旅游资源评审委员会提出的定义为旅游者是为了出差、消遣、个人事务或者出于工作上下班之外的其他任何原因而离家外出旅行至少 50 英里（单程）的人，而不管其在外过夜还是当日返回。美国调查统计局在其每 5 年一度的“国民旅游调查”中也规定，一次旅游是指一个人外出到某地，其往返路程至少为 100 英里。美国旅游资料中心在其国内旅游调研工作中也使用了外出往返距离至少 100 英里这一规定。这些定义以 50 英里单程为标准区分是否属于旅游者，有一定的合理之处。因为一般情况下，外出单程 50 英里（约 80 千米）以上，基本上超出了自己所居住的城市或社区的界限，其外出消费就会发生在其他城市或社区。从这点看，外出单程 50 英里的标准是合理的。当然，各个城市和社区在面积上有大有小，人们居住的位置也存在差异，只是机械执行单程 50 英里的标准肯定存在不足之处。有时人们外出单程虽然超出了 50 英里，但可能不属于旅游者，这样就会出现旅游统计数字低于实际发生数字的情况。总之，北美各国对国内旅游者的定义的突出特点，就是以人们外出旅行的距离为标准界定是否属于国内旅游者，而不论其是否在外过夜。

第二类是以外出滞留的时间（是否在外过夜）为标准来区分是否属于国内旅游者。例如，以英国为代表的一些国家在判断是否属于国内旅游者时所采用的标准不是距离，而是在异地逗留的时间长度。英国旅游局在每月一度的旅游调查中对国内旅游者的定义是出于上下班以外的任何原因，离开居住地外出旅行过夜至少一次的人。法国旅游行政部门对国内旅游者所做的界定是出于消遣、保健、会议、商务、修学等目的，离开其主要居所，外出旅行超过 24 小时但不足 4 个月的人。这些定义对外出旅游的距离都未做明文规定。这一定义的合理之处在于，以时间为标准统计国内旅游人次，基本上可以比较全面地反映真实情况。因为在通常情况下，一个人外出旅行的路程如果没有超出足够的距离，或者没有超出自己居家所在的范围，他是不会在外过夜的。在这个意义上，这个定义虽然没有明确涉及旅行距离，但关于必须在外过夜的规定，实际上间接地涉及了旅行距离。这一定义同罗马会议和世界旅游组织针对国际旅游者所下的定义要旨基本一致。当然这个定义也存在不足之处，随着科学技术和交通运输事业的进步，人们在 24 小时内能够往返的距离越来越远，许多人外出单程 50 英里以外，能够当日返回。对于居住在城市或社区边缘地区的人，他们往返其他城市或社区往往不需要 24 小时，但是他们在其他城市或社区的消费肯定会对当地的经济产生影响。同时，他们在异地有旅游的特征。因此，无论这些人旅行时间是否超过 24 小时，只要是进入了其他城市或社区，就应该是旅游者，由此可以看出以时间为衡量是否属于旅游者的标准也存在一定的局限性。

综上，各国在定义国内旅游者时标准不一、外延互异，这必然给统计和分析造成很大的障碍。

3. 我国对国内旅游者的定义

虽然我国旅游业起步较晚，但随着改革开放的进行，大量外国旅游者不断涌入，国内旅游业发展迅猛，促使我国对旅游者做出规定。

我国在国内旅游统计中，将纳入国内旅游统计范围的人员统称为国内游客。国家统计局为了统计的需要，对国内旅游者做出相关规定：国内游客是指任何因休闲、娱乐、观光、度假、探亲访友、就医疗养、购物、参加会议或从事经济、文化、体育、宗教活动而离开常住地到我国境内其他地方访问，连续停留时间不超过 6 个月，并且访问的主要目的不是通过所从事的活动获取报酬的人。在这一定义中，常住地是指一个人在近一年的大部分时间内所居住的城镇（乡村），或者虽然在这个城镇（乡村）只居住了较短的时期，但在12个月内仍将返回的这个城镇（乡村）。根据这个解释，国内游客应该包括那些在我国大陆境内住满一年之后，离开其常住地到我国大陆境内其他地方去旅游和访问的外国人、华侨和港澳台同胞。

国内游客分为两类，即国内旅游者和国内一日游游客。

国内旅游者是指我国大陆居民离开常住地在境内地方的旅游住宿设施内至少停留一夜，最长不超过6个月的国内游客。

国内一日游游客是指我国大陆居民离开常住地10千米以上，出游时间超过6小时但不超过24小时，并未在境内其他地方的旅游住宿设施过夜的国内游客。

同时我国还规定，以下人员不在国内游客统计之列：

（1）到各地巡视工作的部级及以上领导。

（2）驻外地办事机构的临时工作人员。

（3）调遣的武装人员。

（4）到外地学习的学生。

（5）到基层锻炼的干部。

（6）到境内其他地区定居的人员。

（7）无固定居住地的无业游民。

需要说明的是，我国对国内游客的定义和世界旅游组织的定义基本一致。但是该定义所界定的国内游客比一般人对国内游客理解的范围要窄。大多数人认为，只要外出到一个景点游玩，对该景点来说就属于游客，但这与国家统计局对国内游客的界定不完全一致。另外，根据该定义对国内游客的界定，一些离开自己的常住地住在亲友家的国内旅游者，也不包括在国内游客统计之中。因此，依照该定义统计国内游客的数字可能会低于实际规模。

二、学术界对旅游者的定义

目前学术界用得比较多的是“旅游者（Tourists）”，但是到底什么样的人才能称为旅游者呢？回答多莫衷一是，大多数有关旅游者的定义都是人们出于不同的学科角度，为了适应各自的工作或研究目的而提出的，因此很难统一。例如，谢彦君教授认为旅游的本质规定取决于旅游的目的，旅游在根本上是一种主要以获得心理快感为目的的审美过程和自娱过程，是为了寻求愉悦而发生的行为，因此愉悦是旅游的内核，据此他提出旅游者是指利用其自由时间并以寻求愉悦为目的而在异地获得短暂的休闲体验的人；田里教授提出旅游者是出于移民、就业以外的其他目的，去异地旅行并在异地做暂时逗留的人；等等。

在借鉴谢彦君教授对旅游者定义的基础上，根据前文对旅游的定义，本书得出旅游者的定义：旅游者是指离开居住地，前往异国他乡以寻求愉悦体验为主要目的的暂时居留的人。

从定义可以看出，旅游者出行目的是寻求愉悦，这种愉悦的获得是一个短暂的过程，并且这个过程主要发生在异地。旅游者的旅游活动发生在其自由时间，是一种休闲活动。

需要指出的一点是，对于旅游者的定义，目前占统治地位的不是学者们的界定，而是官方的定义。这些定义多源于各国或地方政府部门进行旅游统计的实际需要，颇具技术性。

知识链接

概念性定义与操作性定义区别

概念性定义是指从类似的事物中抽取共同属性的活动，经过这一抽象过程所获得的事物的共同属性便是概念。概念（共同属性）反映变量的本质特征。

操作性定义是指根据可观察、可测量或可操作的特征来界定研究变量的定义，即将研究变量的抽象化形式转变为可以观察、测量和操作的具体形式。

概念性定义与操作性定义各有利弊，可以互补。概念性定义是操作性定义的前提和依据；操作性定义则是概念性定义的延续和发展。概念性定义属理论层面的定义，是抽象的、理论的；操作性定义属操作层面的定义，是具体的、可执行的，更加接近现实（实践）。

（资料来源：李方．教育研究的概念性定义和操作性定义［J］．教育学刊，2009（9）：12-15．）

第二节　旅游者产生的条件

在人类社会早期，社会发展水平低下，不存在旅游活动和旅游者。只有社会生产力发展到一定水平之后，才逐步出现了旅游活动，产生了旅游者。一般来说，一个人要成为旅游者，实现其旅游活动，需要具备一些条件。这些条件归纳起来可分为两大类：一是旅游者的客观条件；二是旅游者的主观条件。二者相辅相成，缺一不可。只有同时具备了这两个条件，旅游者才能产生。

一、客观条件

一般认为，旅游者产生的客观条件主要包括旅游者的收入水平、闲暇时间，以及其他客观因素。

（一）收入水平

旅游是一种消费活动，在旅游的过程中，食、住、行、游、购、娱都需要以一定的经济收入为基础。因此，旅游者必须具备一定的经济实力，这是实现旅游活动的首要条件。旅游消费与一般商品的消费不同，它属于享受性消费或发展性消费。因为旅游消费不是用于满足人们基本生理需要而进行的消费，而是人们在物质生活领域、精神生活领域谋求舒适、惬意和满足而进行的支付选择，或者是为了保证人们体力和智力在现有水准之上不断获得发展而进行的消费。因此，一个人要成为旅游者，就必须在生存性需要得到满足后还有剩余的足够自由支付的货币，这样才可能产生旅游需要。第二次世界大战之后，世界旅游之所以得到迅速发展，与客观的经济发展是分不开的。经济的发展使许多国家的人均收入迅速增加，那些经济基础较为雄厚的西方国家更是如此。人们收入水平的提高对旅游的迅速发展和普及起到了极其重要的作用。国际上有这样的统计：当一个国家人均国民生产总值达到800~1 000美元时，居民将普遍产生旅游动机；达到4 000~10 000美元时，将产生到邻国旅游的动机；超过 10 000 美元时，将产生全球旅游的动机。

一个人的收入水平，或者确切地说其家庭的收入水平和富裕程度，往往决定着他是否有旅游需求，也决定着其旅游消费水平的高低。但是一个家庭的收入并非全部用于旅游，实际上真正决定一个人能否实现其旅游需求的是家庭可自由支配收入。国际上通常用可支配收入和可自由支配收入来研究旅游消费。可支配收入（Disposable Income）指的是除全部纳税后的收入；可自由支配收入（Discretionary Income）指的是在一定时期（通常指 1 年）内的全部收入扣除纳税、社会花费（健康和人寿保险、老年退休金和失业补贴的预支等）、日常生活必需消费部分（衣、食、住、行等）以及预防意外开支的储蓄后的剩余部分。可自由支配收入意味着人们可以随意选择其用途，也就是一个家庭真正可用于旅游活动的收入部分。一个人或一个家庭的可自由支配收入越多，旅游的可能性就越大。可以看出，可自由支配收入是旅游者产生的最重要的客观条件。很多研究表明，当一个家庭的收入尚不足以购买基本必需品时，该家庭很少会外出旅游。然而一旦这个家庭的收入超过这一临界点，该家庭用于旅游的消费便会迅速增加。当然，由于消费水平的不同，这一临界点在各国存在差异。世界旅游组织研究表明，当人均 GDP 达到 2 000 美元时，休闲旅游将获得快速发展；当人均 GDP 达到 3 000 美元时，旅游需求出现爆发式增长，旅游形态出现以度假游为主的状态；当人均 GDP 达到 5 000 美元时，该国步入成熟的度假旅游经济，休闲能力和消费需求日益增强并出现多元化趋势。据国家统计局统计，2022 年，我国经济总量突破 120 万亿元，达到 121 万亿元，按年均汇率计算，120 万亿元折合美元约 18 万亿美元，稳居世界第二位。从人均水平来看，2022 年我国人均 GDP 达到 85 698 元，按年平均汇率折算，达到 12 741 美元，我国居民可自由支配收入日益增多。

收入水平不仅影响着人们能否成为旅游者，还影响着旅游过程中的旅游消费水平和旅游消费结构。据英国有关部门统计，旅游消费的弹性系数为 1.5，即每增加一个单位的收入，便会增加 1.5 个单位的旅游消费。国际官方旅游组织联盟（世界旅游组织前身）则估计这一系数为 1.88。同时，收入水平对消费结构影响也很大。这主要体现在如饮食和交通等基本的旅游消费上。旅游消费结构是由食、住、行、游、购、娱六大要素构成的，其中旅游者在前三大要素的消费为基本旅游消费，在旅游活动中是不可或缺的，旅游者要想在前三大要素上削减开支比较困难，而后三大要素上消费为非基本旅游消费，这些要素具有很大的弹性，与前者相比，旅游者在此省钱比较容易。例如，在旅游目的地和旅游方式的选择上，一般说来，经济条件较好的旅游者在旅游目的地的确定上，选择的余地较大，只要旅游目的地有足够的吸引力，他们就能成行，即便是环球旅游也不会产生太大的障碍；而经济条件较差的旅游者在旅游目的地的选择上会受到许多限制，他们只能选择一些与自己经济承受能力相当的旅游目的地。在出游方式的选择上，经济条件较差的旅游者也只能选择一些经济实惠的交通方式出行，等等。

总之，一个人或一个家庭的收入水平意味着其支付能力，而可自由支配收入的水平则决定着他们的旅游支付能力。收入水平影响一个人能否成为旅游者，影响旅游者的消费水平和消费结构，并且影响旅游者对旅游目的地以及旅游方式的选择等。所以，收入水平，特别是可自由支配收入水平是影响旅游需求的最重要的物质基础。

（二）闲暇时间

在影响人们外出旅游的众因素中，闲暇时间也占有非常重要的地位。事实证明，现代社会中，有些人虽然拥有了足够的可自由支配收入，但是却依然不能成为旅游者。其主要原因往往是没有足够的可以自由支配的时间。因此，拥有足够的闲暇时间也就构成了一个人产生和实现旅游需求的又一个基本条件。

一般情况下，人的时间可以分为工作时间、生活时间和闲暇时间三大部分。工作时间是指人们为了维持个人和家庭的生存的必要劳动时间，包括法定的就业工作时间和必要的附加工作时间。生活时间是为了满足人们的生理需要（如吃饭、睡觉等）以及处理日常琐事（如家庭事务、必要的社交活动等）而花费的时间。闲暇时间也可以称为自由时间或可自由支配的时间，是指个人在扣除用于劳动、满足生理需要、参加必要的社会交往活动等之后剩下的可由自己自由支配的时间。换句话说，闲暇时间是指个人拥有的不受其他条件限制，完全可以根据自己的意愿去利用或消磨的人生时间。在闲暇时间里，人们可以通过一些休闲娱乐活动达到放松身心的目的，有助于再投入工作进行生产。所以，从社会角度来看，闲暇时间是以时间形态存在的宝贵的社会财富。

闲暇时间虽然是产生和实现个人旅游需求的必要条件，但是并不是说任何闲暇时间都可以用于参与或完成旅游活动，一个人只有拥有足够的闲暇时间才有可能外出旅游。

从闲暇时间的分布来看，闲暇时间有四种常见的分布情况，即每日闲暇、周末闲暇、公共假日和带薪假期。

（1）每日闲暇。每日闲暇是每天工作（学习）和生活等必需的时间之外的其他时间。这部分时间不是很集中，而是零散地分布在一天的几个时间段中，虽然可以用于开展一些休闲和娱乐活动，如看电视、听音乐、聊天等，但是很难用来外出旅游。

（2）周末闲暇。周末闲暇通常指周末休息时间。自 1995 年 5 月 1 日起，我国开始实施每周 5 天工作制，全年累计周末休息时间达 104 天，人们的闲暇时间大大增加。这为我国居民，尤其是城市居民外出开展近距离旅游活动创造了条件，大大地刺激了城市周边景区的发展。但是由于时间较短，人们难以开展长距离的旅游活动。目前，大多数国家实行了 5 天工作制，周末休息 2 天。甚至一些经济发达的国家还延长周末假日。例如，美国规定每年有 4 次为期 3 天的周末假日；加拿大和法国一些地区实行或准备实行全年 3 天周末假日的制度。周末假日的延长，再加上交通越来越便利，人们外出旅游距离也在相应地延长。

（3）公共假日。公共假日指的是节假日。我国的法定公共假期最初为 1 年 7 天，从 1999 年开始改为 10 天，分别为元旦 1 天，春节、五一国际劳动节、国庆节各 3 天。在实际操作过程中，各地政府均把春节、国庆节前后 2 个双休日合并在一起，因此实际上春节、五一节、国庆节假期各自为 7 天，这为我国居民开展长距离旅游活动创造了条件，被人们称为旅游“黄金周”。2007 年 12 月，国务院采取世界各国公共假日重视传统节日、实行带薪年休假的普遍做法，对我国假日制度进行了综合配套改革，对《全国年节及纪念日放假办法》进行了第二次修订，保留春节和“十一”的 3 天假期，将“五一”假期改为 1 天，元旦 1 天不变，增加清明、端午和中秋各 1 天法定假日。至此，全国法定公共假日为 11 天。2013 年 12 月 11 日，根据《国务院关于修改〈全国年节及纪念日放假办法〉的决定》（中华人民共和国国务院令第 644 号），第三次修改为：“春节，放假 3 天（农历正月初一、初二、初三）。”各地政府也常常把元旦、清明、五一、端午、中秋的前或后一个休息日合并在一起，这些节日各为 3 天，为人们开展外出旅游提供了“小长假”。事实证明，公共假日往往是家人或亲朋好友团聚活动的大好时机，也是人们外出探亲访友或旅游度假的高峰时间。

（4）带薪假期。带薪假期是对就业员工实行的一种带薪休假制度。目前经济发达的国家大都以法律的形式规定，对就业员工实行带薪休假制度。法国是第一个以立法形式规定员工享有带薪假期的国家，它在 1936 年规定每年每个劳动者享有 6 天的带薪假期。此后，各国的带薪假期普遍有所增加，但各国实行带薪假期的时间参差不齐。例如，瑞典员工享有的带薪假期是每年 6 周；美国的带薪假期是每年 2~4 周；西欧各国的带薪假期平均为每年 4 周。通过统计分析可以看出，在西欧国家中，就业员工全年平均时间的 25%~30%为非工作时间，其带薪假期大多数很长，这为开展远程旅游提供了良好的机会。西方大多数旅游都是借助带薪假期进行国际旅游，这在客观上形成了旅游目的地的旅游旺季。目前我国接待的旅行者中，大部分人是利用自己的带薪假期旅游的。

知识链接

我国带薪年休假制度

我国带薪年休假是劳动者连续工作满 1 年后每年依法享有的保留职务和工资的一定期限连续休息的假期。《中华人民共和国劳动法》第 45 条规定，国家实行带薪年休假制度。2007 年国务院颁布《职工带薪年休假条例》（国务院令第 514 号），明确规定，机关、团体、企业、事业单位、民办非企业单位、有雇工的个体工商户等单位的职工连续工作 1 年以上的，享受带薪年休假。职工累计工作已满 1 年不满 10 年的，年休假 5 天；已满 10 年不满 20 年的，年休假 10 天；已满 20 年的，年休假 15 天。国家法定休假日、休息日不计入年休假的假期。2008 年《机关事业单位工作人员带薪年休假实施办法》和《企业职工带薪年休假实施办法》公布实施。至此，我国全面建立起适用于各类用人单位的带薪年休假制度。带薪年休假制度的实行，使劳动者得到更好的休息，有利于劳动者的身体健康，也有利于开展长距离旅游活动。

（资料来源：我国法定年节假日等休假相关标准 https://www.gov.cn/banshi/2012-11/30/content_2279246.htm.）

目前从我国旅游的发展状况来看，我国主要是通过“黄金周”“小长假”和周末闲暇时间来拉动旅游的，享受带薪假期的人也越来越多。我国一些企业实行“奖励旅游”假期，这实际上也是带薪假期的一种形式。

一般情况下，四种闲暇时间中公共假日与带薪假期对人们出游具有更重要的现实意义。因此，旅游经营者应该把重点放在这两类闲暇时间的研究上，以开拓旅游市场和发展不同类型的旅游项目。

闲暇时间不仅决定着潜在的旅游者能否成为现实的旅游者，也影响着旅游者的旅游方式和旅游活动的内容，以及在旅游目的地逗留时间的长短。闲暇时间充裕的旅游者在选择交通工具时有较大的自由，并选择需长时间逗留目的地的旅游项目；闲暇时间较少时，旅游者多会选择消耗时间较少的交通工具、较近的旅游目的地、消耗时间较少的旅游项目，等等。

总而言之，旅游活动的开展需要足够的闲暇时间。而对于就业人员来说，必须拥有一定数量而且相对集中的闲暇时间，特别是带薪假期，才能实现外出旅游。虽然并非所有的闲暇时间都可用于开展旅游，但是闲暇时间，尤其是节假日和带薪假期，仍然是实现旅游活动的重要条件。

（三）其他客观因素

除了收入水平、闲暇时间这两大基本的客观条件外，一个人能否成为旅游者还会受其他一些客观因素的制约。这些客观因素主要有以下几个：

（1）旅游目的地的客观发展程度。旅游目的地的客观发展程度是影响人们是否到该地旅游的一类不可忽视的客观因素，主要包括旅游目的地的社会条件和可进入性。

①旅游目的地的社会条件。旅游目的地的社会条件指的是一个国家的政治经济制度、社会环境及社会治安等方面。如果一个旅游目的地的社会、经济、治安都处于较稳定的状态，旅游者则愿意前往；相反，如果一个旅游目的地的社会动乱、治安条件较差，即使该旅游目的地景点很有吸引力，旅游者也不会前往。目前我国社会环境稳定，经济快速发展，治安状况良好，旅游资源丰富，已经成为全球众多旅游者向往的旅游目的地。

②旅游目的地的可进入性。旅游目的地的可进入性指的是旅游者进入目的地的难易程度，具体包括客源地与目的地之间的空间距离、旅游目的地的交通状况，以及国际旅游中出入境的相关手续等。在这些因素中，交通状况是影响旅游目的地可进入性的关键因素。近年来，我国各地的交通运输都取得了巨大的发展，使旅游者出游更舒适、更安全，大大促进了旅游业的发展。

（2）一个人的身体状况及家庭人口结构。一个人若想出去旅游就必须具备较好的身体条件，否则出门旅游困难重重。从世界旅游的发展来看，青年人外出旅游的比例最大，一个重要原因就是其身体条件较好。根据文化和旅游部对来我国大陆的国际旅游者的统计，年龄在 50 岁以下者占旅游总人数的 80%左右。很多调查表明，老年人，特别是 65 岁以上的老年人中参加外出旅游活动的比例很低。老年人外出旅游比例低的主要原因之一在于年岁已高，身体机能下降，体力不支，外出旅游存在诸多不便。而这才是实质的影响因素。但是随着人们生活水平的提高和医疗保健技术的发展，人类的平均寿命也在不断增长。当今老年人的身体能力状况与二三十年前的老年人相比，有了相当大的提高。20 世纪 90 年代以来，老年人参加旅游的比例逐步增大，老年群体的旅游消费力充分显示出其巨大的发展潜力。为此，一些旅游企业经营者针对老年人市场设计和推出一些专题旅游产品，深受老年人欢迎。“银发旅游者”已经逐渐成为旅游市场上的主力军之一。同时，人口结构在一定时间内也是影响人们能否成为旅游者的一类因素。例如，平均寿命延长，人的身体状况好，再加上降低退休年龄，就会给旅游创造更多的条件。45 岁以下的未婚成年人由于身体好、无牵无挂，加之收入可观等因素，外出旅游的可能性最大。男性比女性在家务负担方面少一些，商务旅游多一些。受教育程度越高，愿意出门旅游的越多。

（3）生活观念和生活方式的改变。随着科学技术的进步和经济的发展，人们的价值观念与消费方式在不断发生变化，越来越多的人把旅游看作生活中不可或缺的一部分。在紧张的工作之余，外出度假以寻求身心的放松，并不断丰富人的阅历。

除了以上影响旅游者产生的其他客观条件以外，人口的数量、政府和社会团体的重视与鼓励及旅游产品的推陈出新等对旅游者也有所影响。

二、主观条件

一个人能否成为旅游者，除了受上述客观因素的影响，还要受其主观条件的制约。这种主观条件便是旅游需要和旅游动机。

（一）旅游需要

需要是动机产生的基础，因此研究动机首先应该从需要入手。在心理学上，人们通常认为，产生行为的直接原因是动机，而促使动机产生的原因有两个，即外部诱因和内驱动力。外部诱因是外部条件，即外来的刺激；内驱动力（内驱力）则是内在条件，是当人们处在生理或心理匮乏状态时产生的维持和恢复生理或心理平衡的倾向。当这种倾向成为人的意识反应时，就成为需要，成为人对一定客观事物或某种目标的渴求或欲望。当外部条件不变时，内在需求就成为一个人产生动机的原因。

那么推动人进行活动的内驱力来自哪里？一般来说，推动一个人进行活动的内驱力既可以来自生理方面，也可以来自心理方面。生理内驱力是人体维持和恢复生理平衡状态的产物。例如，当人的血液中的含糖量不足时，就会感到饥肠辘辘，从而想吃东西，而含糖量充足时，则不觉饥饿，从而不想进食。这种调节和维持人平衡的机制是受人的自主神经系统支配和控制的。当人体内的生理平衡被破坏或失去时就会导致生理性紧张，并由此产生一种驱使个体进行活动以恢复体内原有的生理平衡、消除生理性紧张的动力，平衡被破坏或失去的时间越长，这种生理性紧张就越强，由此所引发的动力就越大。这种由机体内部的生理不平衡所引发的驱动力就是心理学家所说的生理内驱力。这种生理内驱力是先天的，靠遗传获得，这种需要很难通过其他方式间接得到满足。人的心理内驱力是人在社会中学习的产物。由于人是生活在一定的社会环境之中，具有社会性。因此，社会中的人的心理状态也需要维持一定的平衡。这种平衡既包括认知上的平衡，也包括情感上的平衡。人只有在心理上获得了平衡，才会心平气和；如若不平衡，人就会感到焦虑烦躁，坐卧不安，由此产生驱动力去进行活动以恢复心理平衡，这就是心理内驱力。与生理内驱力相比，心理内驱力是后天的，是以知识为基础的，是可以改变的。在不同社会生活环境中的人可能会拥有不同的心理需要。由于心理内驱力所建立的基础是社会性的，因此心理内驱动力所引起的需要与满足生理内驱力方式存在差异，它可以通过补偿或替代的方式获得间接满足。

由此可以总结出，旅游需要是指当人处在缺乏旅游状态时出现的个体对旅游愉悦行为的自动平衡倾向和择取倾向，是心理内驱力在潜在旅游者头脑中的意识反映。旅游需要反映出人们对美好生活的追求。

旅游不是个人与生俱来的需要，而是社会发展到一定阶段的产物。旅游所满足的是一种心理需要，是旅游者或潜在旅游者对旅游环境中某种目标的渴求或欲望。要正确认识旅游需要，就必须对人的需要有一个全面、正确的分析和理解。

美国著名心理学家马斯洛在 1943 年出版的《调动人的积极性理论》一书中，提出“需要层次理论”。这种理论认为，人的需要是有层次之分的，这些需要层次是由低向高递进发展的。一个人只有当低级的需要得到满足后，才会向上一层次的需要发展。马斯洛把人的需要由低到高划分为五个层次，主要包括以下内容：

（1）生理需要：食物、饮水、氧气等。

（2）安全需要：治安、稳定、秩序和受保护。

（3）社交的需要：情感、归属感、（亲友间的）感情联系。

（4）受尊重的需要：尊重、声望、成功、成就。

（5）自我实现的需要：指最大限度地发挥一个人的潜力的需要。

马斯洛需要层次理论对研究人需要和动机具有重要的和普遍的意义。尽管该理论不能解释人的全部旅游行为，但是为我们认识旅游动机和解释人的旅游行为奠定了基础。同时对于旅游业各部门在接待服务工作中注意满足旅游者上述各个层次的需要和提高旅游服务的质量具有重要的意义。

既然旅游需要是人需要的一个组成部分，那么用马斯洛需要层次理论来解释的话，旅游需要应该属于哪一个层次呢？旅游需要实际上是一种较高层次的心理需要，一般认为，一个人不会为了满足生理和安全需要而外出旅游。旅游出于社交的需要，旅游活动有助于人与人之间，乃至民族与民族之间、地区与地区之间、国家与国家之间的交往和了解。现实生活中一些旅游者也确实是为了探亲、访友等社交需要而安排旅游活动的。旅游也可以出于受尊重的需要。受尊重的需要包括两个方面的内容，即受到他人尊重、重视或赏识，以及成就、地位和自信心等自身的感受。例如，有些欧美学者的调查研究结果表明，某些内容的旅游，特别是到国外名胜古迹的经历，常常为人们羡慕和追求，因而这种旅游有助于满足人们受尊重的需要。旅游还可以出于自我实现的需要，例如，有的旅游者可能是为了某项研究的成功而外出旅游，进行实地考察；有些人可能为了显示自己的勇气和能力而前往那些常人不敢去的地方进行探险，如攀登珠穆朗玛峰；这些或许为了满足自己受人尊重的需要或者是出自充分发挥自己的潜能而追求自我实现的需要。当然，多数学者认为，按照马斯洛需要层次理论，很少人能达到要求自我实现需要的层次。一般来说，人们外出消遣或度假旅游主要是为了满足精神需要。虽然人们在外出旅游期间也需要满足生理等方面的需要，但是这些需要的满足是为了保证精神需要的满足而派生出来的，不能达成外出旅游的目的。

除了马斯洛需要层次理论外，人们还常用单一性与复杂性需要理论来解释人们的旅游需要。单一性理论认为，人们几乎总是在寻求平衡、和谐、相同、没有冲突和可预见性，亦即人们的需要是单一性需要。按照单一性理论，人们在旅游时，会选择世界知名的景点、乘坐飞往各地的飞机和开往各地的固定时间的旅游列车、下榻标准化服务的饭店、选择知名的旅行社，等等。因为这些景点、饭店、旅行社等都能提供可以预见的服务，会避免不愉快的事件发生。复杂性理论认为，人们追求新奇、出乎意料、变化和不可预见性的事物。人们追求复杂性的事物的主要原因在于这些事物能够给人们带来满足和愉悦，使人们生活得更加美好。按照复杂性理论，人们在旅游时，会选择以前从未去过的地方，选择乘坐飞机而不愿意坐火车，选择不知名但有地方特色的酒店，更多地选择自助旅游的方式，这样他们能够获得全新的刺激和与以往不同的感受。但是，现实生活中，如果一个人总是过长期单一的生活，过分可预见的环境不会向他提出任何挑战，更不会对他有所刺激，久而久之，就容易让他感到厌倦。当厌倦达到一定程度，他就需要引进一些复杂性，即用新奇和变化所带来的刺激来抵消所造成的心理紧张。然而长期过度刺激会让人感到过分的紧张和压力，就会出现恐惧心理。当恐惧达到一定程度时，他就需要引进一些单一性。这就是说更多的人在现实生活中需要单一性和复杂性的平衡，一定程度的单一性需要一定程度的复杂性来平衡，一定程度的复杂性需要一定程度的单一性来平衡，这是一个发展趋势。因此，现实生活中，人们一般会设法使单一性需要和复杂性需要保持平衡。否则，单一性过多，人会产生厌倦；复杂性过多，人会产生恐惧。当然，单一性与复杂性的结合能够给人带来的最佳刺激水平是因人而异的。例如，有的人外出旅游仅仅是为了改变一下环境，该旅游者到附近的景点、乡村或海边转一转就达到了旅游的目的。而有的旅游者每次出游都希望欣赏到新奇的东西或其他不可预见的事物，这就意味着环境的彻底改变，这就需要不断变换旅游目的地才能满足其旅游需求。

上述内容从马斯洛的需要层次理论和单一性与复杂性理论解释了人们外出旅游动机是产生于出于何种需要的问题。

（二）旅游动机

心理学认为，人的行为由动机支配，动机又由需要引起。就旅游行为而言，虽然内驱力可能来自个体心理上出现的旅游价值与感知环境之间的不协调，即匮乏，而旅游需要正是对这种不协调的意识反映，但是，对旅游行为具有直接指导作用并最具有解释力的范畴是旅游动机。

1. 旅游动机的概念

动机是促使和维持人的活动，并使活动指向一定目的的心理倾向。动机是激励人们去行动的主观原因。旅游动机是由旅游需求所催发、受社会观念和规范准则所影响，具体规定旅游行为的内在动力源泉。旅游需要是旅游动机的基础。人们对旅游活动的需要是多种多样的，不同的需要会产生不同的动机。

2. 旅游动机的分类

随着人们生活需要的多样化和复杂化，旅游需要也日益丰富多彩，因此，旅游动机也是多样化的。这使得对旅游动机具体分类困难重重，目前国内外很多学者在大量研究和调查的基础上，对旅游动机从不同的角度进行了分类，下面介绍几种典型的旅游动机分类。

最初尝试对旅游动机进行分类的是德国学者葛留克斯曼。1935 年，葛留克斯曼在著作《一般旅游论》中分析了旅游的原因，将旅游行为动机分为心理的、精神的、身体的和经济的四大类。日本旅游研究的先驱者之一田中喜一在 1950 年出版了《旅游事业论》一书，他在葛留克斯曼的基础上，把心理的动机又细分为思乡心、交游心和信仰心，把精神的动机分为知识的需要、见闻的需要和欢乐的需要，把身体的动机分为治疗的需要、休养的需要和运动的需要，把经济的动机分为购物目的和商务目的。

美国著名的旅游学教授罗伯特·麦金托什（Robert W. Mclntosh）在他的著作《旅游学——要素、实践、基本原理》中把旅游动机划分为四种基本的类型。

（1）身体方面的动机。这方面的动机包括度假休息、参加体育运动、海滩消遣、娱乐活动，以及其他直接与保健有关的活动。另外，还包括遵医嘱或建议做异地疗法，泡温泉、做医疗检查，以及类似的疗养活动。属于这方面的动机有一个共同点，就是通过与身体有关的活动来达到身心的放松。

（2）文化方面的动机。这方面动机的特点是希望了解异国他乡的情况，包括了解其音乐、艺术、民俗、舞蹈、绘画及宗教等。出于这种动机的旅游活动通常被称为文化旅游。

（3）人际交往方面的动机。基于这方面动机出游的旅游者，往往是为了满足自己进行社会交往、保持与异域人群接触的需要而产生旅游动机，包括探亲访友、结交朋友、摆脱日常事务，等等。

（4）地位和声望方面的动机。这方面的动机主要关心个人的成就和个人发展的需要，包括事务旅游、会议、考察研究、追求业余爱好和求学求知等旅游活动。旅游者通过旅游可以实现自己被人承认、赏识、获得较高的地位和声望等愿望。

另外，美国旅游研究者约翰 · A. 托马斯（John A. Thomas）在 1964 年发表的《人们旅游的原因》一文中，提出了激发人们外出旅游的 18 种主要动机。具体内容包括：

①体察异国人民的生活状态；

②参观游览旅游风景名胜；

③了解新鲜事物；

④参加一些特殊活动；

⑤摆脱常规的例行公事；

⑥过一下轻松愉快的生活；

⑦体验某种浪漫生活；

⑧返回到自己的出生地；

⑨访问亲朋好友到过的地方；

⑩避暑、避寒；

⑪增进身体健康；

⑫参加体育运动；

⑬参与冒险活动；

⑭取得技高一筹的本领；

⑮追求适应性；

⑯考察历史；

⑰社会学（了解世界的愿望）；

⑱经济因素。

很多中国学者也对旅游动机进行了分类，例如，屠如骥将境外游客来我国旅游的动机分为求实的动机、求新的动机、求名的动机、求美的动机、求胜的动机、求趣的动机、求知的动机、求情的动机和求健的动机。马勇将旅游动机分为健康或娱乐的动机、猎奇或冒险的动机、民族或家庭的动机、文化动机、社会和自我表现的动机，以及经济动机。

（三）影响旅游动机的因素

虽然旅游动机具有普遍的、共同的心理基础，但是人们的旅游动机却是千差万别的。这说明旅游动机的形成受很多因素的影响，概括起来包括以下几种：

1. 个性特征因素

在影响旅游动机的因素中，人的个性特征因素起首要的作用。不同个性特征的人会出现不同的旅游动机，产生不同的旅游行为。人的个性特征是由气质、性格、兴趣等构成的人的意识倾向性。

【视频】PAC 理论与旅游行为

气质即为人的禀性，是指一个人心理反应的强度、色彩、节奏等方面的表现。它具有天赋性，使每个人都具有显著的个性特征。传统心理学通常把气质分为胆汁质、多血质、黏液质、抑郁质四种类型。

性格是在气质的基础上，经过长期的个人信念、理想、意志的磨炼，形成的一种对现实的稳定态度和相应的惯常行为方式的心理活动特征。性格主要经后天磨炼而成。

瑞士心理学家荣格（C. G. Jung）将人的性格分为外向型和内向型两大类，具体内容如表 3-1 所示。

表 3-1 外向型和内向型的心理特点

个性类型	心理特点
外向型	心理活动倾向于外部，活泼开朗，容易流露自己的感情。待人接物有决断力，但比较轻率。独立性强。不拘泥于一般小事，喜欢交际，善于和外界接触，思维和行动都很敏捷。缺乏自我分析和自我批评
内向型	心理活动倾向于内部，感情比较深沉，待人接物比较小心谨慎。经常反复思考。常因过于担心而缺乏决断力，但做事总是锲而不舍。能够自我批评，不爱交际。好静不好动，好观察不好表露

国外学者十分重视从心理学的角度分析旅游需要的相关问题。其中美国心理学家斯坦利·普劳格（S. Plog）所做的研究影响较大。普劳格在其研究中试图发现人的个性差异，并用保守型（“自我为中心型”“内向型”“安乐小康型”）与开放型（“多中心型”“外向型”“追新猎奇型”）来分别描述两种具有对立性格的人。按照他的解释，保守型的人表现为自律、神经质、缺乏冒险意识，而开放型的人表现为自信、追求新奇和冒险、富有探索精神。在对 4 000 人构成的样本进行分析时，他发现，从整体上看，个性特征可能接近于正态分布，而且个人收入与个性并不相关，但在两个极端却又表现出例外，即开放型的人对应于较高收入，低收入者有很大比例是保守型的人。普劳格又把这一发现应用于游客个性的研究之中，从而观察到，具有不同心理类型的游客会表现出不同的旅游行为特征，具体表现如表 3-2 所示。

表 3-2 旅游心理特点比较

心理类型	旅游行为特征
保守型	1. 希望游览地是熟悉的环境 2. 喜欢常规的旅游项目 3. 向往阳光和海水，浪漫气氛 4. 活动量要小 5. 驾车前往目的地 6. 要求旅游设施齐备 7. 寻找熟悉的气氛，老朋友 8. 旅游活动要有严密的计划
开放型	1. 希望去稀奇古怪的地方 2. 热衷于捷足先登，有新发现 3. 追求冒险和探索，情节紧张 4. 活动量要大 5. 乘飞机到达异地 6. 适当的条件就行 7. 喜欢结交新朋友 8. 只希望有个基本安排，给点自主性

事实证明，在形成旅游动机的条件中，一个人的个性特征的确极大地影响了其旅游倾向和旅游内容，如旅游目的地的选择、旅游活动日程的安排、对接待服务质量的要求等。

2. 性别、年龄和受教育程度因素

除了个性特征因素外，一个人的性别、年龄和受教育程度也对旅游活动有直接的影响。

（1）在性别方面，由于男性和女性的生理差异和在家庭中扮演的角色不同，在进行旅游决策时，二者所做的决策有所不同。在很长一段时间内，男性更多地从事社会活动和职业劳动，女性则主要从事家务，两者社会生活和经济地位不同，因此对旅游的需要也存在差异。很多旅游调查结果表明，在外出旅游者中，男性旅游者多于女性旅游者，而探险性旅游活动的参加者更是男性居多。随着社会的进步，女性参加社会工作的越来越多，男女在社会和家庭中的地位和作用正在发生变化，两性在旅游动机方面的差别逐渐减少，女性旅游者人数呈现不断增长的趋势。

（2）在年龄方面，由于年龄的差异，不同年龄阶段的人会有不同的旅游动机。在青年时期，未婚或已婚没有子女的青年夫妇有强烈的旅游欲望，身体条件也很好，但是往往缺乏充足的收入，或者依靠父母支持。因此在旅游方面以经济实惠为主要标准。一旦结婚，特别是有了孩子之后，负担加重，还要忙于事业，闲暇时间相对较少，因此这时旅游动机逐步减弱，但是他们会千方百计地进行亲子类的旅游。到了中年期，孩子长大成人，身体状况良好，很多人事业达到巅峰，这是旅游的最佳时期，或带薪假期，或因公出差，旅游消费水平大大提高。到了老年期，时间增加了，但是收入减少了，再加上身体等方面的原因，旅游动机开始减弱。但是，如果身体允许，并有足够的退休金，旅游对于老年人来说就是经常性的活动。

（3）在受教育程度方面，受教育程度在很大程度上影响着一个人的知识水平和对外界信息的了解与兴趣，从而影响人们的需要和动机。一方面，文化知识的提高有助于增加对外界事物的了解，从而诱发对外界事物的兴趣和好奇心；另一方面，文化知识的增多有助于克服对异国他乡陌生环境的恐惧感。

除上述因素外，社会文化、社会阶层、宗教等对旅游者的旅游行为也有不同程度的影响。

三、旅游需求与旅游者需求的区别

从旅游需要到旅游实现，这之间是存在障碍的。只有克服这些障碍，才能使潜在的旅游需要转而表现为对旅游者和旅游商品经营者都有现实意义的旅游需求。所以说，旅游需求已经是一个经济化的概念，而且是一个在旅游者旅游购买决策系统中以相当清晰的特征表现出来的概念。

按照一般经济学的观点，需求是指在一定时期内，某种商品的各种可能的价格与在这些价格水平上，消费者愿意并能够购买的数量之间的关系。显然，这里的需求不等于需求量，而是指价格与需求量之间的关系。需求量是指按照某种给定的价格人们愿意并能够购买某种商品的数量。在需求一定的情况下，需求量可以随着价格的变化而变化。反之，有时即使价格固定不变，只要其他因素变化，也会引起需求的变化，并进而引起需求量的变化。所以，一般地，由于某种商品自身价格变动而产生的需求量的变动（称为需求量的变

动），与由于其他因素而产生的需求量的变动（称为需求的变动），在经济学上是不同的。显然，需求是一个经济学上的概念，它是现代社会中人类需要的经济计量。支付能力是需求概念中的最基本的支点。尤其是在现代社会，离开了这个支点或强或弱的支持，无法实现需求梦想。

类似地，也可以导出旅游需求的定义。但在此之前，需要考虑的一个问题是，由于旅游产品可以划分为核心旅游产品与组合旅游产品两种类型，因此，有关旅游需求的定义就自然要发生某种分化。当探讨旅游产品的这种分类时，应该已经认识到，核心旅游产品可以满足的主要是旅游者对愉悦性休闲体验的追求，而组合旅游产品常常可以满足旅游者的全部需要。从这一点看，可以建立两个有关需求的概念：旅游需求和旅游者需求。前者是对核心旅游产品的需求，是狭义的；后者是对组合旅游产品的需求，是广义的。

所以，旅游需求是指人们在一定时间内愿意按照一定价格而购买某一种核心旅游产品的数量。与此相对，旅游者需求是指在一定时期内，组合旅游产品的各种可能的价格与在这些价格水平上，潜在旅游者愿意并能够购买的数量之间的关系。旅游者需求量是指人们在一定时间内愿意按照一定价格而购买某一种组合旅游产品的数量。

第三节　旅游者的类型及其需求特点

随着旅游业的蓬勃发展，参加旅游活动的人越来越多。旅游者的旅游方式千差万别，并且不断涌现出新的旅游方式。因此，人们对旅游者类型的划分还无统一的标准。由于研究角度和研究目的不同，划分标准难免有差异。我们可以根据实际需要选择不同的划分方法。最常见的划分标准是旅游目的。

旅游者的动机和目的影响着旅游活动的形式，按照不同的旅游目的可以将旅游者分为不同的类型。同一类型的旅游者在需求方面往往具有某些共同的特征。

一、消遣型旅游者

消遣型旅游者主要是为了改换环境，调剂生活，以娱乐、消遣来达到精神放松和身心愉快的目的。消遣型旅游方式形式多样，如登山旅游、垂钓旅游、滑雪旅游、骑车旅游、狩猎旅游、蜜月旅游等。大型的娱乐旅游项目可独立进行，如哈尔滨冰灯节、青岛啤酒节、潍坊风筝节、杭州元宵灯会、广州美食节等。这类旅游者通常具有以下特点：

1. 数量大

由于旅游活动是一种以消遣娱乐为目的的行为，因此以愉悦、调节身心健康为目的而外出旅游的人数在全部外出旅游的人数中所占的比例最大。例如，我国旅游部门所接待的来华游客绝大部分是消遣型旅游者，其他部门（包括中央各部委、群众团体及其他事业单位等）接待的来访游客则大多为差旅型旅游者。从历年中国旅游统计年鉴公布的数据可以看出，在全国有组织接待的旅游者中，消遣型旅游者的比重远远大于差旅型旅游者。就整个世界的旅游情况来看，消遣型旅游者在全部旅游者中所占的比重也最大。

2. 季节性强

消遣型旅游者的主要成员是在职人员、学生和退休人员。除了退休人员以外，所有在职人员几乎都是利用带薪假期外出旅游，学生则大多利用寒暑假外出旅游。带薪假期和寒暑假进行的旅游活动季节性较强，有一定的规律性。如在职人员往往选择气候适宜的季节外出旅游；有孩子的家庭一般选择在孩子寒暑假外出旅游，等等。另外，旅游目的地的气候条件也是助长消遣型旅游者季节性来访的重要因素。

3. 自由度高

消遣型旅游者在旅游目的地、旅游活动方式、旅游路线、旅游交通工具和旅游出发以及停留时间上，拥有较大的选择自由。如果旅游目的地不安全因素增加、交通工具不便利、旅游产品质量欠佳或价格不合理，他们会随时改变计划，选择新的旅游目的地、交通方式或旅游产品。

4. 寻求经济实惠

消遣型旅游者大部分属于自费旅游者，因此除了少数富有者以外，大都对旅游价格比较敏感。经济实惠是他们的选择要求，如果一个旅游目的地的消费水平过高，他们可能会选择其他旅游目的地。同时，由于是自费，他们更希望物有所值。

二、差旅型旅游者

以商务旅游者为代表的差旅型旅游者是旅游业的另一个重要市场部分。差旅型旅游者主要包括经商、专业访问、参加会议和展览等人员。当前，随着世界经济的发展，国际和地区间的人员交往日益频繁，差旅型旅游者所占的比例越来越大。自我国改革开放以来，每年来我国办理工商贸易事务及参加各种会议的国际人士不断增加，让差旅型旅游者成为我国旅游业市场的重要组成部分。

差旅型旅游者的特点主要表现在以下几个方面：

1. 消费水平高，对价格不敏感

一方面，差旅型旅游者一般具有一定的身份和地位，本身收入比较高；另一方面，这些人外出主要是公费出行。只要工作需要或业务需要，即使其应去的旅游目的地旅游产品价格有较大幅度上升，他们仍会前往。当然，如果该旅游目的地的旅游产品价格上升幅度太大，超出了其所属企业或单位愿意承担的额度，则会取消该次差旅行程，同时也不会改去其他地点。一些公司为了维护公司形象，对工作人员外出消费的标准定得可能很高，对价格的敏感性低。

2. 对服务水平要求高

差旅型旅游者属于公费型的旅游者，在旅游期间对服务设施、服务质量要求条件较高。他们注重舒适、方便、快捷。除此之外，一些差旅型旅游者还有一些特殊要求，如专门开辟电梯，提供快速住店服务，客房内安装先进的办公和通信设备，饭店能无线上网，配备一定规模的会议室，等等。

3. 选择的自由度小

差旅型旅游者受业务的限制，对旅游目的地的选择余地较小，甚至根本没有选择的余地。一般的旅游目的地集中在经济发达的大都市，如北京、上海、纽约、巴黎、伦敦、香港等地。另外，在时间的选择上也缺乏自由度，在外出动身时间上没有选择自由，甚至在目的地的停留时间上受外出任务的限制而不能过多地停留，除非特殊情况，他们在目的地的停留时间都较短。

4. 没有季节性

差旅型旅游者外出完全出于工作的需要，不受假期限制。只要工作需要，他们就会随时出行。为了便于展开工作，一般他们在目的地停留的时间集中在工作日（周一到周五）。

5. 出行次数频繁

差旅型旅游者在旅游总人数中所占比例相对不高，但是他们出行的次数较为频繁。只要工作需要，他们可能多次往返于一个目的地。因此，他们也是所有旅游者中出国机会最多、重游率最高的群体。

三、家庭及个人事务型旅游者

家庭及个人事务型旅游者是因探亲访友、健康医疗、出席婚礼、参加开学典礼、购物和解决其他事务及个人事务的需要而出行的旅游者。这类旅游者的需求特点比较复杂。与前两类旅游者相比，这类旅游者在需求方面不同于前两类，但同时又兼有前两类旅游者的某些特点。具体来说，这类旅游者的特点体现在以下几个方面：

1. 外出季节性不明显

由于家庭及个人事务型旅游者外出的目的多涉及个人家庭事务处理，在外出时间上一般是利用带薪假期和传统节日，有时则是根据具体事务（如参加婚礼、参加开学典礼等）的时间来确定，日期限制较紧。但是总体来说，这类旅游者出行的季节性不明显。

2. 对价格较为敏感

由于家庭及个人事务型旅游者出行主要是自费，因此大多数旅游者对价格比较敏感。他们追求物美价廉的服务，这一点类似于消遣型旅游者。

3. 选择自由度较差

就旅游目的地的选择方面，与差旅型旅游者类似，他们往往没有选择的自由，而且因时间紧迫，对交通工具也没有过多挑剔的余地。

除此之外，这类旅游者在旅游的过程中往往比较少利用旅游地住宿及其他服务设施。这常常影响旅游统计的准确性；这也使很多学者认为，这类旅游者对旅游目的地的经济价值不大，但是对旅游交通有很大的影响。

四、文化型旅游者

文化型旅游者是指以促进文化交流、了解民俗风情、求学、考察、考古、探险等为主要内容的旅游者。他们出游的目的是领略异国他乡的新奇文化、乡俗，以及不同文化之间的冲突、渗透、融合，以此来开阔视野，增长见识。伴随着我国教育水平的提高，文化旅游者的数量和关注的范围都有所提升。文化旅游者一般具有以下几个特点：

1. 对时间、价格不敏感

这类旅游者具有较高的文化修养，对文化有浓厚的兴趣，一般具有较高的文化水平，其中不乏专家学者。在他们眼中，兴趣、爱好是第一位的。

2. 消费水平高，但对旅游条件不过分追求

文化型旅游者受教育水平高、收入多，对价格不敏感，消费水平较高，由于以追求精神享受和文化交流为目的，对交通、住宿的要求以实现旅游目的为主。

3. 重游率高

对旅游线路的科学性比较敏感，可能会多次到一个地方旅游。这类旅游者对线路的选择，主要看文化内涵的连续性和整体性，如果一次不能了解其全貌，可能会重游。

知识链接

2023 年“五一”旅游者类型调查

据艾媒咨询数据显示，“五一”出游者的出游动机丰富多元，包括放松身心、缓解压力（67.9%），观光旅游、打卡景点（60.9%），增长个人见识（39.1%），消费购物（29.4%），结交朋友（22.1%）等。从中可见，放松解压、观光打卡等需求是2023 年“五一”出游者的主要目的和主导动机。

（资料来源：2023 中国“五一”假期旅游消费行为大数据调查 https://cj.sina.com.cn/articles/view/1850460740/6e4bca44019010bx5）

第四节　新时代旅游者行为演变

传统的旅游模式是观光旅游，即到处走走看看，“玩多一些不如看多一些”。这种旅游模式通常需要较长的时间、大量的资金和劳动力。然而，随着社会经济的快速发展，人们的生活方式和需求也在不断变化，游客的旅游行为开始转变。越来越多的游客选择更多元化、更个性化、更多样化的旅游方式，以获得更丰富的体验。

一、新时代旅游者行为特征

（一）自我实现意识增强

在社会稳定和具备一定经济基础的前提下，旅游者选择旅游目的地和旅游方式时更注重体现个人的自我实现意识，而随着信息产业的发展，人们更容易获得各种旅游方面的知识。知识的积累和旅行经验的丰富，使人们对旅行社及旅游中介机构的依赖性逐渐减弱，人们出游的自我实现意识增强，越来越多的人喜欢结伴旅游或全家一起出游，自主选择目的地、参观的景点及其他旅游活动。这和马斯洛的需要层次理论是相符的。这种需要层次的提升，促使散客旅游迅速发展。

（二）体验及参与意识增强

在体验经济时代，旅游者渴望参与的意识越来越强。在接受旅游产品的方式上，旅游者从被动接受发展到对旅游产品提出个性化需求，越来越希望和旅游企业一起，按照自己的生活意识和消费需求开发能引起共鸣的“生活共感型”旅游产品。在这一过程中，旅游者将充分发挥自己的想象力和创造力，积极参与旅游产品的设计、制造和再加工，通过创造性消费来体现他们独特的个性与自身价值，获得更大的成就感和满足感。

【视频】旅游体验之旅游知觉

（三）公益环保意识增强

随着人们物质生活水平的提高，人类的自然价值观发生了明显的改变，人与自然的和谐关系得到重视，旅游者公益环保意识不断增强，人们比以往任何时候都珍惜生存环境，重视生活质量，追求永续消费，在旅游消费中希望通过自己消费绿色旅游产品来体现自己的生态环保意识，做绿色消费者。

二、新时代旅游者行为演变趋势

（一）总体特征：从盲目向理性回归

从 21 世纪初旅游产业快速发展到当前热度回落、平稳增长的变化趋势可以看出，旅游产业发展正在逐渐趋于理性，这种变化特点与旅游者行为变化特征是一致的。出现这样的变化趋势，与当前的社会发展状况以及经济特征有显著关联。目前，虽然经济持续发展，但是发展背后的压力也在逐年加大，经济发展成本逐年增加，使人们在生活水平提高的同时，要承受来自社会环境的压力，这迫使人们的消费观念不得不更加理性。这是当前居民行为从盲目到理性回归的一个重要原因。从盲目到理性的回归实际上也是游客在精神生活上追求价值观的一种转变，这必将导致旅游产业经济发展从原有的高期望逐渐回归理性，在产业经济结构调整的过程中更多地考虑消费者需求。

（二）旅游观念：从趋众性向自主性转变

以往人们在旅游过程中，更加趋从于周围人的建议或者意见，并且特别重视一些曾经去过旅游目的地的朋友的建议。这种旅游观念使得人们在旅游过程中不自觉地产生先入为主的意识，使得人们无法自主地选择和体验旅游的整个过程。随着旅游形式的多样化发展，各种出行工具、旅行路线丰富着人们对旅游的认识，从而更多的人会选择一系列全新的旅游形式和旅游内容。其中较为突出的是自驾旅游方式，居民可以选择团队形式的自驾旅游方式，也可以选择个人自驾旅游方式，这两种方式所带来的旅游自主性都较传统旅游方式有很大的提高。自主旅游方式的选择实际上是人们在旅游观念上的一种转变，这种转变体现了当前人们更加独立的性格和个性。出现这种方式的原因是当前热爱旅游的更多是“80 后”“90 后”，甚至是“00 后”，他们独立自主的性格丰富了旅游观念。随着现代交通运输工具的发展及自主旅游观念的深入，自主性旅游方式会逐渐代替传统的趋众性旅游方式，成为未来旅游的主要表现形式。

（三）旅游形式：从传统向现代转变

传统旅游中，人们更多选择城市景点参观的方式，这种方式与当前快节奏的社会发展并不吻合。人们在这一过程当中可能获得了一定程度上的放松，但是在身体上会更加疲倦。随着现代科技的发展，以及我国与国际社会的接轨，人们在旅游形式上的选择上也逐渐发生变化，开始逐渐向更加现代的旅游方式转变，例如，很多人选择通过网络聊天等方式度过假期，而有些人会选择登山攀岩、自驾游等现代旅游方式作为假期旅游形式。除了这些之外，更加现代化的旅游方式逐渐进入人们的生活，例如，利用虚拟现实技术，通过模拟构建一个虚拟的三维立体旅游环境，网友足不出户，就能在三维立体的虚拟环境中遍览遥在万里之外的风光美景，形象逼真、细致生动，能满足人们足不出户就旅游的愿望。如，北京故宫博物院推出了一个名为“超越时空”的虚拟旅游项目，利用3D技术，为那些不能实地到紫禁城的游客在网上打造了一个虚拟的环境。在这个虚拟环境里，游客不仅能任意挑选某种身份游览，还会有网络导游为游客带路游览。随着人们旅游观念进一步的转变，各种现代化的旅游方式将为人们旅游提供更多的选择，从而进一步丰富我国旅游产业的内容。

（四）旅游内容：从走马观花向深度漫游转变

随着经济社会的发展和消费需求的升级，越来越多的游客愿意选择休闲游，从走马观花转向深度体验。传统游客出门旅游，由于时间有限，安排紧张，有的景点只能来去匆匆，走马观花，看个大概，收获较少。如今游客出门旅游在体验内容上更渴望在田野水乡驻足停留，探寻城市的成长，观赏沙漠星空，体验乡村民俗，让身心得到放松和滋养。

旅游内容上的转变实际上也是人们旅游认知提高的一种体现，旅游并不是花多少钱，而更多的是为了释放日常生活中的压力。随着社会的发展以及基础设施的完善，这种绿色健康旅游将更多地成为旅游者的选项。

知识链接

以“旅游者行为”为内核的旅游学科理论体系思考

关于旅游学的本体论争论不断，从经济本体论、文化本体论、仪式本体论，到从社会学角度提出的“社会交往本体说”和从心理学角度提出的“心理体验说”，等等，还有在不同本体论认同基础上构建的不同的旅游学科理论体系框架。如果将学科比作“同心圆”的话，研究对象的特殊性规定就是“圆心”，由对象而决定的研究方法的成熟性则决定了同心圆的“结构与边界”。旅游学科的不成熟主要体现在研究对象的规定与认同尚不清晰，不同学者和团队完成的旅游相关研究是以各自认同的旅游学本体为圆心各自画的圆，因为“圆心”不同，相关研究成果之间只能看各自“半径”能否形成交集，但是最终难以形成“同心圆”的学科知识产出积累效果。值得关注的是，目前旅游学科关于本体论的争论范围已经在逐渐缩小。比如经济本体论已经基本退出历史舞台，旅游学者已经意识到旅游带来的产业发展等经济现象是旅游的副产品而不是本质。文化本体论、仪式本体论、社会交往本体说也是同样的道理，旅游带来的文化、仪式、社会交往等也只是现象而非本质。关于旅游学科本体论争论的范围已经从旅游现象缩小到了旅游活动主体“旅游者”，目前比较多的学者认同“旅游体验本体论”，代表学者包括谢彦君、龙江智等。即使仍有分歧，比如谢彦君的体验愉悦论，曹诗图的异地身心自由论，张凌云的非惯常环境论，杨振之的诗意的栖居论，还有吴必虎近年来提出的“游历本体论”，但是都将旅游学科的本体锚定在了旅游活动的主体“旅游者”身上。在纷繁复杂的旅游现象构成的“旅游系统”中，能够逐渐从经济本体论、文化本体论等宏观现象聚焦到体验、栖居方式、游历等微观个体，已经是旅游学科本体论思辨的重大进步，也是旅游学科逐渐走向成熟的表现。

（资料来源：黄潇婷，郭福美，林谷洋．“旅游者行为研究前沿”系列笔谈［J］．旅游论坛．2022，15（3）：1-22.）

课后练习

一、单选题

1. 下列关于差旅型旅游者的说法中，错误的是（　　）。

A. 消费水平高，对价格不敏感　　B. 对服务水平要求高

C. 选择的自由度小　　D. 出行时间较固定

2. 罗马会议定义以（　　）为标准将旅游者划分为过夜旅游者和不过夜的当日往返者。

A. 旅行距离　　B. 停留时间　　C. 访问目的　　D. 出行次数

二、多选题

1. 下列人中，不属于国际游客的有（　　）。

A. 为移民或就业而进入目的地国家的人

B. 外交官或军事人员身份访问该国的人

C. 避难者、流民以及边境工作人员

D. 不以赚钱为目的，逗留时间不超过一年的人

2. 旅游者产生的主要客观条件包括（　　）。

A. 收入水平　　B. 闲暇时间　　C. 旅游需要　　D. 旅游动机

三、判断题

1. Mike 是一名来自英国的北京大学的留学生，他长期寄宿在北京大学，这一行为表明他是一名外国旅游者。（　　）

2. 一个人的收入扣除全部纳税及社会消费和日常生活之必需消费之后所余下的收入是可自由支配收入。（　　）

3. 在一定时期内，恩格尔曲线对旅游需要没有影响。（　　）

四、简答题

1. 简述旅游者产生的主客观条件。

2. 简述影响旅游动机的因素。

3. 简述“从走马观花向深度漫游转变”背后的原因。

第四章 旅游资源

学习目标

知识目标：

1. 掌握旅游资源的概念、类型、特点，了解旅游资源的开发与保护；
2. 了解自然旅游资源和人文旅游资源的不同，能区分两类旅游资源。

能力目标：

1. 通过学习能在现实生活中分辨出具体旅游资源的类型；
2. 能够辨别出一个旅游景区景点属于哪类旅游资源。

素养目标：

1. 通过对本章的学习，学生能够更好地了解我国丰富的旅游资源，激发爱家乡、爱祖国的情感；
2. 通过学习，学生能够充分理解“绿水青山就是金山银山”的含义。

难点与重点

1. 旅游资源的概念与特征；
2. 旅游资源的开发内容与原则；
3. 旅游资源的保护措施；
4. 新时代旅游资源观的转变。

用活优势资源　拓展旅游资源新样式

德龙钢铁有限公司（以下简称“德龙钢铁”）位于邢台市邢台县石门镇，成立于2000年，具备年产铁、钢材各300万吨的生产能力，是一家集烧结、炼铁、炼钢、轧钢于一体的大型钢铁联合企业，厂区占地1 800亩，系国家高新技术企业。近年来，德龙钢铁围绕创新、协调、绿色、开放、共享的新发展理念，落实供给侧结构性改革要求，立足“质量、高端、绿色、生态”的思路进行绿色转型，在厂区园林化、钢铁艺术化等方面取得了显著的成绩，是循环节能、绿色环保的示范企业。德龙钢铁注重创新能力的培育，积极开发应用先进制造和节能环保技术，不断加大新产品开发力度。公司主要产品为优质碳素结构钢、低合金高强度结构钢、热轧卷板、压力管道制管专用钢板（管线钢）等系列产品。目前，产品销往国内30多个省、直辖市、自治区，并出口到日本、东南亚及欧洲等国家和地区。德龙钢铁凭借优质的产品和良好的企业信誉，为客户提供了超值的效益与服务。为了加快产业转型升级，持续扩大德龙钢铁及其所承载的钢铁文化的知名度和影响力，促进传统工业以全新姿态走近寻常大众，顺应“工业+旅游”的产业发展趋势，突出参与性、体验性与文化性，德龙钢铁以钢铁制造流程体验、环保工业观摩及绿色生态体验、工业文化旅游等为主，创意设计打造德龙钢铁文化园。德龙钢铁高度履行社会责任，累计缴纳税金60多亿元，并拉动地方产业发展，为地方经济发展做出了巨大贡献。同时，承担了当地的供热、供气等民生工程。德龙钢铁目前年均接待游客50万人次，已然成为当地有名的旅游景点，同时也是网红打卡地。

（资料来源：根据德龙钢铁集团官网及德龙钢铁文化旅游发展总体规划相关资料整理）

请思考：

1. 作为一家钢铁制造企业，德龙钢铁为何能吸引游客前来观光游览？
2. 根据上述资料思考：现在有哪些新型旅游资源类型？

党的二十大报告中指出：“我们要推进美丽中国建设，坚持山水林田湖草沙一体化保护和系统治理，统筹产业结构调整、污染治理、生态保护、应对气候变化，协同推进降碳、减污、扩绿、增长，推进生态优先、节约集约、绿色低碳发展。”“以国家重点生态功能区、生态保护红线、自然保护地等为重点，加快实施重要生态系统保护和修复重大工程。推进以国家公园为主体的自然保护地体系建设。实施生物多样性保护重大工程。科学开展大规模国土绿化行动。深化集体林权制度改革。推行草原森林河流湖泊湿地休养生息，实施好长江十年禁渔，健全耕地休耕轮作制度。”山水林田湖草沙是旅游资源中重要的一部分——自然旅游资源。我国幅员辽阔，具有丰富的旅游资源，为旅游发展奠定了基础。

第一节　旅游资源的内涵与特点

旅游资源是旅游活动的客体，是旅游者进行旅游活动的对象，是旅游业经营活动的基础，是发展旅游业的基本条件。事实证明，一个国家或地区旅游资源的特色、丰度、分布状况及开发保护水平，直接影响该国或地区的旅游客流的流量和流向、旅游业的经营规模和效益及发展前景。从这个意义上讲，旅游资源是旅游学研究中的一个基本概念。但是由于研究侧重点不同，目前业界对旅游资源的概念还存在分歧，从而对旅游资源的开发造成误导。所以我们有必要搞清什么是旅游资源，旅游资源有哪些基本特点。

一、旅游资源的概念

学者们对旅游资源的定义多种多样，各有侧重，其中具有代表性的有以下一些：

（1）陈传康：旅游资源是在现实条件下，能够吸引人们产生旅游动机并进行旅游活动的各种因素的总和。

（2）郭来喜：凡能为人们提供旅游观赏、知识乐趣、度假疗养、娱乐休息、探险猎奇、科研考察以及人们之间友好往来和消磨闲暇时间的客体与劳务，并具有开发价值的，均可称为旅游资源。

（3）保继刚：旅游资源是指对旅游者具有吸引力的自然存在和历史文化遗产，以及直接用于旅游目的的人工创造物。

（4）谢彦君：客观地存在于一定地域空间并因其所具有的愉悦价值而使旅游者向往的自然存在、历史文化遗产或社会现象。

（5）孙文昌：凡是能激发旅游者旅游动机的，能为旅游业所利用的，并由此产生经济效益和社会效益的自然与社会的实在物。

（6）黄辉实：旅游资源就是吸引人们前来游览、娱乐的各种事物的原材料，这些原材料可以是物质的，也可以是非物质的，它们本身不是旅游目的地的吸引物，必须经过开发才能成为有吸引力的事物。

（7）李天元：凡是能够造就对旅游者具有吸引力环境的自然事物、文化事物、社会事物或其他客观事物，都构成旅游资源。

分析以上各种定义，可以看出，目前尚缺乏公认的准则来定义旅游资源。原因是多方面的：从客观上来说，旅游资源内容丰富，难以归类定性；从主观上来说，人们没有很好地把握旅游资源的内涵和外延，因而存在分歧。比如，有人认为旅游资源必须是没有经过开发的，如果经过开发就变成了旅游产品；而有人认为，旅游资源应该是发展的，除了开发那些未经开发的，还应该包括那些已开发的，要对其进行深开发和再开发，所以这部分学者认为，只要对旅游者有吸引力，无论开发与否，都属于旅游资源。

为了统一概念，2003 年发布并于 2017 年进行修订的国家标准《旅游资源分类、调查与评价》（GB/T 18972—2017）将旅游资源定义为：自然界和人类社会凡能对旅游者产生吸引力，可以为旅游业开发利用，并可产生经济效益、社会效益和环境效益的各种事物与现象。要掌握旅游资源的概念，应该从以下几个方面来理解：

首先，旅游资源对旅游者具有吸引性。旅游资源因可以对旅游者提供难以忘记和愉悦的经历而对旅游者具有某种吸引力，不具有这种吸引力的任何资源形式都不是也不会成为旅游资源。旅游者出游动机的主要源泉之一也正是旅游资源的这种吸引力。

其次，旅游资源和其他资源一样，是一种客观存在。旅游资源包括自然界和人类社会中的各种事物和因素，有物质的，也有非物质的；有有形的，也有无形的。例如，湖光山色、珍禽异兽、文物古迹、园林建筑等是有形的；掌故传说、文学艺术、社会风尚、民俗风情等是无形的。对于有形的物质资源称为旅游资源大家都认同，但是对于无形的则存在争议。但实际上这些无形的旅游资源产生于物质基础之上，并依附于物质基础而存在，而且这些精神文化往往是物质景点的灵魂所在。所以我们认为，无论是具体形态的旅游资源，还是依附于物质景观的精神文化旅游资源，其实质依然具有客观存在性。

再次，旅游资源完全因其他目的而存在，只是由于人们的价值观而在一定的历史时期称为旅游资源。也就是说，旅游资源本体是先于旅游而存在的，这些旅游资源并不是因为旅游者的需要而产生的。随着时间的推移，现在不是旅游资源的今后有可能成为旅游资源，同样，现在是旅游资源的也有可能以后不是旅游资源。

最后，旅游资源必须能为旅游业所利用。虽然很多资源对旅游者有吸引力，能激发旅游者的旅游动机，但因条件限制未能为旅游业所利用，还不能称之为旅游资源，只能称为潜在旅游资源。

国外把旅游资源称为旅游吸引物，而国内专家学者认为旅游吸引物与旅游资源还是有一定的区别。“旅游吸引物”比“旅游资源”更突出“物”的概念，在语词含义与结构上更为清晰准确，具有“更大的使用空间”。旅游吸引物是一个比旅游资源更宽泛的概念。旅游吸引物是一种能吸引旅游者的综合体，它不仅包括了旅游活动的客体——旅游资源及以此为中心开发出来的核心旅游产品，还包括旅游活动的媒体——旅游业及与核心旅游产品一起构成的组合旅游产品。

二、传统旅游资源观的特点

【视频】旅游资源特点

传统旅游资源观认为，旅游资源同其他资源一样，具备资源所应有的特点，同时还具有其特殊的特点。

（一）观赏性

旅游资源与其他资源的主要区别在于其美学特征。旅游资源具有观赏价值，作为资源所共有的经济体，在很大程度上也是通过观赏来实现的。尽管旅游动机因人而异，旅游内容与形式也多种多样，但观赏活动几乎是所有旅游过程中不可缺少的。实际上，观赏价值是旅游资源的核心成分，而科学价值与文化价值是旅游资源价值体系中的附加成分。从一定意义上来说，没有观赏性，也就构不成旅游资源，而旅游资源的观赏性越强，对旅游者的吸引力就越大。

（二）区域性

旅游资源总是分布在一定的地域空间中的，也正是由于旅游资源的这种地域分布，形成了一地的旅游资源对另一地的旅游者的吸引力，从而产生旅游者的空间移动，也就是旅游现象。旅游资源的地域分布是由自然条件和人类社会活动规律所决定的，并由此形成在不同纬度和经度上旅游资源的地带性分布特性，在同一纬度上表现为垂直地带性分布规律。

（三）时代性

旅游资源可以满足人们审美愉悦的需要，由于人们审美能力和愉悦要求是随着社会的发展而发展变化的，不同的时代有很大的差异，随着人们兴趣、需要和时尚潮流的变化，旅游者对旅游资源种类的需求也有所不同。旅游资源随时代的需求而产生、发展，品种数量迅速增加。随着时代的变化，旅游者对旅游资源的评价也不一样，旅游资源的功能也不同。

（四）不可转移性

正是因为旅游资源的形成在很大程度上受其所在的地理环境和区域环境的影响，带有浓郁的地方特色和区域特征，所以旅游资源吸引力的存在也就离不开这些特定的背景环境条件，也就决定了旅游这种特殊的活动现象的暂时性和异地性特征。旅游资源一旦离开了这些必要的条件，旅游资源的个性、独特内涵都会发生变化，有时甚至失去其吸引力，丧失其作为旅游资源的价值。目前一些仿制品尽管在外观上可以以假乱真，但是由于忽略了真品存在的特定环境，也就失去了真品原有的意义和魅力，所以说旅游资源具有不可转移性。在进行旅游资源开发时，一般要求在原地进行。

（五）非旅游功能性

旅游资源中除个别专门为旅游而建的人工游乐场外，其余大部分原来功能并非为旅游所有。自然景观本是天造地设，不是为旅游而产生。水和植物最初只是人类生存的基本条件而已。在人造景观中，寺庙是为了祭祀，城墙是为了防御，也不是为旅游而建。在社会资源中，民俗风情乃是各民族生活本色，亦无旅游价值可言。只有经济发展到一定阶段，这些原本并无旅游价值的事物，才被“拿来”或“借来”成为旅游资源。这一属性说明旅游资源并不是天生、固有的，必须经过人为的认识、发现和挖掘，才能把一些看似与旅游无关的东西转化为旅游资源。

（六）吸引力的定向性

对旅游者具有吸引力是所有各种旅游资源共有的本质特征，但这并非意味着任何一项旅游资源对所有的旅游者都具有吸引力。事实上，就具体的某项旅游资源而言，由于旅游者的兴趣和追求不尽相同，因而它可能对某些旅游者有很大的吸引力，而对另外一些旅游者不会有多大的吸引力，甚至根本不具吸引力。换言之，对于具体的单项旅游资源来说，其吸引力都有人群定向的特点，只能吸引某些旅游者人群，而不可能对所有旅游者都具有同样程度的吸引力。某一旅游资源在开发之前有必要认真开展市场调查工作，原因也在于此。理解旅游资源的这一特点，对于旅游经营者组合旅游产品和开拓旅游市场也有重要的现实意义。它提示旅游经营者，对于以不同类别的旅游资源为基础组合出来的旅游产品应有其各自的目标市场，而不宜不加区别地采用撒大网式的营销做法，否则将难以带来符合成本效益的收效。

三、新旅游资源观的特征

作为最具时代特征的新生产要素，旅游资源已难以满足新时代游客日益多样化的需求。新旅游资源观是对传统旅游资源观的根本突破，除了保留传统旅游资源的一般性之外，也呈现出新旅游资源价值观、新旅游资源利用观、新旅游资源发展观、新旅游资源效益观和新旅游资源空间观等新的时代特征。

（一）新旅游资源价值观

新时代，旅游消费方式由单一的观光向观光、休闲、度假、康乐等并重发展，旅游业

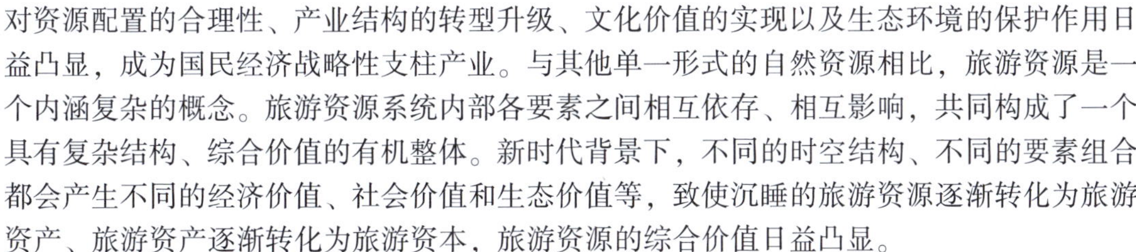

对资源配置的合理性、产业结构的转型升级、文化价值的实现以及生态环境的保护作用日益凸显，成为国民经济战略性支柱产业。与其他单一形式的自然资源相比，旅游资源是一个内涵复杂的概念。旅游资源系统内部各要素之间相互依存、相互影响，共同构成了一个具有复杂结构、综合价值的有机整体。新时代背景下，不同的时空结构、不同的要素组合都会产生不同的经济价值、社会价值和生态价值等，致使沉睡的旅游资源逐渐转化为旅游资产、旅游资产逐渐转化为旅游资本，旅游资源的综合价值日益凸显。

（二）新旅游资源利用观

旅游资源具有生命周期，不同经济社会发展阶段对旅游资源的需求不同，致使旅游资源的开发、配置、利用和价值受时间限制，只有适时开发才能发挥旅游资源的最大效用。随着外界环境、旅游者需求特点以及市场竞争的变化，旅游资源在“创新、革新、更新”中嬗变新生，总是不断发展变化的，具有可创造、可转化、可拓展的开放属性。另外，人们旅游需求日益多样化、个性化，对旅游资源的认识也在发生变化，旅游资源开发利用的同时也在不断被创造。旅游资源只有经过合理的开发利用和保护，才能提高资源利用效率，发挥更大的综合效益。各级政府应坚持旅游资源的开发利用与保护并重，通过理念创新、制度创新、技术创新，推进旅游资源的集约、高效、合理利用和有效整合，实现旅游业可持续发展。

（三）新旅游资源发展观

任何经济资源、社会资源与旅游资源的“结合、融合、整合”，都有可能孕育新的旅游产品、旅游业态、经营模式和生活方式，并以旅游业带动区域经济社会全面发展。文化资源、科技资源、农业资源、生态资源等与旅游资源之间均存在共生现象，不同形式的资源优势逐渐转化为产业优势。利用新一代信息技术深度开发旅游资源，深化“旅游+”跨界融合，培育旅游新业态、新动能，是旅游产业转型升级、旅游产品提档迭代、旅游服务品质提升的必然要求，也是实现旅游业高质量发展的内在要求。随着旅游业的纵深发展，虚拟旅游、小说旅游、暴走旅游等新型旅游方式不断涌现，旅游与文化、体育、交通、工业、农业、医药等融合发展成为必然趋势。

（四）新旅游资源效益观

消费需求是中国经济增长的主要引擎，释放居民消费潜力、扩大居民消费需求是推动经济高质量发展的重要手段。在构建双循环新发展格局背景下，促进消费、扩大内需的重要性进一步提升，迫切需要培育新的经济增长点。旅游业兼具经济、社会和生态功能属性，具有带动作用大、产业关联度高、投入产出比低等特点。随着中国旅游业的快速发展，旅游业对经济发展的拉动作用越来越大，是稳增长、促消费、扩内需、惠民生的重要产业。发展旅游业能够改变人们的消费观念、消费习惯和消费结构，促进社会就业持续增加，推动产业结构优化升级，改善生态环境。总之，提高旅游资源可持续开发利用的能力，加快旅游产业发展步伐，能够获取更大的经济效益、社会效益和生态效益。

（五）新旅游资源空间观

旅游资源具有地域性和空间上的不可移动性，很多地方的自然旅游和传统旅游景点并不受欢迎，各地旅游资源在一定区域范围内并没有产生互补效应。旅游资源流动是实现旅游资源时空配置的过程，既包括旅游资源在资源势能作用下的地理空间位移，也包括旅游资源形态、功能和价值的转换过程。飞机、高铁、高速公路等现代化交通工具的快速发展，加速了旅游资源的跨区域流动，缩短了旅游景区之间的距离，加速了人口、物资的合理流动。另外，新一代信息技术的快速发展突破了传统时空的限制，降低了对传统旅游资源的依赖，加快了旅游资源信息的可视化表达，打破了传统的旅游要素空间组织模式，形成了新的区域空间组织形式，最终流动空间取代场所空间。

四、旅游资源的价值决定

旅游资源是旅游活动体系构成中的三大要素之一，是旅游活动的客体。对旅游者来说，旅游资源是其访问活动的对象物。对目的地旅游业来说，旅游资源是该地旅游吸引力得以产生的本源，因而也是该地旅游业赖以生存和发展的基础。所以，一个国家或地区拥有旅游资源的情况，对于该地旅游业能否成功发展有根本性的影响。在这个意义上，旅游资源是一个旅游目的地的核心竞争力所在。

旅游资源的本质特征是其对旅游者具有吸引力。这意味着作为旅游资源，其价值在于对旅游者的吸引功能，基于目的地旅游业的立场去认识，其价值则在于对旅游需求市场的吸引能力。从根本上讲，旅游资源的价值在于其市场价值，而非诸如审美价值之类多具主观色彩的价值认知。就某项具体的旅游资源而言，衡量这一价值的唯一客观标准，以及反映这一价值的唯一量化表现，便是该项旅游资源吸引来访的游客数量。

有些旅游资源因能吸引大量的游客来访而表现出很高的价值，而有些旅游资源的价值则显得相对较低。即便是表面看上去在规模、管理水平等诸多方面相差无几的同类旅游资源，同样存在这样的情况，即其中某项旅游资源所吸引的游客来访量很大，而另外一项同类资源所吸引的游客来访量相对很小。面对这些情况的存在，人们难免会问：造成这种差异的原因是什么？换言之，就某项具体的旅游资源而言，其价值是如何决定的？从根本上讲，这一价值的决定取决于该项旅游资源的自身品质和坐落地点这两个方面的结合情况。

（一）自身品质

这里所谓的自身品质，指的是这项旅游资源本身所具有的与众不同的特色。特色越是突出或独特性程度越高，对旅游者的吸引力就越强，所吸引的游客来访量也就越大，该项旅游资源的价值也就越高。当然，实现这一点的前提是该项旅游资源的这一品质为客源市场所了解或感知，因为如果该项旅游资源不为旅游大众所了解，无异于该项旅游资源客观上不存在。

（二）交通区位

在交通运输条件相同的情况下，对于距离主要客源地区较近的旅游目的地来说，其可进入性程度会高于那些距主要客源市场遥远的旅游目的地。在交通运输条件不同的情况下，对于那些距离主要客源地区较近的旅游目的地来说，其可进入性问题的解决或改善也会相对比较容易。正因为如此，在各方面条件都相差不大的同类旅游资源中，那些距离主要客源市场较近者的游客接待量通常大于距离较远者。

综合上述两个方面，人们会发现，由于旅游者来访所涉及的交通费用和时间代价等因素的影响，那些自身品质虽然较高，但距主要客源地区遥远的旅游资源，在价值上可能只是相当于那些自身品质虽然逊色，但距离主要客源地区较近的旅游资源。对于某两项在质量品位上可能平分秋色的同类旅游资源来说，由于距离主要客源地远近不同，因而在价值上的表现可能相差很大。例如，在吸引欧美旅游者来访方面，我国虽然拥有很多高品质的旅游资源，但由于在地理区位上与欧美这些目前世界上最大的国际旅游客源地距离遥远，因此，尽管欧美旅游者来访人次在逐年增长，但数量远不及距离欧美较近的那些国家和地区。同样，在吸引国内游客来访方面，我国西南、西北地区有很多品质上乘的旅游资源，但由于距离作为主要客源地的东部地区较远，加上这些地区的可进入性程度明显较低，因而，这些地区的国内旅游客源仍多为当地和邻近地区居民。这主要是因为，对于旅游者来说，旅行距离的远近意味着所需交通费的大小和时间消耗的多少，并非所有的国内旅游者在这些方面都具备充裕的支付条件。

知识链接

旅游资源的非使用功能

旅游资源非使用价值是环境资源的一种内在属性，是旅游资源本身产生的效益，是旅游者不一定目前享用旅游资源，或为后代留下来让其在将来使用的旅游资源的效益，具体包括选择价值、遗产价值和存在价值三种。

国内外对于旅游资源的非使用功能都有所研究。一方面，对各个景区旅游者支付意愿进行研究，为我国景点门票制定提供参考依据，将研究结论切实地运用到旅游管理中去，提高游客和居民对旅游资源环境效益和保存价值的意识，促进旅游资源的合理开发和保护。另一方面，对旅游资源损坏的价值评估和提升旅游环境质量支付意愿进行研究，将其研究结果在景区内进行公示，促使旅游开发者对旅游资源进行合理有度的开发，旅游者和居民在游览过程中增加生态旅游和绿色旅游意识，政府对旅游资源的价值有更全面的认识，从而为政策的制定提供理论指导。

（资料来源：刘佳，张雨苗．国内外旅游资源非使用功能价值评估研究综述［J］．热带地理，2017，37（1）：130-141.）

第二节　旅游资源的类型

对于旅游资源的类型，人们由于所站角度不同，有很多种划分方式。目前常见的划分方式有以下几种：

一、根据旅游资源的基本属性分类

按照旅游资源的属性进行划分，是目前比较流行的一种分类方法。根据这种方法，旅游资源可分为自然旅游资源和人文旅游资源两大类。

（一）自然旅游资源

【视频】自然旅游之山水

自然旅游资源是指天然赋予和具有观赏价值，能使人产生美感的自然环境及其现象的地域组合。自然旅游资源的形成有一定的地理学条件，从宏观角度来看，它是地球表层所有自然要素之间相互联系、相互制约以及有规律运动的结果。自然旅游资源依据其表现形式的不同，主要可以分为以下几种：

1. 气候天象

地球上的气候类型复杂多样，既有从南到北的温度变化，又有从东到西的干湿变化，还有从低到高的垂直分异，更有特定地理环境下形成的富于变化的天象奇观。常见的气候天象旅游资源有：宜人的气候，如夏季避暑型、冬季避寒型、四季如春型等；天象奇观，如佛光、极光、蜃景、极昼、极夜等；冰雪景观，如冰挂、雾凇、雪松等。

2. 地文景观

地球表面地质构造复杂，地貌类型众多。地文景观旅游资源又可分为：山岳形胜，主要指各种风景名山、历史文化名山和冰封雪山等；岩溶景观，包括地下洞穴、暗河与地上孤峰、峰林、石林及天生桥等；风沙地貌，包括风蚀地貌和风积地貌，主要表现为风蚀蘑菇、风蚀柱、风蚀城及各种沙丘、戈壁等；海岸地貌，包括海蚀地貌、海积地貌、岩岸、沙岸、红树林海岸和珊瑚礁海岸等。

3. 水域风光

我们居住的地球江河如织，湖泊广布，冰川多姿，海域广阔，构成一幅动静结合的画面。水域风光包括：江河溪涧，由气势磅礴的大江大河和清流潺潺的小溪构成；湖泊水库，由天然形成的湖泊和人工创造的水库构成；瀑布泉点，由银链飞泻的瀑布和功效多样的泉点构成；现代冰川，晶莹剔透，别具一格，令人耳目一新；滨海景观，由海滩和与其相连的海域构成。

4. 生物景观

地球上丰富多彩的动植物种群，使得地球表面的景象更加活跃、富有趣味，也给旅游者以赏心悦目的感受，并具有宝贵的科学考察价值。生物景观主要包括森林、草原、古树名木、奇花异卉、珍稀动物及其栖息地等。

（二）人文旅游资源

人文旅游资源是指古今社会人类活动所创造的具有旅游价值的物质财富和精神财富，这些都是历史、现实与文化的结晶。其形成和分布不仅受历史、民族和意识形态等因素的制约，还受到自然环境的深刻影响，并形成了明显的地域特征。其内容十分广泛，主要包括以下几种：

1. 文物古迹

文物古迹是人文景观中最博大精深的一种旅游资源。它们以丰富的历史内涵、深厚的文化魅力和优美的外观造型，吸引着每位旅游者，使其为之倾倒。文物古迹主要包括古建筑、石窟与石刻、古墓葬、古遗迹、近现代重要史迹及代表性建筑。

【视频】人文旅游之——古建筑

2. 民族风情

各民族居住环境和历史文化各异，传统风俗独特，由此形成了各自不同的民族风情，成为人文旅游资源中最活泼、最生动和最富有特色的内容。民族风情主要包括节会庆典与民间歌舞、民居建筑、民族服饰、生活习俗与风味饮食、民族工艺与民间艺术。

3. 城乡风貌

世界各地城市和乡村的历史与现实，社会经济与文化的整体展示。城乡风貌一般包括古都名城、现代城市、特色城市、名镇风貌、乡村景观。

4. 现代设施

现代设施包括集中反映当代建筑成就与时代特征、关系国计民生的大型工程设施，以及满足现代人类文明生活需要的文化休闲设施与康体娱乐设施。

5. 宗教文化

一切与宗教直接有关的文化现象。宗教文化向来与旅游开发密切相关。宗教事业是历史文化的载体，体现出的人类文明多方面的巨大价值是举世公认的。宗教文化作为一种充满魅力的重要人文旅游资源，能激发旅游者的旅游动机，对旅游者有很强的吸引力。宗教旅游资源主要包括宗教建筑、宗教活动、宗教艺术。

6. 文学艺术

文学艺术是人类精神文明的重要组成部分，包含的内容相当丰富。而旅游本身就是一种大规模的文化交流活动，它与文学艺术有着密不可分的关系。为旅游业所利用的文学艺术主要包括文学作品与神话传说、楹联题刻与书法绘画、园林艺术与城市雕刻、戏曲影视与杂技武术等。

7. 饮食购物

我国地域辽阔，各地物产不同，造就了各地饮食及土特产品的差异性，吸引旅游者到当地去品尝美食，购买产品。这也是旅游者出游动机的一部分。饮食购物主要包括烹调技艺与美味佳肴，特产名品与旅游纪念品，现代商厦、特色市场与著名店铺。

二、根据旅游资源的管理级别分类

为了加大对旅游资源的保护力度，我国采取了加快立法建设、设立保护机构等一系列措施，形成了比较完整的管理体系。按照管理级别的高低，我国旅游资源可以分为世界级、国家级、省级和市（县）级四种类型。这实际上反映了旅游资源价值的大小和品位的高低。

（一）世界级旅游资源

世界级旅游资源包括经联合国教科文组织批准分别列入《世界遗产名录》的名胜古

迹、列入《世界地质公园》的自然景观和列入联合国“人与生物圈”保护区网络的自然保护区。它们具有全球性的艺术观赏、历史文化及科学研究价值，是世界上品位和知名度最高的旅游资源。

（二）国家级旅游资源

国家级旅游资源包括由国务院审定公布的国家重点风景名胜区、国家历史文化名城和全国重点文物保护单位，由国家林业和草原局及国家公园管理局批准建立的国家森林公园和国家级自然保护区，由国家文化和旅游部评定的国家级旅游区，以及由自然资源部批准授牌的国家地质公园。它们都是我国壮丽山河的精粹和中华文化的瑰宝，具有重要的艺术欣赏、历史文化和科学研究价值，在国内外享有较高知名度。

（三）省级旅游资源

省级旅游资源包括省级风景名胜区、省级历史文化名城和省级文物保护单位，以及省级森林公园、自然保护区和地质公园等。他们具有较为重要的艺术欣赏、历史文化和科学研究价值，以及浓郁的地方特色，在省内外均有较大影响。

（四）市（县）级旅游资源

市（县）级旅游资源包括市（县）级风景名胜区和市（县）级文物保护单位。它们具有一定艺术欣赏、历史文化和科学研究价值，是邻近地区或本地游客的主要游览对象。

三、根据旅游资源的市场特性和开发现状进行分类

（一）潜在旅游资源

这类旅游资源是有一定的观赏、游览价值，但目前尚无力开发的潜在资源。这类资源可以是自然景观、历史遗存或是独特的吸引物。

（二）现实旅游资源

现实旅游资源是已经被旅游业所利用的旅游资源。有的利用历史较长，缺乏时代内容，需加以调整、充实；有的已列入规划，即将开发，也视为现实旅游资源。这类旅游资源是自然或历史文化赋予的客观存在的旅游资源。

（三）市场型旅游资源

这类旅游资源是比较适合市场需求的资源，它可能原本质量不高，但由于某一社会事件使其影响力倍增而成为旅游资源，或者是由于市场需求而可以创造出来的新旅游资源，如各类主题公园等。

四、根据旅游活动内容分类

这种分类有助于确定旅游资源的开发、保护和旅游地建设的方向。

（一）游览鉴赏型旅游资源

无论是自然的还是人文的，无论是原生的还是人造的，只要旅游者能从中获得高度的视觉审美享受，陶冶性情，观赏后得到心智历练，让邻人和朋友羡慕，都属于此类旅游资源。这类旅游资源主要包括自然奇观、著名古代建筑、遗址及园林、现代城镇景观、山水

田园和以览胜祈福为目的的宗教寺庙等。

（二）知识型旅游资源

知识型旅游资源从视觉美感的角度不会吸引普通旅游者，主要是吸引那些要增长知识、开阔视野和对科学考察有特殊需求的知识阶层、学生，或由于从事某种专业而产生兴趣的专门人士，通过旅游活动可以丰富知识、开阔视野、增长阅历。这类旅游资源包括文物古迹、博物展览、科学技术、自然奇观、精湛的文学艺术作品等。

（三）体验型旅游资源

旅游者或深入当地家庭，或游逛集市贸易，或徒步大街小巷，置身其中参与活动，与当地居民进行接触，交流感情，猎奇寻源，以切身体验不同的地域文化。这类旅游资源以民风民俗、社会时尚、节庆活动、风味饮食、宗教仪式等为主。

（四）康乐型旅游资源

旅游者或利用这些旅游资源远离尘嚣，消闲避暑；或从运动中增进身心健康，寻求快乐。这类旅游资源以文体活动、度假疗养、康复保健、人造乐园等为主。此类旅游资源投资大，易于模仿，因而要不断更新项目内容，力求展现自己的特色。

需要说明的是，无论从哪个角度进行分类，都只是相对的，各种不同类型的旅游资源之间有时是难以区分的。自然旅游资源经过长期开发利用，不可能完全没有人文附加成分。许多胜地的名声和旅游价值虽与自然条件相关，但是相当程度上也有赖于社会活动的影响和文艺作品的渲染。以旅游活动内容进行分类也同样存在着相互交融的情况，许多游览观赏型旅游资源蕴藏着丰富的知识和诸多体验的乐趣，知识型旅游资源中也不乏视觉效果优美的景观和健康娱乐的成分，只是将某种标准作为主要视点进行分类而已。

知识链接

国家标准《旅游资源分类、调查与评价》（GB/T 18972—2017）

现行的旅游资源国家分类标准是由国家质量监督局于 2017 年修订后实施的中华人民共和国国家标准《旅游资源分类、调查与评价》（GB/T 18972—2017）。该标准总结了我国近年来的成果，目的是更加适用于旅游资源的调查、开发与保护和旅游规划等方面的工作。根据《旅游资源分类、调查与评价》（GB/T 18972—2017）国家标准，旅游资源分为 8 大主类、23 个亚类和 110 个基本类型。

第三节　旅游资源的开发

所谓开发，一般是指人们对资源及其相关方面进行综合利用的过程。旅游资源是旅游业发展的基础，缺少旅游资源，旅游业就无法发展，而未经开发的旅游资源无法为旅游业所利用。在旅游业迅速发展，旅游者的需求日趋多样化、个性化的今天，只有对现有旅游资源进行深层次的开发，才能不断满足旅游者的需求，确保旅游业的持续发展。

一、旅游资源开发的概念

旅游资源开发的目的是将旅游资源转化为旅游经济资源，为当地创造社会经济效益。因此可以将旅游资源开发界定为：运用适当的资金和技术手段，使尚未被利用的旅游资源变得能为旅游业所利用，并因而产生经济价值及其他的多种价值；或已被部分利用的资源的利用广度和深度得到加强，并因此提高了综合价值。这一概念有两点需要注意。

第一，旅游资源开发的程度具有很大的伸缩性。开发意识强的人，可以及时捕捉民众的需求和心理信息，把似乎与旅游毫不相干的事物变成旅游资源，比如长寿、减肥，甚至地震、火山等，使那些看似不具备旅游条件的地方，变成旅游胜地，比如沙漠、沼泽、荒凉的小岛等。

第二，旅游资源的价值直接受开发、利用状况的影响。可进入性差，则难以扩大旅游规模；若开发深度不够，则不能很好地将旅游资源的意义和价值充分展现出来，难以给游客留下深刻的印象；如果开发不当，还有可能破坏旅游资源，影响潜在的客源。

二、旅游资源开发的意义

潜在的旅游资源需要人们根据需要进行开发，否则便不能成为现实旅游资源。现实旅游资源，特别是已被旅游业长期利用的现实旅游资源同样需要根据情况进行再生性开发。这种开发的目的是巩固、改善和提高旅游资源的吸引力。一个国家或地区的旅游事业是否兴旺发达，不仅取决于客观上潜在的旅游资源的数量和质量，还取决于主观上对这些旅游资源的开发、利用、保护程度，取决于对这些资源的开发、利用、保护的科学性、合理性。一个国家或地区旅游业发展的规模和速度，一般情况下是与该地的旅游资源的数量和质量成正比的。旅游资源的丰富程度和质量，直接影响客源市场的规模，在一定程度上决定着旅游业的发展规模和速度。旅游资源的质量是由旅游资源本身的吸引力、地理位置与客源市场的距离、交通便利程度、各种服务设施的完善程度等诸多因素决定的。开发、利用、保护好这些独具特色的旅游资源是关系到旅游业成败的大事。只有大力开发、利用、保护好我国丰富的文物古迹、美丽的自然风光、众多的民族风情，最大限度地发挥其独具特色的旅游资源的优势，满足国内外旅游者的需求，才能促进我国旅游业的发展。旅游项目的开发要独树一帜，别出心裁，创造出具有民族特色和地方特色的旅游产品，从而满足旅游者“求知、求新、求奇、求异、求乐”的消费心理。打造一批别开生面、奇特新颖、超凡脱俗的新产品或拳头产品，真正做到“人无我有，人有我优，以特为主”，从而提高在国际市场的竞争力。

三、旅游资源开发的内容

旅游资源开发的目的，就是使旅游资源为旅游业所利用，从而使其潜在的资源优势转变为现实的经济优势。因此，旅游资源开发的内容，不仅包括对旅游资源本身的开发、利用，还包括旅游配套设施的建设，具体包括以下几个方面的内容。

（一）搞好景区景点的建设与管理

旅游资源在旅游业中必须要经过开发才能被利用，旅游景点和景区就是旅游开发中的一个重要组成部分。旅游景点和景区建设包括两个类型：旅游景区景点的初次建设，旅游景区景点的深入开发建设和改造。值得注意的是，这里所说的建设不仅指新景点的兴建和传统景点的改建，还应该包括对旅游资源的保护等方面的内容，以及对游客活动项目、活动形式等内容的开发和更新。

（二）提高旅游地的可进入性

可进入性问题，主要是指交通、通信条件，包括交通线路、交通设施、交通方式及现代化的通信设施等。旅游活动的异地特征决定了旅游者需要离开常住地一段距离之后才能进行活动。因此，没有一定的交通设施和交通条件，旅游活动就不能实现，旅游资源的开发就毫无意义。旅游的出游范围越来越大，远距离出游渐成规模，这对可进入性条件的具体指标提出了更高的要求，如交通线路的通达性、交通方式的舒适性和便捷性等。如果某地的旅游资源非常丰富且很有特色，但交通条件恶劣，可进入性差，则会影响游客选择该地旅游的概率。景区内部交通便利与否同样重要，通常要求做到“进得来、出得去、散得开”。这样不仅方便旅游者来往，取得完美的旅游效果，还可以使旅游资源的开发者在保障资源品质的同时，获得预期效益。所以，重点解决可进入性问题，可使旅游资源开发的目标得到保障，使旅游者选择旅游地时没有顾虑。

（三）建设和完善旅游配套设施

一定的设施是旅游活动得以进行的必要条件，也是旅游开发的重要环节。旅游学中一般把旅游配套设施按服务对象分为两大类：基础设施和上层设施。

基础设施是指主要使用者是当地居民，也必须向旅游者提供或旅游者也必须依赖的有关设施。基础设施如果不建设，就不会有客源，因为旅游者来此无法生活。这类设施包括两类：一类是一般公用事业设施，如供水系统、排污系统、供电系统、通信系统、道路系统等，以及与此有关的配套设施，如机场、码头、车站、停车场等；另一类是满足现代社会生活所需要的基本设施，如银行、商店、医院等。对于待开发的处女地，建设上述基础设施的必要性是显而易见的。多数情况下，被开发的地区都有一些原已存在的基础设施。然而这些已有的基础设施大多数是根据当地居民的需求规模进行设计的，随着外来游客的大量涌入，很可能出现供应能力不足的问题，因而需要进一步增建和扩建。

上层设施实际上就是我们通常所说的旅游服务设施，是指那些虽然也供当地居民使用，但主要是供外来旅游者使用，来发展旅游业的服务设施。也就是说，如果没有旅游者，这些设施也就失去了存在的必要。如宾馆饭店、旅游咨询中心、旅游商店、某些娱乐场所等。由于这些设施主要供旅游者使用，所以要根据旅游者的需求、生活标准和价值观念来进行设计建造。

总之，旅游配套设施的建设和完善，既配合旅游资源的开发满足旅游者多方位的需要，又使旅游资源的开发与区域经济密切联系，得到有力的支持。由于旅游配套设施一般投资大、周期长，因此对其建设规模、布局、数量必须严格论证和审批，做到适度超前发展，避免设施的不足和浪费，从而为旅游地创造良好的投资环境和开发条件。

（四）完善旅游服务体系

从旅游供给的角度来讲，旅游服务既包括商业性的旅游服务，又包括非商业性的旅游服务。商业性的旅游服务是指当地旅行社的导游和翻译服务、交通部门的客运服务、饭店业的食宿服务、商业部门的购物服务，以及其他部门向旅游部门提供的营业性接待服务；非商业性服务一般包括当地为旅游者提供的旅游问讯服务、出入境服务，以及当地居民为旅游者提供的其他义务服务。在旅游开发时必须注意服务体系的完善，不能为追求商业利润而一味进行商业开发，而忽视非商业性服务的建设。旅游服务是由各种单项服务组合而成的综合服务，提供服务的人是来自旅游业各部门的从业人员及当地群众。从业人员的服务质量和当地居民对旅游者的友好程度及愿意为其服务的好客精神，直接影响旅游地对旅游者的吸引力，而服务质量是由其本身素质决定的。因此，必须通过各种方式，根据客源市场的变化以及旅游业的发展要求，对从业人员不断进行培训，以提高服务水平和质量，达到完善旅游服务的目标。

（五）加强宣传促销，开拓客源市场

发展旅游业，就是开发旅游地本身所具有的旅游资源，利用一切有利条件，满足市场的旅游需求，发展完善的产业结构，获得预期的经济效益和社会效益。因此，旅游资源的开发并不是简单地将目标集中于旅游资源本身进行景点开发和配套设施建设等，还必须进行市场开拓工作，二者相辅相成，缺一不可。如果仅仅进行旅游地的有关建设，而不进行市场开发，扩大客源，那么这种开发只能是有劳无功，以失败告终；如果只开拓市场而不进行旅游地相关设施的建设和完善，则更是无的放矢，劳民伤财。市场开拓工作，一方面是将景点建设及旅游活动的设置与旅游需求趋向联系起来，即根据旅游者消费行为特征，进行旅游资源开发的具体工作；另一方面是通过多种媒体加强宣传，将旅游产品介绍给旅游者，不断开拓市场，扩大客源，实现旅游资源开发的目的。

总之，旅游开发是一项综合的系统工程，它不仅是对旅游资源或景物的开发，而且是以旅游景物建设为中心进行的各种相关旅游设施建设、旅游环境保护和培育等一系列综合性社会经济活动。

四、旅游资源开发的原则

由于旅游资源本身的特性和存在的地域形式不同，旅游开发的需求内容也不同，从而使旅游资源的开发、利用具有多向性特点。况且不同的开发利用思想、目的和手段，会有绝对不同的社会经济效果。因此按照科学规律、遵守一定的开发行为规范就显得尤为重要。在现实的旅游资源开发实践中一般应坚持以下原则：

（一）突出个性的原则

旅游资源的开发，应突出个性，充分揭示和发现其本身独有的特色，把各项旅游资源有机结合起来，形成一个鲜明的主题，以此树立当地的旅游形象。有个性、有特色，就容易在旅游者或潜在旅游者心目中形成强烈的旅游地意象，就有了吸引力，也就有了竞争力。要想突出个性，在开发过程中不仅要保护好旅游资源本身原有的特色，还要尽最大可能突出其特色，表现在具体的旅游资源开发中要求开发旅游资源强调突出地方的、民族的、历史文化沉积的特色，尽可能保持旅游资源的原始风貌特征。“只有民族的，才是世界的。”实践证明，成功的景区景点都是以独特的性质和魅力特色吸引世界旅游者的。而一旦失去了地方的、民族的特色，旅游资源也就失去了吸引力，旅游资源就会变得千篇一律，资源的开发就必然走向失败。

（二）保护性开发的原则

旅游资源的开发和旅游资源的保护是对立统一的。旅游资源开发的目的是利用，对旅

游资源进行保护实际上也是为了利用。因此，开发与保护两者之间并不是根本的矛盾。但应注意的是，旅游资源是旅游目的地的宝贵财富，其中很多属于不可再生资源，所以在开发时应将对旅游资源的保护放在首位。生态环境是旅游资源赖以存在的物质空间，旅游资源开发必须重视资源与环境的保护，以便拥有良好的资源和环境质量，达到吸引旅游者的目的。从这个角度来说，旅游资源开发中的保护开发原则就不仅仅是为了旅游资源的长远利益，也会直接影响到旅游资源开发的当前利益。旅游资源开发的保护开发原则主要体现在两个方面：一是保护旅游资源本身在开发过程中不被破坏，正确处理好开发与保护的关系；二是要控制开发后旅游资源的游客接待量，使之处于环境承载力之内，以维持生态平衡，保证旅游者的旅游质量，使旅游资源能够永续利用，旅游业可以实现可持续发展。

（三）市场导向原则

市场导向原则，是指旅游资源在开发之前一定要进行市场调查和市场预测，准确把握市场需求及变化规律，结合旅游资源特色，确定开发的主题、规模和层次。由于旅游者的旅游动机与市场需求经常变化，旅游资源在市场竞争中随时面临着入时或过时，以及扩大或丧失吸引力的问题，这就使旅游资源的开发不仅局限于客源市场的现实需求的满足，还应把握市场的各种形成要素，认清现实的基本需求，了解长期的发展方向，预测潜在需求的变化趋势，从而用一种动态、连续、长期的发展战略进行旅游资源的开发，并使该项工作具有前瞻性和应变性。

（四）游客参与原则

随着旅游活动的深入开展，旅游者已经不再满足于过去那种走马观花式的游览方式，所以在旅游资源开发时就应该注意这一点。游客参与原则，要求旅游资源开发过程中创造更多的空间和机会，便于游客自由活动。各种旅游服务设施，可以采取渗入、延伸或扩大视野等方法，设置旅游资源所处的大环境，使游客在整体游览娱乐活动过程中有广阔的自主活动空间、主动接触大自然的机会及充分展示自我意识的环境。

（五）三大效益相统一的原则

旅游资源开发过程中必须注重三大效益的统一性，即做到经济效益、社会效益、生态效益的统一。

首先，开发旅游资源要注意生态效益。不要因为开发而破坏山体、水体、植被、空气等。相反，要通过旅游资源的开发，使生态环境质量大大提高。

其次，开发旅游资源要注意社会效益。要通过旅游资源的开发，对社会产生积极的促进作用，包括对人类智力的开发，知识的普及，思想教育、社会道德风尚的提高等。凡是能对社会进步产生积极作用的旅游资源应该首先开发，而对社会进步不能产生积极作用，甚至会产生消极作用的旅游资源，就不能开发。

最后，开发旅游资源要注意经济效益。旅游资源开发必须服从当地经济和社会发展的规划。并不是所有拥有旅游资源的地区都可以或者应该去发展旅游业。在开发旅游资源所付出的社会成本或机会成本高于它所能带来的社会收益时，这种开发对当地经济发展全局来说，显然是不利的。而对开发商来说，他的投资和经营的目标是利润最大化，如果开发旅游资源不能带来经济效益或者经济效益甚微，旅游业就难以发展。

在旅游资源的开发过程中应强调生态效益、社会效益和经济效益的统一，不能因获取某种效益而损害其他效益。只有在这三种效益同时获取的情况下，旅游资源开发才能进行。在当前要特别警惕只顾经济效益，而不顾生态效益和社会效益，甚至以牺牲生态效益和社会效益为代价，去换取经济效益的做法。

知识链接

白衣古镇焕新彩

白衣古镇，悠悠河水绕镇而过。白衣始建于秦汉，是古柳州城遗址，因其深厚的文化底蕴、特色的古建筑群以及优美的生态环境被评为“全国历史文化名镇”。特别是古镇吴氏家训、孝廉文化更是影响深远，被世人所传唱。

青石小巷、青瓦屋面、残存的戏楼、斑驳的风火墙、旧损的百寿图……走进这里，一砖一瓦仿佛都在诉说着古镇的沧桑，同时也都成为历史的见证和今人目睹的历史文化亮点。

“白衣古镇以‘水乡古镇、士绅文化’为主题，通过对文物与历史建筑的修缮、复建，整治风貌不协调的建筑，保护古朴的历史环境氛围，再现白衣古镇完整历史风貌，使其成为名副其实的历史古镇。”白衣镇宣传委员付小娟介绍，为承接古镇文脉，古镇建设按照“造型不变、结构不变、材料不变、工艺不变”的理念，尽量保存白衣古镇的风貌遗迹，做到“留古、复古、仿古、用古”。

这也是平昌县白衣国家历史文化名镇保护性开发项目被评为“四川省文化旅游融合示范项目”的原因。

（资料来源：翁凯．文旅融合 激活全域旅游［N］．巴中日报，2023-11-20.）

第四节　旅游资源的保护

旅游资源经过开发规划成为吸引旅游者的旅游产品，是挖掘旅游者出游动机的直接原因。保护是合理开发和规划的前提，是每一个参与旅游活动的个体必须遵循的原则。

一、旅游资源保护的意义

旅游资源是旅游业生存发展的基础，旅游资源的保护是旅游资源规划与开发的有机组成部分。旅游资源的保护不仅包括旅游资源本身的保护，使之不受损伤、特色不被削弱，而且还涉及周围环境的保护问题。对旅游资源的开发与利用往往蕴含着使其受到毁坏的危险。因此，在实施开发规划时，必须切实做好旅游资源的保护工作。

保护旅游资源就是保护旅游业。旅游资源是旅游开发的必备条件之一，是构成旅游产品的重要组成部分。没有旅游资源，也就没有了旅游业存在和发展的基础。而旅游资源是脆弱的，常常会受到不同程度的破坏，有些可以在一定时间之后自行修复，有些则会造成无法挽回的影响，从而减弱旅游目的地的吸引力。从这一角度讲，保护旅游业的首要工作就是保护其赖以存在的旅游资源。

保护旅游资源就是保护生态环境，保护旅游地文化。旅游资源涵盖的范围十分广，既包括自然界赋予的自然旅游资源，也包括人类活动所创造的人文旅游资源。其中前者是生态环境的重要组成因素，后者则是重要的文化遗产。保护旅游资源，也就是保护了以上要素。

二、旅游资源遭受破坏的主要原因

旅游资源遭受破坏的原因很多，基本是可划分为两大类：自然因素和人为因素。

（一）自然因素

使旅游资源遭受破坏的自然因素主要有以下三种：

（1）自然环境的突变。自然环境的突变如地震、洪水、海啸、泥石流等，往往造成大的灾害，使受害地区的旅游资源遭到极大破坏。

（2）自然环境的缓慢变化。一是自然环境组成要素，如气候条件、地质条件、水文条件等的改变，使生态环境发生变化，造成风景区质量下降；二是长期的风化作用，使旅游资源特别是历史文物和建筑遭到物理剥蚀和化学侵蚀。

（3）动物的破坏。一些动物原因，如鸟类和白蚁等也对旅游资源的安全造成威胁。

（二）人为因素

这里所说的人为因素，有少数属于有意的人为破坏，大量的是无意的破坏，大致有两类。

（1）旅游者的旅游活动对旅游资源造成的破坏。旅游者在旅游过程中由于自身行为，如旅游者攀登旅游资源、乱刻乱画、乱丢废弃物等都会对旅游资源产生损害。特别是当景区接待旅游者的数量超过旅游资源的接待能力的负荷极限时，其遭受破坏的可能会成倍增加。

（2）当地居民、当地旅游企业对旅游资源造成的破坏。这类人为破坏比旅游者造成的影响更严重，而且不易控制。例如，有些住在长城附近的农民挖取长城的砖石作为建房材料；秦皇岛市为了修建高速公路，把长城挖开；至于有关乱砍滥伐树木、盗猎稀有野生动物，不受控制的经济活动对水体、空气及生态环境的污染和破坏等，屡见不鲜。

三、旅游资源保护的措施

对于旅游资源的保护，应当采取积极主动的保护措施，即以“防”为主，以“治”为辅，采用防治结合的原则。要运用法律、行政、经济和技术等手段，加强对旅游资源的管理和保护。

（一）政府应重视旅游资源的保护工作

旅游资源的保护是一个自上而下的过程，要想使旅游者真正从心里重视旅游资源资源的保护，必须通过政府的努力，形成一个良好的大环境。

（1）加大各种法律法规的制定力度，使旅游资源的保护做到有法可依。应该加强对公民的教育，创造良好的软环境，还要对一些行为以法律法规的形式加以约束，全方位地保护旅游资源。我国与旅游资源管理保护相关的法律主要有《中华人民共和国环境保护法》《中华人民共和国森林法》《中华人民共和国草原法》《中华人民共和国海洋法》《中华人民共和国文物保护法》《中华人民共和国野生动物保护法》《风景名胜区管理条例》等。此外，各地方立法机构和人民政府也根据国家法律法规，结合当地具体情况出台了地方性法律法规。

（2）加强对旅游资源保护的宣传工作。造成对旅游资源人为破坏的重要原因是对旅游资源的保护意识没有深入人心。任何外在的压力和手段都不如从人们的内心出发，将对旅游资源的保护变成人们生活的一部分，形成良好的社会风气，让人们明白保护旅游资源的重要性：旅游资源是和大家的利益密切相关的，旅游资源是我们共同的财富，每个人都有责任保护它。

（3）建立健全旅游相关的管理机构。我国建立了一些管理机构，如各级文物管理单位、各级风景名胜区管理单位等。这些机构专门负责相关旅游资源的管理和保护工作。

（二）加强旅游规划工作，防止旅游景区超载

对旅游资源的开发或多或少会对旅游资源造成破坏，随着旅游者人数的增加，这种破坏也会加大。旅游承载力决定着可持续旅游发展的规模极限，一旦超过这一极限，原本潜在的问题会转化成严重的现实问题，因而，强调要进行旅游规划和开发，对旅游资源的保护进行事前控制。一旦出现“人满为患”的情况，则要考虑采取措施，要么提高价格，以经济手段控制游客数量；要么进行分流，将游客设法分流到其他参观点；要么采取行政手段，如限制车辆停放，以避免游客集中访问。

（三）对于自然作用所带来的危害，要采取技术措施加以保护

技术措施保护是利用现代科技手段，对旅游资源及其环境进行检测与分析，从而实施保护措施。例如，架设隔离网或使用声光的驱赶技术，来避免鸟类对古建筑的破坏；对一些文物设置保护网，防止游人乱摸乱画；采用封山育林、植树绿化等手段保护生物旅游资源和培育旅游环境等。

（四）建立旅游资源保护体系

建立自然保护地目的是守护自然生态，保育自然资源，保护生物多样性与地质地貌景观多样性，维护自然生态系统健康稳定，提高生态系统服务功能；服务社会，为人民提供优质生态产品，为全社会提供科研、教育、体验、游憩等公共服务；维持人与自然和谐共生并永续发展。要将生态功能重要、生态环境敏感脆弱以及其他有必要严格保护的各类自然保护地纳入生态保护红线管控范围。

知识链接

旅游资源的“轮休”保护

近期，青海可可西里自然保护区、新疆阿尔金山和西藏羌塘国家级自然保护区等相继宣布禁止一切穿越活动；青海湖的鸟岛、沙岛景区和三江源国家公园的黄河源园区扎陵—鄂陵湖、星星海自然保护分区则宣布禁止开展旅游活动；祁连山东段的“盛夏的滑雪登山乐园”青海岗什卡雪峰，5月中旬举办了首届高海拔世界滑雪登山大师赛，随后当地政府即宣布，今后未经许可，严禁在该景区开展登山滑雪及户外探险活动。

上述地区对旅游及相关活动的限制令有永久性的，也有季节性或时段性的。实际上，以自然资源为主的旅游区进行以保护、抚育为目的的“轮休”，黄山自1987年已开始，但越来越多的自然保护区宣布“谢客”或“限客”则是最近几年才出现的。应该说，这种现象和趋势与当前社会发展理念和生态治理理念的影响有直接关系。黄山坚持了30年之久的景区“轮休”制度，由于制度严谨，措施得当，景区内的森林

覆盖率由20世纪70年代的56%提升到98.29%，植被覆盖率达到98.53%，景区空气质量标准、地表水环境质量指标、区域环境噪声质量指标等均达到或优于国家一级标准。

（资料来源：王德刚．旅游资源开发利用不能突破保护红线［N］．中国旅游报，2018-06-11.）

第五节 新时代旅游资源的演变

一、新时代旅游资源的内涵

旅游资源是区域旅游地域系统的重要组成部分，其形态、内涵、存在方式、空间范围等与区域经济社会发展相匹配。传统旅游资源观认为旅游产业发展存在着路径依赖性，忽视了至关重要的市场意识，不利于旅游业的可持续发展。新时代的中国旅游业发展已经进入提升发展质量、转换增长动力的关键时期。随着经济全球化进程的加快，以信息技术为代表的科学技术在旅游业可持续发展中的内生作用日益显现，人们的价值观、审美观不尽相同，越来越多的资源要素注入旅游系统。旅游需求的日益多元化发展，致使人们对旅游资源本性的认识不断拓展和深化，旅游资源逐渐完成从原始的自然资源到社会资源、经济资源，再到知识资源、管理资源等范畴的转变，已经被抽象为一种要素和价值。因此，从资源角度来看，必须突破传统旅游资源观的束缚，重新认识旅游资源的价值和作用，重构新发展理念下的旅游资源观。这种新旅游资源观是指在科学技术进步、价值观念变革、旅游需求提升、人均收入提高等背景下，人们对不同来源、不同结构、不同层次的旅游资源进行整合、配置、重组和优化的动态过程，表现为人们的思维认知对旅游资源性状改变的一种能动响应。在传统旅游资源观时代，有形资源对旅游业发展起着决定性作用；而在新旅游资源观时代，社会网络、制度、知识、智力、信息等无形资源在资源配置中起着主导作用，改变着旅游资源的数量结构、存在形式及空间形态。当然，新旅游资源观的提出并不是要否定传统旅游资源观，虽然传统旅游资源观有其局限性，但是不能忽视其在旅游业中的重要作用。

二、新时代旅游资源发展研究

（一）旅游资源可持续利用研究

随着旅游业的高速发展，旅游产业规模持续扩大，有限的旅游资源面临过度开发利用的压力，致使旅游生态环境恶化、自然资源耗竭、旅游景观破坏，加剧了旅游需求快速扩张与脆弱生态系统之间的矛盾，影响了旅游业可持续发展。重新审视“资源诅咒”假说，缓解旅游资源开发与利用间的矛盾，推进旅游资源集约高效利用，是资源环境约束趋紧状况下旅游发展的必然选择，对旅游资源可持续利用和旅游业可持续发展具有举足轻重的作用。

旅游资源的可持续利用是促进旅游资源有机整合、旅游业可持续发展的核心问题，应考虑以下问题：

（1）文化和旅游资源普查。充分运用互联网、大数据分析等新技术，挖掘新的文化和旅游资源，构建新的文化和旅游资源的分类体系，研究文化和旅游资源普查、分类和评价规范，研究旅游资源普查成果转化的现实路径，评估文化和旅游产业发展潜力。

（2）旅游资源产权制度体系。明确旅游资源产权主客体，界定不同类型旅游资源的所有权、管理权、代理权、观赏权、收益权、经营权等，研究旅游资源产权的评估、配置、流转。

（3）旅游资源整合利用。从点、线、面层面整合农业、水利、交通、旅游等资源要素，构建旅游空间、旅游线路、旅游品牌、旅游活动和旅游产业链的整合体系，探究城市群、省域、市域等不同空间尺度旅游资源整合的空间结构模式。

（4）旅游资源可持续利用。研究产权制度、价格管理、政府管理、代际公平、垄断经营与旅游资源可持续利用之间的内在学理，从容量、质量、效率方面探究旅游资源可持续利用的动力机制、诱导机制、保障机制、市场实现机制①。

（二）旅游资源融合发展研究

在新时代，旅游需求的变化引起了人们对旅游资源的重新认识，科技、文化、生态、体育等资源与旅游资源的融合已经成为一种发展趋势。旅游业高质量发展系统是旅游、科技、文化、生态、体育等诸多要素相互作用的综合体，旅游产业融合的关键是旅游资源的融合发展。旅游资源融合不仅可以优化资源要素配置，延长旅游产业链条，还可以为区域经济结构调整提供动力。因此，应全面实施“+旅游”深度融合战略，积极推进旅游与第一、第二、第三产业深度融合发展，不断开辟旅游业发展新空间。

在加快构建新发展格局的背景下，深化“旅游+”“+旅游”产业融合发展，加快形成旅游发展的新增长极。旅游资源融合发展研究应该重点考虑以下问题：

（1）文化旅游。在文旅融合背景下，利用遥感信息技术深入挖掘文化旅游资源存量和开发潜力，研究地域文化、都市文化、乡村文化、红色文化等文化旅游关联要素的空间认知分异，探究文化旅游融合发展体制机制，揭示文化旅游深层次融合、主动融合的转变特征和规律。

（2）生态旅游。在生态文明背景下，研究生态旅游的资源功能、环境承载力、空间管控、游客行为、价值认知，研究碳中和视角下的生态旅游发展路径和模式，揭示旅游生态安全的空间变化速度、空间转移特征。

（3）科技旅游。在“互联网+”时代，构建科技旅游资源分类、调查与评价体系，研究旅游新产品、新形式、新模式，分析旅游产业与科技创新的协同度、时空演化特征和耦合机制，探究科技和旅游融合的新伦理。

（4）体育旅游。在体育强国战略背景下，评估体育旅游产业政策的制定、执行和实施效果，研究体育旅游危机事件的传播过程、诱发因素、影响效应，研究体育产业与旅游产业融合的学理支撑、发展路径、动力机制与融合模式。

（5）康养旅游。在健康中国战略背景下，界定康养旅游产业的内涵、类型、特征，研究康养旅游者的偏好、动机、体验、行为、满意度，研究康养旅游产业与区域经济、生态

---

① 任以胜，等. 新旅游资源观视角下旅游资源研究框架［J］. 自然资源学报，2022，37（3）：551-567。

等要素的耦合特征，探究康养旅游产业融合的赋能模式、赋能机制。

（6）交通旅游。在交通强国战略背景下，研究旅游交通碳排放的演化机制及影响因素，研究旅游专列、旅游风景道、旅游航道等对沿线地区旅游业的影响，探究不同交通方式对旅游地空间溢出效应的影响机制。

（三）旅游资源区域效益研究

双循环新发展格局是新发展理念的深化，能够推动中国经济高质量发展。消费升级是实现双循环战略的重要抓手，须提升传统消费能级，培育壮大新型消费。不同地区旅游资源开发利用阶段不同，对旅游地及其周边区域产生的经济效益、社会效益、文化效益和生态效益也不尽相同。充分挖掘旅游消费和投资潜力，大力发展文化游、休闲游、康养游、研学游等，能够满足旅游消费升级的需求，对于促进区域经济转方式、调结构具有重要作用。

顺应旅游消费多元化、个性化趋势，充分发挥旅游产业就业容量大、进入门槛低、民生惠及广等特点，能够获取更大的经济、社会、文化和生态效益。开展旅游资源区域效益研究应该考虑以下问题：

（1）旅游资源产业链。研究旅游资源产业链的形成原因、发展模式和形成机制，揭示旅游资源产业链演化的规律，评估旅游资源产业链技术效率，分析区块链对旅游资源产业中各主体的影响。

（2）旅游资源价值链。分析旅游资源价值链的特征及其影响因素，研究旅游资源价值链的价值延伸与创造，研究旅游资源产业链的价值关联、企业关联、产品关联，探究旅游资源价值链重构过程、特征和机制。

（3）旅游资源消费结构。构建旅游资源消费图谱，厘清旅游资源消费与产业结构转型升级的内在关联，探讨不同经济发展阶段的旅游资源消费增长的周期和极限，揭示旅游资源消费潜力的时空差异及演化特征。

（4）旅游资源综合效益。研究旅游资源开发与区域经济社会发展的时空耦合特征和规律，研究旅游资源动态发展对区域空间认知转变、区域旅游资源观演变、旅游生产力空间重构的影响，揭示旅游产业的时间演进规律和空间关联特征。

（四）旅游资源空间重构研究

空间是传统旅游的核心吸引要素。现代化信息技术和现代化立体交通网络不断开拓着旅游资源开发利用的新空间，促使旅游资源发生流动，旅游地空间演化呈现出典型的新内涵、新特征、新规律。随着全球化、信息化的快速发展，资本、人力、技术、信息等要素快速流动，旅游地产业、组织、机构、基础设施等要素围绕“流动”不断建构，旅游地“流动空间”逐渐形成。因此，在“互联网+”的新时代，旅游资源开发理念、创新动力和管理方式正在发生根本性变革，探究旅游资源的空间再生产和重构具有重要的理论意义和实践价值。

依据区域旅游资源特点，从“大旅游、大市场、大产业”的眼界，开展旅游资源空间重构研究应该重点关注以下问题：

（1）旅游资源流动的节点和场所。研究不同旅游资源流动节点的位置、业务职能功能、效用功能、社会经济功能，探究节点和场所功能对旅游资源流量和流动强度的影响，研究旅游资源流动通道（路径）与网络的空间特征，研究旅游资源流动场所的空间结构。

（2）潮汐性旅游流。研究潮汐性旅游流的特征、周期、强度及影响因素，研究不同时空尺度潮汐性旅游流形成发展的相互作用、相互关系及一般规律，探究潮汐性旅游流的流质与流量的演变特征。

（3）旅游地流动空间。分析旅游地流动空间的构成要素、空间形态和影响因素，研究信息技术、现代交通等对旅游地流动空间形态的影响，探究新农人对旅游地流动空间形态的动态构造机理，探讨流动空间对旅游地经济空间、社会空间、文化空间、生态空间的影响。

（4）旅游地空间重构。研究旅游地乡村功能转型的过程和特征，研究新空间与传统空间生产之间的内在学理，基于空间生产视角探究新空间系统的演化特征、模式和机制，探究不同尺度、不同类型旅游地的时空修复和尺度重组规律。

（五）新时代旅游资源研究视角

新时代对旅游资源的研究有了新要求，树立面向时代、面向未来、面向自然的新旅游资源观，构建多学科交叉融合的旅游资源研究方法逐步成为新的趋势。

（1）旅游资源研究内容不断丰富，研究方向日益多元，呈现出基础研究与应用研究并重的特点。随着国内外旅游资源研究的不断深入和旅游资源开发利用的实践需求，旅游资源的表达方式和概念内涵不断完善，旅游资源价值内涵和研究方法呈现典型的时代特征。已有研究总体上呈现出日益繁荣的趋势，旅游资源空间分布、旅游资源评价和旅游资源开发利用等不同研究方向的研究方法日渐丰富，具有“基础研究+应用研究”的特点。坚持理论和实践的辩证统一，在开展基础研究的同时，积极为服务国家重大战略和区域经济社会发展做出重要贡献，在一定程度上实现了“理论指导实践”与“实践完善理论”的良性互动局面。

（2）传统的旅游资源观把旅游资源概念静态化、固着化，旅游产业发展存在着路径依赖，难以适应新时代经济高质量发展的需要，亟须构建新的旅游资源观。面临重大的国家战略需求和发展机遇，旅游资源被抽象为一种要素、价值。新旅游资源观是指在科学技术进步、价值观念变革、旅游需求提升、人均收入提高等背景下，人们对不同来源、不同结构、不同层次的旅游资源进行整合、配置、重组和优化的动态过程，表现为人们的思维认知对旅游资源性状改变的一种能动响应。新旅游资源观是对传统旅游资源观的根本突破，除了保留传统旅游资源的一般性特征，也呈现出新旅游资源价值观、新旅游资源利用观、新旅游资源发展观、新旅游资源效益观和新旅游资源空间观等新的时代特征。

（3）新时代，旅游业发展进入提升发展质量、转换增长动力的关键时期。为解决旅游资源不合理开发利用的现实问题和服务于国家战略的新需求，我们亟须从旅游资源可持续利用、旅游资源融合发展、旅游资源区域效益、旅游资源空间重构等方面深入研究，强化旅游资源的跨区域聚合、竞合与融合，揭示跨区域旅游资源开发利用的相互作用机制，探索富有中国特色的跨区域旅游发展的新路径与模式。

（4）多学科交叉融合与新方法引进是旅游资源研究的必然趋势。旅游资源开发利用涉及多元化的利益主体、复杂化的系统演变。传统的研究方法难以满足旅游资源研究实践的需要。面对新旅游资源观视角下旅游资源开发利用过程中出现的新问题和新课题，应加强地理学、旅游学、管理学、经济学、环境学、社会学等多学科的交叉融合与创新发展，形成系统的旅游资源开发利用研究方法理论体系，开展不同区域、不同类型旅游资源开发利用的综合性、动态性、区域性和系统性研究，提升研究逻辑成果的科学性，为促进旅游业可持续发展提供理论指导和实践指南。

知识链接

河北省旅游概况

河北省是中华民族的发祥地之一。早在五千多年前，中华民族的三大始祖黄帝、炎帝和蚩尤就在河北由征战到融合，开创了中华文明史。“春秋战国时期”，河北地属燕国和赵国，故有“燕赵”之称。汉代，河北被正式命为“幽”“冀”等州。三国时期，河北成了各诸侯逐鹿中原、争夺地盘的主要战场。宋代，河北成为宋朝与北方少数民族辽金两国交兵的战场。元、明、清三朝定都北京，河北成为京师的畿辅之地。到了清代，承德成了清王朝的第二个政治中心。近代和现代，燕赵儿女与全国人民一道抒写了一部可歌可泣的以反帝、反封建、反官僚、反资本主义为内容的革命史诗。1900 年的“义和团”运动由河北威县发起；抗日战争时期，河北大地是对日作战的主战场；著名的“百团大战”发生在河北；解放战争时期，党中央在河北平山县西柏坡指挥了震惊中外的“三大战役”，吹响了解放全中国的号角，并召开了著名的“七届二中全会”。解放石家庄是中国革命由农村包围城市，最后夺取全国胜利的转折点。

璀璨的历史文化与秀美的湖光山色交相辉映，构成了独具特色的燕赵旅游百花园。这里文物古迹众多，自然风光秀美，民俗风情独特。众多的文物古迹形成了河北深厚的文化底蕴和独具魅力的文物旅游资源。清西陵是清代帝王陵寝之一，共有陵寝十四座，这里风景秀丽，环境幽雅，规模宏大，体系完整，是一处典型的清代古建筑群。承德避暑山庄是我国现存最大的园林，也是清代皇帝夏日避暑和处理政务的场所，为我国著名的古代帝王宫苑。明代金山岭长城地势险要，视野开阔，设防严谨，建筑雄伟，是我国万里长城的精华地段，曾被国务院公布为第三批全国重点文物保护单位，国家级风景区。

种类齐全的地形地貌和温和宜人的气候，造就了河北独特的自然风光。例如环境优美、景色秀丽的北戴河冬无严寒，夏无酷暑，暑期平均气温只有 24.5℃，成为驰名中外的旅游避暑胜地。丹立翠横，峻峭挺拔的嶂石岩是太行山中最为雄险与灵秀的地段，有着丹崖、碧岭、奇峰、幽谷等独特的山岳景观。以雄、险、奇、秀著称的天桂山峰险、石奇、洞幽、泉多、林木繁茂、云雾缭绕。山上古建原为崇祯皇帝归隐行宫，后改为青龙观道院，又称“北武当”……

广袤的土地和悠久的历史还孕育了绚丽多彩的民俗文化与民间艺术。定窑、邢窑、磁州窑和唐山陶瓷是中国历史上北方陶瓷艺术的典型代表。蔚县剪纸、廊坊景泰蓝、曲阳石雕、衡水内画鼻烟壶、易水古砚、武强年画、丰宁布糊画、白洋淀苇编、辛集皮革、安国药材等名扬中外；河北梆子、老调、皮影、丝弦等饶有特色；沧州武术、吴桥杂技、永年太极独具魅力。

另外，河北省物华天宝，许多土特产品和风味小吃享誉中华。赵州雪梨、沧州金丝小枣、宣化龙眼葡萄、深州蜜桃等，不仅营养价值极高，而且产量居全国第一。核桃、柿子和花椒被誉为“太行三珍”。口蘑盛产于坝上高原，是一种名贵真菌。蕨菜号称“山菜之王”，国内外市场供不应求。秦皇岛的八仙宴，唐山的蜂蜜麻糖，石家庄的空心宫面，以及白洋淀的全鱼席，无不以其独特的风味令中外游客赞不绝口。

（资料来源：http://www.hebei.gov.cn/hebei/14462058/14462085/14471309/14471310/index.html.）

课后练习

一、单选题

1. 旅游资源的理论核心是（　）。

A. 吸引力　B. 竞争力　C. 交换价值　D. 地理位置

2. 就某项具体的旅游资源而言，它可能对某些旅游者吸引力很强，而对另外一些旅游者无多大吸引力，甚至根本没有吸引力，这体现了旅游资源吸引力的（　）。

A. 定量性　B. 定向性　C. 自然性　D. 变化性

3. 衡量旅游资源价值的唯一客观标准是（　）。

A. 美学质量　B. 科学考察价值

C. 文化特色　D. 吸引来访游客的数量

4. 一项旅游资源的价值大小取决于（　）。

A. 可进入性程度　B. 规模大小和资源特色

C. 地理位置和开发程度　D. 本身质量和坐落地点

5. 一项旅游资源的价值大小取决于其自身固有的质量和（　）的结合情况。

A. 来访人数　B. 自然风光　C. 坐落地点　D. 特性

6. 下面（　）不属于旅游基础设施。

A. 医院　B. 停车站　C. 银行　D. 旅游问询中心

7. 下列不属于人文旅游资源的是（　）。

A. 阳光沙滩　B. 古战场遗址　C. 江南园林　D. 昆明世博会

二、多选题

1. 下列属于自然旅游资源的有（　）。

A. 火山区　B. 奇花异草　C. 风俗习惯　D. 藏书馆

2. 旅游基础设施包括（　）。

A. 旅游商店　B. 银行　C. 娱乐场所　D. 医院

3. 造成旅游资源遭到损害的人为因素有（　）。

A. 旅游者的破坏　B. 旅游地超负荷接待

C. 旅游地当地居民的破坏　D. 工业污染

4. 属于旅游上层设施的有（　）。

A. 公园　B. 旅游商店　C. 港口码头　D. 旅游问询中心

5. 影响一项旅游资源价值大小的因素有（　　）。

A. 自身品质　　B. 旅游市场的距离

C. 可进入性程度　　D. 坐落地点

6. 不属于人文旅游资源的有（　　）。

A. 火山喷发遗迹　B. 历史文物古迹　C. 海市蜃楼　D. 野生动物园

7. 属于旅游基础设施的有（　　）。

A. 飞机场　B. 医院　C. 公园　D. 旅游纪念品

三、填空题

1. 根据旅游资源的基本属性，旅游资源可分为两大类________________和________________。

2. 旅游资源的特点是________、________、________、________、________、________。

3. 旅游资源根据存在的状态，可以分为____________和____________。

4. 致使旅游资源遭受灾害的原因基本上可分为________________和________________两大类。

5. 旅游资源开发应遵循突出个性原则、保护性开发原则、__________、__________和__________。

四、简单题

1. 旅游资源保护和开发的意义及主要内容有哪些？

2. 新时代旅游资源观发生变化的原因是什么？

第五章　旅游业

学习目标

知识目标：

1. 掌握旅游业的概念、性质和特点；
2. 了解旅游业在推动旅游活动发展中的作用；
3. 熟悉旅游产品及服务的性质和特点；
4. 了解旅游业主要业态的基本常识；
5. 熟悉旅游业产业链条发展现状。

能力目标：

1. 通过理论联系实际，分析旅游产品特点，培养学生思考和解决问题的能力；
2. 理解并掌握旅游业链条和各个要素产业发展实际，从宏观上把握旅游业的运行规律，形成对中国旅游业实际发展的认知。

素养目标：

1. 从红色旅游核心吸引物、智慧旅游及旅游扶贫等新业态出发，助推旅游发展；
2. 基于旅游产业链条及核心节点发展现状，探讨新时代我国旅游业发展路径。

难点与重点

1. 旅游业的概念与属性；
2. 旅游业的特点与作用；
3. 旅游产品的概念与特征；
4. 旅游产业链条及各节点的作用。

案例导入

大唐不夜城——声光电的盛唐天街

造仿古商业街区，历史文化古都西安具备强大的优势。西安的打卡地标——大唐不夜城，就依托浓厚的历史氛围和建筑风格，在2018年对街区硬件建设和基础配套设施升级改造后，以盛唐文化为引擎撬动旅游需求，融入商业、休闲、娱乐、体验等元素，焕新成为火爆的商业中心。

“夜游文化”和“唐文化”是大唐不夜城商业模式贯彻的主线。在夜晚依托声光电手段对街道进行渲染，每隔几十米就打造高潮迭起的沉浸式夜游路线，还原长安繁花似锦的盛况，使游客身临其境感受盛唐气象。还连续举办文化活动，文商旅深度融合，商业品质明显提升，带动周边7个商场和40个酒店客流，2 000多家餐饮营收提高，促使整个区域土地增值及地产溢价。

故宫文创——文博产业大IP

在传统印象里，故宫是古老庄严的象征，故宫文化产品注重历史性与知识性，缺少趣味性与互动性，同年轻消费群体购买诉求存在距离。故宫博物院下属企业——北京故宫宫廷文化发展有限公司，近年来以输出传统文化为出发点，通过和不同品牌跨界多元合作，打造拥有文化底蕴的文创产品，实现故宫文化产品商业价值变现的同时，也展现了故宫的文化价值。

2019年2月17日，故宫博物院前院长单霁翔在亚布力中国企业家论坛上提到，2017年故宫文创收入为1.5亿元，比上年增长50%，其中故宫文创部线下收入近1亿元，线上淘宝网店收入近5 000万元。同时将线上线下消费渠道全线打通，以“IP+文创+新消费”的商业模式，形成了一套完善的资本运作流程，带来了巨大的商业空间和产品溢价。IP为王的时代，要想品牌屹立不倒，要触及用户兴趣点，结合品牌特性和消费者需求来进行IP打造。

（案例改编自：https://business.sohu.com/a/582461296_121124800.）

请思考：

1. 旅游新业态出现的背景是什么？
2. 如何打造和消费者有情感共鸣且能产生文化输出价值的文创产品？

第一节　旅游业概述

第二次世界大战以后，旅游业发展十分迅速。1992年，世界旅游业产值首次超过了石油和汽车工业，成为世界第一大产业。我国旅游业经过多年的发展也取得了骄人的业绩，其中2019年出入境旅游总人数达3.0亿人次，国际旅游收入达1 313亿美元；国内旅游人数达60.06亿人次，旅游收入达5.73万亿元；旅游业对GDP的综合贡献为10.94万亿元，占GDP总量的11.05%；旅游业直接就业2 825万人，旅游业直接和间接就业7 987万人，占全国就业总人口的10.31%。随着全球经济的不断发展，各国文化交流的不断增多，世界旅游业的发展将更加迅速。

一、旅游业的概念

由于国家不同，社会制度各异，人们对旅游业的认识也不尽相同。目前还没有一个为人们普遍接受的定义。从不同的角度、不同的出发点，学者们根据自己的理解对旅游业有以下不同的表述：

近代旅游业创始人托马斯·库克从旅游业经营和经营者的责任出发，认为旅游业是让旅行者获得最大的情趣，举办人尽最大责任的事业。

1971 年由联合国召开的联合国贸易与发展会议提出："旅游部门或旅游业……从广义上可表达为生产全部或主要由外国旅游者或国内旅游者消费的产品或服务的工业和商业活动总和的体现。"

随着旅游业的不断发展，很多学者对旅游业的研究也逐步深化，提出了更多的见解。例如，英国人强调在旅游中人与人之间的交往，强调热情接待，他们认为旅游业是"热情友好的接待行业"。南斯拉夫和捷克人则称旅游业是"通向世界和平的护照"和"风景出口业"。这些类似观点只是将旅游业的作用和特点进行了浅显的说明，没有谈及旅游业的本质。日本旅游学家土井厚对旅游业的定义是："旅游业就是在旅游者和交通、住宿及其他有关单位中间，通过办理旅游签证、中间联络、代购代销，通过为旅游者导游、交涉、代办手续，并利用本商社的交通工具、住宿设施提供服务，从而取得报酬的事业。"这种见解实质上将旅游业等同于旅行社行业，是狭义的旅游业。在我国，过去也有人认为只有旅游局和旅行社才算旅游业部门。到了今天，这种观点无论在国际上还是在国内的研究中都比较少见了。

日本旅游学者前田勇在《观光概论》一书中提出："旅游业就是为适应旅游者的需要，由许多不同的独立的旅游部门开展的多种多样的经营活动。"

英国学者利克柯伦把旅游业说成是"交通工业"，他提出："交通工业可以被看作国民经济的一部分，其任务是为离开久居地到外地访问的旅行者服务。这是由许多商业和工业组成的综合经济，其职能都是为了满足旅行的需求。"

墨西哥学者在《旅游业是人类交往的媒介》中对旅游业下的定义是："旅游业可以看成因向旅游者提供服务和其他方便而形成的各种关系的总和。"

美国旅游学家伦德伯格在《旅游业》中的定义是："旅游业是为国内外旅游者服务的一系列相互有关的行业。旅游关联到游客、旅行方式、膳食供应设施和其他各种事物。它构成一个综合性的概念——随时间和环境不断变化的、一个正在形成和统一的概念。"

这些学者提出的定义虽然表述上有一定的差异，但是它们也有共同之处。首先，提出旅游业是一个综合性的行业，它是由国民经济中的一系列相关的行业组成的；其次，提出旅游业为满足游客的需要开展的经营活动是多种多样的；最后，旅游业的任务是向旅游者提供其旅游过程中所需要的各种服务。

旅游业作为第三产业的一个经济部门，与其他经济部门相比，其产品涉及面较广。旅游活动的六要素，即食、宿、行、游、购、娱等主要环节需要涉及景区景点业、交通运输业、餐饮业、饭店业、商业、娱乐业等多个产业。旅游活动的开展，可以将不同的产品和服务统一起来。

综合上述观点，本书概括的旅游业就是：以旅游资源和旅游设施为依托，为旅游者的旅游活动开展创造便利条件并提供其所需产品和服务的综合性经济产业。

这一定义是从需求的角度，以旅游者为服务对象提出，强调了旅游业的综合性强、层次多、功能全的特点，并且明确旅游业是作为一项产业而存在的。

二、旅游业的属性

旅游业属于第三产业的范畴，第三产业具体分为四个层次，即流通部门、为生活和生产服务的部门、为提高科学文化水平和居民素质服务的部门，以及国家机关、党政机关、社会团体、警察、部队。旅游业与金融业、保险业、地质普查业、房地产管理业、公用事业、居民服务业、信息咨询服务业和各类技术服务业并列属于第三产业中为生活和生产服务的部门。旅游业与第三产业其他部门一起被称为产业，决定了旅游业的经济属性。旅游业的性质主要体现在经济性和文化性两个方面。

（一）经济性

经济性是旅游业的本质属性。旅游产业的细胞是旅游企业，主要由旅行社、餐饮住宿业、交通运输业、游览娱乐业、商业等企业组成，这些企业的根本目的在于通过对旅游需求的推动、促进和提供服务而获取收入，即这些企业是以营利为目的并进行独立核算的经济组织，追求的是利润的最大化，开发旅游产业的根本目的在于发展旅游经济。虽然旅游产业的发展可能会给旅游目的地的社会、文化或环境带来影响，但这些是派生性结果。因此，旅游业是具有经济性质的服务行业。也正是因为如此，2009 年我国明确提出把旅游产业培育成国民经济的战略性支柱产业和人民群众更加满意的现代服务业，党的二十大报告指出“扎实推动乡村产业、人才、文化、生态、组织振兴”，这在一定程度上强调了旅游的经济性，指出可以通过发展旅游业推动乡村振兴。

（二）文化性

广义的文化是指人类在社会发展过程中所创造的全部物质财富和精神财富的总和。旅游业所依赖的旅游资源（如历史古迹、自然景区等）一般都具有丰富的文化内涵，这也是吸引旅游者前往参观游览的重要因素。旅游消费本身也是为满足文化和精神需要而进行的消费活动，因此从这个角度来说，旅游业具备一定的文化性。旅游业的文化属性整体上体现在文化旅游资源、文化主题活动、文化体验产品和文创产业上。例如，党的二十大报告指出，坚持以人民为中心的创作导向，推出更多增强人民精神力量的优秀作品，健全现代公共文化服务体系，实施重大文化产业项目带动战略；加大文物和文化遗产保护力度，加强城乡建设中历史文化保护传承，建好用好国家文化公园；坚持以文塑旅、以旅彰文，推进文化和旅游深度融合发展，这为旅游产品开发与文旅融合指明了方向。

虽然旅游业同时具备经济性和文化性两种属性，但是二者的地位和作用是不一样的。经济性是旅游业的本质属性，是排第一位的。因此，旅游业是一项具有丰富文化内涵的经济产业。

三、旅游业的构成

旅游业是由共同为旅游者服务的一系列相关行业组成的。目前人们对旅游业的构成有着不同的认识，关于旅游业构成最常见的说法主要有以下几种：

（一）“三大支柱”说

联合国有关机构在早期研究中发现，旅游者的消费支出主要流向了旅行社、交通客运部门和住宿接待部门，因而认为旅游业主要由这三个部门构成。旅行社作为中介组织，整合旅游资源，形成旅游产品（线路），是旅游者综合服务商；交通运输部门解决旅游者出行的问题；住宿接待部门提供食宿服务。20 世纪 80 年代，国内旅游兴起时，旅行社、住宿业和交通运输业是当时旅游发展的主力军，当时把旅行社、住宿业和交通运输业称为旅游业的“三大支柱”产业。

（二）“五大部门”说

从一个国家或地区的旅游产业发展，特别是从旅游目的地营销的角度来看，旅游产业主要由五大部门构成，即除上述“三大支柱”中的旅行社、交通客运部门和住宿接待部门外，还包括以旅游景点为代表的游览场所经营部门及各级旅游行政管理部门。在构成旅游产业的上述五大部门中，尽管各级旅游行政管理部门并不是以营利为目的的组织，但在扶助和促进其他四个商业性经营部门的营利方面，起着至关重要的作用。

（三）“五大支柱产业”说

传统三大支柱产业在科技武装下，已步入发展的新阶段、新境界。例如，旅行社产业充分运用互联网技术和移动支付技术，让服务方式与服务效率极大改观，在线旅行服务商（OTA）蓬勃发展；旅游饭店业向美食美宿方向升级换代；旅游交通客运业不断“提速”，推进“快旅慢游”。随着全域旅游的发展，新时代的旅游景区景点快速崛起，在旅游产业中地位越来越重要；随着旅游者购买力增强，以旅游装备、旅游日用品、地方农特产品以及特色手工艺品等为代表的旅游商品作为一个重要产业类别正在形成，由此形成了现代旅游业的五大支柱产业：先锋产业——旅行社，先行产业——旅游客运，基础产业——旅游酒店，主体产业——旅游景区，后起产业——旅游商品。

（四）基于旅游活动要素的部门构成

旅游活动开展所涉及的供给要素主要包括食、住、行、游、购、娱等方面，则旅游业的构成主要包括餐饮服务业、住宿接待业、交通客运业、旅游景区景点、旅游纪念品及旅游用品零售业、娱乐服务业。旅行社以及在线旅行服务商作为旅游供应商的销售渠道，通过代理销售和打包相关产品的方式为旅游者提供便利服务。各级旅游行政管理部门和旅游行业组织虽然不直接向旅游者提供服务，但因为旅游营销和行业管理的需要，所以也应纳入旅游产业的构成范围。

（五）直接旅游企业和间接旅游企业

在旅游业构成的各类企业体系中，有些企业的营业收入绝大部分来自旅游产业；有些企业虽然也直接为旅游者提供服务，但旅游营业收入在其营业收入总额中所占的比例并不大。因此，在衡量旅游对目的地经济的影响时，旅游企业通常被划分为直接旅游企业和间接旅游企业。

直接旅游企业是指那些营业收入主要来自为旅游者提供服务的企业。直接旅游企业的典型代表是旅行社、旅游景区景点和住宿接待型企业。间接旅游企业是指那些虽然在业务中包括为旅游者提供服务，但因此获得的收入在其营业收入总额中所占比例不大的企业。换言之，旅游者的光顾与否并不会危及该企业的生存。出租汽车公司、礼品商店、保险业、娱乐企业等多属于间接旅游企业。

四、旅游业的特点

旅游业的特点包括以下几个方面：

（一）综合性

旅游活动以游览为中心内容，人们为了实现游览的目的还必须在吃、住、行、购、娱等方面进行消费，所以旅游活动是一项综合性的消费活动。旅游业作为旅游主体与客体之间的桥梁，要提供包括吃、住、行、游、购、娱等各个方面的一体化服务，提供多种多样的旅游产品满足旅游者多样化的旅游需要。随着旅游业的深入发展，旅游业综合性的特点越来越明显。

（二）高度关联性

一次完整的旅游经历是众多旅游企业共同作用的产物。这些不同类型的企业，按照传统的产业划分标准分别属于若干相对独立的行业，通过为旅游者提供产品和服务这一业务纽带将它们联系在一起，形成旅游业内部各企业间的横向联系。二十大报告指出：“加快建设现代化经济体系，着力提高全要素生产率，着力提升产业链供应链韧性和安全水平。”旅游业可以带动更多产业发展，旅游消费促进相关产业发展，拉长了旅游产业链。在当前“旅游+”“+旅游”发展理念下，旅游活动不断发展，旅游业高度关联性特点会进一步凸显。

（三）劳动密集型

旅游业主要是以提供劳务为主的旅游服务，同制造业相比，不存在大量的消耗性原材料成本，或消耗性原材料成本较少，从而使工资成本在全部营业成本和费用中占了较大的比重，例如，按照世界旅游组织对亚太地区旅游就业的比例关系分析，每间客房的直接与间接就业人数为1∶4，这就意味着平均每个旅游者同时需要5个人为其提供服务；在经济发达的国家或地区，旅游企业工资支出在总经营成本中高达40%左右。正是这一点，决定了旅游业是劳动密集型产业。

（四）涉外性政策性较强

由于旅游具有异地性的特征，旅游者需要离开常居地到不同的旅游目的地参与相关旅游活动。因此旅游活动是一种跨国界、跨地区的交往活动，旅游活动具有较强的涉外性，这就把旅游从业人员推向了外交的前沿，要求旅游从业人员具有外交人员的素质，掌握必要的涉外知识，了解国际旅游政策，维护国家形象和民族尊严。比如，我国的旅游业在开展出入境业务方面不仅需要遵循我国的对外政策，还需要执行和体现我国的侨务政策与统战政策。

（五）敏感性

与其他行业相比，旅游业更具有敏感性。旅游业的敏感性是指旅游业的生产和发展对各种自然、政治、经济和社会等因素的变化反应明显，各种因素的微小变化都可能引起旅游业的波动。也就是说，旅游业对内外环境因素变化的响应及时且敏感。从旅游业的内部环境看，它由多个部门组成，这些部门之间存在一定的比例关系，需要协调发展，如果任何一个部门脱节都会造成整个旅游业的失调，从而影响旅游业的经济效益和社会效益。从旅游业的外部环境来看，各种自然的、政治的、经济的和社会的因素都可能对旅游业产生影响。例如，自然环境中的地震、泥石流、疾病流行，政治因素中的国家关系恶化、政治动乱、恐怖活动与战争，经济因素中的经济危机等，都会导致旅游业的停滞甚至倒退。

（六）季节性

旅游业的季节性主要受三个方面的影响：第一个方面是旅游目的地受自然因素的制约，在中高纬度和山区，一年四季气候和景观变化明显，因此春夏就形成旅游旺季，而寒冷的冬季游人便会减少，形成淡季；第二个方面是客源地节假日时间制约着旅游旺季，例如，在我国，春节、五一国际劳动节、国庆节以及学校寒暑假成为旅游旺季；第三个方面是按民族风俗组织的节庆活动，往往形成旅游旺季，而其余时间为淡季。其中，前两个方面的因素是导致旅游业季节性特征的主要因素。旅游目的地在经营上季节波动较大，在旅游旺季供不应求，而在淡季则供过于求，造成大量旅游设施闲置，甚至导致不少从业人员歇业。针对旅游业的这一特点，如何采取有效措施，尽可能解决季节性影响，是旅游发展的一个重要课题。

（七）边界动态调整性

一方面，旅游产业的边界和范围缺乏明确界定，会根据旅游消费需求的发展变化而动态演化，旅游产业的产业资源、产业要素、产业运营围绕不断变化的需求进行动态组合，呈现出不断扩张延伸的趋势。另一方面，旅游产业发展过程中会与相关产业进行融合发展，与农业、工业、房地产业、商业、演艺业、会展业、创意产业等诸多产业不断结合，并不断衍生出新业态，各产业间的界限非常模糊，很难明确划分其产业边界和产业范围。

五、旅游业的作用

旅游业是一个带动性强、覆盖面广、关联度高、消费潜力大的综合性优势产业，它在推动经济、社会、文化的发展中起着重要的作用，主要体现在以下几个方面：

（一）旅游业是社会经济发展的推动力

发展国内旅游业，依托旅游业的带动，鼓励旅游者在区域内进行消费，有助于拓宽货币流动渠道，加快资金周转，增加资金积累和国民收入，同时能提供更多就业岗位，提高就业和人民生活水平，促进社会经济增长。同时，旅游业不仅有利于第三产业内部结构的调整，还增加了第三产业在整个国民经济中的比重，倒逼第一、第二、第三产业之间结构的调整，促进国民经济健康发展。

（二）旅游业是城镇化助推器

党的二十大报告指出，发展乡村特色产业，拓宽农民增收致富渠道，增强脱贫地区和脱贫群众内生发展动力；统筹乡村基础设施和公共服务布局，建设宜居宜业和美乡村。乡村旅游逐步成为旅游发展的主战场，发展旅游业为乡村带来大量的人流、物流、信息流、资金流；大量的企业家、专家和学者通过旅游带来了最新的技术、信息和先进的经营管理理念，有利于乡村低成本地学习和借鉴别人有用的东西，加快观念更新，促进乡村高质量发展，加快推进城镇化。

（三）旅游业推动了文化与国际交流

党的二十大报告指出，扩大国际科技交流合作，加强国际化科研环境建设，形成具有全球竞争力的开放创新生态。旅游业的发展可以促进文化深入交流，当地居民有机会接触到来自不同地区和国家的游客，他们之间的交流和互动为当地文化的传承和发展提供了新的动力。游客们可以了解当地的风土人情，品味当地的美食和特色手工艺品，更好地了解当地的文化、经济、社会等情况，增进理解和信任，这些都有助于推动当地文化的繁荣和发展。

（四）旅游业为旅游活动提供便利作用

旅游业是旅游供给的重要提供者，也是旅游活动供需双方的组织者。旅游业的发展为旅游活动的开展提供了便利条件，为旅游者架起了旅游目的地和客源地之间的桥梁，有利于旅游者旅游动机的实现。有了旅游业提供的便利服务，旅游者在具备旅游产生的条件之后，就不必为旅游过程中可能遇到的困难或问题而担心，他们的旅行及在目的地停留期间的生活活动都可由有关旅游从业者来安排。旅游业的这种便利作用对旅游活动的开展具有重大的刺激作用，使旅游活动的规模越来越大，旅游者出游的距离也越来越远。

知识链接

《中华人民共和国国民经济和社会发展第十四个五年规划和2035年远景目标纲要》指出，坚持以习近平新时代中国特色社会主义思想为指导，坚持稳中求进工作总基调，以推动旅游业高质量发展为主题，以深化旅游业供给侧结构性改革为主线，注重需求侧管理，以改革创新为根本动力，以满足人民日益增长的美好生活需要为根本目的，坚持系统观念，统筹发展和安全、统筹保护和利用，立足构建新发展格局，……分步有序促进入境旅游、稳步发展出境旅游，着力推动文化和旅游深度融合，着力完善现代旅游业体系，加快旅游强国建设，努力实现旅游业更高质量、更有效率、更加公平、更可持续、更为安全的发展。

第二节　旅游产品

同其他产业一样，旅游业也有自己的产品。旅游产品是旅游市场的核心，也是旅游业存在和发展的基础。因此，旅游产品生产与经营的好坏直接关系到旅游业的兴衰。

【视频】旅游产品

一、旅游产品的概念

究竟何为旅游产品，人们历来存在极大的分歧。比较有代表性的定义有以下一些：

林南枝、陶汉军在其合著的《旅游经济学》一书中，对旅游产品进行了相关解释，即“从旅游目的地的角度出发，旅游产品是指旅游经营者凭借旅游吸引物、交通和旅游设施，向旅游者提供的用以满足其旅游活动需要的全部服务”，而“从旅游者的角度出发，旅游产品就是指旅游者花费了一定的时间、费用和精力所换取的一项经历”。显然，这个定义是用一种比较宽泛的视角进行解释的。这同时也意味着，旅游产品是一个行业的产物而不是一个企业的产物。谢彦君在《基础旅游学》一书中提出：“旅游产品是指为了满足旅游者的愉悦需要而在一定地域上被生产或开发出来以供销售的物象与劳务的总和。”这个定义视角缩小了许多，针对性也更强。这个定义意味着旅游产品应该是旅游企业的产物，而非整个旅游业的产物。另外，国际旅游学术界的有关研究普遍认为，对于旅游产品需要从两个层次理解和认识：一个层次是总体旅游产品（the Total Tourist Product），另一个层次是单项旅游产品（the Specific Tourist Product）。总体旅游产品从需求（旅游者）的角度看，旅游者外出旅游全过程中的全部必要开支等于该次旅游的价格；而从供给（或旅游目的地）的角度看，总体旅游产品是指旅游目的地为了满足来访旅游者的需要而提供的各种旅游活动接待条件和相关服务的总和。因此，完整的总体旅游产品的定义就是：“旅游者在离家外出期间，以在旅游目的地的访问活动为核心，构成一次完整旅游经历的各种有形和无形因素的集成或总和。”单项旅游产品的概念是基于旅游企业的立场而提出的。从一般意义上讲，特别是从供给的角度看，单项旅游产品是指旅游企业面向旅游市场提供的设施和服务，或者准确一点说，是指旅游企业借助一定的设施和设备面向市场提供的服务项目。

为了便于理解，我们可以把旅游产品的概念分为广义和狭义两个角度。广义的旅游产品是指旅游经营者为了满足旅游者在旅游活动中的各种需求，而面向市场提供的各种产品和服务的总和；狭义的旅游产品即旅游商品，也就是旅游购物品。作为旅游学的一个专门概念，旅游产品在无特殊说明的情况下通常指广义的旅游产品。理解和把握旅游产品的概念，需要注意三点：第一，旅游产品是一种组合型整体产品。从旅游经济理论的角度看，旅游产品是一个整体概念，是由多项单项旅游产品组合而成的综合体。例如，一条旅游路线是一个单位的旅游产品，在这条线路中，除了向旅游者提供各类旅游吸引物，还包括沿线提供的交通、住宿、餐饮等各项服务。这些服务都是整体旅游产品中的单项旅游产品，这些单项旅游产品一般通过旅行社将它们组合起来形成满足旅游者出行需要的整体旅游产品。而对于散客或自助旅游者而言，则是旅游者根据自己的需要购买的各个单项旅游产品。第二，旅游产品是一段旅游经历。从需求的角度看，旅游产品是旅游者花费一定的时间、精力和费用所获得的一段经历。具体来说，是旅游者从离开常住地开始到旅游归来的整个过程中对所经历的事物与服务的综合感受。在旅游的过程中，旅游者用货币购买的往往不是一件件具体的实物，而是一次次旅游经历，例如，一个景区的参观游览、一次导游讲解服务等。第三，旅游产品是一种服务产品。从供给的角度来看，旅游产品是指旅游经营者凭借一定的旅游资源和旅游设施，向旅游者提供的能满足其在旅游活动中所需要的各种产品的服务。通过生产和销售旅游产品，旅游企业可以达到营利的目的。旅游产品最终表现为活劳动的消耗，也就是提供旅游服务。当然，旅游服务要与有一定使用价值的有形物质结合在一起，只有借助一定的旅游资源和旅游设施，旅游服务才能够实现。

二、旅游产品的分类

结合旅游产品的概念，按照不同分类标准，旅游产品可以分为不同的类型。

（一）按构成内容分类

旅游产品按构成内容可分为核心旅游产品和组合旅游产品。核心旅游产品是旅游产品

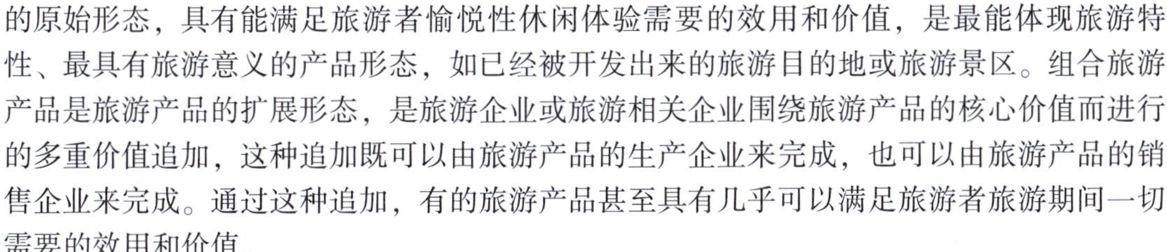
的原始形态，具有能满足旅游者愉悦性休闲体验需要的效用和价值，是最能体现旅游特性、最具有旅游意义的产品形态，如已经被开发出来的旅游目的地或旅游景区。组合旅游产品是旅游产品的扩展形态，是旅游企业或旅游相关企业围绕旅游产品的核心价值而进行的多重价值追加，这种追加既可以由旅游产品的生产企业来完成，也可以由旅游产品的销售企业来完成。通过这种追加，有的旅游产品甚至具有几乎可以满足旅游者旅游期间一切需要的效用和价值。

（二）按旅游产品与旅游资源关系分类

按旅游产品与旅游资源的关系，可以分为资源依托型旅游产品和资源脱离型旅游产品。资源依托型旅游产品是由旅游资源开发而产生的，资源脱离型旅游产品则是借助对可获得的物力、人力和财力资源的重新组合并经过加工而生产出来的。像九寨沟、桂林山水、黄山、故宫、长城、秦始皇陵兵马俑等，属于前者；而北京环球影城、上海迪士尼乐园、开封清明上河园等，则属于后者。

（三）按旅游产品供应主体分类

按旅游产品供应主体可以分为旅游景区产品、旅游饭店产品、旅行社产品、旅游纪念品、旅游娱乐产品，它们是由不同旅游企业（主体）为满足旅游者旅游活动需要而提供的。

（四）按旅游者消费动机分类

按旅游者消费动机，旅游产品也可以分为不同类型，常见的分类是观光旅游产品、度假旅游产品、专项旅游产品等。

（五）其他分类

按旅游产品组成状况可以分为整体旅游产品和单项旅游产品；还可以按距离、计价形式、旅游费用来源及出游方式进行不同的分类。

三、旅游产品的特征

与一般消费品相比，旅游产品是旅游企业为旅游者提供的经历、体验，具有以下特征：

（一）体验性

旅游产品对于旅游者来说是一段经历，是为满足旅游者愉悦需要，体现在功能上的审美与愉悦性；旅游者购买旅游产品，是通过感官求得心理的美感享受，陶冶性情。旅游者面对旅游产品产生的审美愉悦，与其他休闲娱乐活动的感受明显有差异，也正是这种差异，促使人们外出旅游。

（二）综合性

旅游目的地向旅游者提供的是由多项单项旅游产品组合而成的综合体，涉及吃、住、行、游、购、娱等方方面面的内容。这种综合性服务既体现为物质产品与服务产品的综合，又体现为旅游资源、旅游设施的结合。同时，旅游产品的综合性还体现在生产旅游产品所涉及的众多行业和部门上，如餐饮业、交通部门、娱乐场所、景区等。任何一个方面的供给不力，都会影响旅游者旅游的满意度，影响下次旅游者对该地的选择。这一点也说明了旅游目的地各旅游相关行业同步发展、相互协调的重要性。

（三）不可转移性

旅游产品的不可转移性首先表现在旅游产品进入流通领域后，其本身仍固定在原来的方位上，旅游者只能到旅游产品的生产地点进行消费。其次表现为提供旅游服务的相关设施和设备在所有权上的不可转移性。对于一般商品，消费者支付了全部货款后，商品的所有权就归消费者所有了，但是对于旅游产品，旅游者支付了一定的费用后，只是在一定时间和空间内得到了旅游产品的暂时使用权，而不是该产品永久的所有权。这一点决定了旅游者无权破坏有关的设施和设备或将其据为己有，也不能随意将其使用权转让给其他人。

（四）生产与消费的同步性

旅游产品的生产和消费常常发生在同一个时空背景中，往往是一个过程的两个方面。旅游产品生产的同时也在消费，消费结束时生产也不再进行。而对一般消费品而言，从生产到消费往往需要经过一系列的中间环节，包括储存与运输。由于生产与消费在时空上可能存在差异，就允许企业在生产过程结束后，运用各种技术手段对产品进行质量检测，凡是不合格的产品予以剔除，只有合格的产品才允许流入市场。然而，旅游产品的生产和消费过程几乎同步进行，生产者和消费者直接发生关系，旅游者只有加入生产的过程才能最终消费到旅游产品。旅游产品生产与消费的同步性，意味着旅游服务人员的言谈举止、仪表仪态都会对旅游产品的质量和游客的满意度产生影响，这给旅游服务人员带来了严峻的挑战。

（五）不可储存性

旅游产品是通过对具体的物品、各种资源、设施和服务的有机结合来满足旅游者的需求，只有旅游者购买并在现场消费后，旅游产品的价值才能实现。对旅游者来说，当其购买旅游产品后，只能在规定的时间内使用其使用权，如果未能按时使用，他必须重新购买。对旅游企业来说，旅游产品的效用是不能积存起来留待以后出售的，如果当天无人购买，就意味着这一天的价值白白丧失了。当新的一天来临，它将表现为新的价值。例如，旅游景区景点如果因为客流少而造成设施设备闲置，那么所造成的损失将无法追补回来。认识到这一点，对旅游企业的经营管理具有重要的意义。

（六）季节性

不同的旅游产品在不同的季节里有不同的受众群体和市场需求。例如，夏季是旅游旺季，海滨旅游、避暑旅游等产品需求量大；冬季是滑雪旅游、温泉旅游等产品的旺季。旅游从业者需要根据季节性的变化制定不同的旅游产品策略，以更好地满足市场需求。

四、旅游产品发展趋势

党的二十大报告指出，坚持以推动高质量发展为主题，把实施扩大内需战略同深化供给侧结构性改革有机结合起来，加快发展数字经济，促进数字经济和实体经济深度融合，加快建设现代化经济体系。随着消费升级，创新与高质量成为当前旅游产品的必然要求，文旅产品呈现高度融合趋势。旅游产品具有以下发展趋势：

（一）全产业链品质化

党的二十大报告指出，增进民生福祉，提高人民生活品质；必须坚持在发展中保障和

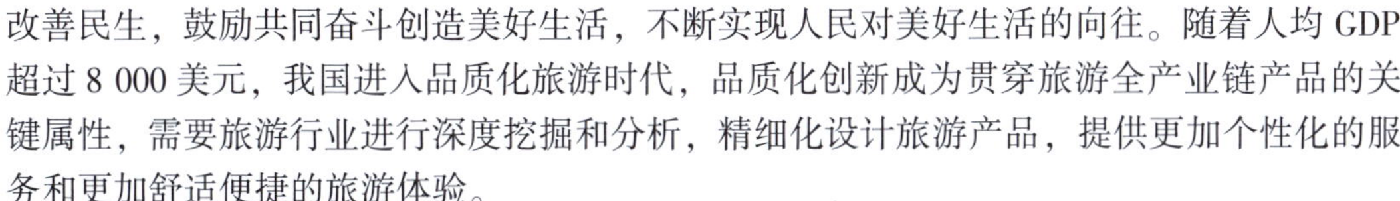

改善民生，鼓励共同奋斗创造美好生活，不断实现人民对美好生活的向往。随着人均 GDP 超过 8 000 美元，我国进入品质化旅游时代，品质化创新成为贯穿旅游全产业链产品的关键属性，需要旅游行业进行深度挖掘和分析，精细化设计旅游产品，提供更加个性化的服务和更加舒适便捷的旅游体验。

（二）旅游产品需求多元化

党的二十大报告明确指出，我国社会主要矛盾是人民日益增长的美好生活需要和不平衡不充分的发展之间的矛盾，要求紧紧围绕这个社会主要矛盾推进各项工作，不断丰富和发展人类文明新形态。一方面，高端游市场持续火爆，产品供不应求；另一方面，“近距离、短时长、高频次”的微度假消费成为新的风口。未来，旅游业会出现更多的旅游业态，会从传统的旅游服务向旅游体验、旅游文化等方面拓展，为旅游者提供更加多元化的旅游选择。

（三）商业景区化、景区文创化

党的二十大报告要求，坚持科技是第一生产力、人才是第一资源、创新是第一动力；深入实施创新驱动发展战略，开辟发展新领域、新赛道，不断塑造发展新动能、新优势。因此开发文商旅产品要把握高度融合的发展趋势，实施主题商业景区化，景区商业化、文创化，努力提升客流变现能力。

（四）旅游产品创新数字化

党的二十大报告要求，实施国家文化数字化战略，健全现代公共文化服务体系；加快发展数字经济，促进数字经济和实体经济深度融合，打造具有国际竞争力的数字产业集群。文旅企业对数字化技术已经从被动适应向主动拥抱转变，以数字技术赋能产品创新是未来产品创新的主要手段之一。数字旅游给游客提供了更多的自助服务，包括在线购票、智能点餐、智慧导览、在线支付等服务，使游客享受更便捷的旅游和服务体验。

（五）旅游产品体验化

消费者经历了由观光游览、主题娱乐向沉浸式互动体验的转变，沉浸式场景更加能够调动个人情感，使游客全身心参与；国潮风兴起，国产品牌感知度提升，具有中国元素和历史文化内涵的旅游产品成为消费新时尚；随着环保意识的提高，未来的旅游服务行业将更加注重绿色旅游，旅游服务行业将通过推广低碳旅游、环保旅游等方式，为旅游者提供更加绿色环保的旅游体验。

知识链接

第五届“中国服务”旅游产品创新大会于 2023 年 11 月在浙江横店召开。大会推介了乌村乡村微度假目的地、尼山圣境、安仁古镇、沉浸式感官体验剧《声入姑苏》系列、阿者科计划、柯桥古镇十二风雅集、洛邑古城和荻港渔庄 8 个旅游产品创意案例。中国旅游协会连续举办了五届“中国服务”旅游产品创新大会，推介了众多业界创新的最新成果，发现并树立了代表“中国服务”水平的产品标杆，满足了人民对美好生活的追求。

第三节　旅行社

【视频】旅行社分类与现状

旅行社是旅游业的重要行业之一，它和旅游交通、旅游饭店共同构成了旅游业的三大支柱。由于这一行业是由众多的旅行社企业组成的，因此旅行社一词可以用作行业的总称，也可以指旅行社企业。同时，随着信息技术与电子商务的发展，在线旅游交易的市场规模日渐扩大，线上旅行社（Online Travel Agency，OTA）也逐步发展并日渐完善，为旅游业注入了生机和活力。

一、旅行社的概念

根据《旅游法》《旅行社条例》以及《旅行社条例实施细则》的规定，旅行社是指从事招徕、组织、接待旅游者等活动，为旅游者提供相关旅游服务，开展国内旅游业务、入境旅游业务或者出境旅游业务的企业法人。

二、旅行社的类型

在不同的国家和地区，旅行社在经营范围、产品类型、企业规模等方面有所差异，导致不同国家或地区旅行社分类也有所差异。

（一）外国的旅行社分类

世界各国对旅行社类型的划分并非完全相同，有的国家按照有关旅行社主要经营业务的类型将旅行社分为以下类型：

1. 旅游批发商

旅游批发商是主要经营批发业务的旅行社或旅游公司。这里的批发业务是指旅行社首先根据自己对客源市场需求的了解和预测，在选定旅游或度假目的地的基础上，成批量订购交通与运输公司、饭店、旅游景区等各类旅游企业的产品和服务，然后将这些单项的产品和服务组合成不同的包价旅游线路产品或包价度假集合产品，最后通过一定的销售途径向旅游消费者出售。根据法律规定，旅游批发商不与旅游者发生直接关系，它既不直接向公众出售旅游产品，也不从事旅游接待任务。这类旅行社实力很强，其产品优良，销售能力强。

2. 旅游经营商

旅游经营商同样要设计开发旅游产品并批量销售。与旅游批发商不同的是，它有自己的零售网点，换句话说，旅游经营商既可以通过旅游代理商出售旅游产品，也可以通过自己的零售网点直接将产品卖给消费者。其中，旅游经营商从旅游批发商手中购买旅游产品后，负责组织旅游团和具体旅游接待任务，根据旅游产品中规定的日程表，提供陪同、导游服务形式是其经营的基本手段。

3. 旅游代理商

旅游代理商是旅游零售商的典型代表。旅游代理商从旅游批发商或旅游经营商的手中购买旅游产品，然后零售给消费者。具体来说，旅游代理商是代理旅游经营商、交通部门或饭店等部门向旅游者销售旅游产品、交通票据或预订客房的中介组织，主要负责宣传、推销和提供旅行服务。旅游代理商的收入主要来自所代理企业支付的佣金。

（二）中国旅行社的分类

目前按旅行社经营形态可分为传统旅行社和线上旅行社两大类。

1. 传统旅行社分类

国内旅行社的发展经历了一个发展过程。1984 年之前，国旅主要接待外国来华的旅游者，中旅主要接待港澳同胞和来华旅游的海外华人，而中青旅则主要接待来华旅游的青年旅游者。1980 年，这三家旅行社接待的来华旅游者占全国有组织接待人数的 80%，其余 20%由其他政府机构组织接待。1984 年，旅游外联权下放，允许更多的企业经营入境旅游业务，并授予其业务经营所必需的签证通知权。

1985 年颁布实施《旅行社管理暂行条例》（已失效）将我国的旅行社分为一类社、二类社和三类社，其中一类社和二类社为国际旅行社，但是只有一类社享有外联权。根据当时的规定，一类旅行社的经营范围是从事对外招徕和接待海外游客来大陆旅游以及中国国民国内旅游业务；二类旅行社的经营范围是不对外招徕，只从事接待由一类旅行社和其他涉外部门组织来华的海外游客以及中国国民国内旅游业务；三类旅行社只能经营国内旅游业务。

1996 年颁发的《旅行社管理条例》（已失效）规定，旅行社分为国际旅行社和国内旅行社。国际旅行社的经营范围包括入境旅游业务、出境旅游业务、国内旅游业务；国内旅行社的经营范围仅限于国内旅游业务。

2009 年颁布的《旅行社条例》规定，申请设立旅行社，经营国内旅游业务和入境旅游业务的，旅行社取得经营许可满两年，且未因侵害旅游者合法权益受到行政机关罚款以上处罚的，可以申请经营出境旅游业务。

2. 线上旅行社

自 20 世纪 90 年代起，以互联网为核心，以在线旅游咨询、搜索、订购与交易为主要内容的在线旅游新业态兴起。在线旅游是伴随旅游产业发展而产生的一种新兴旅游商业模式，是信息技术尤其是互联网科技应用于旅游业的一种体现。它突破了传统旅游企业的商业模式，改变了旅游者的消费行为和旅游信息传播方式，使旅游产业价值链进行了重构，从根本上改变了旅游业的发展格局。

线上旅行社即线上旅行服务商，是基于互联网开展旅行服务业务的企业，是以互联网为平台，以旅游信息库、电子化商务银行为基础，围绕旅游需求链条，在线向旅游消费者提供旅游服务产品及旅游服务咨询的旅游企业。

按旅游者在旅行过程中的核心需求，可以将线上旅行社分为不同类型，具体如表 5-1 所示。

表 5-1　线上旅行社的类型

主类型	次类型	代表性企业
综合型旅行服务平台	B2C	携程旅行社网、同程旅行网、飞猪旅行
	C2B	六人游、无二之旅、不跟团
	旅游企业业务衍生体	遨游网、悠哉网、芒果网
社交媒体型平台	UGC（用户生成内容）	马蜂窝、到到网、驴评网
	C2C	座头鲸旅行网、跟谁游、鲜旅客
垂直搜索平台		去哪儿网、天巡旅行等

综合型旅行服务平台提供全面的旅行资讯服务与在线预订，包括机票预订、酒店预订、景点门票、旅游线路、休闲度假游、周边游、自由行等，采取线上与线下相结合的方式，可以在线支付也可以线下支付。

社交媒体型平台为旅行者提供了交流与分享的平台，旅行者可以从拥有本地知识或者有过真实旅行体验的人身上获得个性化的建议与旅行攻略，获得有价值的出行信息。

垂直搜索平台可以将网络上相关的旅游产品信息进行整合，以“专、精、深”的特点为顾客提供全面的搜索结果。一些企业通过互联网搜索引擎技术，将其他旅游网站的产品进行分类比价，帮助顾客在同类产品中寻找最低的价格。

三、旅行社的业务

《旅行社条例实施细则》规定，旅行社招徕、组织、接待旅游者提供的相关旅游服务，主要包括：安排交通服务；安排住宿服务；安排餐饮服务；安排观光游览、休闲度假等服务；导游、领队服务；旅游咨询、旅游活动设计服务。旅行社还可以接受委托，提供下列旅游服务：接受旅游者的委托，代订交通客票、代订住宿和代办出境、入境、签证手续等；接受机关、事业单位和社会团体的委托，为其差旅、考察、会议、展览等公务活动，代办交通、住宿、餐饮、会务等事务；接受企业委托，为其各类商务活动、奖励旅游等，代办交通、住宿、餐饮、会务、观光游览、休闲度假等事务；其他旅游服务。

（1）国内旅游业务，是指旅行社招徕、组织和接待中国内地居民在境内旅游的业务。

（2）入境旅游业务，是指旅行社招徕、组织、接待外国旅游者来我国旅游，香港特别行政区、澳门特别行政区旅游者来内地旅游，台湾地区居民来大陆旅游，以及招徕、组织、接待在中国内地的外国人，在内地的香港特别行政区、澳门特别行政区居民和在大陆的台湾地区居民在境内旅游的业务。

（3）出境旅游业务，是指旅行社招徕、组织、接待中国内地居民出国旅游，赴香港特别行政区、澳门特别行政区和台湾地区旅游，以及招徕、组织、接待在中国内地的外国人、在内地的香港特别行政区、澳门特别行政区居民和在大陆的台湾地区居民出境旅游的业务。

四、旅行社的作用

旅行社是一个典型的中介服务型产业，在旅游业中起着桥梁和纽带的作用，把旅游过程中的吃、住、行、游、购、娱等环节联结起来。旅行社的作用主要体现在以下几个方面：

（一）旅游活动的组织者

自托马斯·库克开始组织旅游活动起，旅行社的这种组织作用便开始体现，并在以后的发展过程中不断加强。根据旅游者对交通、住宿、游览、购物、游览等的需要，旅行社精心设计、组合，将旅游者的多种需求集中在一件产品中体现出来。提供这些服务的部门或企业分别属于不同的行业，相互之间联系比较松散。旅行社在自己的经营活动中，从旅游企业购买各种旅游服务产品，再把这些产品系统地提供给旅游者，使旅游活动能够顺利开展。人们只要选定旅游目的地，其余一切活动皆由旅行社负责安排，人们出游不必再担心旅游活动的安排，也不必担忧外出旅游过程中遇到的各种问题，现代旅游的迅速发展与旅行社的这种组织作用是分不开的。旅游企业之间的相互联系和衔接，依赖旅行社的组织和协调。

（二）旅游产品的销售渠道

一般情况下，在旅游者到达旅游目的地之前，对那里的旅游服务部门和企业了解很少。同样，由于旅游者来自五湖四海，旅游目的地的旅游服务提供部门和企业也很难向客源地潜在旅游者推销自己的产品。而旅行社正好充当二者的媒介，交换双方的信息，拉近二者的距离，这样就把供需双方联系到一起。因此，旅行社不仅在客源地和目的地之间架起了旅游的桥梁，也为旅游产品生产者提供了销售渠道。例如，我国涉外饭店的海外游客绝大部分是通过旅行社购买或预订前来的；我国交通运输部门的外国乘客也大多是通过旅行社订购座位或铺位的；美国半数以上的国内飞机票是通过旅行代理商出售的。参加团体包价旅游的旅游者更是全部通过旅行社购买全程涉及的有关旅游产品的。

（三）旅游业的前锋

旅行社在旅游业的各有关组成部门中，最接近客源市场并首先与旅游者接触，了解客源市场需求；同时，旅行社又同饭店、交通、娱乐等旅游服务供应商有密切的联系，也就最了解旅游市场的供应情况。因此，旅行社在了解需求及指导供给方面起非常重要的作用，这一点就决定了旅行社在旅游业中的先锋作用。

（四）信息咨询和反馈的渠道

由于旅行社连接着生产者和消费者，处于信息交流的中心，各种信息可能汇聚于此，再由此辐射出去。因此，旅行社在向旅游者提供信息咨询、向旅游产品生产企业提供需求信息反馈方面，具有得天独厚的优势。

五、旅行社发展现状

（一）传统旅行社情况

截至 2022 年年末，全国旅行社总数为 45 162 家，比 2021 年增长 6.43%。除西藏旅行社数量不变外，其余 31 个地区旅行社数量都有不同程度的增长，云南、海南、贵州、新疆、福建 5 个地区增幅均在 10% 以上，其中云南增幅最大，为 35.56%；广东、北京、江苏、浙江、山东 5 个地区旅行社数量超过 2 500 家，数量最多的广东为 3 754 家；此外，西藏、宁夏旅行社数量少于 500 家。

2022年，全国旅行社资产总计为2 591.96亿元，其中负债总计2 109.91亿元，所有者权益总计482.05亿元。全国旅行社从业人员共有243 227人，其中大专以上学历的有161 375人，签订劳动合同的导游人数为82 047人。

2022年全国旅行社营业收入为1 601.56亿元，营业成本为1 588.02亿元，营业利润为-68.87亿元，利润总额为-58.82亿元，本年应交税金总额为12.73亿元，旅游业务营业收入为887.85亿元，旅游业务营业利润为-20.97亿元。

2022年，全国旅行社国内旅游营业收入为874.41亿元，占全国旅行社旅游业务营业收入总量的98.49%；国内旅游业务营业利润为-20.31亿元；入境旅游营业收入为2.50亿元，占全国旅行社旅游业务营业收入总量的0.28%；入境旅游业务营业利润为-0.41亿元；出境旅游营业收入为10.94亿元，占全国旅行社旅游业务营业收入总量的1.23%；出境旅游业务营业利润为-0.25亿元。

知识链接

2024年3月，文化和旅游部市场管理司发布的《2023年第四季度全国旅行社统计调查报告》显示，2023年第四季度，全国旅行社总数为56 275家，比2022年同期增长24.6%。2023年第四季度，全国旅行社国内旅游组织3 645.33万人次、8 655.13万人天，接待3 931.74万人次、8 394.83万人天。国内旅游单项服务1.65亿人次。入境旅游外联44.82万人次、147.31万人天，接待136.18万人次、412.99万人天。入境旅游单项服务289.30万人次。出境旅游组织195.59万人次、937.69万人天。出境旅游单项服务69.23万人次。

（二）线上旅行社情况

近年来，我国在线旅游市场规模稳步增长，中国在线旅游市场全年交易规模突破1万亿元，用户规模突破4亿人。在线旅游企业和平台的数量不断增多，既方便了广大人民群众出游，也促进了旅游消费，带动了行业发展。2021年，中国在线旅游及相关企业数量为344家，较2020年增长196家。

2021年12月，在线旅游平台月活用户超1.2亿，其中携程旅行月活用户7 170万，居于榜首；铁路12306月活用户5 738万，跃居第二；同程旅行月活用户5 490万，排名第三。受用户红利期结束等因素的影响，2021年12月，我国用户在线旅游App下载安装量1 372万，较上年同期减少31万，同比下降2.2%。全球旅游行业复苏，但使资本加速争夺优质旅游资产。2021年，全球旅游业融资金额达442亿美元，较上年增加211亿美元，同比增长91.3%。

2021年，中国在线旅游交易额达1.47万亿元，较上年增加0.38万亿元，同比增长34.9%，旅游预订线上化率持续增长。2021年，中国在线旅游市场竞争激烈，其中携程旅行市场份额占36.3%，稳居榜首；美团旅行市场份额占20.6%，位列第二；同程旅行市场份额占14.8%，位列第三；去哪儿旅行、飞猪旅行市场份额分别是13.9%、7.3%，位列第四、第五。

目前在线旅游平台可分为三个梯队，第一梯队为携程、去哪儿、飞猪，第二梯队由同程旅游、艺龙、美团、途牛、驴妈妈等组成，第三梯队为其他在线旅游平台。中国在线旅游产业图谱如图 5-1 所示。

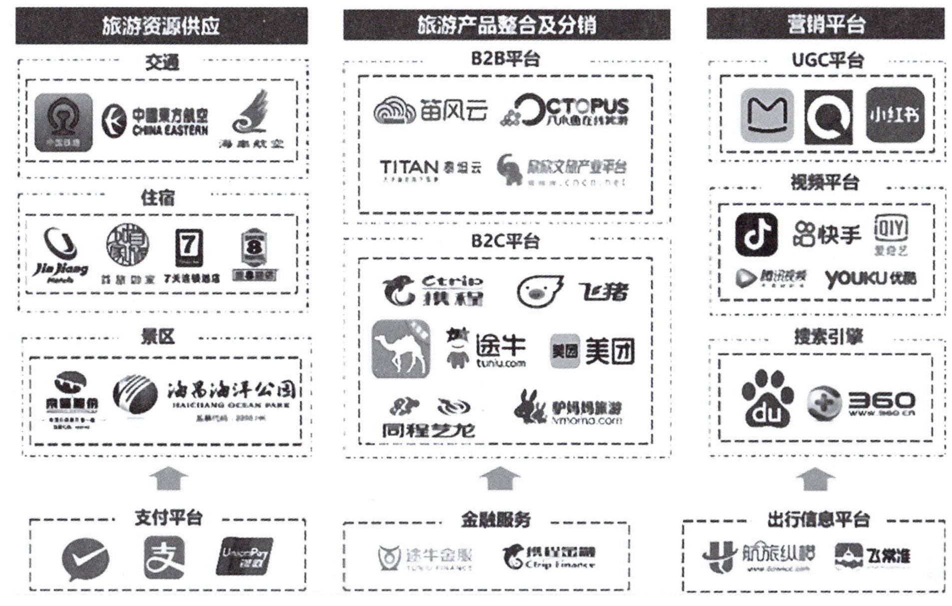

图 5-1 中国在线旅游产业图谱

注：资料来源 36 氪研究院. 2022 年中国在线旅游行业洞察报告（baidu. com）.

六、旅行社发展趋势

（一）线上线下不断融合

线上服务向线下拓展、线下服务向线上延伸也成为必然。线下企业可以投入门店、旅游线路、线下市场等资源，线上企业可以投入销售经验、营销知识、网络管理技术等资源；线下旅游产品实现线上预订，利用线下门店提供咨询、接待等服务的模式，即通过线上搜索、支付或购买产品，再到线下门店去享受，线上线下融合发展，形成资源互补共享，提高整个旅游产业链的数字化水平，更好地为旅游者服务。

（二）本地化旅游服务

本地化旅游成为当前旅行社行业发展的重要趋势。旅行社需要深入挖掘当地的旅游资源，为游客提供更加原汁原味的旅游体验。通过与当地的景区、饭店和餐厅等合作，旅行社可以推出独具特色的旅游产品和线路，同时组织与当地文化相关的活动和体验，让游客更加深入地了解和感受当地的风土人情。

（三）定制化与个性化旅行服务

定制旅行已经成为当前旅行社行业的重要趋势。为了满足消费者日益个性化和精细化的旅游需求，旅行社需要提供更加定制化的旅游服务。根据消费者的需求和偏好，旅行社可以制定个性化的旅游方案，并与消费者进行深度沟通，了解他们的旅游期望，提供精准的服务推荐。

消费者旅游需求的个性化和多元化，决定了旅游产品越来越难以标准化。在线旅行服务商除提供传统的“酒店+机票”服务外，还要不断根据市场需求完善和创新产品类型。当前已有越来越多的在线旅行社开始突破传统的经营范围，向出境游、度假游、邮轮游及旅游攻略等服务转移。

（四）市场集中度进一步增强

我国正在从旅游大国向旅游强国转型，正在推动大众旅游从初级阶段向中高级阶段升级，需要强大的、有竞争力和创新力的大企业做支撑，因此，企业联合发展也是大势所趋。如港中旅、中国国旅、中国中旅、中国中免重组成中国旅游集团。

（五）社交媒体营销

社交媒体营销成为旅行社行业的重要营销手段，社交媒体营销可以帮助旅行社行业提高知名度、吸引顾客、建立品牌形象，旅行社需要充分利用社交媒体平台，如短视频、直播和社交拼团等工具，宣传旅行社的旅游产品和服务，实时更新旅游信息、分享游客的体验、与潜在客户进行互动，提高品牌知名度和销售转化率，吸引更多的潜在客户并提高销售业绩，从而提高市场竞争力。

第四节　旅游景区

旅游景区是旅游业的核心要素，是旅游产品的主体成分，是旅游产业链的中心环节，是旅游消费的吸引中心，是旅游产业的辐射中心。

一、旅游景区的概念

旅游景区是指以旅游及其相关活动为主要功能或主要功能之一的区域场所，是能够满足游客参观游览、休闲度假、康乐健身等旅游需求，具备相应的旅游设施并提供相应的旅游服务的独立管理区。

旅游景区应有统一的经营管理机构和明确的地域范围，如风景区、文博院馆、寺庙观堂、旅游度假区、自然保护区、主题公园、森林公园、地质公园、游乐园、动物园、植物园，以及工业、农业、经贸、科教、军事、体育、文化艺术、学习等相关的各类旅游景区。

二、旅游景区的类型

（一）按旅游资源类型分类

1. 自然景观类景区

自然景观类景区主要是指以自然资源为依托的观赏景区，具体可分为以下几类：

（1）地文景观类景区：主要是在自然环境的影响下，地球内力作用和外力作用共同作用形成的，直接受地层和岩石、地质构造、地质动力等因素的影响而产生的景观。

（2）水域风光类景区：属于自然景观但重点突出江河、湖海、飞瀑流泉等水域景观。

（3）生物景观类景区：指各类以动植物为主体所组成的景观。

（4）天象与气候类景区：主要指千变万化的气象景观、天气现象，以及不同地区的气候资源所构成的丰富多彩的气候天象景观。

2. 人文景观类景区

人文景观类景区主要是指由各种社会环境、人民生活、历史文物、文化艺术、民族风情和物质生产构成的人文景观。

（1）历史遗址景区：依托自古代流传下来，保存至今，具有历史意义的资源而产生的景区。

（2）建筑物景区：通常指具有独创性、唯一性，具有纪念意义等重要价值的建筑。

（3）博物馆景区：征集、典藏、陈列和研究代表自然与人类文化遗产的实物的场所，为公众提供知识、教育和欣赏的文化教育的景区。

（4）民族民俗景区：具有民族文化和民族生活氛围，以及能表达各个民族传统风尚、礼节、习俗的景区。

（二）按照景区质量等级标准分类

旅游景区质量等级共分为五级，从高到低依次为 5A 级、4A 级、3A 级、2A 级、1A 级旅游景区。根据《旅游景区质量等级的划分与评定》（GB/T 17775—2003）标准，服务质量与环境质量评分细则共计 1 000 分，共分为 8 个大项，各大项分值为：旅游交通 130 分；游览 235 分；旅游安全 80 分；卫生 140 分；邮电服务 20 分；旅游购物 50 分；综合管理 200 分；资源和环境的保护 145 分。其中 5A 级旅游景区需达到 950 分，4A 级旅游景区需达到 850 分，3A 级旅游景区需达到 750 分，2A 级旅游景区需达到 600 分，1A 级旅游景区需达到 500 分。各景区质量等级评分标准具体情况如表 5-2 所示。

表 5-2　各景区质量等级评分标准

等级	服务质量与环境质量/分	景观质量/分	游客意见/分	年接待游客/万人次	
				国内旅游者	国外旅游者
AAAAA	950	90	90	60	5
AAAA	850	80	80	50	3
AAA	750	70	70	30	—
AA	600	60	60	10	—
A	500	50	50	3	—

（三）按照景区面积标准分类

根据《风景名胜区总体规划规范》（GB/T 50298—2018），风景名胜区按用地规模可分为小型风景区（20 km^2 以下）、中型风景区（21 km^2 ~ 100 km^2）、大型风景区（101 km^2 ~ 500 km^2）、特大型风景区（500 km^2 以上）。

三、旅游景区的作用

旅游景区的作用主要体现在以下几个方面：

（一）生态功能

旅游景区具有保护自然资源、改善生态与环境、防害减灾、造福社会的生态功能。具体来说，一方面，旅游景区可以保护遗传的多样性。自然生态体系的每一个物种，都是自然界长期演化的产物，其形成往往需要很长一段时间。设立旅游景区具有保护大自然的物种，保护有代表性的动物种群，并提供作为基因库的功能，以供后代使用。另一方面，旅游景区还可以起到保护环境的作用。它可以调节城市的近地小气候，维持二氧化碳与氧气的动态平衡，对保持生态环境和防风防灾，都具有重要作用。同时，旅游景区在自然生态过程中可以净化水和空气，在自然界和能量流动中也起重要作用。

（二）游憩功能

旅游景区有培育山水景胜、陶冶身心、促进人与自然协调发展的游憩功能。优美神奇的大自然景色可以陶冶情操，启发灵感。随着我国国民经济的高速发展，城市化进程加快，人工环境日益膨胀，拥抱自然、回归自然成为新时代人类心灵的倾向，旅游已经走进千家万户，成为大众生活中较为普遍的消费选择。旅游景区有良好的生态环境、优美的自然风景、丰富的文物古迹等，正成为大众向往的休憩、游览之地。

（三）景观功能

旅游景区有树立国家形象、美化大地景观、创造健康优美的生存空间的景观形象功能。每一个旅游景区，无论其整体或局部、实物或空间，绝大多数具有特色鲜明的美的形象、美的环境和美的意境。它们由自然界中各种物体的形、色、质、光、声、态等因素相互影响、相互交织、相互配合而成，使人感受到险、秀、雄、幽、旷、奥、坦等千变万化的自然美和各种绚丽多彩的人文之美。

（四）科教功能

旅游景区展现历代科技文化、纪念先人先事先物、增强德智育人的寓教于乐的功能。一方面，人们可以利用旅游景区开展科研科普教育。旅游景区往往是特有地形地貌、地质结构、稀有生物、古代建筑、民族乡土建筑的宝库，而且它们都有一定的典型性和代表性，具有重要的研究价值，人们在游览中可以获得生物学、地质学、人类学、社会学等各方面的知识。另一方面，在旅游景区还可以了解历史知识。很多旅游景区都保存着不少文物古迹、摩崖石刻、古代园林、诗联匾额、壁画雕刻等，它们都是文学史、革命史、艺术史、科技发展史、园林史等的重要史料，是历史的见证。人们可以从中学到大量的知识。除此之外，旅游景区还是文学艺术的课堂，游客可以从中领略到文学艺术的魅力。

（五）经济类功能

旅游景区有推动旅游经济发展、脱贫增收、调节城乡结构、带动地区全面发展的经济催化作用。旅游景区本身并不直接产生经济价值，而是通过其自然景观、人文景观及风景环境供人们游览来吸引游人，再通过为游人提供的吃、住、行、游、购、娱等服务产生经济价值。

四、我国旅游景区的发展现状

我国旅游景区的发展起源于古代的园林，大致可以分为三个发展阶段。一是园林的建造活动，中间陆续出现了寺观园林和私家园林等形式；二是公园的出现，使得旅游景区的类型日渐多元，与传统园林相比，在功能上有了较大的拓展，具有了现代旅游景区的雏形；三是改革开放后，随着旅游者兴趣的不断迁移和拓展，旅游景区向多元化发展，度假型旅游景区、观光型旅游景区、遗址型文化旅游景区、科考型旅游景区、主题公园旅游景区不断涌现，形成了我国旅游景区的快速发展时期。

知识链接

中国旅游景区发展趋势

(1) IP 元素爆发赋予景区新亮点：传统的 IP 即为“知识产权”，而在旅游景区中的 IP 是可以形成品牌形象的特色元素。目前已有多个景区开展了 IP 建设，通过景区 IP 的引入，丰富了景区的内涵，延伸了景区的产业链，成为吸引游客的重要因素。

(2) VR 投入将引领景区新时尚：VR 趋势已经影响到生活各个方面，“VR+旅游”的新体验在景区也开始受到广泛关注，使用户和景区实现双赢，用户增强了浸入式体验感，而景区在宣传和营收方面收获丰厚。

(3) 全域旅游将成为旅游建设新方向：全域旅游打破传统景点旅游的封闭、单一模式，开创开放、综合的全域旅游新格局，不仅对景区影响深远，更实现了不同业态优势互补，促进整体区域的共同发展。

(4) 共享旅游势不可当：早起与房东共进早餐，聊聊家常，饭后像当地人一样，在社区公园里散步，去当地人爱去的街巷闲逛。这样的旅游方式受到越来越多人的喜爱，也因此造就了一批共享住宿平台。

(5) 更多外国游客走进中国：根据中国旅游研究院对国内 10 个入境旅游典型城市的调研结果，受访入境游客中大多数是首次来华。

(资料来源：中国旅游景区发展趋势 https://www.360kuai.com/pc/9bbf4894ad45522e5?cota=3&kuai_so=1&tj_url=so_rec&sign=360_57c3bbd1&refer_scene=so_1.)

第五节 旅游度假区

“十四五”时期，我国全面进入大众旅游时代，人民群众休闲度假旅游需求不断增加，对品质的要求日益提高。为了进一步突出度假特色，打造人民群众更加满意的旅游度假产品，需要从标准上对度假产品提质升级提出系统化要求。《旅游度假区等级标准》国家标准于 2010 年颁布，2011 年正式实施，2019 年开始，文化和旅游部组织对《旅游度假区等级划分》国家标准进行修订，2022 年新版国家标准《旅游度假区等级划分》（GB/T 26358—2022）出台，2023 年 2 月 1 日开始实施，在推动各地旅游业态发展、促进旅游业转型升级方面发挥了重要作用。

一、旅游度假区的概念

旅游度假区是以提供住宿、餐饮、购物、康养、休闲、娱乐等度假旅游服务为主要功能，具有明确空间边界和独立管理运营机构的集聚区，包括国家级旅游度假区和省级旅游度假区。

【视频】旅游度假区类型与特征

新国标对旅游度假区面积界定进行了调整，旅游度假区国家级由原来的应不小于 8 平方公里，调整到“不小于 5 平方公里”；省级由原来的面积应不小于 5 平方公里调整到“不小于 3 平方公里”。

二、旅游度假区的价值

（一）丰富旅游产品供给，促进旅游产品供给侧结构性改革

文化和旅游部组建以来，着力把引领旅游度假区发展作为扩大旅游新供给的重要方向。国家级旅游度假区发展是适应我国城乡居民消费升级、提升生活品质、创建美好休闲度假生活的客观需要；有助于开发特色休闲度假产品、优化旅游产品结构、创新旅游产品体系、丰富旅游产品供给，促进旅游产品供给侧结构性改革。

（二）促进旅游产业提质扩容，带动地方经济发展

旅游度假区通过供给侧结构性改革进一步挖掘产业动能，发展度假产品，丰富旅游业态，促进旅游产业提质扩容，是旅游业改革创新、提档升级的重要抓手。创建国家级旅游度假区，将为区域带来大量的人流、物流和资金流，为区域经济发展产生极大的推动力，促进地方区域旅游结构的合理化发展，实现经济、文化、生态各方面效益的最大化开发。国家级旅游度假区是一个产业集聚平台，吸引各类产业形态入驻，促进了一系列产业孵化，进一步延伸和完善旅游产业链，促进度假区所在区域经济发展。

（三）提升城市旅游品位，塑造鲜明品牌形象

创建国家级旅游度假区有助于提升其所在城市的旅游品位。国家级旅游度假区是我国旅游休闲度假产业发展的新名片，是旅游行业继 5A 级景区之后又一金字招牌，在休闲旅游档次、产品体系、服务配套等方面都起着示范作用。旅游度假区具有竞争力强且特色鲜明的市场品牌及形象，包括有影响力的品牌、独特的产品形象、良好的质量形象和文明的员工形象等；国家级旅游度假区在国家范围内具有高知名度，并具有一定的国际影响力。

知识链接

2022 年新版国标《旅游度假区等级划分》

国家标准《旅游度假区等级划分》（GB/T 26358—2022）出台，并于 2023 年 2 月 1 日起实施。目前，我国旅游度假区体系已经初步形成，以 45 家国家级旅游度假区为核心和以 631 家省级旅游度假区为基础的度假区梯队，在度假区标准和管理办法指引中，不断完善发展。

（资料来源：https://mp. weixin. qq. com/s?__biz = MzIwNzI1MTg5NA = = &mid = 2247588745&idx = 2&sn = 1602ebc862f0dbf33577a942b014b0ca&chksm = 9716eb50a0616 2462b0c71cbd20cdb3ebbebe938a044e7daae202ef6c99dd84fdca4252a70e1&scene = 27.）

【视频】旅游度假区评分细则解读（上）

【视频】旅游度假区评分细则解读（下）

第六节　旅游交通

旅游交通作为旅游业的三大支柱之一，在旅游发展的过程中起着重要的作用。

一、旅游交通的概念及类型

旅游交通是指旅游者利用某种手段和途径，实现从一个地点到达另外一个地点的空间转移的过程，主要有空运、陆运和水运三种形式。旅游交通状况是一个国家或地区旅游业发展状况的重要标志之一。

由于交通线路和地理环境的不同，人们外出旅游乘坐的交通工具存在一定的差异，其中最常见的交通工具包括汽车、飞机、火车和轮船。这些交通方式相互配合、相互补充，发挥各自的优势，形成综合运输能力。主要的旅游交通类型包括以下几种：

（一）公路旅游交通

公路交通运输是最重要、最普遍的短途运输方式。汽车是公路旅游交通的工具，其突出的特点是自由灵活，能深入旅游点内部，可以随时停留，任意选择旅游点，并且公路线路建设投资少、占地少、见效快。但是，公路旅游交通也有局限性，它运输量小、速度慢、运费高、安全性较差，受气候变化影响较大。

随着高速公路网的建设和家庭私人小汽车的不断增多，公路旅游交通表现出强劲的发展势头。

（二）铁路旅游交通

铁路旅游交通具有运力大、费用低廉、安全系数高、速度快、污染小、车内可以自由活动等优点。火车是铁路旅游交通的交通工具。游客在乘坐火车时可以饱览铁路沿线的自然风光，增长见识。但是，铁路旅游交通也存在一些不足，表现为灵活性差、建设周期长、一次性投资大等问题。

在世界旅游发展史上，火车曾是外出旅游的主要交通工具，对旅游的发展有过重大的贡献。20 世纪六七十年代，由于航空、高速公路以及汽车的发展，人们外出旅游时，近程出行多选择汽车，远程多选择飞机，从而造成铁路旅游运输的地位开始下降。从 20 世纪 80 年代开始，很多国家的铁路公司采取了一系列措施，改进铁路运输技术和改善设施设备，维护铁路旅游交通在交通客运市场的份额。

在我国，铁路旅游交通一直居于主要位置。近几年来，铁路部门几次提速，并开通了一些假日专列、高铁等，使旅游者出行更加快速、舒适、省时。

（三）航空旅游交通

航空旅游交通是各类旅游交通中速度最快的。飞机是航空旅游交通的交通工具。航空旅游交通的主要优点在于快速高效，其交通线路短，可以跨越地面上各种自然障碍，航行相距遥远的世界各地，游客乘坐舒适、安全、省时。由于上述优点，航空旅游交通深受远程旅游者的欢迎，现已成为远程旅游，特别是远程国际旅游的主要交通方式。当然，航空旅游交通也存在不足之处，表现在飞机的购置费用高、能耗大、运量相对较小、受气候条件的影响较大。

航空旅游交通业务的经营主要分为定期航班服务和旅游包机服务。定期航班服务是指在既定的国内或国际航线上按照既定的时间表提供客运服务，无论乘客多少，飞机必须按照公布的航班日期和时间起飞（特殊情况除外）。旅游包机服务是一种不定期的航空包乘服务业务。随着20世纪60年代大众旅游的兴起，航空公司的旅游包机业务有了很大的发展。很多国家的旅游经营商在组织团队旅游，特别是组织国际团队旅游时，都利用包机作为主要的旅行方式。与定期旅游航班服务相比，旅游包机服务具有价格较为低廉、时间比较自由等优点。它可以按照旅行社的要求定时间、定航线，很受旅游者的欢迎。

（四）水路旅游交通

水路旅游交通具有运载力大、能耗小、成本低、舒适等优点。轮船为其主要交通工具。水路旅游交通包括内河航运、沿海航运和远洋航运。在各种旅游交通中，乘坐轮船的价格最为便宜。轮船就像一个漂浮的旅馆，在平稳的行驶中，游客既可以观光游览，也可以回舱休息。许多轮船上设有健身房、舞厅，文娱活动丰富多彩。例如，我国长江三峡的胜景，只有乘坐轮船才能领略。水路旅游交通不足的地方是行驶速度慢，受季节、气候、水深、风浪等自然因素的影响大，准时性、连续性、灵活性相对较差。

自20世纪90年代之后，世界豪华游轮业呈现出快速发展的趋势。这些轮船载客量大，配备各种娱乐设施设备，通常被旅游者称为“漂浮的度假胜地”。目前，游轮旅游的热门地区主要集中在加勒比海和地中海海域。

（五）特种旅游交通

特种旅游交通主要是指在旅游景区的渡船、索道、缆车、轿子、滑竿、马匹、骆驼、观光电梯等形式的旅游交通方式。这些工具与其说是用于运输，不如说是用于游乐更恰当。例如，旅游风景道融合了交通、景观、游憩和保护等多种功能，运用这些特种交通方式可以增加游客的乐趣。特种旅游交通各具特色，更富有娱乐性、观赏性，可以提高旅游的价值，丰富旅游者的旅游经历。但是，有时一些特种旅游交通工具（如观光电梯、缆车等）会破坏风景名胜的自然风貌。

总之，不同的交通方式有不同特点，功能各异，这些交通方式为旅游者开展旅游活动提供了便利的物质条件。

二、旅游交通的作用

旅游交通的作用主要体现在以下几个方面：

（一）旅游交通是发展旅游业的先决条件

旅游业的产生与发展，与交通业的发展紧密联系在一起。无论是古代、近代还是现代旅游，交通都是联系旅游者与旅游对象、客源地与目的地的重要环节。旅游交通在二者之间起到了桥梁和纽带的作用。发达的旅游交通能够缩短旅途时间、节省旅游费用、扩大旅游者的空间范围，并且直接影响旅游者活动的规模、形式和内容。旅游者要到达旅游目的地，实现从居住地到旅游目的地的空间转移，只有通过适当的交通方式才能实现。因此，可以说旅游交通是旅游者完成旅游活动的前提，是发展旅游业的先决条件。

（二）旅游交通可以促进旅游目的地经济的发展

旅游交通的发展不仅使新开发和建设的旅游目的地具备了可进入性，增加了旅游活动的空间覆盖面，而且使旅游区逐渐兴旺起来。而旅游目的地的可进入性高是确保旅游者大量、经常前往的关键。旅游交通发挥着集散、运送和疏导旅游者的作用。基于此，许多地方政府为了促进本地旅游发展和经济增长，首先解决该地的交通问题。例如，青藏铁路建成通车后，为拉萨输送了大批旅游者，促进了旅游目的地经济的发展。同时，旅游交通线路的增加还可以扩大该区与外界的联系，促进信息、物资的交换，带动其他产业共同发展。

（三）旅游交通是旅游创收的主要来源

人们外出旅游首先要进行空间的位移，必须乘坐各种旅游交通工具，支付交通费用，这是旅游者外出旅游必需的、基本稳定的支出，因而是旅游业经济收入的基本来源。旅游交通费用在全部旅游消费中究竟占多大的比例，取决于旅游距离的远近，据不完全统计，一般旅游者总花销的20%~40%是用在旅游交通方面的。

（四）旅游交通成为旅游吸引物

随着旅游活动的开展和旅游消费的成熟，旅游者对交通的要求越来越高。为适应旅游者多方面与个性化需求，旅游交通在实现空间运载功能的同时，趋向于提供多元化和综合性的服务产品，因而交通自身已经具备旅游吸引物的某些特征。

知识链接

草原天路介绍

草原天路位于张家口市张北县和崇礼区的交界处，西起张北县城南侧的野狐岭（野狐岭要塞附近），东至崇礼区桦皮岭处。这条地处坝上草原的公路两旁景色十分优美，有草原、风车、梯田、桦树林等多种美景。草原天路景色丰富多样，也被称为“中国的66号公路”，以表示其可以媲美美国知名的景观大道66号公路。而且草原天路距离北京不远，是京津地带自驾出游、观光摄影、盛夏避暑的好去处。

（资料来源：草原天路．https://you.ctrip.com/sight/zhangbei2575/1415275.html.）

三、影响旅游交通选择的因素

旅游者在确定旅游目的地后，需要在这几种旅游交通运输方式中进行选择。影响旅游交通选择的因素主要来自两方面。

（一）提供服务的旅游交通运输工具的具体情况

从供方的角度来说，提供服务的旅游交通运输工具的具体情况直接影响旅游者对交通工具的选择，具体包括三方面的内容：其一是交通工具的价格和费用。在其他因素不变的情况下，价格和费用的变化往往会导致旅游者在交通工具上有不同的选择。其二是旅游的距离。旅游距离的远近会影响旅游者支出的费用和时间，所以在远程旅游时，在能承受的价格前提下，旅游者更愿意选择快捷的交通工具。其三是交通工具的运输速度。在现代社会里，时间对人们来说非常宝贵，同样这一因素对旅游者的选择也很明显。一般来说，在价格和其他因素都能接受的情况下，人们都愿意接受更快的运输工具。

（二）旅游者自身的因素

从需方的角度来说，旅游者自身的一些因素也影响对旅游交通工具的选择，包括旅游者的收入水平、闲暇时间、个人偏好等。收入水平和闲暇时间是客观制约因素，个人偏好是主观制约因素，它们共同影响着旅游者的抉择。一般来说，在旅游者的收入和闲暇时间许可的范围内有多种抉择的话，最后选择何种交通方式就取决于旅游者的个人偏好。

第七节　旅游餐饮

一、餐饮业概述

餐饮是零售业的一个组成部分，但是许多西方国家的接待业将餐饮服务列为其中一个重要组成部分。根据中国国家标准《国民经济行业分类》（GB/T 4754—2017），餐饮业指在一定场所对食物进行现场烹饪、调制并出售给顾客且主要供现场消费的服务活动，包括正餐服务、快餐服务、饮料及冷饮服务、其他餐饮服务四类。其中，其他餐饮服务包括风味特色小吃餐饮服务、提供单一品种的餐饮服务、提供现场就餐服务的糕点制作售卖服务、仅提供早点的饮食服务、摆摊餐饮服务、流动车餐饮服务、餐饮配送服务（为公司、学校、机关等送餐）、其他未列明的餐饮服务。

从餐饮服务的组织来看，现代餐饮业由多种部门构成，主要包括各类专业餐馆；各种住宿接待设施中的餐饮服务；机场、火车站、长途汽车站、飞机、轮船及火车等交通工具与设施上提供的餐饮设施和服务；体育场、电影院、游乐场、旅游景点等休闲娱乐设施中提供的餐饮设施和服务；各种企业的员工食堂；大中小学内的学生食堂；各种医疗机构提供的餐饮设施等。

餐饮业是国民经济的重要组成部分，从一定程度上说，餐饮业发展的规模、速度和水平可以直接反映一个国家、地区或者城市的经济发展程度和市场活跃情况。

二、餐饮服务与美食旅游

旅游活动与餐饮服务密不可分，游客一日三餐离不开餐饮服务。处于旅途中和滞留于目的地的旅游者与居家生活的市民不同，一般情况下，需要完全依赖旅游地提供的社会化服务体系来实现基本餐饮需要。实际上，有些目的地已成功地将餐饮产品及其服务推广打造成当地主要的旅游吸引物之一，甚而提出了将整个城市建设为美食旅游目的地的战略定位。近年来，中国面向旅游者的餐饮服务体系已经初具规模。一般情况下，国内旅游者餐饮消费占其总旅游消费的15%左右。

（一）餐饮业与旅游业

我们可以从两方面来理解餐饮业与旅游业的关系。一方面，餐饮业是旅游业发展的重要支持行业。“吃饱”是旅游者的基本生理需求，这需要餐饮服务来满足，而且，品尝地方美食越来越成为人们出游的重要动机，特别是一些旅游地根据当地的地貌和气候等自然条件，将饮食活动和其他休闲活动结合起来，形成了很多深受欢迎的旅游项目。另一方面，旅游者是餐饮业发展的重要消费群体。旅游业的发展为餐饮业带来了大量客源，旅游餐饮成为餐饮业的重要组成部分，而且，随着旅游业的发展，旅游者对餐饮的要求越来越高，致使旅游饮食更加注重特色和文化内涵，不断推动餐饮业向前发展。餐饮服务不仅是旅游活动中不可或缺的重要一环，在某些区域旅游开发过程中，餐饮甚至成为一种主要的旅游产品，其中食品、酒品、茶品成为最主要的消费品；还有一些旅游地将烹饪技艺培训作为度假产品的一部分，成功进行了推广，欧洲有些国家开辟了美食游径，加拿大则把美食作为目的地营销的杀手锏。至于世界各地以美食、美酒、香茗作为旅游主题来策划、操作和推销，更是五花八门。随着全球化和国际旅游的发展，一方面餐饮出现了标准化、连锁化和泛餐饮化的趋势，另一方面也有人不断呼吁美食的地方性和原真性。

（二）旅游餐饮

旅游餐饮指为旅游者提供的餐饮服务。从经营机构来看，主要涉及专业餐馆以及交通、娱乐、购物、住宿等设施附设的餐饮场所。和普通餐饮相比，旅游餐饮具有行业依赖性、客源广泛性、经营波动性、地方特色性等特点。旅游餐饮的需求量在一定程度上取决于旅游发展的容量，所以其发展规模和速度要以旅游业为基础。一个城市、区域或者国家的旅游业越发达，其吸引的各种类型的旅游者越多，旅游餐饮的发展也越快。品尝当地美食是很多旅游者的爱好和旅游活动的重要内容，这要求旅游餐饮融入当地独特的物产和深厚的文化底蕴，充分展示地方文化传统和风土人情，只有这样才能对旅游者形成较强吸引力。旅游餐饮的客源市场主要是广大旅游者，而旅游者的范围是非常广泛的，不同性别、职业、地域、文化程度的旅游者都是旅游餐饮机构的接待对象。客源市场的广泛性决定了旅游餐饮经营范围的广泛性。一般的团体旅客餐饮消费较低，要求方便快捷；散客旅游日程安排自由，对旅游餐饮的消费更为挑剔，尤其是卫生条件；观光旅游的餐饮消费占旅游总支出的比例相对休闲旅客要小，公务旅游者的餐饮消费往往占其旅行支出的比例较大，且对价格不敏感，商务旅游者在进行餐饮消费时，非常看重餐饮场所能否营造良好的商务氛围，满足其商务洽谈的需要。

（三）美食旅游

以品尝美食为主要动机的旅游活动称为美食旅游，它已经由原来的小众市场变成一种重要的旅游产品。与仅仅为观光旅游者、商务旅游者提供必要的餐饮服务的旅游餐饮不同，美食旅游是把食物、酒类、茶叶、水果以及其他类型的餐饮对象，作为产生旅游动机的触发因素和主要吸引物。一直以来，食物都是游客完整旅游体验中的一个重要因素，在美食旅游的过程中，食物更是成为游客的主要旅游体验。在美食旅游中，游客希望品尝更加多样化的与日常饮食不同的地方特色饮食。美食旅游包括烹饪旅游、美食节、葡萄酒旅游及其他与食物相关的节事，如芝加哥美食节、欧洲葡萄酒之旅、纽约的巧克力节。随着旅游业的发展，特殊的饮食与景区、主题公园能组合成目的地的主要吸引物。欧美研究发现，葡萄酒旅游产品提供者和游客在考虑葡萄酒产品能否成功的因素方面有所不同，产品提供者更加关注葡萄酒本身的吸引力而忽视地方特色文化和娱乐体验与葡萄酒旅游产品的融合，但后者却是游客所寻求的。

知识链接

美食旅游与饮食文化旅游

饮食文化旅游可看作狭义的美食旅游。饮食文化旅游重在“文化”，指饮食文化与旅游活动相结合，以了解饮食文化和品尝美食为主要内容，这是一种较高层次的旅游活动。由于人们对“美”的理解和认识千差万别，“食”在内容和形式上都呈现出缤纷的色彩。丰富而浓厚的饮食文化内容是开展美食旅游的必备条件，美食旅游则是饮食文化旅游发展的必然趋势和结果。

（资料来源：美食旅游 https://baike.so.com/doc/5830516-6043341.html.）

第八节　旅游饭店

旅游饭店是旅游业的重要组成部分，是与人们的旅行和旅游活动的开展同步发展起来的，它同旅行社、旅游交通构成旅游业的三大支柱。

【视频】旅游饭店

一、旅游饭店的概念及类型

（一）旅游饭店的概念

饭店（hotel）一词源于法语，原意是指贵族在乡间招待贵宾的别墅。随着时代的发展，“饭店”一词的内涵和外延都发生了巨大的变化。但是到现在为止，饭店的具体概念还没有统一。在我国港澳台及广东地区多称为“酒店”。

简单地说，旅游饭店就是依托建筑物和设施、设备，为旅游者旅行、游览提供住宿、餐饮、购物、娱乐和其他服务的综合性企业。

（二）旅游饭店的类型

根据不同的标准可以把饭店分为不同的类型。现列举常见的划分标准，具体如下：

（1）根据饭店的特色划分，一般将饭店划分为商务型饭店、长住型饭店、度假型饭店、会议型饭店和汽车饭店五种类型。

（2）按照饭店的规模大小划分，可以将饭店分为大型饭店、中型饭店和小型饭店。

（3）按照饭店的计价方式划分，可以将饭店分为欧式计价饭店、美式计价饭店、修正美式计价饭店、欧陆式计价饭店和百慕大计价饭店。

（4）按照饭店的经济类型划分，可以将饭店分为国有经济饭店、集体经济饭店、私营经济饭店、股份制经济饭店、外商投资经济饭店和港澳台投资经济饭店。

（5）按照饭店的档次和等级划分，可以将饭店分为高档饭店、中档饭店、低档饭店；豪华饭店、经济饭店；一星级饭店至五星级饭店。

此外，还有其他一些类型的划分方法，这里不再一一列举。

二、旅游饭店业的作用

旅游饭店业是旅游业的支柱产业，在旅游业的发展过程中起着重要的作用。

（一）旅游饭店是旅游业发展的物质基础

旅游业的快速发展依赖于旅游饭店的建设，旅游饭店规模大小、数量多少是一个国家或地区旅游业发展和接待能力的重要标志。一个国家或地区如果只有旅游资源，缺乏旅游饭店，这里的旅游业就无法发展。世界上旅游业发达的国家和地区，其旅游饭店业肯定也是发达的。旅游饭店为旅游的发展提供了物质保障。

（二）旅游饭店业是旅游业的支柱产业，是创收的重要渠道

现代化饭店为客人提供综合性服务项目，饭店业收入在整个旅游收入中所占的比例越来越大，成为赚取外汇和回笼货币的重要场所和手段。同时，饭店是各种产品的直接消费者，它对许多物质产品以及公共设施的需求刺激了各有关部门的生产与发展，如建筑市场、食品市场、农产品市场、酒水市场等，为饭店所在的城市或地区带来经济效益，拓宽了旅游收入的渠道。

（三）旅游饭店促进了社会就业

旅游饭店具有劳动密集的特点，因此，它可为社会创造较多的直接就业机会和间接就业机会。根据有关估计，一家 300 间客房的饭店能够创造 500~600 个直接就业机会，平均一个客房能提供 1.5 个直接就业机会。同时，旅游饭店还可以为与饭店业相关的行业创造大量的间接就业机会。

（四）旅游饭店促进了文化的交流

旅游饭店是旅游者和当地公众社交活动的重要场所。目前大多数国家的现代化旅游饭店的功能是多种多样的，除了为旅游者提供一般的食宿外，饭店还往往附设会议室、多功能厅、咖啡厅、舞厅、酒吧、健身房以及各种旅游设施等。人们在这里可以举行会议、开

展科学文化交流、商业谈判、健身娱乐等多项活动。因此，旅游饭店成为人们进行文化交流的重要场所，具有社会文化作用。

三、旅游饭店产品及其特点

一般的市场商品是一种有形的商品，它是通过商品本身的外形包装、质量规格、性能、质量信誉、售后服务，以及合理价格和商品的实用价值来赢得顾客的欢迎和大量销售。旅游饭店产品包括有形设施和无形服务，是通过饭店服务人员的热情周到服务和令人满意的服务技艺、技巧，以及准确无误的服务程序和质量标准向下榻在饭店的宾客提供住、食、行、娱、购等综合服务。旅游饭店产品的特点主要体现在以下几个方面：

（一）有形产品与无形服务的结合

旅游饭店产品既包括有形产品，如菜肴、酒水、客房、康乐设施等，也包括无形服务，如接待、礼貌、氛围等。两者的有机结合才构成饭店产品，其中有形产品是基础，无形服务是保证，缺一不可。

（二）价值的不可储存性

旅游饭店产品不能像一般商品那样有效地储存起来，以备将来出售。随着时间的流逝，饭店旅游产品如果没有实现对应时间上的交换价值，那么，在此期间为生产该种旅游产品所付出的人力、财力、物力资源就是一种浪费，并且损失将永远得不到补偿。

（三）受人的因素影响很大，具有不可捉摸性

目前旅游饭店无法为自己的客房、餐饮、服务方式等申请专利，唯一能申请专利的是其名称及标志，这样常常导致饭店产品雷同。同时，由于宾客具有追新求异的消费心理，换一家饭店往往能给宾客带来更大的满足感。因此，旅游饭店产品的销售受人为因素影响较大，具有不可捉摸性。

（四）具有季节性和脆弱性

饭店旅游产品季节性较强，旺季需求旺盛，淡季需求疲软。另外，一个国家或地区的政局、经济发展、汇率变动、签证方式、自然灾害、社会治安等因素都能对旅游业和饭店产业产生重大的影响，从而使产品的销售产生波动。

四、旅游饭店业发展现状

第二次世界大战以后，世界旅游饭店业的规模有了相当大的发展，在国际旅游饭店业的激烈竞争中，许多旅游饭店互相吞并和转让产权，旅游饭店业主开始意识到单一旅游饭店的独立经营形式难以应对激烈的竞争。自 20 世纪 60 年代开始，旅游饭店业主扩大经济规模联合经营，由此产生了旅游饭店集团。20 世纪 90 年代，旅游饭店集团已经发展为旅游饭店经营的主导现象。21 世纪以后，由于集团化经营本身所具有的优势，加之产业竞争的国际化、经济的全球化、商业活动的信息化，以及随之而来的大规模兼并、重组等发展趋势，旅游饭店集团化的经营趋势进一步加强。

纵观世界上旅游饭店集团的发展现状，基本上可以将其分为旅游饭店连锁集团（Hotel Chains）和旅游饭店合作集团（Hotel Consortia）两大类。

（一）旅游饭店连锁集团

旅游饭店连锁集团是指一些旅游饭店统一于某个集团公司的领导、监督、管理或指导之下，从而组成强有力的竞争实体。目前，这种旅游饭店连锁集团中实力较大者有200多个，如假日饭店公司、喜来登饭店公司、希尔顿饭店公司、凯悦饭店公司以及香港的半岛集团等。

根据国际旅游饭店连锁集团的现状，集团属下的成员基本上可以分为四类。

（1）成员旅游饭店是旅游饭店连锁公司自己拥有产权并且自己经营的旅游饭店。

（2）成员旅游饭店是旅游饭店连锁公司从房地产开发商或者从其他饭店业主手中租来经营的饭店。连锁公司对这类旅游饭店只有经营权而无所有权，连锁公司必须根据双方签署的租赁合同，向出租者支付租金。

（3）成员旅游饭店是由旅游饭店连锁公司代管经营的饭店。连锁公司作为代理人，根据同旅游饭店业主签订的管理合同，由旅游饭店连锁公司派遣人员代为管理或协助管理旅游饭店的经营。旅游饭店连锁公司按照双方所签署的合同的规定，收取管理费或按比例分享利润。在这类成员旅游饭店中，旅游饭店连锁公司可能对其进行投资或贷款，也可能没有这种关系。我国涉外旅游饭店中，由外方管理的旅游饭店大都属于这一种。

（4）成员旅游饭店是旅游饭店连锁公司特许经营的饭店。也就是说，有关旅游饭店业主根据同旅游饭店连锁公司签订的特许协定，在交付特许使用费或利润分成的前提下，使用饭店连锁集团的品牌，按照由旅游饭店连锁公司设计和规定的服务程序和产品规范，在旅游饭店连锁公司的监督和指导下，由旅游饭店业主自己进行管理和经营的饭店。

在这四类成员旅游饭店中，前两类是旅游饭店连锁集团的核心力量。旅游饭店连锁集团规模的扩大，在很大程度上是后两类成员旅游饭店数量不断增加的结果。

在旅游饭店业激烈的竞争中，与独立经营的旅游饭店相比，旅游饭店连锁集团有明显的竞争优势。这些优势大都来自其集团化经营所带来的规模经济，主要体现在资本优势、技术经济优势、市场营销优势、物资采购优势、管理方面的优势及风险扩散优势等方面。

（二）旅游饭店合作集团

由于连锁旅游饭店集团的势力不断扩大，越来越多的独立旅游饭店认识到单靠自己的力量远非连锁饭店的对手。为了增强实力，缩小与同旅游饭店连锁集团在规模经济上的差距，许多独立旅游饭店开始在某些方面采取联合行动，旅游饭店合作集团由此产生。

旅游饭店合作集团是指若干旅游饭店为了在物资采购、房间预订、人员培训及市场营销等方面采取联合行动，而自愿组合建立起的一种旅游饭店合作组织。这种组织通常设有中央机构负责主持有关工作，活动经费通过征收会员费及认捐等形式由各成员旅游饭店分担。这种旅游饭店集团形式自出现以来，发展十分速度。随着旅游饭店合作集团数目的增加，旅游饭店集团联合行动的范围也越来越广，就目前的状况来看，主要的类型有市场营销合作集团、物资采购合作集团、人员培训合作集团以及预订系统合作组织等。

大多数旅游饭店合作集团的工作主要是为成员旅游饭店吸引和扩大客源，以便提高成员旅游饭店的客房出租率，进而提高旅游饭店的营业收入。物资采购在为成员旅游饭店节省费用、降低营业成本方面起到很大的作用。这种旅游饭店合作形式为众多势单力薄的独立饭店带来了规模经济，提高了独立旅游饭店在同旅游饭店连锁公司竞争中的地位。但是，旅游饭店连锁公司为了巩固自己的竞争地位，不少连锁集团所属的旅游饭店也开始加入合作集团中来。同时，有些不同连锁集团所属的旅游饭店也采取同样的方式成立起自己的合作组织，例如在现有饭店合作集团中，以航空公司为依托的互荐合作集团，其特点是成员都来自主要旅游饭店连锁公司所属的旅游饭店，而不吸收独立饭店作为自己的成员。例如，“英航联合饭店”组织和“日航联合饭店”组织都属于这类合作集团。

知识链接

中国旅游饭店集团前10排行榜

根据中国旅游饭店集团排名数据，中国旅游饭店集团排名前10为锦江国际集团、华住酒店集团、首旅如家酒店集团、格林酒店集团、东呈国际集团、尚美生活集团、都市酒店集团、亚朵集团、开元酒店集团、逸柏酒店集团。

（资料来源：中国酒店集团排行榜 https://www.chinabgao.com/top/enterprise/26352.html.）

第九节　旅游购物

旅游购物是旅游业的重要构成因素，其发展水平直接影响游客满意度和旅游业的整体收益。旅游购物消费弹性大的特点是造成不同地区旅游消费差异的重要原因之一，旅游者的购物消费水平在很大程度上反映了一个地区旅游业的发达程度。

一、旅游购物品的概念与类型

（一）旅游购物品的概念

旅游购物品是旅游活动的产物，是随着旅游活动的开展而不断涌现的。早在东汉时期，张骞出使西域，开创了东西方政治、经济文化交流的通道，其中也包括旅游购物品的交流。瓷器、茶叶、丝绸成为我国最早的旅游购物品。目前学术界对旅游购物品还没有统一的规范，特别是对旅游产品、旅游商品、旅游纪念品的概念还比较模糊。近几年，一些学者对此进行了深入的研究，也取得了一些成果。如苗学玲在《旅游学刊》发表的《旅游商品概念性定义与旅游纪念品的地方特色》一文中，针对近几年的研究成果对旅游商品的概念进行了较详细的论述。她认为，旅游商品（旅游购物品）是指由旅游活动引起旅游者出于商业目的以外购买的，以旅游纪念品为核心的有形商品。

目前学术界已经对以下两个问题达成共识：一是就旅游购物发生的时间而言，广大学者普遍认可“购买行为的异地性”；二是就旅游商品的属性而言，所购物对象有别于服务产品，具有“有形性”。

综上所述，我们总结出：旅游购物品又可以称为旅游商品，是指旅游者在旅游活动中所购买的具有纪念性、艺术性、礼品性和实用性的物质产品。这些产品大部分在旅游结束后留作纪念、欣赏或使用，或作为馈赠亲朋好友的礼品。

（二）旅游购物品的类型

旅游购物品可谓是数量繁多，种类齐全。根据我国旅游购物品的特色和近几年来旅游者购买的实际情况，大致可以把旅游购物品分为以下几种类型。

1. 旅游纪念品

这类旅游购物品主要是指那些纪念性和艺术性最显著、民族风格和地方色彩最突出的旅游购物品，这是旅游购物品中最核心的部分。旅游纪念品内容十分丰富，既包括各种古玩等历史文物及其复制品（例如文房四宝、出土文物复制品、碑帖、拓片、不属严禁出口的古玩等），也包括珠宝、金银镶制的首饰及金银制作的纪念品等装饰品，还包括名目繁多的工艺美术品，具体包括雕塑工艺品（如玉雕、石雕、木雕）、陶瓷工艺品（如宜兴紫砂陶器、景德镇瓷器）、编制工艺品（如草编、竹编、藤编、柳编）、漆器工艺品（如北京雕漆、福建脱胎漆器）、金属工艺品（如景泰蓝、芜湖铁画）、花画工艺品（如北京绢花、秦皇岛贝雕画）、玩具工艺品（如布娃娃），以及抽纱、染织、地毯、刺绣工艺品等。

2. 土特产品

土特产品一般是具有浓郁的地方特色和风味、本地出产的产品。土特产具有地方特色、实用性和纪念性等特点。我国土特产品种繁多，各具特色，如贵州茅台、北京烤鸭、西湖龙井茶等，这类产品也是旅游者乐于购买的，受到海内外游客的欢迎。

3. 旅游日用品

旅游日用品是旅游者在旅行过程中经常使用的物品，其最突出的特征是实用性。旅游日用品主要包括旅游者在旅游过程中所消费的主副食品，如富有旅游特色，又便于携带和食用的面包、饮料、罐头、快餐食品等；也包括旅游者出于对旅游地的特点及气候等情况考虑而购买的日常用品，如登山鞋、旅游衣、折叠伞、太阳帽、太阳镜、手杖、照相机、旅行包、药品、擦手巾，等等。这些物品有的是在离家之前准备的，有的是在旅游过程中购买的。尽管这些小商品不能像工艺品、纪念品那样富有纪念意义和保存价值，但是它们是旅游者的生活必需品。所以旅游购物品经营者同样应该重视此类商品的品种、数量，以保证满足旅游者旅行生活的需要。

4. 文创产品

文创产品，即“文化创意产品”，指依靠创意人的智慧、技能和天赋，借助现代科技手段对文化资源、文化用品进行创造与提升，通过知识产权的开发和运用，而产出的高附加值产品。好的文创产品一般具备审美、功能、内涵三个特点，三者缺一不可。

如今旅游景区文创产品的收入越来越高，已成为重要盈利点，而未来景区将更加依赖特色文创产品，二者相辅相成，形成反哺的良性循环。

二、旅游购物对旅游业的作用

旅游购物是随着旅游业的发展而产生的，其发展水平直接影响着旅游业的整体收益。

（一）发展旅游购物是提高旅游业整体经济效益的重要途径

旅游者的旅游活动涉及吃、住、行、游、购、娱等多方面的内容，购物是其中很重要的一个环节，它直接影响到旅游业的整体效益。同娱乐业一样，旅游购物品在旅游需求中弹性较大，其经济收入具有相对无限性。许多旅游者对于异国、异地的工艺美术品、土特产等怀有极大的兴趣，把购物当成他们有形的旅游纪念物和愉快旅游的标志物。就旅游购物品本身而言，原材料丰富、就地取材，可直接换取外汇、创收的利润水平较高，为增加经济收入创造了良好的条件。

（二）发展旅游购物可以丰富旅游活动的行为层次

旅游购物品本身也是一项独特的旅游资源，经过开发可吸引旅游者，而且可以成为专项旅游活动，增加其旅游乐趣，丰富旅游活动的行为层次。旅游购物品不仅能满足旅游者的观赏需求，还能引起其强烈的购买欲望。即使旅游目的地缺乏丰富的自然风光和人文旅游资源，只要旅游购物品充分、有特色，仍能吸引大量旅游者前来。

（三）旅游购物品是无声的旅游宣传品

旅游购物品是一个国家或地区文化艺术、传统习惯的生动反映，可满足旅游者纪念、观赏、自我满足的心理和精神上的需要。同时，对旅游目的地而言也是一种持久而有效的宣传品，有助于树立我国旅游业的美好形象，提高旅游目的地的知名度，对旅游目的地旅游宣传促销有着潜移默化的功效。

（四）发展旅游购物可以促进劳动就业

旅游购物的发展，必然使旅游购物品生产、流通和销售等领域的工作量增大，相应地需要增加有关的从业人员，从而扩大社会就业面，有助于优化产业结构，促进地区经济的发展。

三、旅游购物品的特点

旅游购物品不同于一般商品，具有自己突出的特征，主要体现为以下几点：

（一）富有文化内涵

旅游购物品，尤其是旅游纪念品代表的是一种地域文化，文化渊源是旅游纪念品的生命力所在。实践已经证明，文化内涵越丰富，文化品位越高，旅游购物品越受旅游者的欢迎。这是旅游购物品的主要特征。

（二）独特性

旅游购物品的独特性主要体现在其具有地方性、民族性及品种样式新颖等方面。

（三）艺术性与实用性

旅游购物品具有艺术欣赏价值，能给旅游者留下美好的回忆，同时也是馈赠亲友的礼品。一些旅游购物品在一定程度上也具有使用价值，可以满足旅游者的实际需要。

四、我国旅游购物品的发展措施

近年来，旅游业的蓬勃发展促使旅游消费成倍增长，从旅游购物发展现状来看，在发达国家，旅游购物收入占旅游收入的30%~50%，而我国则长期徘徊在20%左右，我国旅游购物发展与其他国家的发展差距不仅说明了我国旅游购物的开发与销售远远不能满足旅游快速发展的需要，同时也表明旅游购物的开发前景广阔。如何提高旅游购物消费收益，如何让游客买到满意的购物品，成为现代旅游购物品开发者思考的重点。

我国旅游购物品的生产、销售在整个旅游业中还是薄弱环节，影响着旅游业的整体发展，今后应采取有力措施来促进旅游购物的发展。

（一）建立旅游购物品的研发和生产基地

在过去很长的历史时期里，我国具有地方特色的旅游商品基本上是手工制作的，民间工匠青黄不接，后继无人。高层次专业人才缺乏，传统的经验上升为系统的开发模式有一定的难度。因此，为了不断研制和开发新型旅游购物品，增加其品种和档次，提高旅游购物品的技术档次，国家应继续加大旅游人才的培养力度，加大旅游购物品的设计、研究和开发能力，并设立旅游购物品发展基金。由旅游相关部门掌握对旅游商品市场的宏观调控，引导旅游商品市场的健康运行，评选国家旅游购物品定点生产企业，选出各地优秀旅游购物品，建立旅游购物品生产基地，把国家的有关优惠政策落到实处。

（二）树立旅游购物品品牌形象策略

每家旅游购物品生产企业在设计和生产旅游购物品时都必须注重商品的质量，保证旅游购物品的质量是树立旅游购物品品牌形象的前提。旅游购物品企业经营者要注重研究海内外旅游者的购物心理与需求，在旅游商品的开发与产供销各个环节强化品牌意识，创名牌旅游购物品。在此基础上，深入研究文化内涵，以深厚的文化背景为依托，将文化中的古朴厚重的民俗风情等体现在旅游购物品中。品牌的背后是文化，往往通过文化来增加其附加值。因此，应丰富品牌的文化底蕴，以“人无我有，人有我新，人新我特”的原则树立品牌形象，从而达到创造经济效益和社会效益的目的。

（三）加强旅游购物品的宣传工作

旅游购物品区别于其他商品的价值，主要表现在旅游购物品既有物质内容，又有精神内容，而根本在于精神文化内容。也就是说，旅游购物品的文化内涵是旅游购物品最核心的内容。虽然人们常说“好酒不怕巷子深”，但是一个新的旅游购物品——即使它是具有独特的地域文化特色——在被大家认可之前，也需要通过广告、宣传片、展览会、网络营销等方式，进行广泛的宣传。宣传促销是建立和维系品牌的重要元素，塑造与维护品牌形象是一个系统工程。

（四）加强旅游商品协会监管

我国很多省市已经建立起旅游商品协会，通过协会的自律和约束机制进行内部管理。今后需要进一步加强通过协会组织旅游购物品的研究和开发，加强国际旅游购物品市场的调研和开拓，举办全国性、地区性的旅游购物品展销会，发展同国际旅游购物品业界的联系，促进旅游购物品朝国际化方向发展。

（五）强化旅游购物品市场的管理

由于旅游购物品具有品种多、批量小、变化大、季节性强等特点，因此在供应的过程中应尽量减少流通环节。除了在主要城市和旅游目的地建设规模大、品种全、质量优、价格廉的大型旅游购物中心、旅游购物一条街、免税商店、饭店内外开设的商场，应根据客流、交通情况，统一管理，设立个体、私营的流动供应点。在构建多层次、多渠道、合理布局的旅游购物网络的同时，还需要强化旅游商品市场的管理，严禁假冒伪劣商品生产和销售，对哄抬物价、乱宰游客的现象严肃处理，否则不仅会造成市场秩序混乱，也会使游客望而生畏，从而损害国家和旅游目的地的形象。建立一个统一的权威机构进行监督管理，可由旅游商品开发协会或旅游行业协会承担此任，各部门之间要相互配合，共同把工作做好。

总而言之，旅游购物品是旅游业发展的一个重要内容，发展潜力很大，需要动员社会各方面的力量，共同做好旅游目的地旅游购物品的生产和销售等方面的工作。

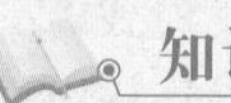

知识链接

美丽河北·最美旅游10件特色商品介绍

1. 双翼神兽

“中山子爵青铜坊”仿制的“双翼神兽”，以传统的失蜡法铸造，再以错金银工艺用粗细不同的银片、银线“错”出变化无穷的斑纹，特别是兽背上那两只蜷在云中的小鸟，更为威武凶猛的神兽平添了灵活、生动的气息。兽之矫健，鸟之空灵，青铜之沉稳厚重，白云羽毛之柔软神奇地融合在一起。

2. 博玉骨质瓷

唐山博玉骨质瓷以其高贵优雅的韵味、温润细腻的釉面、薄如纸张的胎体、晶莹剔透的色泽、精致考究的做工、新颖独特的花色、丰富多样的器型，在国内外获得了广泛的知名度和认可度。

3. 第什里风筝

廊坊第什里风筝起源于明朝永乐年间，兴起于清朝康乾时代。1984年，新时期第三代传人刘平、赵宗信（已故）得到了我国著名的天津魏记和北京哈氏两位名家的真传，使风筝制作工艺登堂入室，成为有着浓厚乡土气息且独具一格的第什里风筝品牌。第什里风筝按其形状可以分为六大类，即串式、桶式、板子、硬翅、软翅和自由类。

4. 上世满绣

“满绣”即满族刺绣，俗称“针绣”“扎花”“绣花”，最初主要流行于有满族混居的广大农村。满绣生产工艺，通常以家织布为底衬，以红、黄、蓝、白为主调的各种彩色丝线，用一根细小的钢针参照图案上下穿刺，织绣出各种纹样。

5. 蔚县焦氏剪纸

蔚县剪纸诞生于明末清初时期，是一种风格独特、在国内外享有盛誉的民间艺术，其制作工艺在全国众多剪纸中独树一帜。这种剪纸不是“剪”，而是“刻”，它是以薄宣为原料，用小巧锐利的雕刀刻制，再点染明快绚丽的色彩而成。蔚县焦氏剪纸围绕国内外市场需求，先后开发出剪纸册页、画轴镜框、套装礼盒、灯笼挂饰等新产品，涉及戏剧人物、戏剧脸谱、民俗风情等六大类3 800多个品种，丰富了世界级非物质文化遗产的内涵。

6. 武强年画

武强年画因产地在河北武强县而得名，是我国农耕文化的杰出代表。其印制采用传统的木版水色套印技法，风格独特。武强年画历史悠久，约始于宋元时期，距今有近千年的历史。

武强年画题材丰富广泛，从民间习俗、农事耕作、天文地理、戏曲传说、经史典故、社会变革等方面，将民风、民族精神寓于画中。

7. 绿岭核桃

绿岭核桃脂肪含量为69.93%，蛋白质含量为23.78%，此外，富含铁、锌、锰等人体不可缺少的微量元素和多种维生素，品质极佳。绿岭核桃先后通过国家绿色食品认证、有机食品认证、欧盟有机认证，被评为“中华名果”“河北省名牌产品”等。

8. 磁县法蓝瓷磁州窑产品

法蓝瓷磁州窑研发中心于2010年11月试开发了第一批法蓝瓷和磁州窑在工艺与文化上相融合的产品——流光美影。该作品共四件套，以法蓝瓷最先进的制瓷工艺为表现，以磁州窑“白地黑花”装饰为内涵，成为引人瞩目的新陶瓷艺术品。第一批产品一千件，不到5个月就全部销售一空。

9. 直隶八珍

直隶八珍包括刘伶醉酒、槐茂酱菜、稻香村糕点、王成兰熟食、漕河驴肉、高碑店豆腐丝、阜平大枣、白洋淀鸭蛋品牌食品、工艺品以及其他旅游商品。直隶八珍蕴含古老、厚重的历史文化，体现保定乃至河北地方特色精髓，是具有丰富内涵和影响力的旅游商品品牌。

10. 易水砚

易水砚又称易砚，是我国最著名的古砚之一，为中国石质书写砚之先驱，与端砚齐名，素有“南端北易”之誉。因产于河北易州（今易县），故名易水砚。砚石取自易水河畔一种色彩柔和的水成岩，有紫、绿、白、褐色，天然点缀有碧色、黄色斑纹，石质细腻，柔坚适中。

（链接改编自：美丽河北·最美旅游特色商品展示 http://hebei.hebnews.cn/2016-08/25/content_5762609.htm.）

第十节　旅游娱乐业

旅游娱乐业作为构成旅游活动六要素之一，是旅游业不可或缺的组成部分，在旅游业的发展过程中发挥着重要的作用。

一、旅游娱乐业的概念与类型

旅游娱乐是指旅游者在旅游活动中所观赏和参与的文娱活动。而旅游娱乐业就是向旅游者提供娱乐型产业以满足其在目的地的娱乐需求的行业。旅游娱乐业以游乐园和主题公园为主。

二、旅游娱乐业的作用

旅游娱乐业在旅游发展过程中的作用主要体现在以下几点：

（一）旅游娱乐业丰富了旅游活动的内容

旅游者在旅游的过程中，旅游观赏只是其旅游活动的基本内容。旅游娱乐项目的开发，可以满足旅游者更高层次的需求，丰富旅游者的活动内容，极大地提高旅游者的兴趣，使整个旅游活动更加丰富，形式更加多样。

（二）提高了旅游产品的竞争力

旅游娱乐业作为旅游活动的一部分，是对旅游产品尤其是对旅游欣赏层次的补充，改善了旅游产品的结构，极大增强了旅游产品的吸引力，从而提高了整个旅游目的地旅游产品和旅游地的竞争力。

（三）有助于减轻季节性对旅游业造成的消极影响

旅游娱乐业的主要目的是满足旅游者除了观赏之外的旅游需求，具有很高的娱乐性，不但对旅游者有吸引力，对当地居民也有一定的吸引力，尤其是旅游淡季时，可以吸引当地居民参与其中，这样可以创造旅游效益，平衡收支。

（四）增加了旅游业的收入

虽然旅游娱乐业在旅游业中创汇、创收比重并不大，但是利润可观，发展前景广阔。旅游业凭借为旅游者提供吃、住、行、游、购、娱等综合服务而取得经济收入，在这些综合性服务中，吃、住、行具有相对的稳定性，经济收入是有限的，而娱乐业在旅游需求中的弹性较大，因此其经济收入具有相对无限性。随着人们生活水平和生活质量的提高，人们的精神需求不断增加，因此旅游娱乐业发展前景十分广阔。

（五）深化了旅游业的文化作用和社会作用

旅游娱乐业已经渗透到旅游业的各个组成部分中，它特有的文化内涵与参与性强烈地吸引着旅游者。旅游娱乐融艺术性、娱乐性和参与性为一体，是一个国家或地区民族文化、艺术传统的生动反映。它不仅在专业娱乐场所出现，更多的旅游业经营者把旅游文化娱乐活动引入旅游景区、旅游饭店、旅游商品展览会等。人们往往能够在轻松愉快的音乐、舞蹈中消除彼此的语言障碍和文化隔阂。各国、各地区的人们在一起娱乐，促进了相互理解和友谊，同时能够弘扬民族文化，促进精神文明建设和当地人民生活质量的提高。

三、旅游娱乐业的特点

旅游娱乐业一般有如下特点：①强调鲜明的主题；②强调动态与静态的结合，使表演这种动态景观与山川水系、建筑、摆设等静态旅游吸引物有机结合，相互衬托；③强调观赏与参与的结合，在满足游客观赏的同时，请游客参与到歌舞联欢中或请游客亲自动手参与民族工艺品的制作过程；④强调娱乐与刺激的结合；⑤强调常变常新，通过节目内容的不断更新，适应市场需要，开创市场；⑥强调常见性表演活动与定期、不定期大型节庆活动相结合；⑦强调高雅文化与民俗文化的结合，在满足大多数人要求的同时，反映出时代特征；⑧强调寓教于乐，通过有相当文化内涵的表演内容和有科技成分的道具、景物等软硬件，增加知识性和教育性，使游人在观赏、休憩、娱乐的同时，了解历史文化、风土人情和科技知识。

四、我国旅游娱乐业的发展现状

旅游娱乐业的兴起和发展是与国家工业化和人们生活水平的改善密切相连的。它的雏形是古希腊、古罗马时代的集市杂耍，通过音乐、舞蹈、魔术及博彩游戏等手段营造气氛、吸引顾客。随着手工业向机械工业发展、城市的大量出现，这种小型的、流动的娱乐形式逐步演化为专门的以户外为主的游乐场所。到了 20 世纪上中叶，其形式也从轻松温和的草地花园式，转为以机械游乐器具为特色，追求喧哗、刺激的游乐园。第二次世界大战后，随着生活方式的日趋多样化、科技的发展和经济的繁荣，主题公园的旅游景观创新概念形成。“童话乐园”“探险乐园”“野生动物园”“假日乐园”等相继在欧美等地发展起来。特别是1955年美国在洛杉矶建立第一个现代意义上的主题公园后，以主题公园为代表的旅游娱乐业在世界各地得到广泛发展，从规模到科技和文化含量上都有较大突破。

与发达国家比，中国旅游娱乐业的起步比较晚，自20世纪80年代起步。中国1985年前以中小型的娱乐园为主。1985年以后广州东方乐园的出现，标志着中国主题公园的开始出现。在游乐设备方面，目前世界上大型游乐园或者主题公园拥有一百多种游乐设备，而中国有九十多种，但都是零零散散的。在行业管理方面，中国旅游娱乐业真正纳入行业管理是在1997年。1997年，国家旅游局颁布了有关游乐场安全和服务质量的国家标准，后来，国家旅游局在前面这个标准的基础上又起草了有关旅游景点质量等级的划分和评定标准，对游乐园主题公园进行质量评定。2009年，我国出台《文化产业振兴计划》。该计划与2016年出台的《电影产业促进法》一道，共同推动我国娱乐产业，特别是电影产业的发展，对影视旅游发展或娱乐项目开发起到重要推动作用。在娱乐产业的繁荣发展下，腾讯等互联网公司也进入娱乐产业，打造自己的影视文化公司和网络影视文化平台。在法律法规、政策、市场需求的带动下，中国娱乐产业的发展日渐呈现多元化、多形式、多平台等特征，电视节目、电影、短视频等新媒体形式层出不穷，人们对娱乐产品的质量要求也越来越高，不再满足于单一的娱乐形式，更加追求具有新颖性、独特性的娱乐节目。

知识链接

什么是“沉浸式娱乐”？

“沉浸式娱乐”其实是个舶来品，主要分为两类：一类主打剧情的场景体验，以沉浸式戏剧为代表，起源于英国，受到美国百老汇文化的滋养，经环境式戏剧过渡而来；另一类更注重科技的场景体验，以TeamLab制作的“花舞森林”为代表。目前，国内大部分“沉浸式娱乐”更倾向于后者——轻剧情、重场景体验，在封闭的室内空间，通过千百个细节营造沉浸式情景，引导人们在各个小房间之间移动，在参与的过程中体会动人的瞬间。

（资料来源：沉浸式娱乐势不可当，不足和焦点注意把握 http://news.sohu.com/a/500020002_121124749.）

第十一节　旅游新业态

业态（Type of Operation）一词源于日本，最早出现于20世纪60年代，主要指对某一目标市场，体现经营者意向与决策的营业形态。20世纪80年代，我国开始在商业中引入“业态”的概念，之后随着旅游产业的发展，旅游学者将“业态”引入旅游业，称之为“旅游业态”。进入21世纪，我国旅游业快速发展，传统的旅游业态已经不能满足旅游者的多样化需求，涌现出诸多的旅游新业态。旅游新业态作为旅游业发展的新兴力量，越来越受相关政府部门、旅游企业的重视。培育旅游产业新业态，引导旅游消费新热点，逐步提高旅游新业态在旅游产业中的比重，成为新时期发展旅游产业的共识。

一、旅游新业态概念

旅游新业态一直是一个模糊的概念，学者们按照自己的理解对其进行了解释。杨玲、魏小安从旅游业的发展过程分析，认为在市场竞争的压力下，地区和企业会在传统的旅游业态中加入一些新的思路或内容，从而形成旅游新业态。谢慧颖认为，旅游新业态出现在传统旅游业态之后，与传统业态相比在产品生产、经营与管理上有所创新。许豫宏认为，旅游新业态即根据时代的变化和时尚的变化，创造出能够满足游客心理、情感、审美享受的新产品。张文建从狭义和广义两个方面进行界定，认为狭义的旅游业态专指旅游业或集团的经营形态；广义的旅游业态除此之外，还包括旅游业的结构类型和组织形式，表现在产业层面就是众多业种和业状。总体来看，目前尚未形成较为统一的概念，学者们对旅游新业态中的“新”的特点达成共识，其他内容则见解不一。

二、常见的旅游新业态

（一）工业旅游

工业旅游是伴随着人们对旅游资源理解的拓展而产生的一种旅游新概念和产品新形式。工业旅游在发达国家由来已久，特别是一些大企业，利用自己的品牌效应吸引游客，同时使自己的产品家喻户晓。在我国，越来越多的现代化企业开始注重工业旅游。近年来，我国著名工业企业，如青岛海尔、上海宝钢、广东美的、佛山海天等相继向游人开放，许多项目获得了政府的高度重视。

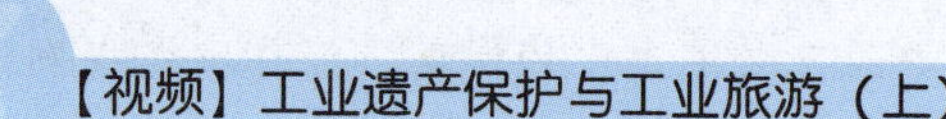

【视频】工业遗产保护与工业旅游（下）

（二）农业旅游

农业旅游是把农业与旅游业结合在一起，利用农业景观和农村空间吸引游客前来观赏、游览、品尝、休闲、体验、购物的一种新型农业经营形态，即以农、林、牧、副、渔等广泛的农业资源为基础开发旅游产品，并为游客提供特色服务的旅游业的统称，也称观光农业、旅游农业、乡村旅游等。

农业旅游主要是为那些不了解农业、不熟悉农村，或者回农村寻根，渴望在节假日到郊外观光、旅游、度假的城市居民服务的，其目标市场主要在城市居民。农业旅游的发展，不仅可以丰富城乡人民的精神生活、优化投资环境等，而且达到了农业生态、经济和社会效益的有机统一。

（三）研学旅游

研学旅游是一种寓教于游的教学新业态，一种将走出校门开展研究性学习和旅行体验相结合的校外实践活动，重在开阔学生视野，并培养学生的生活技能、集体观念及实践能力等。“研”是基础，“学”是目的，“游”是载体，要避免“游”而不学、“学”而不研，让中小学生在研学旅游中“研”有所得、“学”有所获。

随着“双减”政策的落地，学生有更多时间参与到各类研学活动中，研学旅游市场进一步扩大。数据显示，2019 年我国研学旅行人数为 480 万人次，2022 年更是突破 600 万人次。

（四）邮轮旅游

邮轮旅游源于欧洲，始于 18 世纪末，兴盛于 20 世纪 60 年代。邮轮旅游是在大型邮船的基础上发展而来，是航行在固定航线上并定期启航和按时到达，专门服务于旅游者的大型豪华邮船。邮轮旅游的概念在学术界没有太多分歧，普遍认为邮轮旅游由传统远洋客轮发展而来，是以海上大型旅游客船为旅游工具，以沿线港口为陆上目的地和中转地，集海上游览、到岸观光、度假、餐饮、住宿等多种功能于一体的组合型高端海洋休闲旅游。

21 世纪初，我国邮轮旅游起步。经过 20 多年的发展，市场需求日益强烈，相关产业发展完善，政策覆盖更加全面。邮轮旅游将岸上目的地和海上目的地相结合，是旅游业的新兴高端业态，经济效益显著，已经成为我国旅游业新的增长点和旅游消费转型升级的重要内容。

知识链接

元宇宙景点场场爆

在2023年中秋国庆双节假日期间，上海一大批元宇宙文旅融合项目迎来了客流高峰，成为消费者黄金周出行的新风尚。在南京西路商圈，已经开展4个多月的《消失的法老——胡夫金字塔沉浸式探索》在10月1日创出单日接待人次新高。此外，明天广场的《风起洛阳》VR全感剧场、徐汇滨江商场里的《三体·引力之外》等项目，在假日期间也几乎场场爆满。“元宇宙能为文旅产业带来更丰富、更多样化的体验和服务。”中国信息协会常务理事、国研新经济研究院创始院长朱克力向《华夏时报》记者表示，通过元宇宙技术，文旅场馆、景区和街区可以提供数字藏品、数字人讲解、XR导览等产品和服务，为游客带来更加沉浸式、互动性强的体验。元宇宙还可以打造数字演艺和“云旅游”等新业态，扩大文旅产业的影响力和市场规模。据上海旅游大数据日前公布的数据显示，中秋国庆双节假期前三天上海共接待游客929.48万人次，同比增长11.54%。“很新奇，会推荐亲朋好友一起来体验。”一位体验过《消失的法老》的游客向《华夏时报》记者表示。据其介绍，仅需要戴上VR眼镜，背上装有高算力计算机装置的背包后，游客便可开启一场45分钟的古埃及金字塔探秘之旅。在虚拟世界中，数字导游莫娜将会讲解金字塔建造过程中的玄妙之处。另有一位上海本地的游客表示，自己提前了三天都没有订到，只能等到假期结束，再找周末来体验。

记者了解到，中秋国庆双节假日期间，《消失的法老》的预订率均超过90%，10月1日这天更是达到了680人次的客流新高。据其主办方博新元宇宙官方透露，因为开展以来客流和营收超出预期，《消失的法老》已决定将闭展日期延长至2024年2月25日，并正在寻找常驻场地。在北外滩核心区域上海首个元宇宙沉浸式景区——“迷塔城1933”也同样吸引了大批游客。在“迷塔城”，玩家不再是旁观者，而是化身“居民”探索未知领域。“第一次玩儿这种RPG游戏（角色扮演游戏），整个的故事线很庞大，NPC（非玩家控制角色）颜值在线，感觉还不错。”一位玩家向《华夏时报》记者表示。在上海，这样的元宇宙文旅场景还有很多。在上海之巅观光厅，科技与艺术融合的“元”创光影秀，通过实时捕捉千吨级阻尼器的动态数据激发数千组音乐、影像与光影矩阵的重新组合，为游客呈现出一场光影视听盛宴，节日期间日均客流近万人次。

（节选自：赵奕，胡金华．元宇宙景点场场爆［N］．华夏时报，2023-10-9（012）．）

课后练习

一、单选题

1. 下列不属于旅游业的特点的是（ ）。

A. 单一性和专业性强的产业　　B. 劳动密集型的服务型产业

C. 涉外型、政策性较强的产业　　D. 敏感性的产业

2. 适合长途旅游、速度快、价格贵的旅游交通方式是（ ）。

A. 铁路　　B. 航空

C. 公路　　D. 水路

3. 用地范围在21~100 km^{2}的旅游景区属于（ ）景区。

A. 型风景区　　B. 中型风景区

C. 大型风景区　　D. 特大型风景区

4. 携程网属于（ ）。

A. B to B 模式网站　　B. B to C 模式网站

C. B to G 模式网站　　D. C to C 模式网站

二、多选题

1. 下列属于旅游行为的基础要素的有（ ）。

A. 吃　　B. 住

C. 行　　D. 购

2. 欧美旅行社分类主要有（ ）。

A. 旅游批发商　　B. 旅游经营商

C. 旅游代理商　　D. 旅游生产商

3. 下列属于旅游度假区评定强制性指标的有（ ）。

A. 应具备适宜度假的气候条件和环境，区内无被污染的水体、空气或土壤，无多发性不可规避的自然灾害

B. 应具有明确的空间边界和统一有效的管理机构

C. 国家级旅游度假区面积应不小于8 km^2，省级旅游度假区面积应不小于5 km^2

D. 国家级旅游度假区过夜游客中省外游客比重应不低于1/3

4. 旅游购物品的特点包括（ ）。

A. 富有文化内涵　　B. 独特性

C. 艺术性　　D. 实用性

5. 旅游购物品的类型包括（ ）。

A. 旅游纪念品　　B. 民宿

C. 旅游日用品　　D. 土特产品

三、判断题

1. 在线旅行社将取代传统旅行社，传统旅行社将不存在。（ ）

2. 旅游度假区是封闭的面状区域，是一个复杂的生活地。（ ）

四、简答题

1. 旅行社发展趋势是什么？
2. 饭店业务的特点有哪些？
3. 饭店集团的经营形式有哪些？
4. 简述旅游景区的基本功能。
5. 简述旅游购物商品的作用。
6. 简述旅游购物对旅游业的作用。
7. 简述旅游娱乐业的发展趋势。
8. 常见的旅游新业态有哪些？

第六章　旅游市场

学习目标

知识目标：

1. 理解旅游市场的概念以及旅游市场细分的标准和旅游市场特点；
2. 在熟悉国内外旅游市场空间格局的基础上，掌握旅游市场的流动规律；
3. 掌握旅游市场营销策略内容，掌握新时代旅游市场发展趋势。

能力目标：

1. 通过让学生收集、整理与分析旅游发展数据，培养学生实际动手能力；
2. 结合旅游市场规律、营销活动与发展趋势，培养学生系统分析与逻辑分析能力。

素养目标：

1. 通过对国内外旅游市场空间演变的学习，体会我国旅游事业蓬勃发展的趋势，激发对旅游事业的热爱，树立为旅游事业发展建功立业的信念；
2. 通过对旅游市场营销与新时代市场发展的学习，提升学生对我国旅游市场活动的认可度，增强学生社会责任感。

难点与重点

1. 旅游市场的概念与特点；
2. 旅游市场的流动规律；
3. 旅游体验营销策略与新媒体营销策略；
4. 新时代旅游市场发展趋势。

案例导入

世界旅游经济趋势

2023 年 5 月发布的《世界旅游经济趋势报告（2023）》显示，2022 年全球旅游市场呈现出快速复苏的趋势：2022 年全球国际旅游人次为 9.0 亿人次，同比增长 99.8%；2022 年全球国际旅游收入为 1.1 万亿美元，同比增长 58.7%。

T20 国家（旅游总收入排名前 20 位的国家和地区）旅游收入占全球旅游收入八成左右，为有效推动旅游业复苏，T20 国家分别从制定旅游发展战略，出台财政、金融、产业等支持政策，推动旅游数字化转型，成立旅游业发展基金，举办推广活动等方面推进旅游业发展。

全球旅游业在不确定性环境下复苏将体现五方面特点：一是全球经济陷入一系列发展困局之中，不同国家和地区，将面对不同程度、不同类型的环境复杂性，展现出不同的应对能力，由此形成不一样的旅游发展格局；二是旅游业的发展重点逐渐由数量转向质量，有赖于各国旅游业治理能力的进一步提升；三是旅游业复苏水平、通胀水平和劳动力短缺程度是短期内影响世界旅游业恢复质量的三组关键变量；四是从中长期看，世界经济和旅游业的进一步发展，都将更依赖于全要素生产率的提升；五是世界旅游格局将在创新中得到重塑。

（案例改编自：世界旅游经济趋势报告（2023）。）

请思考：

1. 世界旅游市场格局的影响因素主要有哪些？
2. 在现有旅游市场格局下，我国旅游发展如何发力？

党的二十大报告指出，必须完整、准确、全面贯彻新发展理念，坚持社会主义市场经济改革方向，坚持高水平对外开放，加快构建以国内大循环为主体、国内国际双循环相互促进的新发展格局；坚持以推动高质量发展为主题，把实施扩大内需战略同深化供给侧结构性改革有机结合起来，增强国内大循环内生动力和可靠性，提升国际循环质量和水平，加快建设现代化经济体系；依托我国超大规模市场优势，以国内大循环吸引全球资源要素，增强国内国际两个市场两种资源联动效应，提升贸易投资合作质量和水平。

因此我国在旅游发展过程中，要积极依托国内旅游市场，构建出境、入境和国内旅游市场发展格局，推动旅游高质量发展。

第一节　旅游市场概述

一、旅游市场的概念

旅游市场的概念，从经济学角度讲，就是旅游产品供求双方交换关系的总和，即在旅游产品交换过程中所产生的各种经济现象和经济联系。它以旅游经营者生产、销售的旅游线路和与此有关的吃、住、行、游、购及娱乐为商品交换对象，反映的是旅游经济活动中各种商品和劳务关系，是解决旅游观光游览活动中供求矛盾的一种经济活动。

从地理学角度讲，旅游市场是旅游经济活动的中心，属一般商品市场范畴，具有商品市场的基本特征，包括旅游供给的场所（即旅游目的地）和旅游消费者（即旅游者），以及旅游经营者与旅游者间的经济关系。旅游市场与一般商品市场的区别在于，它所出售的不是具体的物质产品，而是以劳务为特征的包价路线。

旅游市场通常是指旅游需求市场，它由不同地域、不同国家、不同阶层、不同年龄层次的旅游者构成，即某一特定旅游产品的经常购买者和潜在购买者。在有些情况下，旅游市场一词也可用于指旅游供给市场。

【视频】旅游市场概念及市场细分

二、旅游市场细分

旅游市场细分是发现潜在市场机会的重要手段，是旅游开发和发展的依据，旅游市场细分便于旅游市场定位和制定旅游市场开拓策略。

（一）旅游市场细分的概念

市场细分最早是由美国的市场营销学家温德尔·R. 史密斯（Wendell R. Smith）于20世纪中叶提出的一个市场营销学的概念。旅游市场细分原理的主要依据是：旅游者的欲望、购买实力、地理环境、文化、社会、购买习惯和购买心理特征的不同，决定了旅游者之间的需求存在广泛的差异，因而企业可以根据旅游者的特点及需求，把一个群体市场加以细分，即划分为具有不同需求、不同购买行为的旅游者群体。在我国的旅游市场细分研究中，多数学者关于市场细分的概念趋于一致。

旅游市场细分，是指企业根据旅游者特点及其需求的差异性，将一个整体市场划分为两个或两个以上具有相类似需求特点的旅游者群体的活动过程。经过市场细分后，每个具有类似需求特点的旅游者群体就是一个细分市场。

（二）旅游市场细分的意义

在旅游市场细分作用的研究中，多数学者认为旅游市场细分的意义主要体现在：有利于识别和发掘旅游市场，开发旅游新产品，开拓旅游新市场；有利于有针对性地制定和调整旅游市场营销组合策略；有利于旅游企业优化资源配置，形成竞争优势，取得良好的经济效益。

（三）旅游市场细分的标准

依据不同的细分标准可以把旅游市场划分为不同的子市场，形成旅游者消费特性差异，常用旅游市场细分标准如表6-1所示。

表 6-1　常用旅游市场细分标准

标准	划分依据	主要类型或是示例
地域因素	旅游者居住位置不同	世界旅游组织将整个世界旅游市场划分为六大区域市场，即欧洲市场、美洲市场、东亚及太平洋地区市场、南亚市场、中东市场和非洲市场
国境因素	旅游者是否跨越国境	国内旅游市场和国际旅游市场（出境旅游市场和入境旅游市场）
消费水平因素	旅游者消费水平不同	高档旅游市场、中档旅游市场和经济旅游市场
人口统计因素	年龄、性别、职业、收入、家庭生命周期、家庭规模、受教育程度、社会阶层、宗教、民族等	如按年龄可分为青少年旅游市场、中年旅游市场与老年旅游市场
心理因素	个性、兴趣、爱好、旅游动机等	按动机可分为观光旅游市场、休闲度假旅游市场、医疗康养市场等
旅游活动类型因素	旅游主要涉及的活动内容	可分为观光、度假、会议、购物、体育、探险和科学考察旅游市场
旅游者行为变量因素	购买时机、追求利益、购买频率、购买方式等	如按购买频率可分为经常购买旅游市场、一般购买旅游市场和不常购买（潜在购买）旅游市场

三、旅游市场的特点

由于旅游活动的特殊性，旅游者需要前往异地进行消费完成旅游活动，这不同于一般性的产品销售与消费，从而形成旅游市场独有的特点。

（一）异地性

旅游产品具有不可移动性，旅游市场一般都在旅游产品生产地之外，旅游者主要是非当地居民，产品的需求者与供给者在空间上是分离的，从而引起旅游者从旅游需求地向旅游供给地的空间位移，形成旅游市场的异地性。旅游市场的异地性要求旅游企业不仅仅要明确目标市场旅游者的需求，生产出适销对路的旅游产品，而且应有正确的市场定位和促销策略，使目标市场旅游者缩短购买的决策过程，增加购买量。

（二）季节性

通常情况下，作为旅游吸引力的重要组成部分的自然资源受自然气候因素的影响，会增强或减少其吸引力，影响旅游活动的正常开展，从而造成旅游需求存在明显的季节差异。形成旅游市场季节性特点的因素除了自然气候条件，还包括社会文化习俗、固定的节假日等。季节性使旅游企业的产品供求常常失衡，旺季供不应求，淡季则供过于求。季节性对产品供求的影响及其后果，在表现形式上相似，但实质上却不同，主要原因是引起波动的因素有时是突发性的，事件发生后，其持续时间的长短、影响程度的大小往往是不确定的；而季节性可以从历史经验数据中导出结论，其发生、持续时间和影响程度都有可预见性。旅游经营者应注意旅游市场的季节性，努力开发淡季旅游产品，活跃旅游市场，使旅游淡旺季能得到有效平衡。

（三）波动性

因为影响旅游者出游的因素是多方面的，所以每一个因素的变化都可能影响旅游者的旅游计划。旅游市场的波动性使旅游企业的销售量时多时少，常常给旅游者带来服务不周到、产品质量下降的感受，使原有的市场地位有所降低，不利于购买行为的重复；当产品供过于求时，生产出来的产品销售不出去，它与旅游产品的不可贮存性相结合，由于产品成本不能收回而受损。旅游市场从总体和长期看，将保持持续发展的态势，但不是直线发展，而是波动中向前发展；从局部和短期看，旅游市场经常发生波动，而且有时波动的幅度很大，形成旅游市场波动性。旅游经营者要密切注意造成旅游市场波动的因素，了解其变化趋势，采取相应措施，尽量减少市场波动带来的震荡，保持旅游市场的稳定性。

（四）全球性

旅游市场从整体上看，一方面是需求市场，旅游者旅游活动的范围遍布世界各个地区；另一方面是供给市场，世界各国（或地区）都在积极发展旅游业，面向其他国家旅游者生产和销售旅游产品。全球范围的旅游需求与旅游供给形成旅游市场的全球性。旅游市场的全球性说明旅游市场的需求量大，前景广阔，同时供给量也大，竞争激烈。这就要求旅游经营者把握自身的生产能力和旅游者的需求，引导旅游者的消费，提高产品竞争优势。

（五）多样性

旅游市场上，存在众多销售各种各样的旅游产品的旅游供给者，同时存在众多选购适合自己需要的旅游产品的旅游需求者。旅游资源广泛分布，类型多样，且各具特色，形成了旅游供给的多样性；不同的旅游者，兴趣爱好各异，形成对不同地区、不同旅游产品的需求，这就是需求的多样性。

第二节　旅游市场的空间格局与流动规律

随着旅游业的快速发展，全球范围内旅游市场的竞争越来越激烈。不同国家和地区在面对不同程度、不同类型的复杂环境时，展现出不同的应对能力。全球旅游市场的空间格局和竞争格局呈现出新趋势。

【视频】旅游市场的空间格局与流动规律

一、国际旅游市场的空间格局

（一）国际旅游市场概况

第二次世界大战以后，随着世界经济逐步发展，世界旅游业也开始了长足的发展，全世界的旅游总量逐年增加，呈现不断持续上升的趋势。根据世界旅游组织有关统计数据，1978—2012 年，国际旅游人数从 2.67 亿人次突破 10 亿人次，增长了 2.96 倍；国际旅游收入由 688 亿美元到 2011 年的突破 1 万亿美元，增长了 13.98 倍。2019 年国家旅游者的人数与旅游收入达到顶峰，2022 年旅游业开始逐步回暖。1978—2022 年国际旅游人数和收入如表 6-2 所示。

表 6-2　1978—2022 年国际旅游人数和收入

年份	人数/百万	人数增长率/%	收入/亿美元	收入增长率/%
1978	267.08	7.15	688.46	23.74
1980	286.27	1.12	1 051.98	26.23
1990	459.23	6.74	2 678.00	21.07
2000	698.00	7.38	4 760.00	4.48
2010	939.90	8.43	9 274.00	8.71
2011	980.00	2.94	10 304.00	11.11
2012	1 056.00	7.76	11 160.00	8.31
2019	1 469.00	4.85	14 813.00	2.09
2020	409.00	-72.16	6 400.00	-56.80
2021	455.00	11.25	6 100.00	-4.69
2022	917.00	101.54	11 456.00	87.80

资料来源：根据世界旅游组织历年资料整理

（二）国际旅游市场空间格局

按照世界旅游组织的传统划分方法，世界旅游业划分为六大区：欧洲、美洲、东亚及太平洋（简称“东亚太”）地区、非洲、南亚及中东。世界旅游市场在总量规模不断增长的同时，在格局分布上也重新洗牌。旅游目的地重心东移，欧美市场经济发达国家一统天下的垄断局面已被打破。目前，虽然欧美地区仍然是世界旅游市场的主体，但所占份额逐步下降。近十年来，随着美洲和东亚太地区市场份额的增长，欧洲的市场份额进一步下降，逐步形成东亚太、美洲和欧洲三足鼎立的竞争格局。受经济社会等多种因素影响，非洲与南亚、中东市场份额增长缓慢甚至出现衰退。2001—2022 年世界各地区国际旅游收入占世界份额及 2019—2022 年世界各地区旅游接待总人次分别如表 6-3、表 6-4 所示。

表 6-3　2001—2022 年世界各地区国际旅游收入占世界份额　　单位:%

年份	非洲	美洲	东亚太	欧洲	中东
2001	4.2	17.8	17.9	57.9	2.0

续表

年份	非洲	美洲	东亚太	欧洲	中东
2010	5.2	16.2	21.8	50.4	6.4
2015	2.6	25.2	29.1	38.3	4.8
2016	2.7	25.2	29.8	37.6	4.7
2017	2.8	24.3	29.1	38.7	5.1
2018	2.6	23.0	30.0	39.3	5.1
2019	2.0	30.0	35.0	30.0	3.0
2020	1.8	25.6	39.0	30.0	3.6
2021	2.0	35.0	30.0	31.0	2.0
2022	2.0	32.0	33.0	31.0	1.6

资料来源：UNWTO、WTCF、中国社会科学院旅游研究中心历年数据

表 6-4　2019—2022 年世界各地区旅游接待总人次　　单位：亿人次

年份	非洲	美洲	东亚太	欧洲	中东
2019	2.239	21.241	99.388	19.351	2.738
2020	1.108	12.160	43.635	11.351	1.811
2021	1.027	15.973	47.628	13.845	2.006
2022	1.665	18.869	55.299	17.320	2.592

资料来源：世界旅游经济趋势报告（2023）（简版・下）（ctnews. com. cn）

《世界旅游经济趋势报告（2023）》数据显示，2022 年全球旅游总人次（含国内旅游人次和国际旅游人次）达到 95.7 亿人次，同比增长 18.9%，全球旅游总人次恢复至 2019 年的 66.1%，其中接待国际旅游者人数最多的国家依次为法国（7 940 万人次）、西班牙（7 160 万人次）和美国（5 180 万人次）。区域方面，世界旅游城市联合会将全球各个国家中旅游总收入排名前 20 位的国家列为 T20 国家：总体来看，全球旅游经济及旅游总接待人次的 80%集中于 T20 国家。2022 年，全球国际旅游总收入 T20 国家包括美国、西班牙、法国、泰国、英国等国家。2013 年以来，美国、中国、德国一直占据旅游总收入前三。

2022 年发布的《全球旅游业竞争力报告》指出，全球最佳旅游国家前 10 名分别是日本、美国、西班牙、法国、德国、瑞士、澳大利亚、英国、新加坡、意大利。综合来看，欧洲仍是全球旅游最具竞争力的地区，亚太地区也表现强势，紧随欧洲成为第二有竞争力的区域，前三强分别是日本、澳大利亚和新加坡。

全球出境旅游游客主要来自欧洲、北美地区和中国。欧洲地区的德国、英国、意大利和法国等国出境旅游人数较多，美国出境游保持在世界前列，中国的出境游人数稳步攀升，到 2019 年成为世界第一大客源国。入境游方面，2018 年前法国始终位于入境游客数量排行的榜首，美国和中国则常年位列第二、第三位，2019 年后排名出现变动，中国跌出前三。同时，欧洲、北美与以中国为主的亚洲地区是近 20 年最热门的跨境游目的地。

T20 国家旅游总收入之和占全球比例如图 6-1 所示。2021—2023 年国家排名情况如表

6-5 所示。

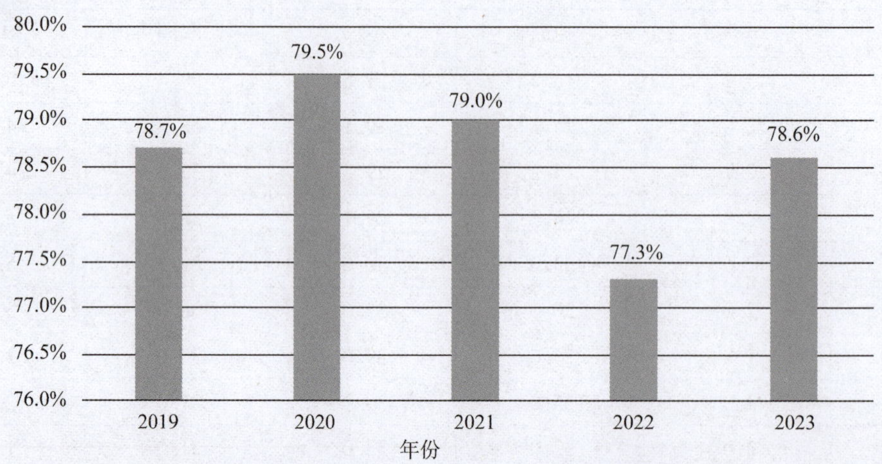

图 6-1　T20 国家旅游总收入之和占全球比例

资料来源：世界旅游经济趋势报告（2023）（简版·下）

表 6-5　2021—2023 年 T20 国家排名情况

排序	2021 年	2022 年	2023 年	排序	2021 年	2022 年	2023 年
1	美国	美国	美国	11	加拿大	巴西	澳大利亚
2	中国	中国	中国	12	巴西	加拿大	巴西
3	德国	德国	德国	13	印度	印度	加拿大
4	英国	英国	英国	14	土耳其	土耳其	土耳其
5	法国	法国	意大利	15	俄罗斯	奥地利	菲律宾
6	墨西哥	意大利	法国	16	瑞士	瑞士	奥地利
7	意大利	墨西哥	墨西哥	17	奥地利	俄罗斯	瑞士
8	日本	日本	日本	18	韩国	菲律宾	俄罗斯
9	西班牙	西班牙	西班牙	19	菲律宾	韩国	泰国
10	澳大利亚	澳大利亚	印度	20	泰国	泰国	韩国

资料来源：世界旅游经济趋势报告（2023）（简版·下）

（三）世界旅游发展趋势格局

根据世界旅游组织的预测①，到 2030 年，全球旅游业的市场规模将达到 5.4 万亿美元。2017 年世界旅游组织秘书长塔利布·里法伊预测，2030 年全球旅游者总数将达到 18 亿人。2023 年世界旅游理事会预测，到 2033 年，旅游业将成为一个价值 15.5 万亿美元的产业，占全球 GDP 的 11.6%以上。

全球旅游业结构性复苏将呈现以下趋势：以新兴经济体、亚太板块驱动旅游经济增长的格局已被打破，发达经济体、欧美板块的份额得以上升，旅游业更加依赖于城市，主要

① UNWTO Tourism Towards 2030，2011 年。

依托于城市间而不是国家间交换的旅游网络正在形成；不同的经济体和企业获得的复苏机遇和能力迥然不同，形成旅游业复苏中的条条断层线，发达国家和欠发达国家的断层在加深，头部企业和中小企业的差距在拉大；世界旅游业的集中度在快速上升，旅游经济向公共医疗水平高的国家集中，旅游市场向国内和周边集中，产业资源向城市集中，旅游行为向近程集中，产业链的掌控力向旅游平台集中，行业主导的能力在加强，同时中下游的压力也在增加；世界旅游业在复苏过程中，重要的技术变革、认知变革与可持续变革也在同步发生①。

二、国内三大旅游市场的空间格局

经过 40 多年的发展，我国已经成为全球最大的国内旅游市场。自 1985 年 1 月全国旅游工作会议提出积极稳妥发展国内旅游的方针后，以 1995 年开始施行的五天工作制和 2013 年颁布的《国民旅游休闲纲要（2013—2020 年）》为代表的一系列假日制度改革的推行，为国内旅游需求的增长提供了重要基础。旅游业定位的提升为国内旅游发展提供了战略保障。全域旅游的提出则为国内旅游的发展指明了前进道路。这一系列政策、制度和措施的相继出台，推动了国内旅游的快速发展，并不断取得令人惊叹的成绩。2019 年国内旅游人数达 60.06 亿人次，比上年同期增长 8.4%；入境旅游人数达 14 531 万人次，比上年同期增长 2.9%；出境旅游人数达 15 463 万人次，比上年同期增长 3.3%；全年实现旅游总收入 6.63 万亿元，同比增长 11.1%。2022 年全年国内旅游者有 25.3 亿人次，国内旅游收入有 20 444 亿元，较 2019 年大幅下降。2023 年，国内的旅游快速恢复。

我国旅游市场格局与经济发展格局密切关联，正如二十大报告指出，优化区域开放布局，巩固东部沿海地区开放先导地位，提高中西部和东北地区开放水平。整体来看，东部沿海地区旅游业较中西部地区明显要发达。

（一）入境旅游市场格局

由于我国主要旅游资源及赋存条件的地区差异和各地区历史文化背景的不同，我国主要旅游资源以某一类或几类为主，集中连片或呈带状分布，形成鲜明的地域特色，综合经济发展水平、交通便利等综合因素影响，导致国内各地在旅游接待人数、旅游收入方面不均衡，总体上看，广东、上海、北京、云南、江苏、广西、山东、福建、安徽、陕西、浙江、湖北、湖南等具有较强的竞争力，2019 年国内各地方国际旅游收入与接待国际旅游者情况具体如表 6-6 所示。

表 6-6　2019 年国内各地方国际旅游收入与接待国际旅游者情况

序号	地区	国际旅游外汇收入/百万美元	排名	接待国际旅游者/百万人次	排名
1	北京市	5 192	3	3.77	14
2	天津市	1 183	18	0.56	25
3	河北省	740	22	0.97	23

① 2022 年全球及中国旅游行业发展现状及未来发展趋势预测，华经产业研究院。

续表

序号	地区	国际旅游外汇收入/百万美元	排名	接待国际旅游者/百万人次	排名
4	山西省	410	26	0. 76	24
5	内蒙古自治区	1 340	17	1. 96	18
6	辽宁省	1 739	16	2. 94	16
7	吉林省	615	24	1. 37	21
8	黑龙江省	646	23	1. 11	22
9	上海市	8 244	2	7. 35	3
10	江苏省	4 744	5	3. 99	12
11	浙江省	2 668	11	4. 67	6
12	安徽省	3 388	9	3. 8	13
13	福建省	3 398	8	5. 66	5
14	江西省	865	21	1. 97	17
15	山东省	3 413	7	4. 04	11
16	河南省	947	20	1. 8	19
17	湖北省	2 654	12	4. 5	9
18	湖南省	2 251	14	4. 67	7
19	广东省	20 521	1	37. 31	1
20	广西壮族自治区	3 511	6	6. 24	4
21	海南省	972	19	1. 44	20
22	重庆市	2 525	13	2. 97	15
23	四川省	2 024	15	4. 15	10
24	贵州省	345	27	0. 47	27
25	云南省	5 147	4	7. 39	2
26	西藏自治区	279	28	0. 54	26
27	陕西省	3 368	10	4. 66	8
28	甘肃省	59	30	0. 2	29
29	青海省	33	31	0. 07	31
30	宁夏回族自治区	69	29	0. 13	30
31	新疆维吾尔自治区	454	25	0. 35	28

资料来源：国家统计局数据整理

由于区域经济发展不平衡以及旅游资源吸引力的差别，入境旅游者分布也不均衡，一直以来入境旅游以港澳台同胞为主，港澳台同胞占入境旅游者人数比例高达 70. 1%（其中香港旅游者占比 59.4%)，2019 年入境旅游者分布情况如表 6-7 所示。

表 6-7 2019 年入境旅游者分布情况

地区	人数/万人	同比增长/%
香港同胞	8 050	1.4
澳门同胞	2 679	6.5
台湾同胞	613	基本持平
外国人	3 188	4.4
合计	14 530	2.9

资料来源：2019 年文化和旅游部旅游统计数据

入境外国人中以亚洲旅游者为主，比例高达 75.9%，其次是欧洲和美洲旅游者，比例分别为 13.2%和 7.7%，其他地区比例相对较小。2019 年入境旅游外国人地区分布具体情况如表 6-8 所示。

表 6-8 2019 年入境旅游外国人地区分布

地区	人数/万人	同比增长/%
亚洲	2 419.69	26.55
美洲	244.52	-35.54
欧洲	420.82	-30.26
大洋洲	58.93	-35.46
非洲	42.63	-35.72
其他	1.41	45.45

资料来源：2018 年、2019 年中国统计年鉴

（二）出境旅游市场格局

根据中国旅游研究院发布的《2019 年旅游市场基本情况》分析，2019 年我国的出境旅游市场仍然保持了增长态势，规模达到 1.55 亿人次，我国出境旅游者境外消费超过 1 338亿美元；我国出境旅游目的地依然以亚洲周边目的地为主，港澳台依然是最主要的目的地。总体来看，我国出境旅游者的结构占比中，赴港澳台旅游者占比高于出国旅游者的占比，但是这种差距正在逐渐缩小；我国出境游在洲际目的地结构占比中，亚洲继续在洲际目的地上占据首位，之后依次为欧洲、美洲、大洋洲、非洲和其他地区；中国出境旅游目的地前 15 位依次为中国澳门、中国香港、越南、泰国、日本、韩国、缅甸、美国、中国台湾、新加坡、马来西亚、俄罗斯、柬埔寨、菲律宾和澳大利亚①。2012—2019 年中国出境游客人数变化趋势如图 6-2 所示。

① 《2019 年旅游市场基本情况》，中国旅游研究院。

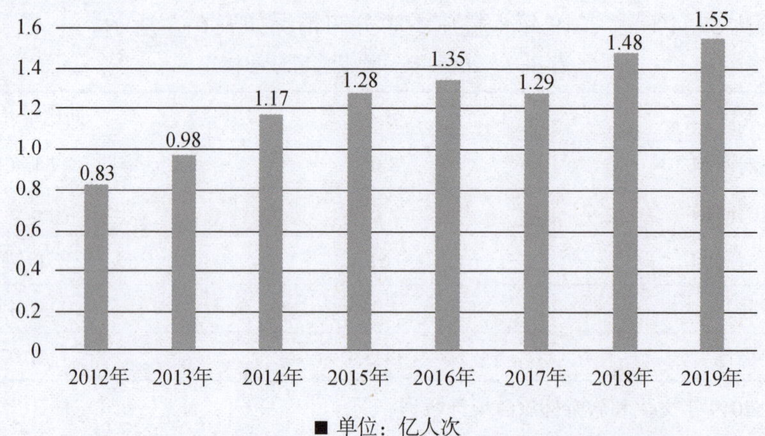

图 6-2　2012—2019 年中国出境游客人数变化趋势

资料来源：根据旅游统计公报整理

根据携程和银联国际联合发布的《新旅游、新消费、新中产：2019 年中国人出境旅游消费报告》，2019 年境外消费前十大客源省市分别为广东、上海、北京、江苏、浙江、四川、湖北、山东、福建、辽宁。数据同时显示，出境游市场正在由一线城市向非一线城市下沉，山东、吉林、山西、内蒙古等地区发行的银联卡在境外的交易量增长最为显著。从人均消费看，出境购物消费力排名前十的城市依次是上海、深圳、珠海、唐山、南昌、中山、台州、南通、济南、金华。

（三）国内旅游市场格局

中国旅游研究院 2022 年发布的《中国国内旅游发展年度报告（2022—2023）》分析了 2021 年国内旅游客源市场情况：城镇居民和高学历人群是我国最主要的旅游客源市场，占比分别达到 72.15%和 42.27%；国内旅游呈现出本地化、近程化特征，省内旅游客流占国内旅游客流的 81.24%，且 81%的省际旅游客流为相邻省份间的旅游流动；东部地区占据了 51.44%的国内旅游客源市场，西部地区占据了 24.47%，中部地区占据了 21.57%，而东北地区仅占 2.52%；浙江、重庆、广东、江苏、湖南等省市具有最大的国内旅游客源市场规模，上海、重庆、浙江、北京、江苏等省市具有最高的国内旅游出游率；45 岁以上的中老年旅游者合计出游 11.94 亿人次，占据了国内旅游客源市场的 36.81%，成为国内旅游市场的重要客源；14 岁及以下青少年旅游者增速较快，“一老一小”成为国内旅游的亮点和重点，老年旅游、康养旅游、研学旅行等具有广阔前景。

从旅游目的地市场角度看，全国各地区国内旅游收入存在显著差异，东部旅游目的地收入占全国收入近四成；东部地区和西部地区的国内旅游接待人数差距较小；各地区的国内旅游人均消费仍存在较大差异，东部地区最高，其次是东北和西北地区，最少的是中部地区。2021 年国内旅游客源市场规模和国内出游率指数如图 6-3 所示。

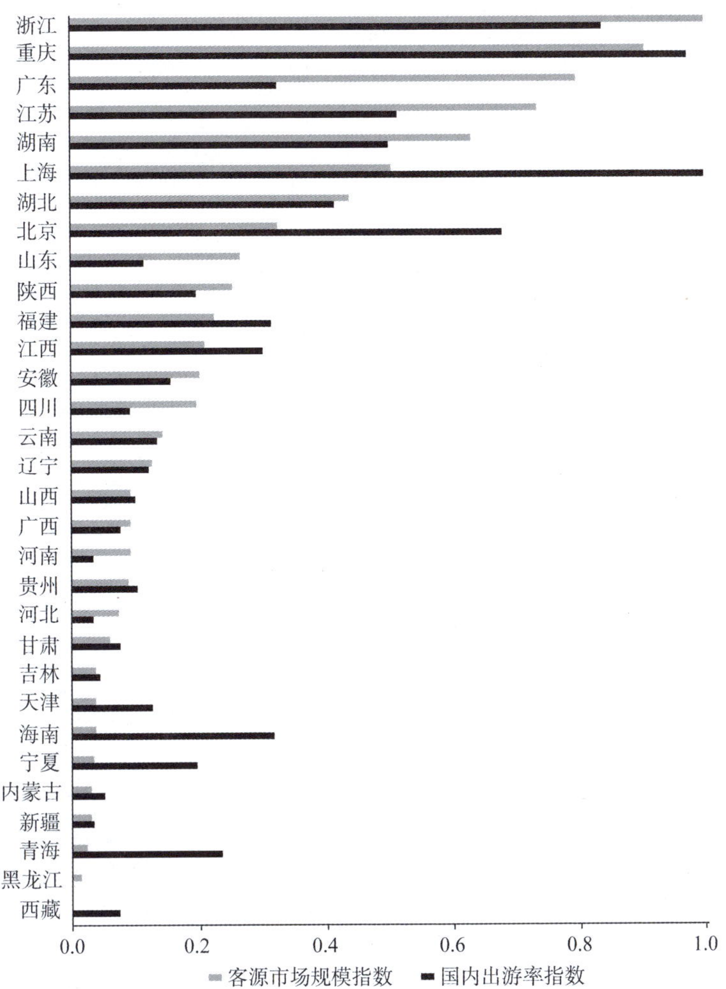

图 6-3　2021 年国内旅游客源市场规模和国内出游率指数

资料来源：《中国国内旅游发展年度报告（2022—2023）》

根据 2019 年旅游总收入与接待旅游者数据，广东省旅游总收入突破 2 万亿元，达到 2. 5 万亿元，远远领先排第二名的江苏（1. 4 万亿元），贵州省、四川省和山东省排第三到第五名；在接待旅游者人数方面，贵州省突破 11 亿人次，排名第一，山东省、江苏省、广西壮族自治区及湖南省排名第二到第五名；由于各地消费水平不同，旅游者接待人次与旅游总收入并不完全对应，如广东省接待旅游者人次数排名第 19 名，但由于经济比较发达，消费水平高，整体旅游收入排名第一。2019 年全国各省旅游总收入与接待旅游者总数情况如表 6-9 所示。

表 6-9　2019 年全国各省旅游总收入与接待旅游者总数情况

名次	省区市	旅游总收入/亿元	排名	接待旅游者总数/亿人次	排名
1	北京市	6 225	17	3. 220 0	22
2	天津市	4 148	24	2. 270 0	24

续表

名次	省区市	旅游总收入/亿元	排名	接待旅游者总数/亿人次	排名
3	河北省	9 313	11	7. 818 8	10
4	山西省	8 027	14	8. 307 6	6
5	内蒙古自治区	4 652	22	1. 951 3	27
6	辽宁省	6 223	18	6. 417 0	16
7	吉林省	4 920	21	2. 483 3	23
8	黑龙江省	2 684	26	2. 166 5	25
9	上海市	5 334	20	3. 703 7	20
10	江苏省	14 322	2	8. 840 0	3
11	浙江省	10 911	7	7. 300 0	13
12	安徽省	8 526	12	8. 265 6	7
13	福建省	8 101	13	5. 365 5	18
14	江西省	9 653	10	7. 927 6	9
15	山东省	11 087	5	9. 380 9	2
16	河南省	6 689	16	7. 398 6	12
17	湖北省	4 379	23	6. 059 4	17
18	湖南省	9 762	9	8. 346 7	5
19	广东省	25 032	1	5. 317 1	19
20	广西壮族自治区	10 241	8	8. 762 4	4
21	海南省	1 058	28	0. 831 1	28
22	重庆市	5 739	19	6. 570 8	15
23	四川省	11 594	4	7. 541 5	11
24	贵州省	12 699	3	11. 356 7	1
25	云南省	11 035	6	8. 148 5	8
26	西藏自治区	559	30	0. 401 2	30
27	陕西省	7 211	15	7. 070 0	14
28	甘肃省	2 680	27	3. 700 0	21
29	青海省	561	29	0. 508 0	29
30	宁夏回族自治区	335	31	0. 399 8	31
31	新疆维吾尔自治区	3 633	25	2. 133 0	26

资料来源：《中国文化和旅游统计年鉴 2019》

从具体城市看，北京市、上海市、广州市和深圳市四个一线城市持续是我国最具国际旅游影响力的城市，西安、成都、武汉、南京、杭州、苏州、天津、昆明、珠海、厦门、三亚、丽江、黄山、青岛、福州、桂林等地区旅游城市表现突出。

2022 年，全国国内旅游客流量排名前 10 位的省份依次为河北省、江苏省、安徽省、山东省、河南省、湖北省、广东省、广西壮族自治区、四川省、陕西省；按照省际旅游客流流出量计算，全国排名前 10 位的省际旅游客源地依次为河南省、广东省、山东省、河北省、四川省、江苏省、浙江省、安徽省、贵州省、江西省；按照省际旅游客流流入量计算，全国排名前 10 位的省际旅游目的地依次为江苏省、广东省、河北省、浙江省、四川省、安徽省、湖南省、山东省、河南省、湖北省。2022 年国内旅游客流量前 10 排名表具体情况如表 6-10 所示。

表 6-10　2022 年国内旅游客流量前 10 排名表

排名	省内旅游客流量	省际旅游客流流出量	省际旅游客流流入量
1	河北省	河南省	江苏省
2	江苏省	广东省	广东省
3	安徽省	山东省	河北省
4	山东省	河北省	浙江省
5	河南省	四川省	四川省
6	湖北省	江苏省	安徽省
7	广东省	浙江省	湖南省
8	广西壮族自治区	安徽省	山东省
9	四川省	贵州省	河南省
10	陕西省	江西省	湖北省

资料来源：《中国国内旅游发展年度报告（2022—2023）》

三、旅游市场的流动规律

旅游的特征之一是旅游者的流动。进入 21 世纪，世界旅游的客流量逐年增加，形成了持续上升的趋势，人员流动必然会形成一定的流向和流量，不可能杂乱无章地分布。通过对国际旅游和国内旅游发展情况的分析，可以发现旅游流有空间移动规律或倾向。

（一）流向较近的地区和国家

在全世界国际旅游中，近距离的出国旅游，特别是前往邻国的国际旅游，始终占主导地位。以旅游人次计算，这种近距离出国旅游约占全世界国际旅游人次的 80%。邻近距离地区之间风俗习惯接近，容易沟通，没有语言障碍，有亲近感；邻近国家和地区旅途费用少，多数旅游者负担得起；去邻近的国家和地区花费的时间短，可以灵活地利用节假日做短途旅游；交通便利，近距离旅游可以利用各种交通工具，尤其是私人小汽车普及的国家，人们喜欢驾车旅游。

（二）流向发达的地区和国家

欧美出国旅游者约占全世界国际旅游的一半，欧美同时也是世界上最主要的旅游流向地。欧美接待世界旅游者总量占 60%以上，收入也占 60%以上。可见，欧美在国际旅游市场上占有明显优势。发达地区和国家经济发达，居民收入高，可以产生大量的区内旅游者；经济发达的地区，会吸引大量的区外旅游者；经济发达地区旅游业起步早，可以利用经济优势，丰富旅游资源，旅游服务一流，在旅游竞争中处于有利的地位。

据世界旅游组织统计资料分析，2015—2019 年，全球 T20 国家旅游总收入占全球比重在 78%~79%，差距较小，2020 年占比快速下降至 68.4%，2021 年世界 T20 国家旅游总收入占全球比重为 80.2%，比 2020 年提高 11.8%。

（三）流向高品质旅游区

在旅游日益大众化的今天，旅游品质已经成为游客关注的核心。旅游区的知名度、美誉度及影响力是旅游者选择出游目的地的重要标准。根据统计数据，接待旅游者最多的景区景点以及旅游区，多数具有秀丽的自然风光、悠久的历史文化、特有的名胜古迹及较为完善的旅游配套设施，以其独特之处吸引着大量来自不同国家的游客。例如，我国的泰山、长城、故宫、九寨沟、丽江古城等著名旅游区，都是中外游人向往的地方。

（四）流向政治、经济、文化中心

政治、经济、文化中心城市都拥有丰富的历史内涵，是一个国家或地区的典型代表。无论是在旅游基础设施，还是在旅游交通和旅游资源等方面都较发达，是旅游者的集散地。例如，纽约、巴黎、伦敦、日内瓦、北京等，都是世界上知名度极高的观光城市。

（五）流向乡村与近郊

随着国家政策支持力度的不断提升，乡村旅游成为推动乡村建设、助力乡村振兴的重要抓手，发展旅游业的乡村在中国大地上不断铺开。随着经济发展水平的不断提高，乡村旅游的发展还有进一步提升的空间，乡村旅游客流量将继续增加。

（六）流向新兴经济体

二十大报告提出，营造市场化、法治化、国际化一流营商环境；推动共建“一带一路”高质量发展。新兴经济体恢复与“一带一路”共建国家的旅游热度呈现上升趋势，欧洲及亚太地区“一带一路”共建国家将逐步成为新的旅游热点地区。“一带一路”旅游线路合作将促进文旅深度融合，提升区域旅游影响力，进而吸引大量旅游者前往沿线国家旅游。

第三节　旅游市场营销

随着旅游业步入发展的高峰期，旅游企业之间的竞争也日趋激烈，营销对旅游发展具有重要的意义。在不同发展阶段，专家学者们提出了不同旅游市场营销策略，如 4Ps 策略、4Cs 策略、4Rs 策略、体验营销策略、整合营销策略、社区营销策略及新媒体营销策略。本节介绍几种常用的旅游市场营销策略。

【视频】传统的旅游营销与新兴旅游营销策略

一、4Ps 旅游营销策略

旅游市场营销是市场营销在旅游行业中的具体应用，以旅游消费需求为导向，通过分析、计划、执行、反馈和控制等过程，协调各种旅游经济活动，实现由旅游企业提供有效产品和服务，从而使旅游者满意，让旅游企业获利的经济和社会目标。旅游市场营销的主体很广，包括所有旅游企业及宏观的政府管理部门，如旅游景点、景区、旅行社、宾馆酒店、旅游交通企业、娱乐企业等。旅游市场营销是发展旅游事业，获得经济效益的重要环节，研究旅游市场营销对我国旅游事业的发展有重要的意义。

传统营销组合策略就是把产品（Product）、价格（Price）、渠道（Place）、促销（Promotion）等结合起来，结合市场环境，推进企业营销工作，确保实现市场的战略目标，简称 4Ps 营销策略。4Ps 旅游营销策略是 4Ps 营销策略在旅游市场中的应用。

（一）旅游产品策略

旅游产品是个整体概念，它由旅游资源、旅游设施、旅游服务和旅游商品等多种要素组合而成，是在旅游市场上由旅游经营者向旅游者提供的满足其一次旅游活动所需的各种物品和服务的总和。对旅游企业而言，要明确以何种产品和服务满足现实和潜在目标市场需求，具体内容主要包括旅游产品组合、旅游产品生命周期、旅游新产品开发、旅游产品质量和品牌等。

（二）旅游价格策略

旅游价格是旅游产品价值的表现形式，旅游价格的高低受以下几方面因素的影响和制约：产品成本、市场需求、市场条件及环境。合理的价格策略可以提高旅游企业的竞争力，并有利于企业凭借现有资源获取更多的利润。常见的定价方法有成本导向定价法、竞争导向定价法和需求导向定价法；灵活的价格策略可以有效提高企业的竞争力，吸引更多的旅游者；也可巧妙使用心理定价策略，心理定价策略的形式主要有尾数定价、整数定价、声望定价、习惯定价和招徕定价等；还可合理利用旅游差价与旅游优惠价格，调整旅游的供需季节、时间、地域等方面的矛盾。

（三）旅游销售渠道策略

旅游企业的中间商主要有旅游经销商和旅游代理商。我国的旅游中间商大致有两大类：其一是旅行社或在线旅行社服务商；其二是特殊中间人。特殊中间人是介于供给者与需求者之间，对旅游产品销售的时间、地点、方式等具有影响作用的机构或个人，它包括工会、对外交流机构、会议组织者、饭店销售代表、航空公司、铁路公司或旅游饭店及各种协会和俱乐部。旅游企业在选择销售渠道时应考虑客源市场特点、旅游产品的特点、旅游企业情况、旅游市场竞争情况等因素。旅游企业应根据自身条件和所处的市场环境，积极整合旅游产品的销售渠道，建立起高效率和稳定的销售渠道体系。

（四）旅游促销策略

旅游企业营销者为了有效地与旅游者沟通信息，应综合考虑市场、产品等因素的实际情况选择一种或多种促销手段的组合。主要包括旅游广告宣传策略、旅游营业推广策略、人员推销策略和公共关系策略。

在传统的 4Ps 营销策略（产品、价格、渠道、促销）之后，在不断完善与创新基础上，学者们推出4Cs策略。4Cs的基本原则是以旅游者为中心进行企业营销活动规划设计，强调四个转变，从产品到如何实现旅游者需求（Consumers Needs）的满足，从价格到综合权衡旅游者购买所愿意支付的成本（Cost），从促销的单向信息传递到实现与旅游者的双向交流与沟通（Communication），从通路的产品流动到实现旅游者购买的便利性（Convenience）。

新形势、新的环境的发展使旅游营销有了新的发展，越来越多的企业意识到旅游者满意度与忠诚度的重要性，于是4Rs营销理论运用而生。4Rs营销理论以关系营销为核心，重在建立旅游者忠诚。它既从旅游企业的利益出发又兼顾旅游者的需求，是一个更为实际、有效的营销制胜术。4Rs包括市场反应（Respond）、关系营销（Relation）、旅游者关联（Relevance）、利益回报（Return）。

二、旅游体验营销策略

当前，人类社会正在从服务经济走向体验经济。在体验经济时代，个性化需求和感性化消费得到前所未有的重视，人们开始追求消费前、消费中和消费后的体验，渴望享受到产品功能、利益以外的感官体验和自我实现。企业必须在新的营销环境下改变传统的营销策略来创造、传递价值，实现营销策略创新，以更好地满足旅游者需求。在这样的背景下，体验营销应运而生。

（一）体验营销的概念

体验营销，就是企业以满足旅游者追求美好体验的需求为目标，以服务产品为舞台，以有形产品为载体，通过采用让目标旅游者观摩、聆听、尝试、试用等方式，使其亲身体验企业提供的产品或服务，让旅游者实际感知产品或服务的品质或性能，从而促使旅游者认知、喜好并购买的一种营销方式。

（二）体验营销的本质

二十大报告要求，坚持百花齐放、百家争鸣，坚持创造性转化、创新性发展，以社会主义核心价值观为引领，发展社会主义先进文化，弘扬革命文化，传承中华优秀传统文化，满足人民日益增长的精神文化需求。旅游从本质上讲就是人们离开惯常环境到异地去寻求某种体验的一种活动，是一种“体验消费”。体验经济时代的到来，要求旅游企业必须适应营销环境的变化，转变传统营销观念，树立体验营销理念，使体验营销成为旅游营销的主要营销策略。

（三）旅游体验营销主要模式

1. 节庆营销模式

每个民族都有自己的传统节日，传统的节日观念对人们的消费行为有无形的影响。这些节日在丰富人们精神生活的同时，也深刻影响着消费行为的变化。随着我国的节假日不断增多，新的消费现象——“假日消费”出现了，旅游企业如果能把握好商机便可大大增加产品的销售量，大量的节日庆典活动也能吸引大量的旅游者前往观光游览。比如端午节祭奠活动、黄帝陵祭奠、河南洛阳牡丹节、山东潍坊风筝节等。

2. 娱乐营销模式

娱乐营销以满足旅游者的娱乐体验为营销的侧重点。娱乐营销模式要求旅游企业巧妙地寓销售和经营于娱乐之中，通过为潜在旅游者创造独一无二的娱乐体验来吸引他们，达

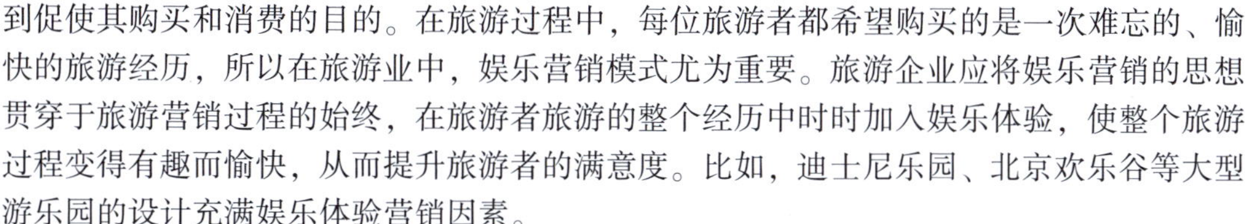

到促使其购买和消费的目的。在旅游过程中，每位旅游者都希望购买的是一次难忘的、愉快的旅游经历，所以在旅游业中，娱乐营销模式尤为重要。旅游企业应将娱乐营销的思想贯穿于旅游营销过程的始终，在旅游者旅游的整个经历中时时加入娱乐体验，使整个旅游过程变得有趣而愉快，从而提升旅游者的满意度。比如，迪士尼乐园、北京欢乐谷等大型游乐园的设计充满娱乐体验营销因素。

3. 文化营销模式

利用一种传统文化或一种现代文化，使旅游企业的商品及服务与旅游者的消费心理形成一种社会文化气氛，从而有效地影响旅游者的消费观念，进而促使旅游者自觉地接近与文化相关的商品或服务，促进消费行为的发生，甚至形成一种消费习惯和传统。

除了上述的模式，还有感情营销模式、美化营销模式、环境营销模式等。

三、新媒体营销策略

党的二十大报告指出，加快建设数字中国，发展数字经济；实施国家文化数字化战略，健全现代公共文化服务体系，创新实施文化惠民工程。

新媒体主要通过社交媒介、资讯聚合、网络播客、直播平台、视频平台等进行内容的精准分发。新媒体涵盖了所有数字化的媒体形式，既包括网站、网页等，又包括微信、微博、贴吧等社交平台及抖音、快手、秒拍等短视频平台，也包括豆瓣、天涯这类社区，以及今日头条、百家号、微信公众号、一点资讯等自媒体平台。

新媒体营销是指借助新媒体平台，以市场需求为导向进行信息互动传播，促成购买行为，进而提高企业品牌知名度、增加企业销售份额的营销活动。

（一）新媒体营销的特点

新媒体改变了传统的营销风貌，它如同一种“万能胶”把旅游企业、组织及旅游者跨时空地联结在一起。在这样一种新的营销环境下，旅游新媒体营销呈现出其独有的特点。

1. 跨时空性

网络给旅游企业与市场带来了无限的商机，同时也将旅游企业与市场推向一个更广阔、更具选择性的全球市场。互联网信息量大，时效长，且信息交换不受时空的限制，可以随时随地全天 24 小时提供全球性营销服务。

2. 互动性

网络使得旅游企业与旅游者可以通过电子邮件、网上论坛等信息手段，与旅游者进行双向互动沟通，实时了解旅游者的需求，最大限度地满足旅游者的意愿，建设一条与旅游者沟通的有效渠道。同时，信息的快速传播与获取，使得旅游企业与市场可以迅速掌握市场行情，及时调整营销策略。

旅游企业可以在网络上适时发布产品或服务信息，旅游者可根据旅游产品目录及链接资料库等信息在任何地方进行咨询或购买，从而完成交互式交易活动。另外，网络使供需双方的直接沟通得以实现，从而使营销活动更加有效。

3. 经济性

任何旅游发源地，无论名气的大小，都可以不再受当地各方面条件的制约，只需花极小的成本就可以利用多媒体平台向世界各地的旅游者进行自我展示。

对于旅游者而言，可以通过浏览相关网站、网页、短视频平台等多种手段查询相关旅游信息，降低了信息收集成本，而且可以相互比较，还可以降低结算成本等。此外，网络信息传输速度快，即便是跨国交易，在网络上只需几分钟即可成交。

4. 精准性

信息技术的发展为精准营销提供了很好的技术支持，基于大数据分析可以进行更精准的定位，向旅游者传送信息的精确度也远超过其他媒体，并能迅速更新产品或调整价格，因而能及时有效地满足客户的个性化需求。依托新媒体的强大数据库，成为记录和分析工作的基础。大数据的营销价值被充分肯定，被认为是精准营销的根基所在。

5. 综合性

新媒体平台可以实现从市场调研、广告宣传、实际销售、售后服务等一系列企业经营环节，是一种全程的营销渠道。旅游企业可借助网络对不同的营销活动进行统一规划和协调实施，并以统一的信息口径向旅游者传达，避免由传达的不一致性所产生的消极影响。

（二）新媒体营销方式

随着互联网与移动互联网的发展，以及信息技术的快速发展，新媒体营销方式也在不断推陈出新，当前常用的新媒体营销方式有微信营销、微博营销、视频营销、网站或网页营销、手机 App 营销、交换链接、搜索引擎、关键词搜索、邮件列表、个性化营销、会员制营销、病毒性营销等。

知识链接

短视频行业发展持续火热，快手、抖音、腾讯微视等短视频平台吸引了数以亿计的用户，同时催生出“跟着短视频去旅游”的风潮。这一现象对文旅短视频内容的精品化传播提出了更高要求，是文旅创新融合、呈现文旅新形象的重要突破口。基于此，各地政府及文旅部门应深入挖掘地方独特的文化资源和旅游资源，深耕优质内容和文化特色，既要着眼宏观，借助短视频呈现宏大的地域风貌，也要注重微观，挖掘充满人文气息的人文景观，在美食、民族风俗、建筑等细分领域精耕细作，进而找到文化和旅游融合的最佳契合点，走出独具一格的文旅融合之路。在短视频助力下，各地文旅部门、旅游景区纷纷开始“牵手”短视频，积极探索“短视频+文旅”的推广模式，实现了文旅产业的全方位传播。

第四节　新时代中国旅游市场的发展

党的二十大报告要求，不忘初心、牢记使命，务必谦虚谨慎、艰苦奋斗，务必敢于斗争、善于斗争，坚定历史自信，增强历史主动，谱写新时代中国特色社会主义更加绚丽的华章。中国已经进入大众旅游全面发展的新阶段，市场在下沉，消费在升级。游客需求和消费行为的变化，必然影响商业供给和产业动能的创新。

一、在线旅游市场

随着互联网与信息技术的发展，在线旅游市场也快速发展。

（一）在线旅游市场概念

在线旅游是旅游电子商务行业的专业词语，主要指旅游消费者通过互联网或移动互联网向旅游服务企业查询、预订旅游产品或服务，并通过网上支付或者线下付费，即各旅游主体可以通过网络进行产品营销或产品销售。在线旅游市场是指利用互联网或移动互联网平台进行旅游产品销售和服务的一种市场类型。它的发展为旅游消费者提供了更多的选择和便利，也为旅游企业提供了更广阔的市场空间和商机。

华夏旅游网成立于 1997 年，是我国首家旅游网站，开启了中国旅游业网络化的新纪元。1999 年成立的携程旅行网，以全新的服务和商业模式开启了中国在线旅行服务的先河。随后，在线旅行服务商如雨后春笋般涌现，多种商业模式不断涌现，各类社会资本加入，在线旅游市场规模不断壮大。诸如携程旅行、同程旅行、去哪儿旅行、飞猪旅行、美团民宿、穷游、马蜂窝、行程助手等旅游 App 应用主要以多元化、多点式的 App 客户端为主，应用中包含了航班、酒店、旅游产品、攻略、图片分享等各个环节和产品，在产品的使用上进行了大量优化，不断提升用户体验。

（二）在线旅游市场现状

互联网的普及促进了从线下订票到线上订票的转变，线上服务的便利使得在线旅游服务平台在很大程度上取代了线下旅行社，成为人们有出行需求时的优先选择。在线旅游市场发展十分迅猛，在线旅游经营者数量不断增加，新兴业态和服务模式不断涌现。2022 年，我国在线旅行预订用户达 4.23 亿人，市场规模达 1.35 万亿元。

随着社会的发展和人民生活水平的提高，中国在线旅游市场及其背后的科技趋势正在加速发展。当前在线旅游市场主要有以下五个方面的特征：一是在线旅游市场主要集中于在线出行、在线住宿和在线游览与在线度假领域；二是在线旅游市场呈年轻化趋势，在线旅游新增用户稳定增长；三是一、二线城市是在线旅游的主要渗透区域，在线旅游 App 安装覆盖率最高，三线及以下城市用户规模大，但是在线旅游 App 安装覆盖率低，有较大的发展空间；四是周边游与小团化受到在线旅游用户的追捧，亲子游、主题游与探险旅游需求增长迅速；五是在线旅游的便捷性、低成本及高效率等因素，使得低成本的线上旅游受到了更多消费者的青睐，从而导致低价格的大量出现。

（三）在线旅游发展趋势

随着信息技术、移动互联网与移动支付技术的成熟与应用，在线旅游市场展现了新的发展趋势：一是大数据的引入有助于更好地洞察消费者以及更精准地营销，促进在线旅游市场的发展；二是人工智能技术不断强化，利用人工智能技术可以让消费者尽可能地满足消耗，不仅可以帮助企业吸引更多消费者，而且可以更好地满足消费者的需求；三是企业搭建面向消费者的共享平台，消费者通过共享的技术进行线上订购，并可以与其他旅客合作，平衡好成本和体验，使得线上旅游更加受重视。

二、新时代旅游市场发展现状

（一）旅游市场持续复苏

进入2023年，国内旅游市场持续向上向好。2023年前三季度，国内旅游总人次36.74亿，比上年同期增加15.80亿，同比增长75.5%。其中，城镇居民国内旅游人次28.46亿，同比增长78.0%；农村居民国内旅游人次8.28亿，同比增长67.6%。2023年前三季度国内旅游总人次与2019年前三季度相比，相差9.23亿人次，恢复至2019年同期的79.92%。同时，出入境旅游市场稳步回升。

（二）旅游市场需求主体多元

儿童、少年的研学旅游市场快速扩张，研学旅游产品类型较多，但是缺乏精品；青年旅游市场对于文化体验和生态环境有较高要求，并且更愿意选择自由度较高、灵活性强、价格合理且安全可靠的产品；中老年旅游市场对于健康养生、休闲娱乐等方面有较高需求，并且更倾向于选择品质稳定、服务周到且具有文化内涵的产品。此外，家庭旅游市场对于亲子活动、家庭聚会等方面有较高需求，并且更愿意选择适合全家出行且价格实惠、服务优质稳定的产品；商务旅游市场对于时间效率和服务质量有较高要求，并且更倾向于选择商务套餐或定制化旅游服务与产品。

（三）旅游市场消费观念改变

人们对于美好生活的向往和需求日益增长，且发生了深刻的变化：人们不再满足于走马观花式的“看风景”，开始追求沉浸体验式的“新场景”；人们不再满足于传统的观光旅游，更多需要深度旅游、主题休闲和度假生活的“好景”；比起以往的“到此一游”，人们更加在乎文旅产品的参与度和体验度，注重主题文化的沉浸、产品体验的深化和生活品质的提升。

三、新时代旅游市场发展趋势

随着全球化的深入和旅游需求的不断提高，旅游业将继续保持快速增长。未来，旅游业将更加注重可持续发展、智能化、数字化和品质体验，为人们提供更加丰富多彩的旅游选择。旅游企业需要关注全球旅游市场发展趋势，不断创新和提升服务品质，以满足人们日益增长的旅游需求。旅游市场的发展方向是国民权利纵向延伸、横向扩张的大众旅游，消费升级、个性张扬的小康旅游，数字驱动、场景创造的智慧旅游，科技创新支撑的现代旅游。

（一）个性化与多样化并存

随着社会的发展，人们对旅游的需求越来越多样化和个性化。不同阶层旅游者的需求存在差异，未来旅游需求也将逐步分层和细化。越来越多的旅行者希望根据自己的兴趣爱好、需求和预算进行定制旅游体验，包括选择旅游目的地、交通方式、住宿、饮食和活动等。因此，个性化定制旅游将成为旅游业的重要发展方向。同时，除了传统的旅游方式，如观光旅游、度假旅游、商务旅游等，越来越多的人开始尝试新型旅游方式，如生态旅游、文化旅游、体育旅游、美食旅游、会展旅游、康养旅游、研学旅游等。这些新型旅游方式不仅满足了人们对旅游的多元化需求，也促进了各地旅游资源的开发和利用。

（二）跟团游和自由行并存

传统的跟团游和自由行之间的界限越来越模糊。越来越多的旅行者倾向于结合两者的优势，选择自由行的同时参加一些跟团游活动，如参加当地的导览、团体活动等。旅游企业应推出结合跟团服务和自由行的旅游产品，以满足旅游者需求。

（三）注重品质和沉浸式体验成为旅游消费热点

未来，旅游市场将更加注重品质和体验。旅游者不再满足于简单的观光旅游，而是更加注重旅游的深度和个性化，追求更好的旅游品质和体验。沉浸式旅游在深度挖掘文化资源的同时，将文化价值与新技术、新形式、新要素相结合，可以极大地拉近旅游者和历史文化之间的距离，让历史和文化变得可阅读、可感知、可触摸，是提升旅游者文化体验的更优表达。

（四）数字化旅游市场快速增长

信息技术、移动支付、虚拟现实技术及元宇宙等新兴技术，将会给旅游业带来深刻的技术革命，旅游业将更加智能化、数字化。旅游者可以通过数字化技术提前感受旅游目的地的气氛，也可以体验虚拟旅游。同时旅游者还可以体验在线搜索、在线预订、移动支付、语音导游、实时翻译、虚拟现实等功能，更好地享受数字化旅游的乐趣。旅游 App 覆盖率与使用率将进一步提升，在线旅游市场将进一步壮大。

（五）旅游消费将以中产阶层为主

随着人们对旅游的需求不断提高，旅游消费结构也不断升级，人们愿意花费更多的钱享受更好的服务。在旅游消费升级的过程中，中产阶层的崛起为旅游业带来了强劲的发展动力，中产阶层对旅游品质较为关注，同时也十分关注精神消费和服务消费，这部分人所追求的不仅有“精”，还有“美”等旅游的外在，更加注重旅游消费的内涵，以不断满足自身精神需求和物质需求。旅游消费方式应高度契合绿色的发展观、生态的经济观、和谐的价值观。

知识链接

文旅产业发展趋势

2021 年 5 月，文化和旅游部颁布“十四五”文旅发展规划，对 10 年前确定的旅游三大市场战略做出调整，提出要“做强国内旅游，振兴入境旅游，规范出境旅游”。对我国旅游业发展历程进行适当的回溯，梳理旅游三大市场战略的来龙去脉，对于理解和领会“十四五”旅游规划是有益的。

2024 年两会报告对文旅发展提出新的要求：实施数字消费、绿色消费、健康消费促进政策；积极培育智能家居、文娱旅游、体育赛事、国货“潮品”等新的消费增长点；加强老年用品和服务供给，大力发展银发经济；深入推进国家文化数字化战略。

资料来源：从今年两会报告解读文旅产业发展三大趋势（thepaper. cn）。

课后练习

一、多选题

1. 旅游市场细分的标准包括（　　）。

A. 地域因素　　B. 消费水平因素

C. 人口统计变量因素　　D. 游客行为变量因素

2. 旅游市场的特点主要有（　　）。

A. 异地性　　B. 季节性　　C. 波动性　　D. 全球性

3. 旅游体验营销主要模式有（　　）。

A. 节庆营销模式　　B. 娱乐营销模式　　C. 文化营销模式　　D. 关系营销模式

4. 微博营销的方式主要有（　　）。

A. 活动营销　　B. 意见领袖　　C. 内容营销　　D. 视频营销

二、填空题

1. 我国最具国际旅游影响力的四个城市分别是________、________、________和________。

2. 4Ps 旅游营销策略主要包括________、________、________和________。

3. 新媒体营销的特点主要有________、________、________、________和________。

4. 1999 年成立的________，以全新的服务和商业模式开启了中国在线旅行服务的先河。

三、简答题

1. 简述旅游市场细分的意义。

2. 简述旅游市场的流动规律。

3. 简述在线旅游发展趋势。

4. 简述新时代旅游市场发展趋势。

第七章　旅游目的地

学习目标

知识目标：

1. 了解旅游目的地的概念；
2. 熟悉旅游目的地的类型；
3. 理解旅游目的地的形成条件和空间分布规律；
4. 理解区域旅游目的地竞争与合作的类型。

能力目标：

1. 掌握旅游目的地的形成条件、空间分布规律；
2. 能提出旅游目的地竞争与合作相关措施。

素养目标：

1. 了解我国旅游目的地的发展，更好地了解我国旅游资源发展的特点，为旅游目的地的合理开发、空间格局的优化提供理论基础；

2. 认识不同类型的旅游目的地，增强学生对祖国大好河山的热爱和文化自信心，同时理解并践行新时代生态文明观和“绿水青山就是金山银山”理念。

难点与重点

1. 旅游目的地的形成条件；
2. 旅游目的地的空间分布规律；
3. 区域旅游目的地竞争与合作措施。

案例导入

正定古城成为清明假期全国热门目的地之一

2024年滴滴出行数据显示，石家庄正定古城打车需求同比去年上涨6倍，成为今年清明假期全国热门目的地之一。

登城楼城墙、游古寺古塔、品特色美食、赏古城夜景……闲适惬意的古城正定，成为京津冀乃至全国的热门旅游地。

春和景明，西府海棠、丁香竞相绽放，把荣国府点缀得更加美丽。来自四面八方的游客身穿汉服客串一把红楼梦中人，来一次沉浸式的体验，在实景演出中回忆经典。以花为媒、以文会友，荣国府也趁着怡人的春色在清明假期举行了海棠诗会，通过文旅相融，搭建交流平台，展现出古城绚丽悠久的文化。

隆兴寺上演十二花神巡游活动，扮演花神的姑娘们在音乐声中或翩翩起舞或缓缓而行，带领游客穿越古今。

河北各地的文化特色和园林艺术在盎然的春色中更加凸显，游客穿梭于各个展馆之间，尽享惬意时光。古老的文化神韵和现代的都市气息完美融合，让正定古城更具独特魅力，让众多游客流连忘返，也让正定古城成为清明假期旅客打卡的热门景区。

（资料来源：http：//www.zd.gov.cn/columns/be11c62c-05fc-4f65-acd6-3ac012550667/202404/12/37fec9a8-2ce6-4c91-9fcd-2407cd9559d4.html）

请思考：

1. 什么是旅游目的地？
2. 正定古城为什么成为热门旅游目的地？

旅游目的地是吸引旅游者在此短暂停留、参观游览的地方。旅游通道将客源地和目的地两个区域连接起来，是整个旅游系统的桥梁。现代旅游业的发展改变了人们的旅游方式和旅游目的地的管理重点，所以旅游目的地的概念也在发生变化。人们对旅游目的地概念的认识与旅游需求的内容有关，旅游需求的变化导致对旅游目的地内涵与外延认识的不断调整，旅游目的地的管理重点和营销重点也随之发生变化。

第一节　旅游目的地概念及类型

【视频】旅游目的地概念及类型

一、旅游目的地概念

2018年3月国务院办公厅印发的《关于促进全域旅游发展的指导意见》指出：“发展全域旅游，将一定区域作为完整旅游目的地，以旅游业为优势产业，统一规划布局、优化公共服务、推进产业融合、加强综合管理、实施系统营销，有利于不断提升旅游业现代化、集约化、品质化、国际化水平，更好满足旅游消费需求。”

目前已进入全民旅游时代，单一的旅游景点模式不能满足现代大旅游发展的需求，要求对旅游发展战略进行定位，将一个区域作为功能完整的旅游目的地来建设、运作，实现景点景区的一体化建设，满足游客日益增长的多样化旅游需求。

旅游目的地的空间范围弹性很大，它可以是一个国家、一个城市、一个县城或乡镇，也可以是一个旅游景区或旅游景点。对某一旅游目的地而言，它应当是特定地域空间，并有一定的行政依托，拟将旅游目的地的空间范围定位于中等尺度，并就其内涵做以下界定：

就形成机制来讲，旅游目的地是在特定的自然、社会和经济环境中产生、发展和演变而来的；就旅游形象上来讲，旅游目的地具有的特定旅游形象，能够激发潜在旅游者产生出游动机、做出出游决策；就旅游功能上来讲，旅游目的地能满足旅游者的旅游欲望，为旅游者创造旅游体验，最终实现旅游目的；就管理体制来讲，旅游目的地应当由统一的规划、管理、营销等机构进行统一的运作；就构成要素来讲，旅游目的地主要包括旅游吸引物（吸引力要素）、旅游服务设施（服务要素）、旅游交通（可进入性要素）等；就产业部门来讲，旅游目的地集聚了交通、住宿、餐饮、娱乐、信息咨询等相关部门；就对外联系上来讲，旅游目的地是一个开放系统，与旅游客源地之间进行人流、物流、资金流、信息流等的交换。

因此，旅游目的地的概念可归结为：在特定的自然、社会和经济条件下形成的具有特定旅游形象，能够激发潜在旅游者产生出游动机、做出出游决策，并供相关产业部门支持旅游者获得旅游体验和实现旅游目的的、开放性的地域综合体。

这里所指的旅游目的地区域与旅游区（Tourism Districts）的概念是不同的。旅游目的地区域是指旅游者为了度过美好的闲暇时间所选择进行参观游览的具有独特风情和风貌的特定区域，旅游者可以去这个特定的区域内不同的旅游点并在不同的旅游点至少过夜一次。旅游目的地区域的边界与旅游方式和旅游特征紧密相连，旅游目的地区域或大或小，也许会相互重叠，在一个旅游目的地，这些区域以不同的规模存在并与行政边界密切相关。旅游区则是表现社会经济、历史文化和自然环境统一的旅游地域单元。

二、旅游目的地的类型

旅游目的地依据不同的分类标准，有不同的类型。

（一）以满足旅游活动的类型划分

从旅游目的地的资源性质和特点出发，以满足旅游者旅游活动的类型为标准，可以将旅游目的地分为观光旅游目的地和度假旅游目的地。

观光旅游目的地是那些资源性质和特点适合开展观光旅游活动的旅游地。观光旅游主要有自然观光、城市观光、名胜观光。观光旅游目的地既是观光旅游的空间依托，也是一种传统的旅游目的地，在世界旅游活动中占有重要地位。目前世界范围内的旅游活动主要是在观光旅游目的地展开的。观光旅游目的地可以开展多项旅游活动，如大型活动与节庆旅游、体育旅游、会议旅游、购物旅游、商务旅游、民族风情旅游等。而其中的城市观光地，由于集政治、经济、文化和社会资源于一体，涵盖的旅游资源范围较广，旅游活动空间范围较大，因此，具有较强的旅游吸引力，成为观光旅游目的地的主体。

度假旅游目的地是那些资源性质和特点能满足旅游者度假、休闲和休养需要的旅游地。度假旅游目的地主要有海滨度假区、山地温泉度假地、乡村旅游度假地。度假旅游目的地是伴随着人们度假旅游活动的兴起而出现的，旅游活动的空间也不如观光旅游目的地，然而，度假旅游目的地却能相对延长旅游者的停留时间，提升旅游者的消费水平，所不足的是度假旅游目的地往往具有较显著的季节性，不利于旅游目的地常年经营。

（二）以目的地构造方式划分

旅游目的地在其构造方式上可以是板块性的，也可以是点线性的。板块性的旅游目的地是旅游吸引物紧密地集中在某一个特定区域，旅游者在这个区域停留过程中，虽然也会离开该地区进行一日游的活动，但所有的旅游活动在空间上都以这个旅游目的地为中心展开，都以这个旅游目的地的服务设施及旅游体系为依托。板块性旅游目的地通常是以一个主要旅游城市为中心，以现代化交通，主要是航空运输为依托而建立起来的。

一般来说，滨海度假区及大的旅游城市便是板块性旅游目的地。相对于板块性旅游目的地，在点线性旅游目的地中，旅游吸引物分散于一个较广泛的地理空间内，不同空间点的不同吸引物之间的引力是相对均衡的，没有明显的中心吸引点。它是通过一定的旅行方式和组织将这些不同的空间点上的吸引物以旅游路线的形式结合在一起，旅游者在某一空间点只是停留一段时间，旅行方式与组织体系通常是点线性旅游目的地形成的主要条件。

（三）以目的地空间范围划分

按照地域空间尺度大小，可以把旅游目的地分为国家型、区域型、城市型和景区型。国家型旅游目的地是从世界旅游空间范围来划分的。区域型旅游目的地是从一个国家空间范围来划分的，通常是由多个城市旅游目的地所组成。城市型旅游目的地是从一个特定旅游区域空间范围来划分的，它是由多个旅游景区组成的。景区型旅游目的地是旅游目的地最小单位，一般来说，“景区是独立的单位、专门的场所，以一个特色为主，划分明确，面积不大的区域”。风景名胜区、度假区、主题公园、古代遗址等都属于景区的范围。

一般来说，旅游目的地空间范围决定着旅游目的地的市场范围。随着旅游目的地空间范围的延伸，空间内所涵盖旅游景区增多，旅游资源数量不断增加，旅游资源类型不断扩展，旅游吸引力不断增强，那么它的市场范围就必然扩大。同时，当空间范围扩大时，旅游目的地所吸引的客源市场也在不断扩大，旅游需求的规模和数量也在增多，旅游需求的市场容量进一步扩张。从这个意义出发，旅游目的地空间范围决定着这个旅游目的地的供给规模和需求规模，从而决定着旅游目的地的实力。

同时，旅游目的地空间范围的大小也决定着旅游目的地的社会分工功能。作为旅游目的地最小空间单位的景区，主要承担旅游者参观、游览和观光的功能，一般不具有住宿的功能。

而城市不但具有参观、游览和观光功能，还具有完备的以住宿为主体的接待体系，以便利的公路交通为保证。区域型旅游目的地则是以国内航空港以及铁路中转交通为中心建立起来的旅游服务体系，在这个体系中包括多个旅游城市、若干个旅游景区，良好的进入条件、方便的客源分流体系，是区域旅游地的主要经济特征。国家型旅游目的地与世界主要客源地建立便利的国际航空交通，并且具有向各个区域性旅游地分散客流的经济功能。因此，各个不同层次的旅游目的地在旅游空间体系中的分工是不同的，分工的不同决定了其功能上的差异。各个不同旅游目的地合理分工，便构成了一个国家旅游空间的组织结构。

（四）其他的一些分类方法

按照旅游资源属性和游憩活动性质，旅游目的地可以分为自然观光旅游目的地、人文观光旅游目的地和人造型旅游目的地。其中，自然观光旅游目的地，包括自然风景区、森林公园、溶洞景区等；人文观光旅游目的地，包括历史文化遗址、宗教旅游目的地、工业旅游示范地、纪念馆、博物馆等；人造型旅游目的地，包括主题公园、游乐场、度假村、疗养院、运动（户外攀岩漂流）休闲区和农业休闲地。

【视频】旅游地学与地质公园

按照客源地到目的地所花费的时间，旅游目的地可以分为远程旅游目的地、中程旅游目的地和近程旅游目的地；按照发展时间尺度的大小，可将旅游目的地分为传统旅游目的地和新兴旅游目的地；按照客源流向和目的地所处区位，可将旅游目的地分为客源地型旅游目的地、终极型旅游目的地和中途岛型旅游目的地。

第二节　旅游目的地形成条件和空间结构

【视频】旅游目的地的形成条件和空间演化

一、旅游目的地的形成条件

（一）要拥有一定数量的旅游资源

旅游目的地必须拥有一定数量的旅游资源。一个地区若没有一定数量的旅游资源作为基础，就不可能形成旅游吸引力，旅游者也就不会产生对该地区的旅游需求，该地区也不可能成为旅游目的地。因此，由旅游资源决定的旅游吸引力是形成旅游目的地的必要条件。不仅如此，一个旅游目的地的性质及其所表现出来的旅游功能，也是同这个地区的旅游资源性质相联系的：一个旅游目的地之所以成为度假旅游地或观光旅游地，是这个地区的旅游资源性质特点与市场需求共同运动的结果。从这个意义上说，旅游目的地的形成与其表现出的性质、特点和旅游功能取决于这个地区旅游资源的性质和特点。

（二）要拥有足够的基础设施和专门设施

旅游目的地除了具有一定的旅游资源、具备一定的旅游吸引力之外，还必须具备其他条件。旅游者在旅游目的地的旅游活动是一种暂时性停留的消费活动，消费活动的实现与满足都需要旅游地提供相应的设施与服务。因此，旅游目的地要拥有各种与旅游资源性质相适应的地面旅游设施和交通条件，如旅游饭店、度假村和通往各地的航空港、火车站和公路交通网，旅游者可以借助这些设施和交通条件，从不同的地区顺利地到达旅游目的地，并能利用这些设施在该地停留。

旅游目的地的基础设施是旅游区经济活动最基本的载体，是旅游区物质形成最重要的组成部分，也是一个旅游区综合接待能力的基础。我们所说的旅游目的地基础设施是指为满足旅游活动以及区域内其他物质生产和居民生活需要，向旅游者、旅游地居民和各单位提供基本服务的公共设施以及相关的产业和部门。

旅游目的地具有满足外来旅游者和本地居民生活需要、旅游生产活动和其他生产活动需要的双重功能。在保证本地居民生活需要和其他生产活动需要的同时，从满足外来旅游者旅游需要及旅游生产活动需要的角度来看，旅游目的地基础设施的需求量取决于流入本地区的旅游者规模和旅游区的性质。旅游者规模取决于旅游目的地基础设施内部各组成部分的需求水平。当进入该旅游地的旅游者规模增加时，对旅游地基础设施提供直接服务的需求量——用水量、用电量、通信量、交通量——将会随之增加；同时，旅游规模增加，也必然会影响旅游地的饭店、娱乐设施及相关产业的扩张，这种旅游产业扩张必然导致旅游目的地配套基础设施的增长。不仅如此，旅游地的性质也决定着基础设施的组织构成；如果旅游目的地是一个具有度假性质的旅游区，那么它对能源供应、环境保护和社会性服务的基础设施的需求更多；相反，作为一个观光旅游目的地，它对交通设施的需求量更大。

旅游目的地的基础设施具有自然垄断性和地方公共物品性两种不同性质。从自然垄断性的经济特点来看，这些基础设施具有大量的固定成本和小量的边际成本并存的经济特点。也就是说，这些设施运营中的固定成本大而新增用户的边际成本较小，如旅游区的能源系统、给排水系统，交通运输系统中的区内公交系统、邮电通信系统等都具有固定成本大边际成本小的经济特点，因此具有地方自然垄断性。由于这些基础设施主要是通过各种类型的企业向市场提供的，因此，在旅游区内保证这些企业以低成本供给所形成的低价格向相关的旅游企业或旅游者提供这类服务是十分关键的。如果不能对这些经营具有垄断性的基础设施的企业进行有效的管制，这些企业很可能会按高于平均成本的价格向区内各相关旅游企业提供服务。目前我国大多数旅游地的旅游企业都是高价水、高价电、高价气，就是一个很好的例证。在旅游区发展的初期，旅游企业如酒店、度假设施的经营成本必然会加大，它的各类服务价格与成熟的旅游目的地相比缺乏相应的竞争力，不利于旅游区内旅游产业的快速增长。

如果一个旅游区要促进旅游产业发展，就必须对这些企业实施政府管制，控制这些企业的成本状况并允许它们按平均成本定价，以平均成本的价格水平向区内各旅游企业提供服务。与具有垄断性的基础设施不同，那些具有地方性的基础设施的供给成本是无法通过市场得到补偿的，也就是说无法通过企业来提供的，这些基础设施也只能由区内政府来提供，如旅游目的地的交通系统的道路、车站和码头，旅游目的地的环境保护系统、旅游区市政设施等。

对于旅游目的地来说，最主要的旅游设施是饭店设施。按旅游地类型及客源市场来划分，旅游目的地的饭店可以分为观光型饭店、商业型饭店、度假型饭店、会议型饭店、长住型饭店、青年旅馆和汽车旅馆七种不同的类型。旅游目的地的类型决定着客源类型，也决定着饭店设施的类型。观光型饭店一般坐落在观光旅游目的地，主要以接待观光团队为主，通过旅行社组团旅游的团队客人占有较大比例；商业型饭店坐落在商业城市，是以接待商务人士为主，商务散客在该饭店中占有一定的比例；度假型饭店一般坐落在度假旅游目的地，主要接待度假旅游者，目前这类饭店接待家庭度假者居多；会议型饭店一般坐落在观光地、度假地及大的商业城市，主要以政府市场和企业、社团组织接待为市场对象；至于长住型饭店、青年旅馆和汽车旅馆则是根据不同的市场细分而形成的以特殊客人为接待对象的饭店。

无论是坐落在什么类型旅游目的地的饭店，无论这些饭店是属于什么类型的，饭店作为旅游目的地地面设施的一个重要的组成部分，“本地化”都是十分重要的。饭店不论从建筑风格和设施质量上，还是在服务内容和经营方式上，只有同它所在的旅游目的地的类型和风格一致，才能取得良好的经营业绩。如果旅游目的地内所有的饭店都具有“本地化”的特点，那么这个旅游目的地就具有特色，就会具有市场的生命力。

（三）要有一定的旅游者流量

在衡量旅游目的地所接待的旅游者流量时，往往会涉及旅游者人数、停留天数和旅游者消费等指标。

1. 旅游者人数指标

旅游者人数指标反映了旅游目的地在一定时期内接待旅游者的数量情况，一般以旅游者人次来衡量。旅游者人数指标可以作为旅游目的地衡量市场对其所提供的旅游产品的需求数量以及变化情况的指标，同时，也是衡量各国旅游业发达程度的重要指标之一。

对旅游者数量的统计一般是通过三种方式进行的：一是按到达和离开次数进行统计；二是根据旅游目的地住宿记录进行统计；三是在旅游目的地或客源地对旅游者进行抽样调查。目前，世界各国对国际旅游者的统计主要采取第一种方法。由于国际旅游者存在出入境的问题，对于一个旅游客源地国家来说，可以通过出境口岸的数据及各种记录来统计出境旅游者的人数；对于一个旅游目的地国家来说，也可以通过入境的各种数据来统计入境旅游者的人数。

对国内旅游者的人数统计，主要借助后两种方法，通过饭店记录及对旅游者进行抽样调查来统计旅游者人数及相关数据。不论通过什么方法，同国际旅游者的统计相比较，国内旅游者的统计数据会不完整。尽管世界各国对国际旅游者和国内旅游者的统计都做了一定的界定，然而，在实践活动中，由于技术上的问题，我们还不能做到对旅游者总量的准确统计。例如，原来我国对国内旅游者的统计基本上是根据饭店记录进行的，如果一个旅游者从一个旅游目的地到另一个旅游目的地旅行，旅行过程中，在两个地区住两个饭店，那么这个旅游者就会被重复统计，而那些居住在亲朋好友家中的旅游者又被忽略了。因此，由于统计技术性的困难，各国的旅游者总数这个统计数据存在相当的不完全性，这些统计数据只能大体反映和说明一个国家旅游活动的规模。

2. 旅游者停留天数指标

旅游者停留天数的指标主要有两个：旅游人天数和旅游者人均停留天数。

（1）旅游人天数。旅游人天数又称旅游者停留天数，这一指标是指在一定时期内，旅游者人次与人均过夜数的乘积。该指标从时间的角度反映了旅游者的需求状况，同时反映了旅游目的地所表现出来的吸引力的大小。如果在利用旅游者人次衡量市场需求情况和旅游业发达程度的同时，充分考虑旅游者的停留时间，则会更加全面地反映旅游需求的基本情况。因为，在旅游者人次数出现增长的同时，旅游人天数有下降的可能，所以旅游目的地需要在旅游者人数与旅游者在该旅游地停留天数之间达到某种平衡，片面地追求旅游者人数的增长并不一定是发展旅游业的上策。同样，旅游者在某个旅游地停留天数同历史数据相比产生下降，可能不是单纯的目的地吸引力降低的问题。随着社会经济的发展，旅游者希望到更多目的地旅游的欲望总是不断增长的，旅游者在对多目的地和多天数之间进行比较的结果可能是选择缩短单个目的地停留时间而增加旅游目的地个数。

（2）旅游者人均停留天数。这一指标是指在一定时期内，旅游者停留天数与旅游者人数之比。它从平均数角度反映了旅游需求的现实状况，同时揭示了不同时期旅游需求的变化趋势。据此，我们可以分析其中的原因并制定相应的对策，以增强目的地开发深度，增强目的地吸引力。

3. 旅游者消费指标

旅游者消费指标是以价值形态来衡量旅游需求的数量指标，其中包括旅游者消费总额和旅游者人均消费额两个指标。

（1）旅游者消费总额。这一指标是指在一定时期内，旅游者在旅游目的地的全部货币支付，包括旅游者在旅游活动中所购买的各种商品和各项服务的开支，如餐饮费、住宿费、交通费、娱乐费和购物的花费等。对于旅游目的地来说，这一指标反映了该目的地的旅游收入，具有重要的经济意义。

一般而言，随着旅游者人次数的增减，旅游者消费总额也有所增减，但是两者之间并不是完全的正相关关系，也有可能随着旅游者人次数的增长，旅游消费总额反而下降，其中涉及旅游者的消费层次和消费结构等多方面的问题。

与此同时，国家外汇管理部门也定期对我国旅游外汇收入的结汇情况进行统计汇总。旅游外汇收入的结汇是通过货币兑换环节进行的，主要包括两个部分：国际旅行社从国外收到的海外旅游团的外汇汇款；海外来华旅游者在我国实际兑换的外汇数额。这里的结汇统计没有将未在银行兑换外汇的海外旅游者的花费支出包括在内。

（2）旅游者人均消费额。旅游者人均消费额是在一定时期内，旅游者消费总额与旅游人数之比。它以价值形态从平均数的角度反映了某一时期的旅游需求状况。我们可通过该指标分析各个客源市场的消费水平，了解旅游者消费的变化情况，进而确定相应的目标市场和营销策略。

二、区域旅游目的地系统的空间结构演变历程

（一）区域旅游目的地系统空间结构的概念

旅游目的地空间结构的演化，是由内生变量和外生变量共同决定的。区域旅游系统的空间结构是多层次的，在不同层次有不同的结构特征。它是指目的地、客源地及旅游交通线路之间的空间距离、组合等关系及由此引起的旅游流的变化规律。吴必虎在冈恩（Gunn）旅游目的地模型基础上，参考前人对区域旅游系统空间结构的研究成果，将视点主要放在旅游目的地这一微观层次进行研究，将吸引物视为节点、目的地视为面域、交通线路视为连接，则旅游系统空间构成的各关键组成要素包括旅游目的地区域（Tourism Destination Districts）、旅游节点（Nodes）、旅游区（Tourism Districts）、旅游循环路线（即区内路径 Routes）、入（出）口通道（Gateways）和客源地市场（Origin Markets）。这六种要素是区域旅游空间构成的基本单元，各要素之间的空间相互关系和形成模式如图 7-1 所示。在目的地核心吸引物影响下，游客通过对目的地的认同，从客源地市场经外部交通进

入旅游目的地区域，凭借区域内部旅游路径对不同旅游区内的旅游节点进行访问①。

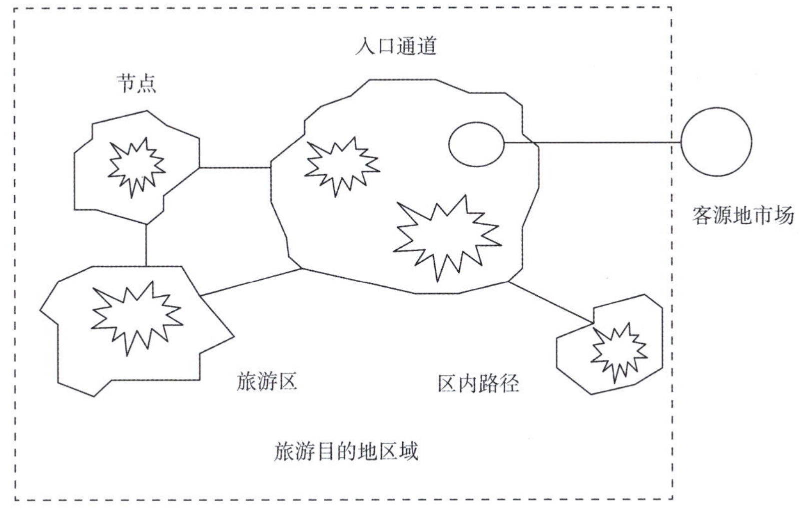

图 7-1　区域旅游系统空间结构六要素的关系和模式

资料来源：黄金火，吴必虎．区域旅游系统空间结构的模式与优化：以西安地区为例［J］．地理科学进展 2005（1）：116-126.

1. 旅游目的地区域

旅游目的地区域是从空间上对旅游目的地的表述，它可能由一个旅游接待地构成，也可能由旅游主题或氛围相似的一组旅游接待地构成。旅游目的地区域及其边界的界定与旅行方式和旅游特征紧密相连，旅游目的地区域或大或小，也许会相互重叠。在一个旅游目的地区域，旅游地以不同规模存在并与行政边界密切相关②。但是旅游者旅行过程中所涉及的旅游行为空间绝不简单地等同于行政空间，旅游行为空间是一种无形但客观存在的范围，是旅游者凭借游憩设施和其他设施如交通等通过旅游活动在区域空间所留下的投影。旅游行为随着行为人的空间位置改变而变化，因此，旅游行为空间也是一种动态变化的流动空间，即随着科学技术的进步、交通工具的改进，该空间具有不断扩大、波浪式外延化递推的趋势③。

2. 旅游节点

旅游节点由两大相互联系的基本成分组成：吸引物聚集体及旅游服务设施。它是旅游目的地系统形成和发展的根源，其空间状况往往决定着区域旅游系统的规模和发展格局。

吸引物聚集体包含旅游者游览或打算游览的任何设施和资源，其包括一个或多个个体吸引物及能产生吸引力的景观和物体等④。吸引物聚集体由三种相互联系的成分组成：核心吸引物、旅游者、旅游形象标识物。吸引物聚集体也许位于一个地理位置上，也有可能根据吸引力的重要程度，在旅游目的地区域的空间上呈等级结构分布。同时，由于吸引物聚集体内各要素具有互补性，其所产生的旅游吸引力的总和达到“1+1>2”的效果。

旅游节点的服务设施包含酒店、餐馆、娱乐场所、零售商店等以旅游者为主要服务对象的服务设施等，它们是旅游目的地空间的主要组成部分，具有重要的经济价值，但它们

---

① LEIPER N. Tourist attraction research［J］. Annals of tourism research，1990，17（2）：367 - 384.

② 卞显红，王苏洁．旅游目的地空间规划布局研究［J］．江南大学学报（人文社会科学版），2004（1）：61-65.

③ 马晓龙．区域旅游系统空间结构：要素分析及其优化：以西安地区为例［D］．陕西：西北大学，2004.

④ 马晓龙．区域旅游系统空间结构：要素分析及其优化：以西安地区为例［D］．陕西：西北大学，2004.

不是目的地吸引力的核心要素。近年来，随着旅游业的发展，旅游服务设施和吸引物聚集体之间的界限变得越来越模糊，兼有观光、度假、娱乐功能的各式度假区、农家乐等，既具备服务接待功能，又成了吸引物聚集体。旅游服务设施对旅游目的地的空间演化和空间结构有重要的影响，这些设施被规划在吸引物聚集体附近，并通过塑造生态的建筑景观、绿化景观的方式与核心吸引物聚集体融合在一起，这样就促进了旅游目的地空间结构的紧密性。另外，不同等级的服务设施很可能建在不同等级的旅游节点上，比如乡村饭店经常位于第三等级的节点上，而高星级酒店设置在第一节点上。

3. 旅游区

旅游区由旅游资源相似、旅游功能相同，并具有同一主题风格的旅游节点（吸引物）或旅游范围组成，是构成旅游目的地区域的基本单元。它不仅包含旅游资源，也包含满足旅游者实现旅游活动的各种基础设施和服务设施。正是由于旅游区内具有一个或多个相似的旅游节点，旅游目的地区域能满足不同类型旅游者多元化的旅游需求与旅游期望。旅游区具有一定的空间层次性，不同层次的旅游区，其划分原则和考虑的重点不一样。从节点相似性原则、交通便捷性原则、旅游中心地原则、管理方便性原则和地域不连续原则考虑，旅游区可细分为四个级别：一级旅游区由二级游客集散地和二级旅游区组成；二级旅游区下分为三级游客集散地和三级旅游区；三级旅游区向下分出四级旅游区。

4. 旅游循环路线

旅游循环路线是旅游活动得以运行和实现所必须借助的空间载体，指旅游者在旅游目的地吸引物聚集体和服务设施之间的流动轨迹。旅游循环路线既包括公路、铁路、航道等交通线路类型，也包括各节点之间交通线长度及客源流向。根据旅行过程中交通线路的区位差异，路线可分为区内和区外两种。对于区内旅游路线，并非所有的旅游节点之间都能做到直接联通，而是通过若干中间点实现通达，并降低游客走回头路的概率，因此区内旅游路线应规划为循环路线。

区域旅游路线的发育程度在很大程度上影响到游客旅游满意度，一般而言，路线越发达，游客满意度越高。而所谓线路发育程度表现在各旅游节点之间的直接通达性、沿线景观质量、交通工具档次及旅游形象标识物设置等相关因素的规划和建设上，即这些设施建设得越好，该线路就越发达。

5. 入（出）口通道

入（出）口通道是指旅游者进入（离开）旅游目的地区域的大门或到达地点（离开地点），是旅游者到达（离开）旅游吸引物或交通中枢、服务基地时最先（最后）接触到的地点。它们可能沿着一条旅游路线集中分布，也可能在旅游者由一个旅游目的地进入另一目的地区域的渐进过渡点上，虽然有时并未标明，游客也未有意识地进行感觉，但入（出）口通道对旅游者有重要的生理和心理影响①。往往入（出）口通道既预示旅游者进入该旅游目的地区域，也表明这一旅程的结束，具有双重功效。另外，它还可以给出这一目的地区域的全景俯览图，帮助旅游者定位②。

6. 客源地市场

客源地市场通常指旅游者及潜在旅游者长期居住的区域，某一个给定旅游目的地的客

① PEARCE D G. Tourism in Paris studies at the micro scale［J］. Annals of tourism research，1999，26（1）：79.

② 卞显红．旅游目的地空间规划布局研究［J］．地理与地理信息科学，2004，3（1）：107.

源地市场受多种因素的制约。以旅游目的地为中心形成对周边游客产生吸引力的市场范围可称为市场域（Market Area），这个范围受到旅游目的地内旅游资源的品位、进入旅游目的地区域的交通条件、服务设施质量、景区知名度、旅游者的旅游偏好等多种因素的制约。一般而言，资源品位好、交通条件好、知名度高的旅游目的地的客源市场范围就越大，如前往北京旅游的游客不仅局限于全国，而且包括世界范围内的海外游客，这都得益于当地知名的历史文化古迹、国际化的陆路与航空港、强大的接待能力。

（二）区域旅游空间结构演化模式的建立

一个成功旅游目的地的发展要经历起步、发展、相对成熟和优化四个阶段，旅游系统的各要素也在目的地的不同发展阶段呈现不同的组合，表现出各种丰富的形态和结构，而这些形态各异的内部结构是建立区域旅游空间结构演化模式的基础和依据。不同发展阶段旅游地域表现为不同形态结构，旅游发展重心、发展战略、发展机制也存在差别。因此，在不同发展阶段应采取差异化的发展模式和发展机制①。根据区域旅游系统空间结构理论及区域旅游系统的内部形态结构和不同发展阶段的特征，区域旅游系统空间结构演化模式可分为点状模式、放射模式、凝聚模式和扩展模式四种类型②，如图 7-2 所示。

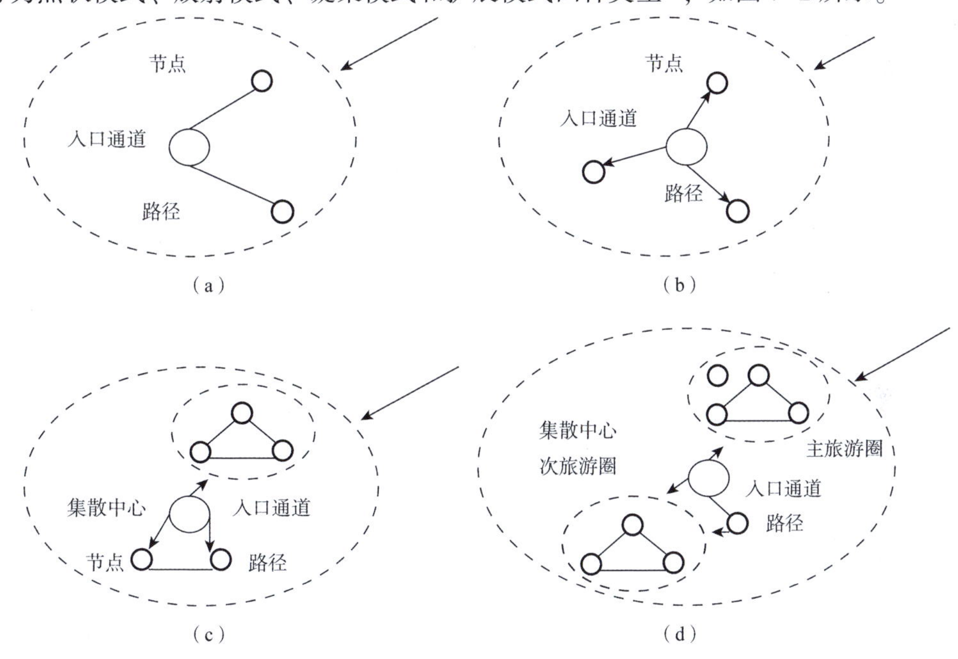

（a）点状模式；（b）放射模式；（c）凝聚模式；（d）扩展模式。

图 7-2 区域旅游系统空间结构演化模式

资料来源：陈志军．区域旅游空间结构演化模式分析：以江西省为例［J］．旅游学刊，2008，23（11）：37.

1. 点状模式——起步期

旅游活动首先发生在具有资源、客源和区位优势的零散景点上，并带动周边旅游业的发展。而前来旅游的游客多为探险旅游者或区域内居民，周边近程市场是其重要来源，旅游活动基本上属于自发状态。随着游客数量的逐渐增多，当地政府或居民开始对景区进行

① 黄金火，吴必虎．区域旅游系统空间结构的模式与优化：以西安地区为例［J］．地理科学进展，2005.1：119.

② 陈志军．区域旅游空间结构演化模式分析：以江西省为例［J］．旅游学刊，2008，23（11）：36.

简单的建设，并提供简易的吃、住、行等基本接待服务，从而形成旅游产业体系的雏形，但存在旅游产品单一化、从业人员素质差、基础设施和旅游服务设施不足等问题，旅游经济效益低下。先天性资源优势突出、周边客源市场和交通相对便利是该模式形成的主要动力因素，其空间结构的主要特点是：旅游目的地内部所达空间狭小，区内景点数量少，旅游业远未形成规模；旅游开发处于旅游资源与旅游产品共生阶段，彼此独立；与外界的客源市场联系较少；旅游节点数目少，区域综合吸引力小；区内旅游循环路线薄弱，旅游流向呈单向性；旅游客源市场吸引力弱，仅对近程市场具有吸引力，且易受外界因素影响而呈现脆弱性；旅游业缺乏成熟稳固的产业链和横纵向联系，对区域经济的带动力有限。

2. 放射模式——发展期

在这一时期，游客数量快速增加，旅游景区建设深入展开，旅游交通系统、住宿、餐饮等旅游接待设施建设得到明显改善。旅游景区（点）的范围扩大，数量也有所增加。客源市场虽然仍主要依赖近程市场，但区域内部分景区的旅游集散中心作用渐趋明显，中远程客源主要通过这些景点向其他景区扩散，在空间结构上呈现放射状模式。景区建设的深入、旅游设施的改善和旅游集散中心的作用渐趋明显，是该模式形成的主要动力因素。其空间结构的主要特点是：虽然旅游目的地内部所处空间范围有所扩大，区域内旅游景区（点）数量有所增加，但是仍处于分散状态，与客源市场以及相互间的联系不多，未形成规模效应；旅游景区（点）与主要客源地及旅游集散中心的可达性加强，但各旅游景区（点）间的互通性仍然较弱，旅游流向仍呈单向性；在加强基础设施建设的同时，诸如产品开发、宣传促销、人才培养、机构完善等软件设施虽然也得到了加强，但软件设施不完善仍然是主要问题，尤其服务水平是制约区域旅游业发展的主要问题；旅游客源市场范围有所扩大，但仍以近程市场为主，市场发展潜力仍待挖掘；旅游活动也打破自发状态，团队旅游成为旅游组织形式的主体；各旅游企业迅速发展，对区域经济的带动力日益明显，但规模偏小，呈现“散、小、弱、差”局面。

3. 凝聚模式——相对成熟期

一方面是通过旅游路线将各旅游景区（点）联结在一起，再通过规划将其凝聚在一起形成旅游圈；另一方面是通过旅游产业链的凝聚，服务体系相对完善，各类产业链上的企业合作密切，区域内旅游集散中心对区内旅游产业的带动效益越发明显。在旅游景区（点）内路径日益完善的基础上，通过旅游景区（点）间的交通建设和产品联合开发，促使彼此之间联系不断加深，在一些旅游资源、旅游产品差异性较大，区内外交通系统都较完善的地区，形成了规模较大的旅游圈，并在区域内引领旅游业的发展。旅游资源的整合、区域整体规划的制定、各旅游景区（点）间互通性加强和产业内外的合作是该模式形成的主要动力因素。但该模式仍存在不少问题：游客数量剧增和部分旅游景区（点）的短视，造成生态环境破坏严重；主旅游圈的旅游容量接近顶峰，严重影响旅游业的健康发展；区域内旅游业发展不平衡，主旅游圈以外地区旅游业仍然处于较分散状态，恶性竞争现象严重；主旅游圈的内部旅游空间范围亟待拓展，次旅游圈亟待建立；旅游业对区域经济的拉动作用明显，成为支柱产业，但旅游企业的竞争力仍需增强。

4. 扩展模式——优化阶段

扩展模式是在凝聚模式的基础上，通过合理的规划与管理建立起来的，包括旅游空间范围和旅游产业链的扩展。主旅游圈内节点的活动空间范围的扩大，节点数量的增加，以及次旅游圈的建立，拓展了区域内旅游活动空间范围，解决旅游容量饱和问题，有利于区域旅游可持续发展；次旅游圈的建立将各分散的旅游景区（点）凝聚起来，通过合理的规划与管理缓和了彼此间竞争态势，并形成更大区域吸引力，促进其共同发展；次旅游集散中心的建立，是旅游产业链在区域内的扩展，不仅分散了旅游流，缓解了主旅游集散中心的压力，而且对于区域内旅游范围的扩展有着重要作用，有利于次旅游圈的快速发展，形成成熟、完备的旅游产业链；旅游业区域经济增长极的作用得到全面发挥，形成以旅游业为主导的成熟旅游产业链和前后联系。次旅游圈的建立、大量新型旅游景区（点）的开发、旅游活动空间范围的拓展和旅游产业链的建立是该模式形成的主要动力因素。扩展模式是在凝聚模式的基础上建立起来的，是旅游业空间结构在凝聚中的扩展，并不是分散的，此模式对于扩大旅游地旅游容量、平衡区域旅游业发展、完善旅游产业链具有重要作用，有利于区域旅游业的可持续发展，是区域旅游系统空间结构演化模式的最优模式。

第三节 区域旅游竞争合作

【视频】区域旅游竞争合作

一、区域旅游竞争合作的提出

随着经济全球化和区域经济一体化的发展，每个旅游目的地不再孤立，由于旅游客源市场的有限性和旅游季节的波动性，旅游目的地之间必然产生竞争，特别是同一区域内同类型旅游景区（点）之间的竞争尤为激烈。随着中国旅游业的发展从初级的观光型向较高级的度假型转型，旅游竞争策略也从单纯的价格竞争、质量竞争向彼此既竞争又合作的模式发展。区域旅游合作不但可以避免区域内各类旅游企业的对抗，而且可以达到“双赢”，提高区域旅游整体竞争力，这也是旅游市场发展成熟的必然结果。但合作并不排除竞争，它是通过合作性竞争实现区域内各旅游企业之间的相互合作与促进，这种竞争是通过区域内各单元内部结构和功能的创新，以及各个单元之间功能的重新分工定位和合作实现的。实质上，区域旅游业发展要依靠区域旅游竞争与合作的耦合联动，区域旅游空间竞争合作的思路就是在竞争中谋求合作，在合作中提高竞争能力，进而实现区域旅游的一体化。

二、区域旅游竞争合作的基础

（一）旅游资源具有相似性或互补性

区域旅游资源的相似性既能导致竞争也能成为合作的基础。这是因为，在同一空间出现相似旅游资源，就可以规划成为一个更大的、同一主题的旅游区进行开发，使得整合后的旅游区做大、做强，实现 1+1>2 的“双赢”目标。而在旅游资源难以整合的情况下，也要通过协调开发次序，优先开发资源品位高、区位条件好的资源，然后开发其他资源，避免盲目竞争和低值发展。

旅游资源的互补性是指旅游资源在时空分布上的不均匀性造成各旅游目的地都具有自身独特的功能和优势。相邻旅游目的地之间旅游资源结构及功能的差异性，是实现彼此在空间上相互作用、达到互补增强效应的物质基础。对不同旅游资源在数量上、空间上、类型上的整合，可以提高旅游产品开发的质量，丰富旅游活动内容，扩大旅游环境容量，从而增强单个旅游景区（点）的吸引力。我国自然地理上的多样性、地方文化的多元性，又使各个密集圈的旅游资源各有特色，客观具备了进行旅游空间合作的资源基础。

（二）空间联系具有便利性

旅游资源具备了进行竞争性合作的条件，但不一定真的发生联系，要构建旅游空间合作体系，还必须借助于地区间便利、通达的空间联系来实现。空间联系的便利性，一是表现在空间距离的相邻性上，旅游目的地间的距离往往会影响彼此之间联系的密切程度。两地间的距离越大，则联系所需的时间越多，费用越高，产生相互作用的阻力越大，如果两地间距离过大，即使它们之间存在互补性，相互作用也不会发生；二是表现在旅游交通发展水平上，交通的便利会缩小旅游者的心理距离。

（三）利益相关性

旅游业是关联程度极高、涉及面极广的产业，单个的区域旅游地之间的政府、开发者、当地居民、旅游企业、旅游者、旅游环境等利益关系错综复杂，相关区域旅游之间更为复杂，由于缺乏系统的协调，经常产生利益冲突或互通有无、互补相依，使区域之间构成了竞争与合作的关系。

（四）经济、文化差异不大

一般情况下，两个区域要实现在竞争的基础上的合作，需要具有共同的物质利益基础和文化观念基础。如果两个区域经济发展水平悬殊，文化观念差异大，有可能难以达成合作的共识。即使在短期内实现了合作，由于各方立足于各自局部利益，往往造成竞争“实”而合作“虚”的竞合假象，从而最终使合作关系走向破裂。

（五）基础设施及其他条件

区域旅游竞合要求旅游地基础设施已初步发展，配套设施较为完备，有较好的管理和服务水平，能基本解决旅游者吃、住、行等问题。区域内要有丰富多彩的旅游活动，能够给旅游者提供质量较好、记忆深刻的旅游体验。此外，旅游区的知名度要相当，或一个旅游区的知名度高，而另一个旅游区也已为一定数量的游客所感知和认可。

三、区域旅游竞争合作的意义

党的二十大报告指出，促进区域协同发展，推进京津冀协同发展、长江经济带发展、长三角一体化发展，推动黄河流域生态保护和高质量发展。高标准、高质量建设雄安新区，推动成渝地区双城经济圈建设。旅游业是实现区域旅游协同发展的重要途径。

（一）提高旅游目的地整体竞争力

旅游者在旅游活动中追求较高旅游消费性价比，因此，都希望在最短的时间内，用最少的花费获得丰富的旅游体验。这就要求旅游目的地必须提供高质量、丰富、多元化的旅游资源。一个孤立、分散开发的旅游目的地很难满足旅游者的期望。因此，实行合作，将周边不同类型的旅游目的地整合在一起，在承认矛盾和对立的前提下，着眼于发展和保护的共同点，主张将局部的对立变成更大空间的共存，寻求矛盾双方的共存和共赢，共同构筑一个统一和谐的整体。

（二）获得成本优势

各旅游目的地之间通过共享旅游资源、基础设施和服务设施，实施整体开发，形成“规模经济”以降低单位投资成本；通过交流旅游产品开发技术和管理经验来提高效率，从而降低研发与管理成本；通过实施统一品牌形象宣传策略，统一销售队伍、销售渠道来降低广告费用和销售成本；通过共同开发客源市场，实现客户资源交换，有效降低交易成本。

（三）客源市场互换

由于旅游消费成本和节假日的限制，旅游者选择距离较近的旅游目的地的频率较高。而彼此合作的旅游目的地之间，旅游资源一般都具有一定的差异性和互补性，且相互之间距离较近、交通便利，完全可以彼此互为旅游目的地和客源地，这种互补与结合使区域之间的联系更加密切，旅游市场环境进一步改善，旅游方式更易实现，从而促进了区域间旅游发展的良性循环。

（四）增强抗风险能力

旅游产业是一个敏感性产业，容易受到各类外界因素的影响，一个旅游目的地无论具有多么大的规模和吸引力，也不可能完全抗衡市场竞争、金融风暴、自然灾害等风险因素，所以应该利用合作伙伴的优势共同开发产品，共同构建抗震减灾基金等，以提高整体的竞争力，提高抵御经济、环境等冲击的能力，把风险降到最低。

四、区域旅游竞争合作类型

不同区域之间的旅游发展既有竞争，又有合作。区域旅游合作模式指区域旅游系统各要素和旅游活动在合作区域空间内的相互关系和组合形式，它是区域旅游空间相互作用而产生的共生效应、互补效应、整体效应的产物，是空间自组织过程①。区域旅游合作在不同的区域条件和合作机制作用下会呈现不同的结构形态，并处于时空演化之中。关于区域旅游竞争合作模式分类，不同的学者根据不同的理论提出过各种各样的模式，本书以较为典型的三个学者提出的分类方法进行阐述。

（一）依据区域经济学的分类

杨荣斌等依据区域经济学的理论对区域旅游合作的结构模式提出以下分类，如图 7-3 所示②。

---

① 杨荣斌．区域旅游合作结构模式研究［J］．地理与地理信息科学，2005，21（9）：96.

② 杨荣斌．区域旅游合作结构模式研究［J］．地理与地理信息科学，2005，21（9）：95-98.

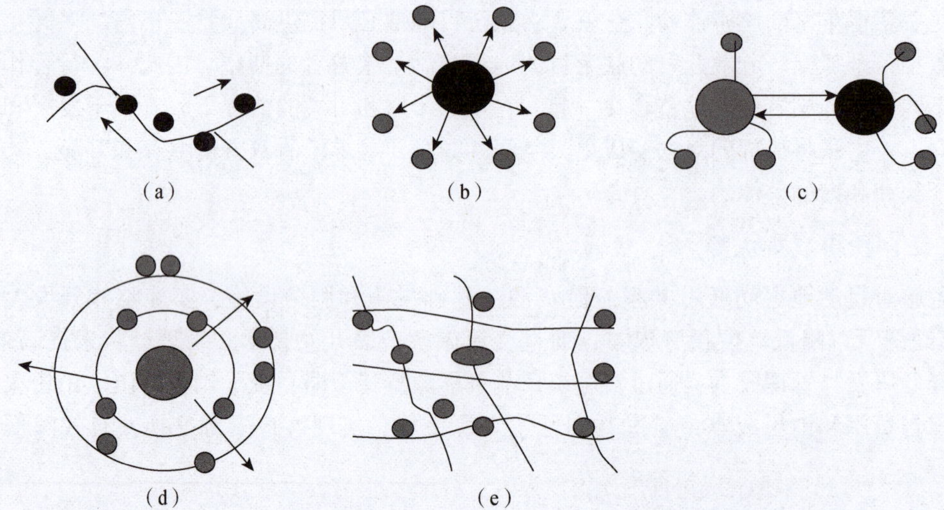

（a）点-轴发展模式；（b）单核辐射模式；（c）双核联动模式；（d）核心边缘模式；（e）网络型模式。

图 7-3　区域旅游竞争与合作的发展模式

资料来源：杨荣斌．区域旅游合作结构模式研究［J］．地理与地理信息科学，2005，21（9）：96-97.

1. 点-轴发展模式

所谓点是指旅游资源集中的各个旅游景区或景点，而发展轴是指连接各旅游景区或景点的交通干道。在区域经济水平落后的情况下，旅游业发展缺乏区域经济的有力支撑，区域旅游合作以旅游资源的整合为基础，沿交通干道延伸并向两侧辐射，形成中长线的特色旅游产品，构成点-轴发展模式，其目的是赢得更多的输入性旅游客流。如横贯中西的古丝绸之路，自西安向西串联陕、甘、宁、青、新省（区），几乎和陇海—兰新铁路（新欧亚大陆桥中国西段）完全重合，沿线经过旅游资源（特别是人文旅游资源）集中分布区，包括世界文化遗产 3 处、国家重点风景名胜区 8 处、国家历史文化名城 7 座、国家自然保护区 9 个，在空间上呈串珠状分布。而且沿线的西安、兰州、敦煌、乌鲁木齐已成为重要的旅游中心城市。西北 5 省（区）应通过区域旅游合作，统一规划、联合开发、克服重复建设和无序竞争，研究中心、次中心与主、次级发展轴的开发次序和规模，形成区域旅游的“点-轴”体系，发挥“合力”和整体优势，可创国际品牌的精品线路。

2. 单核辐射模式

区域旅游资源、市场分布不均衡，单项优势突出，以城市（市场）—区域资源或资源-市场空间关系为特征，以出游人数多、承载力大的单个大城市或某个具有大尺度吸引性的旅游景区为核心，以旅游经济联系（包括旅游交通）为纽带形成的区域旅游合作模式。该模式在区域旅游合作开始阶段较为普遍，如闽西南旅游圈以厦门为中心，周围涉及三明、龙岩、漳州、泉州和金门等城市和岛屿的一级旅游资源区（约占全省一级旅游资源的 30%），包括著名的武夷山、永定土楼和金门岛，合作开拓黄金旅游线路，形成由厦门向周边景区的客流辐射。

3. 双核联动模式

双核联动模式有双核心，以城市-城市或资源-资源空间关系为特征，不管是城市还是资源，双核在区域中的地位和等级相当，形成市场共轭或资源互补或两者兼而有之的合作关系。如苏北旅游区的徐州—连云港旅游合作，既有市场共轭，又有资源互补，形成共生性双核联动发展模式；而湖北宜昌（三峡）—神农架的合作则完全基于资源的整合，提升区域旅游吸引力。

4. 核心边缘模式

核心边缘模式形成于区域旅游合作水平比较高的时期，是单核辐射模式与双核联动模式的后续发展阶段，呈现多级圈层结构图，不同圈层的旅游功能有差异，旅游业发展水平呈现由核心向边缘的渐降次序，而区域整体水平高，竞争力强。珠江三角洲区域旅游合作的发展与演变是该模式最好的实证。以香港、深圳、广州、珠海和澳门为核心的粤港澳大珠江三角洲区域旅游合作已进入协同发展的制度创新阶段。为进一步拓展合作区域的空间腹地，提升区域竞争力，“9+2”泛珠三角区域旅游合作已经启动，空间结构以大珠江流域为其核心协作圈，通过协议加入合作的其他 8 省为其边缘拓展圈，区域旅游合作在更高的平台上进行整合，这是一个机制和模式不断创新的过程。

5. 网络型模式

网络型模式是区域旅游合作的理想形态，区域经济发达，旅游业一开始就受到区域经济活力的强有力支撑。区域基础设施完备，旅游资源丰富，旅游市场发育，城市间往往互为市场，互为资源，并且度假、商务、节事等专业层次旅游活动所占比重较大，如长三角“15+1”城市旅游合作组织。2003 年，长江三角洲 15 个城市（上海、苏州、无锡、常州、镇江、南京、扬州、南通、杭州、宁波、温州、湖州、嘉兴、绍兴、舟山）和安徽的黄山市签署了《长江三角洲旅游城市合作宣言》，在品牌塑造、资源整合、信息交流等方面展开密切合作。合作区内城市规模、经济发展水平、消费能力及旅游业都比较发达，而且区域内部发展相对均衡；区域旅游资源丰富且等级较高，4A 级景区有 74 个，均匀分布在 16 个城市，组合上各有侧重，又互为补充；区域内交通联系十分便利，高速公路、铁路、航空、水运等立体交叉已成网络。长三角地区旅游资源和市场的融合使该区域合作呈现网络结构，它以上海为旅游中心城市，杭州、南京、苏州为次中心，其他城市为重要节点，形成梯级网状区域旅游网络。

2019 年出台的《粤港澳大湾区发展规划纲要》明确广州、深圳、香港、澳门居于核心城市的地位，除此之外珠海也在其中担当了重要作用，因此在粤港澳大湾区旅游协同发展过程中，围绕广州、深圳、香港、澳门、珠海等核心城市，发挥其集聚和扩散效应，培育建设旅游城市合作圈。同时突破行政边界限制，建立基于旅游资源共建共享的旅游目的地网络。充分整合优质资源、技术、人才，提升旅游承载力，拓展旅游新空间，培育旅游新动能，提升旅游新格局，壮大旅游新功能，扩大旅游供给，拓展高价值旅游客源市场。

（二）从旅游业区域合作时空维度形成的四种理论模式

秦学依据旅游业区域合作的时间与空间维度（区域对象、主体分布、内容形式、合作机制），提出旅游业跨区域合作的四种模式，这四种模式之间的关系是渐进的，逐步深化的①。

1. 内容单一化合作模式

内容单一化合作模式是以旅游业某个领域为内容，在特定目的驱动下的单一化旅游业区域合作模式。在两个或两个以上的区域开展旅游业合作初期，区域之间出于某种特定目的，如建立合作关系、打开民间往来的大门，在经济、文化、科技等领域开始迈出合作步伐等，一般会选择旅游业的某个领域作为突破口，首先开展交流和往来，以此为契机，进一步扩大双边的交流合作，例如建立旅游景区共同体。

2. 行业综合型合作模式

行业综合型合作模式是以旅游行业为主要内容、企业为主体，在市场推动下的全行业合作综合型模式，是区域旅游合作发展到一定阶段的模式。它是在初期合作领域狭小、合作内容和途径单一的模式上不断扩大、提升而形成的较为普遍的旅游业区域合作模式，如建立区域性行业协会或商会。

3. 多元化全方位合作模式

多元化全方位合作模式是众多产业参与、主体多元化、综合机制协调下的全方位旅游业区域合作历史较长、发展较为成熟的区域旅游业合作模式。区域间不仅旅游行业全面形成密切的协作关系，而且国民经济众多产业，包括与旅游业密切相关的各个行业，都广泛地形成合作关系，区域合作的主体多元化，包括企业、民间组织、政府等，各地区的旅游业在市场驱动、政府推动、民间互动等多种机制下形成共生共荣、高度融合的全方位合作的模式，如开展无障碍旅游区行动。

4. 关联性区域合作模式

关联性区域合作模式是不以旅游业发展为目的，但对旅游业有促进作用的区域合作模式。旅游业的区域合作，是一个客观存在的社会现象。这种合作模式广泛存在于世界各种类型的区域合作中，并且贯穿于区域合作的初创、发展、成熟、重新循环等全过程，如粤港澳共同建设的 CEPA（Closer Economic Partnership Arrangement，建立更紧密经贸关系的安排）模式。

（三）依据区域旅游地引力模型的分类

舒小林等根据区域旅游地根据旅游资源的特性，通过区域旅游地引力模型定量分析和 SWOT（Strengths、Weaknesses、Opportunities、Threats）-PEST（Political、Economic、Social、Technological）定性分析，把区域旅游地相互作用竞合关系的空间结构统一分为三种类型②，具体如表 7-1 所示。

1. 互补合作型

互补合作型是指几个彼此相邻的区域旅游地各有一处或若干处比较独特的难以被其相邻区域旅游地旅游资源所替代的资源，根据比较优势理论，相邻的区域旅游地宜以资源比

① 秦学．旅游业区域合作的一般模式与原理探讨：兼论粤港澳地区旅游业合作的模式［J］．商讯商业经济文荟，2004（5）：40-44.

② 舒小林，王爱忠，麻新华．区域旅游竞争与合作关系的初步分析［J］．云南地理环境研究，2007，19（3）：115-118.

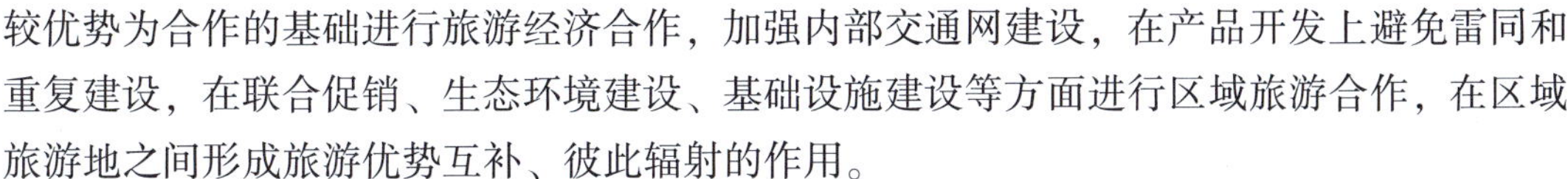

较优势为合作的基础进行旅游经济合作，加强内部交通网建设，在产品开发上避免雷同和重复建设，在联合促销、生态环境建设、基础设施建设等方面进行区域旅游合作，在区域旅游地之间形成旅游优势互补、彼此辐射的作用。

2. 优势屏蔽型

优势屏蔽型要大力发展优势旅游地，尽量延长旅游产业链，另一地作为补充或发展互补的基础和接待设施，在高峰期作为优势旅游地的分流旅游地。如云南路南石林和乃古石林，安徽黄山、九华山和齐云山等。黄山作为世界自然与文化双重遗产、国家5A级旅游景区及国家地质公园，在全国的吸引力都很强，也是安徽省旅游业发展的重点。而九华山和齐云山虽然资源品位度也很高，但相比黄山来说，吸引力要差一些，因此两者成为黄山的有益补充，可以在旅游高峰时期成为分流目的地。

【视频】国家公园

3. 大圈统一型

大圈统一型宜依托旅游资源进行区域旅游经济合作，可以以地方利益为基础，以市场交易为基本方式，以政府协作为补充，加强旅游精品建设、产品组合、基础配套、线路衔接、联合促销、开放市场、诚信服务、联合执法，共建无障碍旅游，对区域旅游地进行功能分区，实现产品的差异化开发，体现共性中的个性，树立整体形象，形成或壮大旅游品牌，进行统一营销。通过对区域内的基础设施、旅游资源、旅游景区（点）线、旅游产品、旅游市场营销等旅游产业要素进行重新审视与优化组合，使整个旅游区域形成一个具有高度内聚力与自我调适功能的旅游空间组织。如丽江大研古镇和束河古镇同为世界文化遗产组成部分，在文化、古镇风貌、建筑风格等方面都十分相似，但大研古镇在黑龙潭公园建有东巴文化研究所，而束河古镇建有茶马古道博物馆，实现差异化开发。

表7-1　区域旅游空间结构统一整体类型①

类型	SWOT—PEST定性定量分析	合作方式	举例
互补合作型	两个或两个以上区域旅游目的地之间存在明显的互补性或差异性	构建互补的旅游产品群，联合促销，在生态环境建设、基础设施建设进行区域旅游合作	云南大理、丽江、香格里拉
优势屏蔽型	区域旅游目的地互补性不明显，进行区域旅游吸引力评价定量分析，区域旅游目的地之间吸引力差别明显	大力发展优势旅游目的地，延长旅游产业链，另一地作为补充或发展互补的基础和接待设施，共建生态环境、基础设施	云南路南石林和乃古石林；安徽黄山、九华山和齐云山等

① 舒小林．区域旅游竞争与合作关系的初步分析［J］．云南地理环境研究，2007，19（3）：117.

续表

类型		SWOT—PEST 定性定量分析	合作方式	举例
大圈统一型	相邻的区域共同拥有同一单体规模巨大的旅游资源	两个或两个以上区域旅游目的地互补性不明显，就进行区域旅游引力评价定量分析，区域旅游目的地之间引力相差不大	进行行政区划重划或设立专门的风景旅游区管理委员会，对风景旅游区进行统一开发管理	大三峡（湖北和重庆）；泸沽湖（云南和四川）；壶口瀑布（山西和陕西）等
	相邻的区域拥有相似性较大的同一种或若干种单体数量较多、分布较零散的旅游资源	两个或两个以上区域旅游目的地互补性不明显，就进行区域旅游引力评价定量分析，区域旅游目的地之间引力相差不大	地域分工协作，化零为整，进行整合性开发，强化共同优势，塑造共同主体形象、提高旅游产品层次，联合促销，共建生态环境、基础设施，形成或壮大旅游品牌	大香格里拉（云南、四川、西藏共建）；大侗族旅游圈（湖南、贵州、广西共建）等

课后练习

一、多选题

1. 以满足旅游活动的类型进行划分，旅游目的地可以分为（　　）。

A. 观光旅游目的地　　B. 度假旅游目的地

C. 消遣旅游目的地　　D. 乡村旅游目的地

2. 按照旅游目的地的空间范围进行划分，旅游目的地可以分为（　　）。

A. 国家型　　B. 区域型　　C. 城市型　　D. 景区型

3. 按照旅游目的地所处空间属性划分，旅游目的地的类型有（　　）。

A. 城市旅游目的地　　B. 景区型旅游目的地

C. 乡村旅游目的地　　D. 度假旅游目的地

4. 依据区域旅游目的地引力模型的分类，可以将旅游目的地的相互竞合关系的空间结构分为（　　）。

A. 互补合作型　　B. 优势屏蔽型　　C. 网络合作型　　D. 大圈统一型

二、简答题

1. 旅游目的地的形成条件有什么？

2. 简述区域旅游目的地竞争与合作的意义。

三、综合题

1. 请以你熟悉的一个旅游目的地为例，分析其资源的特点、形成的过程及空间结构模式。

2. 请你分析京津冀、长三角、粤港澳区域旅游合作的异同。

第八章　旅游影响

学习目标

知识目标：

1. 掌握旅游对经济发展的积极与消极影响；
2. 熟悉旅游对环境的积极与消极影响；
3. 熟悉旅游对社会文化的积极与消极影响；
4. 掌握旅游可持续发展的原则与实现路径。

能力目标：

1. 理论联系实际，学会更好地控制旅游带来的消极影响；
2. 通过学习，使学生掌握旅游对经济、社会、文化的影响；
3. 运用可持续发展理论指导旅游实践，树立正确的可持续发展观。

素养目标：

1. 通过对相关知识的学习，自觉培养良好的行为习惯，做一位生态旅游的倡导者与示范者；
2. 了解旅游的环境影响，增强环保意识，在旅游中自觉保护环境；
3. 了解旅游对文化的影响，成为保护和传承优秀传统文化的传播者。

难点与重点

1. 旅游可持续发展的原则；
2. 旅游可持续发展的实现路径。

案例导入

中国“村BA”故乡贵州台盘：以球会友　激发乡村振兴新活力

2023全国和美乡村篮球大赛（村BA）总决赛于10月25日至28日在台盘村举行。球赛期间，台盘村民众为球员和游客们献上极具特色的民族展演。

“台盘村村民对篮球的热爱是刻在骨子里的。”台盘村村委会主任岑江龙接受中新网记者专访时说，“村里的男女老少，家家户户都喜爱篮球，每逢节日篮球赛更是必不可少的一项活动。”

“村BA”的火爆，也吸引众多游客前来“打卡”，这也让台盘村村民们吃上了“旅游饭”，像岑江龙一样，很多年轻人选择回乡发展，台盘村人均年收入达到13 000元。村民们吃饱穿暖奔小康的同时，村里的公共基础设施水平也在不断提高，新路灯、新球场有了，村民们的幸福感节节攀升，也为“村BA”持续发展打下了基础。

数据显示，自“村BA”出圈以来，台江县累计接待游客200余万人次，带动旅游综合收入超23亿元。2023年上半年，台江县GDP同比增长7.7%，连续6个季度为黔东南州第一、贵州省前列，旅游接待人数同比增长58.54%，旅游综合收入同比增长80.68%，农村居民人均可支配收入同比增长9%。“村BA”带动了农村文旅体融合发展，有利于建设美丽和谐乡村，让台盘村更具活力、更有烟火味，擦亮“村BA”金字招牌。

（资料改编自：https://baijiahao.baidu.com/s?id=1781686253441632139&wfr=spider&for=pc.）

请思考：

1. “村BA”的火爆对当地经济有哪些影响?
2. “村BA”给当地基础设施带来了哪些变化?

党的二十大报告指出：“大自然是人类赖以生存发展的基本条件。尊重自然、顺应自然、保护自然，是全面建设社会主义现代化国家的内在要求。必须牢固树立和践行绿水青山就是金山银山的理念，站在人与自然和谐共生的高度谋划发展。”“人与自然是生命共同体，无止境地向自然索取甚至破坏自然必然会遭到大自然的报复。我们坚持可持续发展，坚持节约优先、保护优先、自然恢复为主的方针，像保护眼睛一样保护自然和生态环境，坚定不移走生产发展、生活富裕、生态良好的文明发展道路，实现中华民族永续发展。”

旅游作为一种社会现象，是随着社会经济的发展、科学技术的进步以及人们价值观念的转变而逐渐发展起来的。旅游业涉及社会生活的诸多领域，具有广泛的综合性特征，兼具经济属性和文化属性。从旅游者角度看，为了实现旅游目的必须付出一定的费用、时间和心理成本；从旅游经营者角度看，为了获取经济利益必须提供各种旅游产品和服务，这种特殊性活动伴随着旅游行为而带来人员、货币、物资和信息的流动，必然产生一系列影响。旅游影响也叫旅游效应，是指由旅游活动所引发的种种效应，即旅游者、旅游客体和旅游媒介三者之间的社会交换所引发的社会、经济和环境的种种效应，它不仅表现在对旅游活动主体本身的影响上，也表现在对旅游活动客体的影响上，还表现在对其他相关利益集团产生的影响上。

第一节　旅游的经济影响

旅游业作为一个经济性产业，是国民经济的重要组成部分，它不仅为物质资料生产部门的简单再生产和扩大再生产提供了实现的途径和方式，而且是社会总产品供给实现的重要环节，并不断创造新的需求。

这种作用和影响，有些可能会对国民经济的持续健康发展起到积极作用，而有些可能会对国民经济发展带来一定的消极影响。因此，正确认识旅游业的经济影响，有助于我们在旅游实践中趋利避害，促进旅游业健康、快速、可持续发展。

一、旅游对经济发展的积极影响

旅游对经济发展的积极影响主要表现在以下几个方面。

（一）增加外汇收入，平衡国际收支

旅游业尤其是国际旅游业为旅游目的地国开辟了重要的外汇收入渠道，是一个国家平衡国际收支的重要手段之一。在开放的经济体系中，一个国家外汇储备的多少，标志着其国际支付能力的强弱和维持其货币稳定能力的大小，外汇储备同时也是对外偿债的保证。扩大外汇收入主要有三条途径：一是有形外贸出口收入；二是兴办海外企业的利润回收；三是无形贸易收入。旅游业的外汇收入是无形贸易收入的重要组成部分，大力发展旅游业是增加无形贸易收入的重要途径。

在发展中国家，外汇缺乏是制约国民经济发展的主要障碍，而发展中国家单纯依靠传统的出口初级产品所能赚到的外汇数量有限，而且代价昂贵，还要承受进口国的种种关税和其他壁垒，与此相比，旅游业在赚取外汇方面具有明显优势。

第一，旅游业的换汇率高。旅游业提供的是不需要运输到国外的观光和服务产品，并且旅游者必须到旅游产品的生产地进行消费，这就省去了一般商品外贸过程中所必需的运输费、仓储费、保险费、关税等开支及外贸进出口的有关手续，从而降低了换汇成本，提高了换汇率。第二，换汇速度快。在传统的商品出口中，出口商品与支付款项的流向是相反的，从发货到结算支付往往需要较长时间。而在旅游出口中，旅游产品不发生位移，旅游者的流向与支付款项的流向是一致的，即从客源国流向目的地国，而且多为现金支付，资金回笼速度快，风险较小。第三，不受进口国关税壁垒的限制。在传统商品出口中，进口国往往会对进口商品实行配额限制，超过这一配额，便会提高进口商品的关税。此外，在对进口商品没有配额限制的情况下，为了控制商品进口量，进口国会将调高进口关税作为常用手段，这就是所谓的关税壁垒。而旅游出口是“风景就地出口”，不受贸易保护主义的干扰、出口配额的限制和关税壁垒的影响。第四，发展国际旅游可以弥补贸易逆差，平衡国际收支。国际收支是指一个国家或地区在一定时期（通常是1年）与其他国家或地区经济往来的全部收支。在国际经济往来中，收入大于支出时，国际收支差额表现为顺差或剩余，反之为逆差或赤字。造成国际收支不平衡的原因很多，对于发展中国家而言，一方面，由于经济技术落后，物质商品出口量有限，另一方面，为了发展经济文化又必须进

口先进的技术或设备，因此国家出现赤字。正因如此，发展旅游业，弥补贸易逆差，平衡国际收支，对于发展中国家更有意义。

（二）增加就业机会

就业问题是任何国家经济发展中都面临的一个重要问题。它不仅关系到每个劳动者的生存和发展，而且关系到社会的安定。任何部门和行业的发展都能为社会提供一定的就业机会，但是，发展旅游业比发展其他行业，更有利于解决就业问题。因为旅游业是一个综合性服务行业，它要满足旅游者在旅游活动中的多方面需求，因而发展旅游业必然会带动为旅游业直接或间接提供服务的各行各业的发展，从而为人们提供大量的就业机会。根据世界旅游组织资料，旅游业直接就业人数同其所带来的相关就业人数之比为 1 : 5。另外，旅游业的就业岗位层次众多，一方面，需要高素质的管理与技术人才；另一方面，很多工作尤其是旅游餐饮、旅游商品等行业的大多数工作并不需要很高的技术，对年龄要求也不太苛刻，能为尚不具备技术专长的青年或下岗职工提供就业机会。当然这并不是说旅游就业不需要知识和技术。为了保证旅游产品的质量，从业人员也需要进行适当的教育和培训。但同技术程度要求较高的制造业等相比，旅游业就业门槛较低，只需短期培训就可很快胜任。

一般认为，旅游业是劳动密集型的行业，它所吸纳的就业人口包括直接从事旅游的劳动人员和间接为旅游者或旅游企业服务的劳动人员。前者是由于旅游者的直接消费而产生的，即各种旅游企业中的就业人数，包括各种接待设施、商店、旅馆、酒吧、夜总会、运输及有关管理部门在内的就业。旅游发展所引发的间接就业多发生在建筑、制造、轻工食品和商业服务等行业。一个地区的旅游业越发达，这些相关产业与旅游业的关系越紧密，旅游发展所产生的间接就业就越多。

（三）旅游致富，促进乡村振兴，缩小地区差别

以旅游发展带动偏远地区的经济发展使农民致富，是旅游业的一项重要功能。现代旅游需求有一个值得人们关注的现象，越是与旅游者日常生活环境反差大的地方，越具有吸引力。在我国，偏远地区大多为山区、半山区、荒漠化地区和少数民族聚集地区。交通不便、产业基础薄弱等是造成该地区经济落后的主要原因，但与此同时，这些客观原因也使该地区保存比较原始的地形地貌、人文景观和特色鲜明的风土人情。所以在分析研究我国旅游资源的分布情况时就会发现，我国旅游资源蕴藏丰富的地区与偏远地区有很大的重合性。这些资源一经开发，就如同“点石成金”，可产生可观的经济效益，从而带动群众致富。旅游开发能够致富，从而达到乡村振兴的目的。

（1）旅游开发为相对落后的地区培育了一批新的经济增长点和主导型、支柱型产业，在乡村振兴中发挥了突出作用。无论是内地还是边远地区，只要有旅游资源、有客源市场，开发旅游业都取得了良好成绩；无论起步早晚，都取得了良好的经济效益和社会效益。

（2）旅游开发使经济相对落后地区人民更新了观念，增强了市场经济意识。旅游促进乡村振兴，使越来越多的人认识到发展旅游业的重要性，使越来越多的人参加到开发当地旅游资源，寻求乡村振兴的途径，而这种实践的展开，又带动更多的人转变观念，增强市

场经济意识，投入市场经济的大潮中来。

(3) 旅游开发可以帮助经济相对落后地区改善投资环境，促进横向经济联合和对外开放。旅游业是以促进人的流动为基础而发展起来的产业，人的流动又会促进信息的流动、资金的流动和人才的流动，所以，经济相对落后的地区发展旅游业，可以促进横向经济联合和对外开放的发展。另外，贫困地区为发展旅游业而兴建的旅游基础设施，也是当地投资环境的重要组成部分。所以，经济落后地区发展旅游业，会大大改善投资环境。

(4) 旅游开发可以加快我国旅游资源的开发进度，对我国旅游产业规模的扩大、产业结构的优化和地区分布的完善产生积极的影响。

(四) 改善投资环境，推动区域经济发展

1. 改善投资环境

旅游业的发展可以从多方面改善投资环境，吸引外资，扩大出口，促进国际的经济交流和合作。

(1) 旅游业提供了开展经济合作的必要物质条件。发展旅游业必定会加快通信、交通、电力等基础设施和饭店、公寓、娱乐场所等旅游设施的建设，这为外商投资、经商、考察等提供了食、住、行等方面的良好条件。

(2) 国际旅游业是对外开放的“窗口”。发展国际旅游能加深各国人民之间的了解，并从中获得各种经济信息，为企业界和投资公司到旅游目的地投资和发展经济合作提供决策依据。

(3) 国际旅游业促进了各国科技人员和信息的交流。旅游业本身就是一个开放的行业，在旅游者中有大量的科学家、学者、企业家等。这些人带来了最新的科技信息和技术。与他们交流，能密切相互之间的关系，促进中外经济、文化和科技的发展。这种民间的交往起到了官方所不能起到的作用。

(4) 旅游经济本身的特性决定了它最容易吸引外商的投资。与其他工业项目相比，旅游项目有投资少、风险小、见效快的特点，对外投资吸引力大。

2. 推动区域经济发展

旅游业不仅改善了投资环境，也推动了区域经济的发展。

(1) 增加旅游目的地的经济收入。旅游者在旅游目的地的消费是一种外来的“经济注入”。这种外来的“经济注入”可以刺激和带动当地的经济发展，加速当地经济发展的步伐，从而有助于缩小地区差距。

(2) 增加政府税收。国家的旅游税收主要来自两个方面：一是从国际旅游者获取的税收，包括入境签证费，出入境时交付的商品海关税、机场税等；二是来自旅游业的有关营业部门，包括旅游企业的营业税和所得税等。

(3) 促进当地市政、道路、供电等基础设施建设。

(4) 为当地多种行业的发展提供条件，如工业、手工业、农业等。

二、旅游对经济发展的消极影响

发展旅游的经济利益是显而易见的，但同时，旅游发展也会给当地社会带来一定的消

极影响。目前，许多研究人员开始注意旅游开发对当地经济发展的负面影响。

（一）有可能引起当地的物价上涨

就一般情况而言，外来旅游者的支付能力高于旅游目的地的居民，加之其在外旅游的消费心理的影响，往往愿意出高价购买各种产品和服务。在经常有大量旅游者来访的情况下，难免会引起旅游目的地的物价上涨，这势必会损害当地居民的经济利益，特别是引起衣、食、住、行等生活必需品价格上涨。此外，随着旅游业的发展，当地对稀缺资源的需求也越来越大，特别是对土地的需求，因此，旅游目的地的地价会迅速上涨。这样不但会影响到当地居民的住房建设与发展，而且更为严重的是会导致当地农民或其他土地所有者出售土地。尽管他们从中可以得到短期的利益，但因为失去了土地，他们不得不放弃原来的职业，而去从事陌生的职业，会在心理上和生活上造成很大的压力，从而出现新的社会不公平问题。

（二）有可能导致产业结构发生不利变化

旅游业被认为是一种投资少、见效快、效益高的行业，普遍受到政府部门的重视，因此容易引起行业配置上的倾斜，引起产业结构失衡。

在过去以农业为主的国家或地区，一方面，由于从事旅游服务的所得高于务农所得，因此常使大量的劳动力弃田从事旅游业，这样就严重影响了农业的正常生产；另一方面，旅游发展所必需的饭店、旅馆等住宿接待设施的建设占用了大量的耕地，必将影响农业生产的规模。这样一来，一方面对农副产品的需求增多，另一方面农作物的生产却在减少，从而造成农副产品供求之间的矛盾，引起农副产品的价格上涨，影响农业经济的稳定和发展。另外，由于当地居民失去了赖以生存的基本生产方式，一旦危机袭来，如旅游业由于种种原因不能满足他们生活的基本需要，再加上农副产品价格上涨的压力，就会产生社会问题，还可能会影响社会和经济的安定。

（三）过度依赖旅游业会影响国民经济的稳定

一方面，旅游经济的发展具有脆弱性的特点，它不仅受旅游业自身激烈竞争的影响，而且受多种外在因素的影响，如自然因素中的地震、海啸、异常天气等，健康因素中的流行性疾病，经济因素中的世界经济危机、主要客源国经济危机、外汇汇率的变化等，政治因素中的国家关系恶化、国内政治动乱、政府政策变化等。一旦这些非旅游所能控制的因素发生不利变化，旅游需求将大幅度下降，旅游业乃至整个经济都将严重受挫。

另一方面，旅游经济的发展具有季节性的特点，淡季时不可避免地会出现劳动力和生产资料的闲置，比如秦皇岛市夏季游人如织，冬季却门可罗雀。很多设备在旺季供不应求，而到了淡季就处于闲置状态。

因此，一个国家或地区如果全部依靠旅游业发展自己的经济，一旦因为非旅游所能控制的因素以及社会环境突然发生变化，导致旅游需求下降，旅游业及相关产业就会在相当长的时间内一蹶不振，从而会对国民经济产生致命的影响，因此有人称旅游业是一座“建在流沙上的大厦”。

（四）对就业的不利影响——淡季失业

旅游业是一个季节性很强的行业，它虽然能够创造大量的就业机会，但是旅游业的季节性决定了这些就业机会也具有明显的季节性特点。这就使旅游业和相关行业中的就业人员处于很不稳定的状态，在淡季时不可避免地会出现劳动力和生产资料闲置，甚至出现严重的“季节性失业”的现象，从而给目的地国或地区带来严重的经济问题和社会问题。

总之，要全面正确认识旅游发展的经济影响，就必须辩证地看待其影响的积极方面和消极方面，从而在旅游发展的实践中，加强宏观调控和总体规划，扬长避短，保证旅游业和旅游经济的持续健康发展。

知识链接

旅游和就业：让所有人都有美好的未来

2019 年世界旅游日的主题为“旅游和就业：让所有人都有美好的未来”，活动主会场设在印度新德里，主要议题有“未来旅游业”“最大限度地利用旅游业创造更多更好的工作机会”等。

联合国世界旅游组织秘书长祖拉布·波洛利卡什维利在对 2019 年世界旅游日寄语中表示，旅游业可以帮助人类创造更美好的未来。在世界范围内，旅游业已经成为重要的就业领域，提供了数百万就业岗位并推动了经济发展。

联合国世界旅游组织统计数据显示，旅游业创造了世界工作岗位的 10%。国际劳工组织预计，在未来 5 年经济发展中，“住宿和餐馆”“私营部门服务”将以最快速度创造就业机会。

祖拉布·波洛利卡什维利认为，旅游业不仅是促进经济增长、创造工作机会的引擎，更是促进平等与可持续发展的动力。在许多地方，旅游业使妇女、年轻人和贫困人口摆脱贫困并充分融入社会，实现人生价值。

（资料来源：世界旅游日聚焦“旅游和就业” https://www.mct.gov.cn/whzx/whyw/201909/t20190927_847081.htm.）

第二节 旅游的环境影响

环境与旅游之间存在一种相互依赖又相生相克的关系。一方面，环境资源为旅游产品的生产提供了最基本的成分。无论是自然旅游资源，还是历史遗留下来的和当代新建的人造旅游资源，其本身就是目的地环境的组成部分，加之外来旅游者访问活动的开展无一不是以目的地环境为依托，所以旅游目的地的环境是构成当地旅游产品的最基本要素。它不仅是吸引旅游者来访的决定因素，其质量还将影响来访游客的访问经历和满意程度。另一方面，旅游业生产出的诸多“副产品”——垃圾、废气、废水等，会使旅游目的地的环境发生变化。这种旅游对目的地环境的影响从一开始就不是潜在性的影响，而是事实上的影响。

随着旅游业的开展和旅游者的来访，旅游目的地的环境不可避免地会发生变化。随着大规模旅游活动的发展，人们对于旅游对环境的影响也愈加关注。目前在不少国家或地区，保护环境和改善环境已经成为旅游开发决策时首先要考虑的问题。旅游项目的开发和旅游活动的开展在导致环境发生变化方面，既有积极的影响，也有消极的影响；既有直接的影响，也有间接的和诱导性的影响。

一、旅游对环境的积极影响

优越的环境质量已经成为强大的旅游吸引力，旅游目的地通常会极力造就和维护良好的旅游环境以吸引游客前来访问。这些行为虽然主观上出于发展旅游业的需要，但是在客观上起到了改善目的地生态环境的作用。具体来讲，旅游对环境发展的积极作用体现在以下几个方面：

（一）增强人们的环境意识

旅游不仅能够增强目的地人们的环境意识，也有助于旅游者环境意识的提高。作为目的地居民，他们亲眼看见良好的环境能招徕游客，帮助他们摆脱贫困走上富裕的道路，所以，人们充分认识到保持一个优越的环境就是保证经济收入，他们的环境意识自然就提高了；作为旅游者，旅游目的地优美的环境使他们身心获得了最大的愉悦，他们无形中认识到了良好环境的重要性，环境意识也会随之提高。

（二）使自然景区和历史古迹得到保护

为了吸引更多的旅游者并提高他们的满意程度，风景区、野生动物保护区和历史古迹的环境保护问题自然会引起旅游经营者的重视。发展旅游业能带来大量资金，有助于保护自然景区。如果没有旅游业，这些地区的环境有可能会恶化。同自然环境的保护一样，旅游也有助于保护作为旅游景点的历史古迹，并为其提供资金。一些风景名胜区由于历史原因而衰败，但在旅游者中仍有一定知名度和影响力，如果对其整体重新修建或增加一些旅游设施，可以使其重新供游人游览；有的旅游目的地现在的旅游配套设施无法满足旅游业的发展，需要增加一些设施和服务。而发展旅游业能带来大量资金，有助于促进这些景区的修复，如果没有旅游业，这些历史古迹就有可能状况恶化或逐渐消失。

（三）提高目的地的环境质量

旅游者外出旅游往往对纯净的空气和水、优美的环境和生态、绿色的森林和大地充满向往。这种旅游者内心深处的需求，对于旅游开发者来说，促使其规范开发方式和提升产品质量。环境质量就是旅游产品的质量，旅游者需要开发者提供高环境质量的旅游产品。因此，从深层次意义上讲，旅游开发应该意味着旅游地生态环境质量的提升。设计得当的旅游设施可以美化自然环境和城市环境，旅游业也可以通过控制空气污染、水污染、垃圾和其他环境问题促进环境全面净化，并可通过各种园艺项目、适合的建筑和更好的维护措施进一步美化环境。现实生活中，旅游地开发经营者日益重视生态环境问题，甚至出现了把“环境保护”作为卖点进行精心打造的景区。

（四）使基础设施和服务设施得到改善

旅游的发展既能改善地方的基础设施，如机场、道路、通信、用水系统和污水处理系统等，又可以促进当地休闲娱乐、住宿餐饮等服务设施的建设，从而提高地方经济，改善地方人居环境。旅游目的地过去为了吸引更多的旅游者，加大基础设施建设和环境综合治理力度，在进行基础设施建设过程中，引进大企业高水平开发建设，提升了整个旅游的发展水平，从而形成围绕旅游抓建设，围绕项目抓服务，围绕项目造环境的经营管理模式。

二、旅游对环境的消极影响

虽然旅游业在客观上能够起到保护旅游目的地环境的效果，但是旅游业并不是真正的“无烟工业”，过度的或不当的旅游开发会严重影响旅游目的地的环境。

（一）对旅游环境造成众多污染

不当的旅游开发对环境造成的污染是多方面的，包括水体污染、空气污染、噪声污染、废弃物污染等。如果饭店、度假村或其他旅游接待设施没有安装适当的污水处理系统，那么这些污水就会污染地下水和附近的湖泊、河流等。水体污染不仅破坏水体景观的旅游价值，而且严重损害人类的健康和动植物的生存环境。尽管旅游被称作“无烟工业”，旅游业的发展仍然会对环境造成相当程度的污染，主要体现在旅游客运量的增大使交通工具废气的排放量也相应增多；各种旅游交通工具和夜总会、舞厅、游乐园等设施也会带来噪声；同时，由于设计不合理，旅游接待设施可能会与当地的建筑风格格格不入，从而影响视觉美感；旅游开发还使废弃物污染问题日益突出，旅游者乱扔废弃物的现象普遍存在。

（二）破坏了当地的生态系统

发展旅游业需要修建道路、停车场、旅馆饭店等接待设施，如果这些旅游接待设施缺乏规划，其过度开发和建设会使当地原有生态系统遭到破坏，从而造成生态系统失衡。如果无计划地在山上乱砍滥伐树木，将严重破坏森林植被；把自然保护区、森林和野生动物栖息地开辟为旅游场所，使野生动物失去安身立命之所，使其栖息地破碎化，并且可能危及许多珍稀动物的生存，降低生物多样性；旅游景区建设中常见的“遇山开路、遇水搭桥、就地采石”现象，在景区建好的同时，生态环境也遭受了破坏。在旅游饱和与超载时，由于旅游者激增，当地土壤生态系统被破坏，导致土壤板结，土壤性质转变，使原有生态系统被破坏。

（三）损毁了大量文物古迹

对文物古迹的破坏可以从两方面来理解。一方面，由于长期大量接待来访旅游者，保护不力，当地历史文物古迹的原始风貌甚至寿命受到威胁。尤其是旅游者的呼吸、汗水等对文物存在明显的破坏作用。另一方面，旅游者的有意破坏，如少数旅游者为了拍照而触摸攀爬旅游名胜古迹，有的还在文物古迹上乱刻乱画，这些都损害了文物古迹，对环境造成了破坏。

（四）导致旅游目的地过度拥挤

在旅游旺季，旅游目的地经常出现旅游者“爆棚”现象，人口密度急剧增大，从而给当地居民的人居环境带来巨大负面影响。一方面是人流、车流的相互阻碍以及停车场的供应脱节，造成交通堵塞，造成当地居民生活空间相对缩小，严重影响当地居民正常的生活秩序；另一方面是基础设施的超负荷运转，造成供给不良，给当地居民带来诸多不便。

总之，旅游活动对环境的影响有正面的也有负面的。在一些旅游规划比较合理的地区，这种正面影响表现得较突出，这样就形成了良性循环，使当地旅游业搞得红红火火。相反，一些决策者为了追求短期经济效益，往往只关心投资的金融回报，使当地环境超负荷运转，造成对环境的破坏。而环境是旅游业的基础，环境资源是旅游活动的物质依托，没有优美的环境，就不能吸引旅游者，所以，环境的破坏又会反过来影响旅游活动的开展，形成恶性循环。

知识链接

旅游研究的热点——旅游对环境的影响

近年来，环境保护话题引起热议，旅游对环境的影响受到重视，可持续发展理论要求保护旅游地良好的自然环境以促进旅游业的长远发展，绿色发展理论要求在发展旅游业的同时注重经济、社会、生态三大效应的协调，“两山”理论更是突出了青山绿水的重要性。在旅游业由高速发展向高质量发展转变的形势下，旅游对环境的影响成为旅游研究的重要部分，学者们基于不同的理论、方法等对其进行了研究。

我国旅游业处于由高速发展向高质量发展转变的关键时期，绿色、低碳、可持续等理念逐渐成为旅游发展的共识，是高质量发展的重要体现。环境保护问题日益受到重视，旅游对环境的影响成为研究热点。基于可持续发展理论，旅游和环境应做到协调发展，不应过度地发展旅游而破坏环境，也不应一味地强调环境保护而拒绝任何形式的旅游开发建设。旅游发展和环境保护并不是互相矛盾的，两者可以有条件地达成统一，可以利用环境保护形成的优质资源来构建旅游地的核心吸引力，利用旅游发展的经济收益来保护环境。

（资料来源：段湘辉．旅游对环境的影响研究综述［J］．无锡商业职业技术学院学报，2021，21（2）：76-82.）

第三节　旅游的社会文化影响

现代旅游业的蓬勃发展，对各旅游目的地乃至世界经济产生了巨大影响，而且对旅游目的地乃至全人类的社会文化也具有不可忽视的影响。大量外来旅游者在旅游目的地之间流动，在与当地人接触过程中产生了一系列交流活动，形成了复杂的人际关系。这些活动与关系对客人和主人两方面都将产生影响。然而由于客人在旅游目的地活动时间短暂而分散，所以对外来旅游者个人和其所属社会产生的影响是微弱的，时过境迁，这些影响会随之消失。但对旅游目的地居民和社会的影响是持续不断的，当这种持续的影响达到某种临界点时，就会使当地的社会文化发生变迁。同旅游对经济发展的影响一样，旅游活动对社会文化的影响既有其积极的一面，也有其消极的一面。

一、旅游对社会文化的积极影响

（一）加强人们之间的相互了解和友好往来

旅游活动是不同国家、不同民族、不同信仰及不同生活方式的人们之间的直接接触与交往，而不是以各种媒体为中介的信息传递和间接沟通，更有助于增进不同国家人民之间的相互了解，增强国际的和平友好关系。国际旅游活动的开展客观上具有“民间外交”的效应。旅游可作为官方外交的先导与补充，起到官方外交不容易起到的积极作用。

与其他文化传播相比，旅游活动交流方式的优越性十分明显。首先，它是一种人与人之间的直接交往。不同于报刊、广播、电视、互联网等媒体或以他人为代表的间接沟通和信息传递，它是面对面的交往与交流，能产生直接感受，是一种人与人、人与社会以及人与自然之间“零距离”的接触。游客通过旅游获得亲身体验，得到难忘的感受，增强国际相互了解。其次，旅游体现着各种社会文化现象的交叉和渗透。它是一种你来我往的行为，各个国家、地区和城市，既可以是旅游目的地，又可以是旅游客源地，因此通过旅游活动，一方面可以了解别人，促进世界大同观念的形成；另一方面可以利用这一特殊“窗口”宣传自己，树立本民族的形象，促进传统文化走向世界。再次，旅游是人类的和平交往，属于人类文化主体之间进行交流的主要形式。旅游可以加强世界各国和人民的和平交往与交流，增进了解，维护世界和平。最后，以旅游为媒介的对外文化交流虽然离不开政府的参与，但主要是一种民间交流活动，这种民间交流活动常常能发挥正式外交所不能发挥的作用。不同职业、身份、阶层、民族、宗教信仰以及年龄、性别的旅游者，不受党派、思想意识、官方外交礼节等方面的约束，相对自由地通过旅游活动相聚，极大地促进了不同国家和地区人们之间的友好往来和相互了解。

（二）有助于提高民族素质

旅游的发展有助于提高民族素质，这种促进作用主要表现在以下几个方面：

（1）旅游者的到来给当地居民的思想文化带来新的冲击，旅游业可以潜移默化地促进旅游目的地居民科学、文化素质的提高，并使其价值观和行为方式发生演变，在总体上更趋于开放化、国际化和现代化。例如，通过旅游，当地居民不仅学会了用外语与旅游者进行沟通，而且学会了经商，和外国人做生意。

（2）旅游活动的开展有助于人们的身心健康。在现代社会生活中，由于生活节奏的加快，工作压力的紧张，人们更加向往回到安静、优美的大自然中去，以便重新“充电”，恢复体力、焕发精神，从而提升人们对人生的热爱之情。这一方面是大众化旅游的重要动机之一，另一方面也反映了旅游活动的开展促进人们身心健康、提高人口素质的重要作用。

（3）旅游活动的开展有助于推动旅游目的地居民的文明进程。旅游的发展有助于旅游目的地居民逐步建立与现代文明、商品经济相适应的思维方式和工作方式，有助于当地破除迷信，提高文明程度，形成尊重科学的氛围。

（4）旅游活动的开展有助于人们增长知识。旅游本身就是一种经济性文化交流。旅游活动的开展有助于人们突破惯常环境对思维的束缚，使人们开阔视野，增长知识。古今中外各领域的伟人，大都有旅游或旅行的经历，对于年轻人来说，外出旅游更是学习和接受新事物的有效途径。旅游可以了解世界，熟悉社会，增长知识和才干。正因为如此，才有“读万卷书，行万里路”的总结。

（三）有助于促进民族文化的保护和发展，增强文化自信

民族文化是一个国家或地区的重要旅游资源。体验和了解不同的文化是旅游者主要目的之一。随着世界旅游业的蓬勃发展及旅游产业经济优势的凸显，许多国家或地区逐渐对自己的民族传统文化采取了系统的保护、挖掘和利用措施，使本国、本地旅游业更具特色和魅力。因此，原先一些几乎被人们遗忘的传统习俗和文化活动又重新得到开发和恢复，传统手工艺品因市场需要的扩大重又得到发展，传统的音乐、歌舞、戏剧等重又受到重视和发掘，长期濒临湮灭的历史建筑重又得到维护和管理等。因为通过实践人们知道，只有那些具有民族特色和文化内涵的旅游产品才具有持久的生命力，才能不被旅游产业的发展所淘汰。所以，旅游业的持续发展需要建立在对民族文化进行保护的基础上，旅游经营者和管理者必将承担起民族文化保护和发展的使命，使那些濒临绝迹的文化得到发掘、保护和弘扬。当然，原先几乎被抛弃的传统文化之所以能够获得前所未有的重视，主要是因为旅游业所能带来的“实惠”。一些国家或地区从经济建设总体的高度研究民族文化的保护和发展，把民族传统文化的保护和开发纳入城乡总体规划之中。

（四）有助于推动科学技术的交流和发展

在一定意义上讲，一次旅游活动就是一次广义的文化交流。首先，旅游是人类求知的一条途径，是人们洞察世界、探索奥秘的实践。在旅游活动中，旅游者与各种事物接触，与各种人物交流，从而开阔了视野，增长了知识。其次，旅游是文化艺术创作的源泉。古今中外旅游史证明，旅游实践给许多文学大师和艺术巨匠提供了丰富多彩的创作素材和创作灵感，使他们创作出不朽的佳作。最后，许多旅游活动本身就是一种学术交流。这种旅游可以传播学术思想，并通过相互的交流借鉴而提高学术水平，给科技的发展与文化交流带来重要影响。

旅游活动推动科学技术的交流和发展，其推动作用主要表现为：一方面，在旅游过程中，一些旅游者会给旅游目的地直接带来先进的科学技术思想和成果，对旅游目的地科学技术的发展起到促进作用；另一方面，旅游发展过程不断对旅游目的地科学技术提出新的要求，要求与旅游活动有关的交通运输工具、通信以及旅游服务设施等更加快速、便利、舒适、安全，从而推动了有关领域科学技术的发展。

二、旅游对社会文化的消极影响

旅游对旅游目的地社会的负面影响主要表现为导致本地传统文化的消亡、不良的“示范效应”及干扰当地居民的正常生活等。尤其是当旅游目的地比较落后，且与旅游者的差距较大时，这种负面影响表现得更突出。

（一）对传统文化的冲击，使旅游目的地固有文化舞台化、商业化

传统的民间习俗都是在特定的时间、特定的地点，按照规定的内容和方式举行的。但在外来文化和现代时尚的冲击下，许多地区的旅游开发常常摒弃珍贵的民族文化特色，忽视特有的文化内涵和价值，古朴的民俗文化和民族风情面临过度商业化的侵蚀。为了接

待旅游者，这些传统的习俗和庆典不再按照特定的时间和地点举行，而是随时都会被搬上“舞台”。为了迎合旅游者的观看兴趣，活动内容也被压缩，表演节奏明显加快。这些活动虽然被保留下来了，但在很大程度上已失去其传统的意义和价值。传统的民间歌舞、祭祀庆典被商业化、庸俗化，甚至出现为了某种商业目的任意编造、添加、拼凑的旅游地根本不存在的伪民俗文化。另外，为了满足旅游者对纪念品的需要，大量生产当地工艺品，粗制滥造的产品充斥市场，这些产品实际上已经不再能表现传统的风格和制作技艺。

旅游业的发展促进了人们文化的交流和相互认同，旅游地文化尤其是民俗文化极易遭到异地文化的冲击和同化，导致地方文化的独特性被削弱。随着旅游者的大量涌入，随之而来的外来文化使当地的传统文化、风俗习惯发生了巨大变化，并且这种趋势越来越明显。

（二）不良的“示范效应”

旅游者以其自身的意识形态和生活方式介入旅游目的地，引起旅游目的地居民的思想变化，从而产生各种影响，这种作用称作“示范效应”。示范效应是旅游者对旅游目的地产生影响的主要途径。旅游目的地居民对旅游者的模仿最直接、最明显地表现在日常生活的言行当中，包括言语、表情、手势、衣着、仪表等，同时还体现在生活习惯和社会心理等方面。随着旅游业的发展，旅游者在将先进思想观念和生产方式“输入”旅游目的地的同时，也把有争议的观念和不好的东西传播开来。一些专家认为，旅游业的一个很大而且不好的副产品是它对旅游地人们道德标准的影响。

旅游目的地当地居民通过耳闻目睹与外来旅游者接触是一种长期性和持续性接触，对其影响也是潜移默化的。正因如此，有人研究了旅游带给一些第三世界国家社会文化的消极影响之后指出，发达国家通过旅游这种方式将其影响输入给第三世界国家。虽然有人可能认为这一认识带有某种偏激的政治色彩，但是外来旅游者通过其生活方式表现而对旅游目的地社会民众，特别是对发展中国家社会民众所产生的负面影响，是不容否认的。

（三）干扰旅游目的地居民正常生活

旅游目的地居民既是发展旅游的受益者，同时也是受害者，作为受害者的表现之一就是旅游活动对目的地居民生活的干扰。旅游者的到来，使当地居民的生活空间变得嘈杂，各种公用设施变得紧张，在旅游旺季充斥着大量游客，使当地居民感到焦虑、紧张。另外，由于旅游者离开惯常生活环境来到旅游地，在实现精神放松的同时，也脱离了惯常环境对其行为的约束和监督，由此导致自我放纵，助长旅游者的某些不端行为，如不遵守交通规则、乱扔垃圾等。这样当地居民对旅游者的态度就可能从起初的友好热情转变为不满甚至怨恨。

随着旅游业的快速发展，旅游的社会文化影响问题已经成为学术界、政界普遍关注的热门话题。而对一个旅游目的地来说，要实现旅游可持续发展的目标，就必须对旅游的社会文化的积极影响和消极影响加以重视，正确认识和对待旅游的社会文化影响，对这种影响进行适当调适。从客观上说，旅游目的地在旅游开发过程中要注重文化均衡；从主观上说，当地居民的心态要合理调整。

知识链接

做好文明旅游工作　助力社会文明建设

文明旅游工作是一项长期任务，近年来，我国文明旅游工作水平持续提升，文明旅游理念日渐深入人心。近日，文化和旅游部办公厅发布《关于做好2023年文明旅游工作的通知》，要求把工作做到实处、推向深处。全国两会期间，部分代表委员围绕做好文明旅游工作建言献策。

有学者建议，一要建立相应的惩戒机制。近年来，很多地方建立了“黑名单”，出台了旅游不文明行为记录制度，对不文明行为出重拳，可构建“一处受罚，处处受限”的联合惩戒工作机制，从法律法规层面加强对不文明游客的约束和惩戒力度，提升公民文明旅游意识。二要加大宣传推广力度，寓文明引导于文化和旅游产品之中，以“润物无声”的方式引导游客提升文明旅游意识。

另有学者提出：一要加强文明旅游宣传教育，通过网络平台曝光游客不文明行为，加强警示教育。采取人民群众喜闻乐见的方式，推出卡通漫画、特色讲解等形式，向更多市民游客宣传文明旅游理念。二要营造良好氛围。建议将社会主义核心价值观体现到旅游行为规范中，并出台相应政策，对游客不文明行为进行监管，更好地提升文明旅游环境。同时，还可以通过设置文明旅游宣传标语牌、宣传画等，在潜移默化中宣传推广文明旅游理念。

（资料来源：王洋，徐晓，杨丽敏．做好文明旅游工作助力社会文明建设［N］．中国旅游报，2023-03-15）

第四节　旅游的可持续发展

大自然是人类赖以生存发展的基本条件。尊重自然、顺应自然、保护自然，是全面建设社会主义现代化国家的内在要求。必须牢固树立和践行“绿水青山就是金山银山”的理念，站在人与自然和谐共生的高度谋划发展。

可持续发展是一种新的发展理念，它是在第二次世界大战后经济高速增长和随之而来的人口、自然和环境发生重大变化，产生了威胁人类继续生存的危机后逐渐形成的。1963年，美国海洋学家R. 卡逊（Carsen）的著作《寂静的春天》是人类对生存环境问题开始关注的标志，她提出人类必须与其他生物共同分享地球，只有人与其他生物之间和谐共生，人类才能健康生存。1972年3月，达尼拉和同伴的《发展的极限》一书的出版，震撼了世界，他们提出地球的资源及吸纳污染的能力的有限性，并以为不到一个世纪，人类的活动就会受到制约，提出了可持续发展的思想。1987年，联合国世界环境与发展委员会发表了《我们共同的未来》研究报告，首次提出了可持续发展原则，从理论上阐述了可持续发展是人类解决环境与发展问题的根本原则，并且在实践上提出了比较全面的具体建议。1992年6月，联合国环境与发展大会通过了《里约环境与发展宣言》（又称《地球宪章》），这是把可持续发展付诸实施的全球性纲领。

联合国世界环境与发展委员会提出，可持续发展是“既满足当代人的需要，又不损害后代人满足其需要的能力的发展”。也就是说，可持续发展既要以满足当代人的需要为目的，也要以不损害后代人为满足其自身需要而进行发展的能力为目的。就其所主张的社会发展观而言，可持续发展思想强调的是代际公平分配，以使当代及未来人类的需要都有条件得到满足。可持续发展观正式提出的时候，正值人们对旅游的作用和影响进行全面评价之时，因而很快被人们接受，并成为以后人们对旅游发展模式进行评价的中心议题。

一、旅游可持续发展的原则

人们对旅游可持续发展这一概念的表述及认识，至今尚未完全统一，有各种不同的解读，但关于旅游业可持续发展实质的认知是相同的，那就是：要求旅游与自然、社会、文化和人类生存环境成为一个整体，要求旅游发展带动区域发展，实现区域经济效益、社会效益、环境效益综合最大化。另外，有学者研究发现，所谓旅游可持续发展实际上既包括旅游活动的可持续发展，也包括旅游业的可持续发展。旅游活动的可持续发展强调的是旅游活动行为模式优化，以避免对旅游目的地环境和生活文化造成破坏。旅游业可持续发展强调的是旅游业的开发者、经营者和管理者应具有社会责任感，目的地旅游业的开发与经营必须考虑并致力于实现三方面的协调，即旅游业发展与维护环境的协调、游客利益与居民利益的协调、当代人需要与后代人需要的协调。综合来看，旅游业可持续发展的基本原则主要有以下几个：

（一）开发与保护并重原则

保护和开发并不是一对不可调和的矛盾，保护的目的是更好地开发，科学地开发也是一种积极的保护。

（二）区域性原则

按照区域分异规律，突出区域特色从宏观上讲就是“合理布局，重点开发”，根据各地旅游资源的特色，选择特色突出，市场潜力大的地区优先开发；从微观上讲就是要“科学规划，合理分区”，每个旅游目的地内部进行功能分区，最大限度地减少旅游活动对旅游资源环境的破坏。

（三）综合效益最大化原则

旅游开发以生态效益为前提，经济效益为依据，社会效益为目标，使旅游取得最佳的生态效益、经济效益和社会效益。旅游业发展应该不断提高其正面效应，尽量减少负面影响，使旅游业的发展不断促进社会文明进步、文化繁荣和生态环境优化。

（四）容量控制原则

旅游资源的利用应保证环境质量不发生明显变化，控制在环境自我修复能力范围之内，合理确定旅游容量，提高旅游产品质量，为旅游者提供高质量的旅游经历和体验，保证旅游业的持续发展。

（五）污染者付费的原则

对造成污染的生产和生活单位、部门及个人采取收费方法以控制污染行为，用“谁污染谁治理，谁污染谁负责”的原则解决污染问题。

二、旅游可持续发展的目标

旅游可持续发展的目标主要有以下几个：

（1）加深人们对旅游的经济效应和环境效应的理解，加强人们的生态意识。

（2）促进旅游的公平发展。

（3）改善旅游目的地居民的生活质量。

（4）为旅游者提供高质量的旅游经历。

（5）保护未来旅游开发赖以存在的环境质量。

旅游可持续发展的最核心一点就是要确保在从事旅游开发的同时，不损害后代人为满足其旅游需要而进行旅游开发的可能性，通俗地说就是要从长远的观点出发全面认识旅游的影响，在满足当代人发展旅游业的同时，实现代际平衡。

三、旅游可持续发展的实现途径

要想实现旅游可持续发展，应该注意以下几个方面：

（一）结合本地实际，利用科学知识准确确定旅游容量

旅游容量是指对某一旅游地而言无害于其可持续发展的旅游活动量。这里的旅游活动量是在一定时间内、一定空间范围内的，也就是说，不同时间、不同空间范围的旅游容量是不同的。旅游容量主要是旅游环境容量。这里的环境包括自然、社会、文化和经济等方面。所以旅游容量按照内容划分可以分为旅游生态容量、旅游心理容量、旅游社会容量和旅游经济容量。

旅游生态容量是指一定时间内在不导致旅游地的自然生态环境发生退化的前提下，该地域所能容纳的旅游活动量。旅游心理容量是指不导致旅游者或旅游目的地居民对旅游产生厌恶情感的旅游活动量。旅游社会容量就是衡量作为旅游互动行为主要方面的旅游者与旅游目的地居民彼此在社会价值观诸方面能够达成谅解的极限值。旅游经济容量是指一定时间内在一定区域上由经济发展的整体水平所决定的旅游活动的极限。旅游目的地承受的旅游流量或活动量一旦超出极限容量，就称为旅游超载。如果长期超载，就会给旅游目的地的旅游业造成致命的消极影响，所以准确确定旅游容量是实现旅游可持续发展的关键。

（二）强化政府职能

强化政府职能就是要加强法制建设，使旅游发展做到有法可依。没有法律约束，旅游活动在满足当前需要和考虑长远利益之间，在寻求旅游发展与保护环境资源之间，就缺乏行为规范，可能会导致对环境和资源的掠夺使用，毫无顾忌地向我们的子孙后代借债。政府除了加强法制建设外，还应对旅游资源适度开发，可以试行有偿经营，有偿开发，建立旅游资源保护基金；建立旅游规划编制审核体制，制订旅游业可持续发展规划；建立国家调控、市场调节和企业运作相结合的旅游投资体制。政府还应该利用科学家对诸如气候变化、资源消费增长、人口趋势和环境退化等问题的理解，逐步建立起各种监测体系，使旅游活动控制在旅游容量范围内。

（三）发挥教育、培训的功能，增强公民的环境意识

因为现在的旅游是一种大众参与的活动，所以公众的自觉环境意识在实施可持续旅游发展时就显得尤为重要。然而许多人由于缺乏有关信息，并不十分清楚环境与旅游的关系，导致出现乱扔垃圾、肆意破坏野生动植物栖息地等现象。这就要求通过一定途径增强人们对环境的敏感意识和参与解决环境问题的主动性。教育和培训可以使人们在环境意识、环境道德、环境价值观、环境态度、环境行为和处理环境问题的技能方面有所提升。环境教育和培训应在介绍环境的物理和生物基础上，重点解释旅游发展与环境之间的相互依赖关系。

（四）重视各方利益的平衡，鼓励旅游目的地社区参与

要想实现旅游可持续发展就必须充分考虑各方利益，努力使之达到平衡，否则旅游可持续发展就会受到威胁。坚持山水林田湖草沙一体化保护和系统治理，统筹产业结构调整、污染治理、生态保护，应对气候变化，协同推进降碳、减污、扩绿、增长，推进生态优先、节约集约、绿色低碳发展。

知识链接

太湖碧波荡漾　做靓生态底色

太湖水域渔业资源丰富，给太湖沿岸人民带来了富足生活，更积淀形成了悠久的太湖渔文化。然而，曾经有一段时间，在过度养殖、围垦等开发活动影响下，太湖生态恶化问题日益突出，给周边区域经济社会可持续发展和群众生活带来很大影响。

为彻底改善太湖水生态环境及水质，给周边城市营造优良的人居和投资环境，2008年，太湖综合整治工程全面启动，退渔还湖、退垦还湖、生态清淤、堤岸修复等举措，让太湖重现一湖清水。整治过程中，相继建成的太湖生态园、苏州湾广场公园、苏州湾体育公园等逐步成为“城市绿肺”。

坐拥60平方公里太湖水域，湖岸线全长达24.4公里的度假区没有辜负大自然的馈赠。度假区坚持生态优先、城湖融合，不断探索太湖核心资源保护性开发，凭借重大文旅项目投资440亿元，打造了一条极具未来感、江南韵、国际范的风光带。

目前，度假区已拥有4A级景区1个、江苏省级生态示范区1个、江苏省四星级乡村旅游区1个。值得一提的是，度假区还是长三角生态绿色一体化发展示范区文旅碳交易机制首批试点，在绿色住宿、绿色餐饮、绿色游道三个方面，建设长三角“零碳度假”先行地。

2021年，度假区启动实施国家级旅游度假区创建三年行动计划，文旅产业高质量发展不断呈现新景象。2023年1月至9月，度假区共接待游客299万人次，同比增长53.33%；接待过夜游客46.6万人天，同比增长23.94%；实现旅游收入11.25亿元，同比增长32.04%。

（资料来源：邰子君．东太湖碧波荡漾深融合文旅焕新［N］．中国旅游报，2023-12-05）

课后练习

一、单选题

1. 旅游创汇的优点不包括（　　）。

A. 换汇成本低　　B. 换汇速度快

C. 不受贸易壁垒影响　　D. 换汇成本高

2. 旅游业是个具有关联带动性的产业，旅游业每年增加 1 个直接就业人数，就可增加（　　）个与之相关联的间接就业机会。

A. 2　　B. 3

C. 4　　D. 5

二、多选题

1. 旅游对经济的消极影响包括（　　）。

A. 增加外汇收入　　B. 引起当地物价上涨

C. 对产业结构产生不利变化　　D. 增加就业

2. 旅游对环境的积极影响包括（　　）。

A. 增加人们环保意识　　B. 提高目的地环境质量

C. 破坏当地生态系统　　D. 带来水体污染

3. 旅游对社会文化的消极影响包括（　　）。

A. 不良示范效应　　B. 提高民族素质

C. 干扰目的地居民正常生活　　D. 增强文化自信

4. 旅游可持续发展的原则包括（　　）。

A. 开发与保护并重　　B. 区域性

C. 容量控制　　D. 污染者付费

三、填空题

1. 1987 年，联合国世界环境和发展委员会发表了题为《我们共同的未来》的研究报告，正式提出____________的概念。

2. 1963 年美国海洋学家 R. 卡逊（Carsen）的著作《____________》是人类对生存环境问题开始关心的标志。

3. 可持续发展既要以满足当代人的需要为目的，同时也要以____________为满足其自身需要而进行发展的能力为目的。

四、简答题

1. 旅游对经济发展的积极影响有哪些？

2. 旅游对环境发展的消极影响有哪些？

第九章 旅游业组织、管理与发展模式

学习目标

知识目标：

1. 了解旅游行业组织概念、类型与常见的国际旅游行业组织；
2. 熟悉旅游公共管理与智慧管理的概念，旅游业发展模式的概念与类型；
3. 掌握旅游公共管理与智慧内容、常见旅游业发展模式与中国旅游业发展模式。

能力目标：

1. 分析旅游管理体制与机制，培养学生实际动手能力；
2. 结合我国旅游业发展模式，培养学生系统分析与逻辑思维能力。

素养目标：

1. 通过对旅游组织管理的学习，体会我国旅游管理体制的优越性，增强学生制度自信，激发学生对旅游事业的热爱；
2. 通过对旅游发展模式的学习，体会旅游发展的中国特色社会主义道路，增强学生的道路自信，树立为旅游事业发展建功立业的信念。

难点与重点

1. 旅游公共管理手段；
2. 旅游业发展模式的类型；
3. 各类旅游业发展模式的异同。

案例导入

创造乡村旅游的篁岭模式

篁岭村，位于江西省上饶市婺源县东北部，属典型山居村落，民居围绕水口呈扇形梯状错落排布，至今已有近600年历史，是婺源具有独特风格的徽派古村落之一。篁岭村开发前原本是半空心村，大部分村民已下迁，留守村庄的大多是老人与小孩，闲置房屋无人照管，不少房屋倒塌。交通不便，缺乏水源，医疗教育等条件不足，使得村民不断外迁。

篁岭村有晒秋农俗、油菜花海等人文自然景观，篁岭古村近五百米的“天街”贯穿整个村落，具有较强的开发潜力。

在脱贫攻坚背景下，政府通过市场经济杠杆，对村落建筑物采取产权收购、迁出村民到新村安置等措施，在保持原有村落建筑和古村文化“原真性”的基础上，对古建筑实施维修，并向高端食宿、会议会所、购物街、山乡休闲、民俗体验等方向发展；在经营上走门票与经营复合的路子，门票定位在中低价位，并通过休闲度假、旅游会展、民俗体验、文化演艺等综合旅游消费取得项目收益，推进旅游转型升级；围绕乡村文化元素主线，遵循地域民俗文化特色，挖掘展示当地民俗文化，建设休闲旅游文化产业，最终将篁岭村打造成中国最具民俗特色的休闲旅游目的地和民俗文化影视村落；采用“公司+农户”形式，成立农村经济合作社，有效整合旅游资源，将农民土地进行流转，与农户共同开发观光农业，形成经营产业链条，将农户真正融入产业项目中，实现公司与农户双赢。

通过数年来的实践探索，篁岭村形成了一套以“整村开发、生态入股、就业创业、品牌创建”为特色内核的市场运营模式。篁岭村更是荣获了“中国乡村旅游模范村”“中国最美休闲乡村”“全国景区带村”“旅游扶贫示范项目”等16项国字号名片。

篁岭村不仅通过内涵挖掘、文化灌注、活态演绎等方式凸显古村文化的“原真性”和民俗文化的“原味性”，实现古村落文化、民俗文化及生态文化的完美融合，还通过“企业运营”管理模式和“生态入股”的发展理念，实现了企业与农户“共同入股、共同保护、共同开发、共同受益”的可持续共建模式，是发展乡村旅游的典范。

（资料改编自：“悬崖上的古村”，创造乡村旅游的篁岭模式！https://www.sohu.com/a/723306869_120268734.）

请思考：

1. 古村落旅游开发中制约因素有哪些？
2. 古村落旅游开发中如何实现社区村民的更好参与？

党的二十大报告指出，坚定维护以联合国为核心的国际体系、以国际法为基础的国际秩序、以联合国宪章宗旨和原则为基础的国际关系基本准则；推动世界贸易组织、亚太经合组织等多边机制更好发挥作用，扩大金砖国家、上海合作组织等合作机制影响力，增强新兴市场国家和发展中国家在全球事务中的代表性和发言权；中国坚持积极参与全球安全规则制定，加强国际安全合作，积极参与联合国维和行动；推进国有企业、金融企业在完善公司治理中加强党的领导，加强混合所有制企业、非公有制企业党建工作，理顺行业协会、学会、商会党建工作管理体制。

第一节 旅游公共管理与智慧管理

为了适应旅游业的发展，保证旅游业与国民经济其他部门之间的平衡，以及旅游业自身的规范，需要必要的旅游行政组织为旅游发展保驾护航，推动旅游业的可持续发展。

一、旅游公共管理

（一）旅游公共管理的概念

旅游公共管理是指为实现旅游造福社会功效的最大化，以旅游行政管理机构为主体的公共部门整合社会各种力量，运用经济、法律、行政、信息等基本手段，通过发挥计划、组织、监督、协调、服务等职责，对本国、本地区旅游业进行总体管理和综合调控的过程。

（二）旅游公共管理的主要内容

1. 旅游产业政策的制定

旅游业是国民经济的一个重要产业，由于其涉及面广，与其他诸多行业有较强的关联性，应把市场经济和国家计划有机地结合起来，制定和实施正确的旅游产业政策，以对旅游业的发展产生巨大的推动作用。旅游产业政策的基本内容主要有旅游产业结构和布局政策、旅游产业导向政策、旅游产业配套政策、旅游产业技术政策、旅游投资政策、旅游财政政策和旅游税收政策等。

2. 旅游法规体系的构建

从中央到地方，旅游法制建设不断发展，初步建立起较为完善的旅游法制体系，既有旅游行政法规和旅游法规性文件，也有部门规章和规范性文件及地方性旅游法规与行政规章，还有各地旅游及相关行政部门制定发布的规范性文件。这些规章制度涉及旅行社、出入境、旅游住宿、旅游资源、旅游安全、旅游景区等众多领域，基本上涵盖了旅游活动的各个环节。

3. 旅游市场的开拓与促销

在市场经济条件下，维护市场需求的持续增长是目的地旅游业发展的根本保障。旅游公共管理部门要深入研究客源市场的发展变化规律，积极采取各种措施，扩大市场容量，延长游客的逗留时间，提高重游率；对各类型、各层次旅游市场及与旅游市场密切相关的活动进行有机整合，形成旅游市场发展的系统效应和整体效应；加大旅游市场促销力度，创新旅游市场促销方式，拓展旅游市场促销渠道，全面展示旅游目的地的总体形象。

4. 旅游人力资源的开发与管理

从某种程度上来看，旅游业作为以知识经济发展的行业，在行业内外的竞争归根结底表现为旅游人才的竞争。《国内旅游提升计划（2023—2025 年）》指出，强化人才培养；加强职称评定和职业技能评价，完善高技能人才培养体系，建设旅游技能人才提升基地；增强旅游职业技术技能教育适应性，深入推进产教融合、校企合作；大力推广现代学徒制度；加强旅游从业人员业务培训，举办全国导游大赛、全国星级饭店服务技能竞赛、全国红色故事讲解员大赛；加强文化和旅游志愿服务队伍建设。旅游人力资源开发和管理的主要内容包括制定旅游人才建设的整体规划，加强对旅游教育和旅游培训的管理，建立政、产、学、研四位一体的旅游人力资源开发机制等。

5. 旅游规划的编制与管理

旅游规划是旅游开发的先导，其质量好坏、水平高低直接关系到一个国家或地区旅游业发展的目标、方向、结构、布局、市场定位、产品类型、环境保护和可持续发展等关键性问题，同时是旅游业与相关行业协调发展，获得良好经济效益、社会效益和环境效益的前提和依据。因此，对旅游规划的编制和管理一直是各级旅游行政管理部门的重要工作之一。2019 年，文化和旅游部颁布《文化和旅游规划管理办法》，指出总体规划是指导全国文化和旅游工作的中长期发展规划，是其他各类规划的重要依据，规划期与国家发展规划相一致，落实国家发展规划提出的战略安排；专项规划是以文化和旅游发展的特定领域为对象编制的规划；区域规划是以特定区域的文化和旅游发展为对象编制的规划；地方文化和旅游发展规划是指导本地区文化和旅游工作的中长期发展规划。

6. 旅游服务质量的监督与管理

加强服务质量管理不仅可以提高旅游企业素质和旅游产品质量，而且可以提高旅游地和旅游行业的整体形象，增强对外竞争力，推动旅游行业管理的全面深化。旅游服务质量管理的内容包括构建完善的质量法规、质量标准体系和岗位培训体系，形成企业内部质量管理机制、质量管理协调机制和质量管理监督机制等。

7. 旅游市场秩序的规范与维护

旅游市场秩序涉及旅游者、旅游经营者、社区居民等多方的利益和关系。旅游市场要想规范运行，必须严厉打击旅游市场违法违规经营行为，营造健康有序的市场环境，切实维护游客和旅游经营者合法权益。对旅游市场秩序进行规范可以为旅游者提供一个安全祥和的旅游环境，为旅游经营者提供一个稳定公平的经营环境，为社区居民提供一个勤劳致富的发展环境，进而促进各利益相关者的和谐共生。旅游市场秩序管理的主要内容包括对出境旅游市场的治理，对国内旅游市场经营秩序的整顿，对旅游从业人员队伍的管理，以及对假日旅游市场的检查和监管。

8. 旅游数字化建设与旅游统计管理

旅游数字化建设主要包括两方面的内容：一是推动公共管理智慧化；二是促进旅游企业电子商务的发展，推动线上线下融合发展。加快优秀文化和旅游资源的数字化转化与开发，开发沉浸式体验等新型文旅产品，创新服务体验、升级管理方式，推动智慧旅游信息化、数字化建设。

对旅游统计工作进行管理，要做好以下五方面的工作：一是要进一步完善统计指标；二是要与各级统计管理部门密切合作，健全旅游统计体系，强化旅游统计管理办法的落实；三是要使旅游统计体系与国民经济核算体系全面衔接，以便于不同行业间的比较；四是要采用国际上通行的旅游卫星账户统计体系，与国际全面接轨；五是要完善旅游统计工作的分工体系。

9. 旅游企业管理

旅游行政管理机构对旅游企业的管理并非指对旅游企业进行直接管理，而是指在行业层面上综合运用行政、法律、经济等手段，对旅游企业进行分类指导、宏观调控，使旅游企业能够以法律为准绳规范自己的行为，按照市场的要求合理安排经营管理活动。

（三）旅游公共管理基本手段

为了保证旅游业持续、健康地发展，政府必须运用经济、法律、行政、技术等手段，加强对旅游业的宏观管理。

1. 经济手段

经济手段是国家在社会主义市场经济条件下，通过各种经济杠杆，按照各种经济关系相互作用的规律对旅游业发展进行调控的手段。旅游业是经济产业，遵循一般的经济规律，因此经济手段是旅游业最重要、最基本的宏观调控与管理手段。它包括财政政策、货币政策、税收政策、金融政策、外贸政策、物资分配政策等。如利用信贷利率可以调节资金流向，利用税收可以调节国家、企业的利益分配，利用价格可以调节不同季节的旅游供求矛盾等。在各种经济手段中，信贷、税收利用得较多。

2. 法律手段

法律手段主要指经济法规和相关的行政法规，也就是国家以法令、条例、规定的方式对国家、企业、个人在经济活动中的行为加以规范，以处理和调整各级国家机关、企事业单位以及个人间的经济关系和市场行为。相关的法规有《税法》《企业法》《海关法》《反垄断法》《旅游法》等，以及《旅行社条例》《导游人员管理条例》《风景名胜区条例》等条例。对于旅游业，由于其涉及和关联的行业领域较广，因此在遵守相关领域法律法规的同时，也要逐步完善旅行社、景区、旅游饭店、旅游商品等各领域的专门性法律法规，以适应旅游业发展的需要。

3. 行政手段

行政手段是依靠行政组织，运用行政命令、指令、规定等强制性手段组织、指挥、监督、调节社会经济活动的办法。行政手段的具体方式多种多样，如指令性计划、指令性价格，对企业的审批、注册、升级、定点、关停并转等。行政手段具有执行快速及时的特点。根据我国目前市场经济的发育程度和企业的组织状况，仍然需要相当的行政手段，以配合经济手段和法律手段。

4. 技术手段

政府管理旅游行业的技术手段主要是利用信息技术，同时政府将自身及其管理行为纳入了旅游管理信息系统的范畴。旅游管理信息系统是一个以组织为主导，利用计算机硬件、软件、网络通信设备以及其他办公设备，进行信息收集、传输、模拟、处理、检索、分析和表达，以提高效率为目的，并能为组织进行计划、预测、决策、控制的人机系统。利用以信息技术为主导的技术手段，政府能够更加有效地对全行业进行引导和管理，也能更加充分地发挥其他手段的作用。

（四）旅游行政管理组织

旅游行政管理组织负责管理全国旅游行业的发展，分为三个层次：文化和旅游部；省、自治区、直辖市文化和旅游厅；省以下的地方旅游行政机构。

文化和旅游部的前身是 1964 年成立的“中国旅行游览事业管理局”，直属国务院；

1978年改为“中国旅行游览事业管理总局”，直属国务院；1982年更名为“中华人民共和国国家旅游局”，简称国家旅游局，直属国务院。1985年，国务院要求国家旅游局作为国务院的职能部门，要面向全行业，统管全国旅游事业，同时要求实行政企职责分开。1998年，国家旅游局直属的企业与国家旅游局脱钩。2018年，设立中华人民共和国文化和旅游部，不再保留国家旅游局。

知识链接

为增强和彰显文化自信，统筹文化事业、文化产业发展和旅游资源开发，提高国家文化软实力和中华文化影响力，推动文化事业、文化产业和旅游业融合发展，2018年将文化部、国家旅游局的职责整合，组建文化和旅游部，作为国务院组成部门。不再保留文化部、国家旅游局。

文化和旅游部：https://www.mct.gov.cn

二、旅游智慧管理

二十大报告指出，加快建设质量强国、网络强国、数字中国；推动战略性新兴产业融合集群发展，构建新一代信息技术、人工智能等一批新的增长引擎；加快发展数字经济，促进数字经济和实体经济深度融合，打造具有国际竞争力的数字产业集群。

现代科技与旅游业深度融合趋势凸显，智慧旅游改变了传统旅途体验，虚拟现实、增强现实、全息投影等技术的应用催生了旅游新产品，旅游管理和旅游服务在数字技术的加持下更加高效便捷。科技对文旅的赋能方兴未艾，正加速推动文旅行业数智化转型，不断催生新产业、新业态、新模式。旅游行业管理走向数智化，从传统人工向信息化、智能化、便捷化延展，如旅游监管平台、AI智能监控等提升了管理水平。游客服务走向数智化，从传统线下服务向智能化、便捷化途径延展，如线上预约、AR导览等提升了服务体验。

（一）旅游智慧管理的概念

旅游智慧管理是旅游组织以新技术为支撑，广泛依托大数据、云计算、物联网、移动终端通信、人工智能等新型信息技术打造旅游产品与旅游服务，利用现代化的信息技术手段提高旅游组织管理、服务水平，创新游客服务模式，实现对游客全过程、全方位的智能化管理。

（二）旅游智慧管理的基础

1. 云计算

云计算技术主要由基础设施服务、软件服务和平台服务三个层面组成，实现数据收集、处理等功能。云计算在旅游中的应用主要是旅游大数据的收集、处理、分析、共享，实现旅游供给需求端信息的精准对接。

2. 物联网

物联网是可以通过射频识别技术、红外感应器、全球定位系统、激光扫描器、二维码识别终端等信息传感设备，按约定的协议把各类物品和互联网连接起来，进行信息交换和通信，以实现智能化识别、定位、跟踪、监控和管理的一种网络。物联网技术的延伸发展直接促进了传统旅游业的提档升级，加快了智慧旅游发展步伐，推动旅游业的健康持续发展。物联网对游客、景区、酒店等利益主体进行了旅游全过程、旅游信息管理、旅游服务全要素参与。

3. 地理信息系统技术

地理信息系统技术是以地理信息资源为基础，在大数据虚拟结构的支撑下，实行空间模型和空间动态实时分析，为社会信息体系的开发提供了一个大的数据支撑保障。旅游信息整合，立体化旅游动态导入，旅游服务规划分析，地理信息系统的运用，实现了虚拟环境下大数据信息的统计分析，它可以将多个层次的旅游信息资源整合在一处，进而创建相互关联的信息资讯模型。

4. 移动通信

移动通信是利用可移动的终端，实现移动用户和固定用户以及移动用户之间的信息通信的技术。目前，5G 技术已经全面普及，具有稳定、可靠、传输快等优点，是物联网技术发展的基础。智慧旅游发展依托移动通信技术，大幅度提高旅游效率、质量和水平。

5. 虚拟技术与人工智能

虚拟技术主要包括虚拟现实技术，它可以通过将计算机和软件资源集成，用计算机模拟出视、听、触、味、嗅等感觉，调动用户各种感觉器官，使用户拥有真实的感觉，从而完全进入实时和三维的虚拟环境中。人工智能与智慧旅游发展是紧密融合的，主要应用于智慧旅游管理、智慧旅游服务、智慧旅游营销三大方面。在智慧旅游管理方面，基于机器学习方法可以对旅游产业进行实时、动态监测，实现对旅游目的地的口碑舆情监测，对旅游产品进行智能化管理调度；在智慧旅游服务方面，可以实现旅游信息智能搜索查询、人脸智能识别、自助语言翻译，提升旅游服务效率及旅游服务水平；在智慧旅游营销方面，通过人工智能学习和推理，对旅游客户大数据进行分类整理，实现精准营销，提升用户转化率，优化用户体验。

（三）旅游智慧管理的内容

1. 政府端智慧管理

政府是旅游智慧管理的支持者与监管者。政府通过打造电子政务平台与旅游信息中心来为整个地区提供跨部门、跨行业、跨地区的旅游资源整合与共享，为本地区旅游企业提供信息、技术、资金、人员等保障。同时，政府对旅游智慧有监管功能，监督旅游智慧管理不侵害游客权益、不泄露游客信息、不危害游客人身财产安全、不非法损害相关利益主体利益，不大肆破坏生态环境等。

2. 旅游企业端智慧管理

旅游企业端智慧管理主要包括安全监控系统、应急管理系统和企业服务系统。安全监控系统主要包括企业视频监控、环境监测、地震监测等，特别是在游客密集的地方进行全方位 24 小时的安全监控。借助安全监控系统可以动态了解游客情况，及时发现游客危机，迅速救护，从而确保游客人身财产安全。旅游企业的游客承载量有一定的限制，若超过最大承载量，将会给企业自然生态环境、基础设施、服务设施造成巨大的压力，也会降低游客的体验感。因此，应该对企业客流量进行实时分析并采取对应的容量预警措施。旅游企业可通过打造智慧旅游系统向游客提供任何游客需要的旅游信息、旅游服务。

3. 游客端智慧管理

游客端智慧管理的内容包括旅游资讯获取、在线预订、在线支付、电子门票、智能导游、景区一卡通、共享旅游卡、旅游投诉分享等。

第二节 旅游行业组织

一、旅游行业组织的概念

旅游行业组织是指为加强行业间及旅游行业内部的沟通与协作，实现行业自律，保护消费者权益，同时促进旅游行业及行业内部各单位的发展而形成的各类组织。

旅游行业组织通常是一种非官方组织，各成员采取自愿加入的原则，行业组织所制定的规章、制度和章程对于非会员单位不具有约束力。旅游行业组织是对政府官方旅游行政管理机构的补充，在旅游行业管理中，发挥着重要作用。

二、旅游行业组织的类型

（一）按地域分类

旅游行业组织按地域可分为世界性旅游行业组织、世界区域性旅游组织、全国性旅游组织和国内区域组织等。旅游组织与行业组织按地域分类如表 9-1 所示。

表 9-1　旅游行业组织按地域分类

类别	分类	举例
世界性旅游行业组织	世界性旅游行业组织	联合国旅游组织、世界旅游委员会、国际旅游联盟、国际旅游协会等
	世界性旅游业集体会员性质的组织	国际民用航空组织、国际铁路联盟、国际汽车协会联合会、世界旅行社协会联合会、国际饭店餐馆协会、国际旅馆协会、世界一流饭店组织等
	世界性旅游业其他组织	国际旅游学会、国际旅游研究会、世界专业国际会议管理协会、世界旅游专业培训协会等
世界区域性旅游组织		亚洲旅游协会、亚太旅游协会、东亚旅游协会、美洲饭店及汽车旅馆协会、欧洲旅游委员会、欧洲运输部长会议、北欧旅游局、泛美旅行大会等
全国性旅游组织	全国性旅游行政组织	文化和旅游部
	全国性旅游行业组织	中国旅游协会、中国旅游饭店业协会、中国旅游车船协会、中国旅行社协会、中国旅游报刊协会、中国旅游文学研究会等
国内区域组织	省市旅游行政组织	文化和旅游厅（局）
	省市旅游行业组织	省市旅游协会、省市旅游饭店协会、省市旅行社协会等

（二）按会员性质分类

按会员性质划分，旅游行业组织可分为旅游交通机构或企业组织、饭店与餐饮业组织、旅行社协会组织，以及由旅游专家和研究人员组成的旅游学会等。

三、国际性旅游行业组织介绍

（一）联合国旅游组织

联合国旅游组织（UN Tourism）是联合国系统的政府间国际组织，是旅游领域的领导性国际组织，是世界唯一全面涉及旅游事务的最高权力决策机构。

发展历史：其前身为1947年成立官方旅游组织国际联盟，属于联合国附属机构，其总部设在伦敦；1951年总部迁至日内瓦；1969年联合国大会批准将其改为政府间国际组织；1975年更名为世界旅游组织，总部设在西班牙马德里；2003年成为联合国专门机构；2024年世界旅游组织更名为联合国旅游组织（UN Tourism）。

（1）宗旨。促进和发展旅游事业，使之有利于经济发展、国际相互了解、和平与繁荣，以及不分种族、性别、语言或宗教信仰，尊重人权和人的基本自由，并强调在贯彻这一宗旨时，要特别注意发展中国家在旅游事业方面的利益。

（2）成员和经费来源。根据联合国旅游组织章程规定，其成员资格分为三类：正式成员、联系成员和附属成员。正式成员，系各主权国家；联系成员，系各非主权国家及其集团；附属成员，系与旅游有关的国际官方和民间组织，以及商业组织和协会。当前共有160个正式成员、6个准成员以及500多个附属成员。中国于1983年10月5日被接纳为该组织的正式成员。联合国旅游组织用于行政和落实工作总规划的预算开支，主要靠成员交纳的会费以及根据财务条例所得的其他各种进款。

（3）主要任务。主要工作任务是组织召开有关旅游的国际会议；制定国际性旅游公约、宣言、规划；收集、分析各种旅游数据，并向各成员提供统计资料、研究报告；组织开展旅游学术活动，举办研讨会、培训班，提供技术和专家援助等。

联合国旅游组织的出版刊物有《联合国旅游组织消息》《旅游发展报告（政策和趋势）》《旅游统计年鉴》《旅游统计手册》《旅游及旅游动态》。

联合国旅游组织的网址：https://www.unwto.org/。

（二）世界旅行社协会联合会

世界旅行社协会联合会（United Federation of Travel Agents' Associations，UFTAA）是最大的民间性国际旅游组织之一。其前身是1919年在巴黎成立的欧洲旅行社和1964年在纽约成立的美洲旅行社。1966年10月世界旅行社协会联合会由这两个组织合并组成，并于1966年11月22日在罗马正式成立。总部设在比利时布鲁塞尔。其正式成员是世界各国的全国性旅行社协会，联系会员是私营旅行社和与旅游业务有关的机构。1995年8月，中国旅行社协会被接纳为正式会员。

该会宗旨是，对国家级的旅游协会以及其他旅游局、旅行社联合会或旅游联盟，给予职业上的指导和技术上的援助，尽一切努力联合、巩固和发展这些组织，团结和加强各国全国性旅行社协会和组织，协助解决会员在专业问题上可能发生的纠纷；在国际上代表旅行社行业同有关的各种旅游组织和企业（运输业、旅馆业和官方机构等）建立联系，进行合作；确保旅行社业务在经济、法律和社会领域里最大限度地得到协调、赢得信誉、受到保护和发展；向会员提供必要的物质上、业务上、技术上的指导和帮助，使其在世界旅游业中占有适当的地位。

协会现有 240 多个会员，来自 100 多个国家和地区的 230 多个城市。该组织每年召开一次全体大会，交流经验、互通情报。

（三）世界旅行社协会

世界旅行社协会（World Association of Travel Agencies，WATA）是一个国际性的旅游组织，创建于 1949 年。该协会由 237 家旅行社组成，其中半数以上为私营企业，分布在 86 个国家的 208 个城市中。总部在瑞士的日内瓦，并设常务秘书处，管理协会的行政事务。协会每两年举行一次大会。协会把世界分成 15 个区，各区每年举行一次会员社会议，研究本区旅游业务中的问题。世界旅行社协会旨在推动旅游业的发展，收集和传播信息，参与有关发展旅游业的商业和财务工作。

该协会出版《世界旅行社协会万能钥匙》，每年一期，免费提供给各旅行社。该刊是提供最新信息的综合性刊物，主要刊登会员社提供的各种服务项目的价目表，还刊登各国旅行社提供的国家概况和饭店介绍等。

协会的活动经费来源，一是会员社每年的捐款，二是出版发行《世界旅行社协会万能钥匙》年刊的利润。

（四）太平洋亚洲旅游协会

太平洋亚洲旅游协会（Pacific Asia Travel Association，PATA），于 1951 年成立，原名为太平洋地区旅游协会，1986 年更名为太平洋亚洲旅游协会。该协会是一个民间性、行业性的国际旅游组织。其成员范围较广，其中有国家旅游组织，也有各种旅游协会和旅游企业，以及其他与旅游业有关的组织和团体。

该协会的宗旨是发展、促进和便利世界各国的旅游者到本地区的旅游以及本地区各国居民在本地区内的旅游，因此受到亚太地区旅游界的普遍重视。该协会每年召开一次年会，讨论和修订有关协会的长远计划。除此之外，全协会性的大型活动还有太平洋旅游博览会，它为会员提供了旅游产品供需的谈判场所和各种商机。

协会还设有一出版处，出版各种旅游教科书、研究报告、宣传材料、旅游指南及多种期刊，其中主要期刊为《太平洋旅游新闻》。我国于 1993 年加入该协会。

会址：总部设在美国旧金山。另外，还设有两个分部，一个设在菲律宾的马尼拉，负责处理东亚地区的事务；另一个设在澳大利亚的悉尼，负责主管南太平洋地区的事务。

（五）世界旅游城市联合会

世界旅游城市联合会（以下简称“联合会”）是在北京发起成立的世界首个以城市为主体的全球性国际旅游组织。总部在北京，官方语言为中文和英文。自 2012 年成立以来，会员数量已从最初的 58 个发展至当前的 244 个，覆盖全球 85 个国家和地区，其中有城市会员 164 个、机构会员 80 个。

该协会的宗旨是“旅游让城市生活更美好”，促进各会员城市间旅游事业的交流与合作，加强会员城市间的国际交往，推进各城市经济社会的协调发展。

联合会每年主办全球旅游业界知名品牌活动香山旅游峰会，为会员搭建交流经验、加

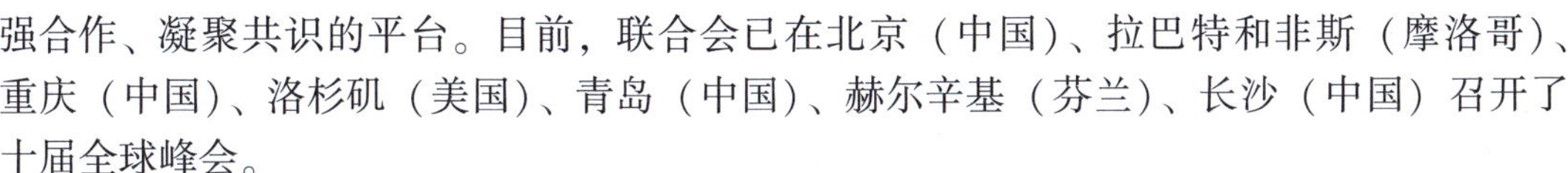

强合作、凝聚共识的平台。目前，联合会已在北京（中国）、拉巴特和非斯（摩洛哥）、重庆（中国）、洛杉矶（美国）、青岛（中国）、赫尔辛基（芬兰）、长沙（中国）召开了十届全球峰会。

经过多年发展，联合会在旅游业界的吸引力、服务力、引导力和影响力全面提升，被誉为成长最快的国际旅游组织。

世界旅游城市联合会官方网站：https://www.wtcf.org.cn。

（六）其他组织

（1）国际民用航空组织。国际民用航空组织成立于1947年4月4日，同年5月，成为联合国的一个专门机构。总部设在加拿大的蒙特利尔。该组织以1944年12月的《国际民用航空公约》（即《芝加哥公约》）为准则，其宗旨是：发展安全而有效的国际航空运输事业，使之用于和平目的；制定国际空中航行原则；促进各国民航事业的安全化、正规化和高效化；鼓励民航业的发展，满足世界人民对空中运输的要求；保证缔约国的权利充分受到尊重，使各缔约国享有经营国际航线的均等机会。国际民用航空组织的最高权力机构是大会，每3年举行一次，决定政策。常设机构是理事会，由每次大会选举的30个国家组成，常设执行机构是秘书处，由秘书长负责日常事务。该组织现有会员国152个。中国于1974年2月15日正式加入，在同年的大会上被选为理事。该组织出版发行《国际民用航空组织公报》月刊和《国际民用航空组织备忘录》。会址：加拿大蒙特利尔。

（2）国际航空运输协会。国际航空运输协会是一个包括全世界各大航空公司的国际性组织，于1945年4月在古巴哈瓦那成立。该协会的宗旨是：促进安全、正规和经济的航空运输；促进航空商业，并研究与此有关问题；促进与联合国国际民用航空组织的合作。该协会的主要任务是：提出客货运率、服务条款和安全标准等，并逐步使全球的空运业务制度趋于统一；处理和协调航空公司与旅行社之间的关系。确定票价是该协会最主要的任务之一。现有会员188家国际航空公司，包括1989年成为会员的全球最大规模的苏联航空公司（今为俄罗斯国际航空公司）。1978年10月中国航空协会成为该会的正式会员。该协会最高权力机构为大会，大会每年召开一次。其他机构有执行委员会、常务委员会和常设秘书处。该协会出版发行《国际航空运输协会评论季刊》和《年会备忘录》年刊。秘书处地址：加拿大·蒙特利尔。

（3）国际汽车联合会。1904年6月20日在德国汉堡成立，当时名为“国际著名汽车俱乐部协会”，1946年改为现名。该联合会宗旨是：发展并在各国组织汽车游览；帮助汽车驾驶人员解决有关日常的交通问题；组织并促进世界汽车运动；研究与汽车有关的交通、旅游和技术问题；保护汽车用户的利益。国际汽车联合会的成员有90多个国家和地区的汽车协会的汽车俱乐部，中国于1983年参加该组织。该联合会最高权力机构是全体大会，每两年举行一次，并设有委员会，由秘书长负责日常工作。联合会出版发行《国际汽车联合会体育公报》月刊、《国际汽车联合会情况公报》和《汽车和流动杂志》等刊物。会址：法国巴黎。

（4）国际旅游科学专家协会。国际旅游科学专家协会于1951年5月31日在罗马成立，会址在瑞士伯尔尼。协会的宗旨是：加强成员间的友好联系，鼓励成员间的学术活动，特别是促进个人接触，交流经验；支持具有学术性质的旅游研究机构以及其他有关旅游研究与教育的组织的活动。该协会是由国际上致力于旅游研究和旅游教学的专家组成的学术团体，在45个国家中有330多名会员。它在旅游理论研究上享有很高的威信，如著名的“艾斯特”定义。该协会的最高权力机构为大会，每年举行一次，并设有委员会秘书处。协会还出版发行《旅游评论》季刊和会议年度纪要等。秘书处地址：瑞士圣加仑。

（5）国际旅游学会。国际旅游学会成立于1951年5月18日，在摩纳哥的蒙特卡罗设有办事机构。该学会的宗旨是：在发展国际旅游业的文化和人文领域，创立一套为大家所接受的旅游词汇。该学会的成员是一些国家和地区的协会和个人。该学会的机构有：大会，每年召开一次；专家委员会。该学会出版发行《述评》和《旅游词典》等书刊。会址：摩纳哥蒙特卡罗。

四、国内旅游行业组织介绍

目前全国性的行业协调组织主要有中国旅游协会、中国旅行社协会、中国旅游饭店业协会、中国旅游车船协会、中国旅游报刊协会等。

（一）中国旅游协会（China Tourism Association，CTA）

中国旅游协会是由中国旅游行业的有关社团组织和企事业单位在平等自愿基础上组成的全国综合性旅游行业协会，具有独立的社团法人资格。它是1986年1月30日经国务院批准正式宣布成立的第一个旅游全行业组织，1999年3月24日经民政部核准重新登记。协会接受文化和旅游部的领导、民政部的业务指导和监督管理。

该协会宗旨是：遵照国家的宪法、法律法规和有关政策，代表和维护全行业的共同利益和会员的合法权益，开展活动，为会员服务，为行业服务，为政府服务，在政府和会员之间发挥桥梁纽带作用，促进我国旅游业的持续、快速、健康发展。

协会的主要任务如下：

（1）对旅游发展战略、旅游管理体制、国内外旅游市场的发展态势等进行调研，向国家旅游行政主管部门提出意见和建议。

（2）向业务主管部门反映会员的愿望和要求，向会员宣传政府的有关政策、法律法规并协助贯彻执行。

（3）组织会员订立行规行约并监督遵守，维护旅游市场秩序。

（4）协助业务主管部门建立旅游信息网络，搞好质量管理工作，并接受委托，开展规划咨询、职工培训，组织技术交流，举办展览、抽样调查、安全检查，以及对旅游专业协会进行业务指导。

（5）开展对外交流与合作。

（6）编辑出版有关资料、刊物，传播旅游信息和研究成果。

（7）承办业务主管部门委托的其他工作。

中国旅游协会的最高权力机构是会员代表大会。会员代表大会每四年召开一次。会员代表大会的执行机构是理事会。理事会由会员代表大会选举产生。理事会每届任期四年，每年召开一次会议。在理事会闭会期间，由常务理事会行使其职权。常务理事会由理事会选举产生，每年召开两次会议。常务理事会设办公室作为办事机构，负责日常具体工作。

中国旅游协会会员为团体会员。凡在旅游行业内具有一定影响的社会团体和企事业单位，以及与旅游业相关的其他行业组织等，均可申请入会。

中国旅游协会根据工作需要设立了5个分会和专业委员会，即旅游城市分会、旅游区

（点）分会、旅游教育分会、妇女旅游委员会和旅游商品及装备专业委员会、中国旅游协会民宿客栈与精品酒店分会，分别进行有关的专业活动。

在中国旅游协会指导下，有4个相对独立开展工作的专业协会：中国旅行社协会、中国旅游饭店业协会、中国旅游车船协会和中国旅游报刊协会。该协会主要出版物有《中国旅游报》和《时尚杂志》。

协会网址：www. chinata. com. cn。

（二）中国旅行社协会（China Association of Travel Services，CATS）

中国旅行社协会成立于1997年10月，是由中国境内的旅行社、各地区性旅行社协会或其他同类协会等单位，按照平等自愿的原则结成的全国旅行社行业的专业性协会，具有独立的社团法人资格。协会接受文化和旅游部的领导、民政部的监督管理和中国旅游协会的业务指导。协会会址设在中国北京。

该协会的宗旨是：遵守国家的宪法、法律法规和有关政策，遵守社会道德风尚，代表和维护旅行社行业的共同利益和会员的合法权益，努力为会员服务，为行业服务，在政府和会员之间发挥桥梁和纽带作用，为中国旅行社行业的健康发展做出积极贡献。

协会的最高权力机构是会员代表大会，每四年举行一次。协会设立理事会和常务理事会，理事会对会员代表大会负责，是会员代表大会的执行机构，在会员代表大会闭会期间领导协会开展日常工作；常务理事会对理事会负责，在理事会闭会期间，行使其职权。

《旅行社之友》为协会会刊，每月一期，免费为会员单位送阅。

该协会网址：http://www. cats. org. cn。

（三）中国旅游饭店业协会（China Yourism Hotels Association，CTHA）

中国旅游饭店业协会成立于1986年2月25日，具有独立法人资格，主管单位为文化和旅游部。中国旅游饭店业协会是中国境内的饭店和地方饭店协会、饭店管理公司、饭店用品供应厂商等相关单位，按照平等自愿的原则结成的全国性的行业协会。

中国饭店业协会宗旨是：遵守国家法律法规，遵守社会道德风尚，代表中国旅游饭店业的共同利益，维护会员的合法权益，倡导诚信经营，引导行业自律，规范市场秩序。在主管单位的指导下，为会员服务，为行业服务，在政府与企业之间发挥桥梁和纽带作用，为促进中国旅游饭店业的健康发展做出积极贡献。

中国旅游饭店业协会聚集了全国饭店业中知名度高、影响力大、服务规范、信誉良好的星级饭店，国际著名饭店集团在内地管理的饭店基本上都已成为协会会员。中国饭店业协会下设饭店金钥匙专业委员会。

中国旅游饭店业协会于1994年正式加入国际饭店与餐馆协会，成为其国家级协会会员。该协会主要刊物有《中国旅游饭店》。

协会网址：https://www. ctha. com. cn。

（四）中国旅游车船协会（China Tourism Automobile And Cruise Association，CTACA）

该协会前身是“中国旅游汽车理论研讨会”，成立于1988年1月，1989年1月召开第二届研讨会时，更名为“中国旅游汽车联合会”。1990年3月，召开了第一届会员大会，通过了新的协会章程和领导机构，正式定名为“中国旅游车船协会”，会址设在北京。该协会是由中国境内的旅游汽车、游船企业和旅游客车及配件生产企业、汽车租赁、汽车救援等单位，在平等自愿基础上组成的全国性的行业专业协会，是非营利性的社会组织，具有独立的社团法人资格。

该协会的宗旨是遵守国家的宪法、法律法规和有关政策，遵守社会道德风尚，广泛团结联系旅游车船业界人士，代表并维护会员的共同利益和合法权益，努力为会员、为政府、为行业服务，在政府和会员之间发挥桥梁和纽带作用，为把我国建设成为世界旅游强国，促进国民经济和社会发展做出积极贡献。

1992 年，该协会正式加入国际旅游联盟。2002 年，协会成立了中国汽车俱乐部协作网。为了指导我国汽车俱乐部业健康有序地发展，协会成立了中国旅游车船协会汽车俱乐部分会。协会的会刊是《中国旅游车船》。协会的网址是：http://www.ctaca.com。

（五）中国旅游报刊协会

中国旅游报刊协会成立于 1993 年 8 月 25 日，是由全国与旅游信息传播相关的报纸、期刊、大众传媒单位及相关单位的报刊，按平等自愿原则组成的全国性的行业专业协会，是非营利性社会团体，具有独立的社团法人资格。组织出版物是《中国旅游报刊协会通讯》。

该协会的宗旨是：遵守中华人民共和国宪法和法律，遵守国家有关旅游和新闻的法规，遵守社会道德风尚。代表和维护会员的共同利益和合法权益，努力为会员服务，为政府服务，为行业服务，在政府部门和会员之间发挥桥梁和纽带作用，团结全国各类传播旅游信息的报刊和大众媒体，为促进旅游业持续、快速、健康发展做出积极贡献。

中国旅游报刊协会受文化和旅游部与民政部的管理与监督，接受中国旅游协会的业务指导。

知识链接

中国旅游车船协会实行团体会员制，凡在中国境内经注册批准、依法经营、无不良信誉的旅游汽车、游船企业、旅游客车、配件生产企业、汽车租赁、汽车救援等企业，以及与旅游车船行业相关的单位，均可申请入会。

第三节　旅游业发展模式

【视频】旅游发展模式

党的百年奋斗成功道路是党领导人民独立自主探索开辟出来的，马克思主义的中国篇章是中国共产党人依靠自身力量实践出来的，贯穿其中的一个基本点就是中国的问题必须从中国基本国情出发，由中国人自己来解答。我们要坚持对马克思主义的坚定信仰、对中国特色社会主义的坚定信念，坚定道路自信、理论自信、制度自信、文化自信，以更加积极的历史担当和创造精神为发展马克思主义做出新的贡献，既不能刻舟求剑、封闭僵化，也不能照抄照搬、食洋不化。

一、旅游业发展模式的概念

一般来说，旅游业发展模式是指一个国家或地区在某一特定时期内旅游业发展的总体方式。20世纪是世界旅游业的大发展时期，特别是在20世纪后半期，旅游业在世界各国都获得了较快的发展，无论是发达国家还是发展中国家，都根据本国的国情，选择了适合本国旅游业发展的道路，从而形成了各具特色的旅游发展模式。

二、旅游业发展模式的类型

在世界旅游业发展中，由于社会制度、政治体制、经济发达程度、历史文化背景、地理位置、国土大小、风俗习惯及旅游资源条件等方面的差异，形成了多种多样的旅游业发展模式，这些不同的模式是这些国家发展旅游业的基本条件和旅游业发展特点的综合反映。

从世界旅游业发展的实践经验来看，旅游业发展模式大体可以分为两种基本类型：发达国家旅游业发展模式和发展中国家旅游业发展模式。在这两种基本类型的基础上，根据不同标准，从不同角度对旅游业发展模式进行再分析，可以将之细分为以下几种类型：

（一）根据旅游经济发展与国民经济的总体关系划分

从旅游经济发展与国民经济的总体关系来看，旅游业有超前型和滞后型两种发展模式。这是不同经济条件下的世界各国在旅游发展道路上的两种选择，具有一定的必然性。两种发展模式的运行环境和经济特点有明显的差异。

1. 超前型旅游业发展模式

超前型旅游业发展模式是指旅游经济发展超越国民经济总体发展阶段，通过发展旅游业来引发与其具有相关经济联系的产业发展，进而推进国家或地区经济进步的一种发展模式。

超前型旅游业发展模式适用于发展中国家和经济基础较差的地区，实施的前提是该国家或地区拥有丰富的高品位的旅游吸引物，能够形成足以抵消或降低其他因素负面影响的巨大吸引力，从而产生足够大的外部需求市场，使旅游目的地能够通过吸引外部资金（包括国内其他地区的资金和国际资金）进行相应的旅游接待能力建设，促进旅游业的发展并最终带动国家或地区国民经济的整体发展。从国家内部来看，实施这种模式，通常会先选取一些经济基础较好的城市或地区来发展旅游业，进而带动以城市为主体的全国范围内的资源开发、设施建设和服务体系的建立，逐渐形成以中心城市为重心的旅游产业完整体系。

2. 滞后型旅游业发展模式

滞后型旅游业发展模式是指旅游业成长滞后于国民经济总体发展的水平，即在国民经济发展到一定阶段后，引起旅游业自然成长的一种发展模式。在这种模式下，旅游供给体系是由本国居民日益增长的旅游消费需求催生出来的，与旅游活动是社会经济发展到一定阶段的产物这一客观规律相吻合，是一种逻辑推进的发展模式，因而适用于经济发达的国家和地区。

（二）根据旅游业的演进进程划分

根据旅游业的演进进程划分，旅游业可以分为延伸型和推进型两种发展模式。

1. 延伸型旅游业发展模式

延伸型旅游业发展模式是指先发展国内旅游，在国内旅游发展的基础上再发展入境旅游，并随着国民出游能力的增强而发展出境旅游，最终使国内旅游、入境旅游和出境旅游全方位发展的一种旅游业发展模式。

这是一种自然演进（或称常规型）的发展模式，发达国家的旅游业发展均属此类。由于这些国家和地区经济发达，旅游接待工作中可以充分利用成熟的基础设施，旅游业表现出较好的投入产出率。此时，政府发展旅游业尽管也有经济动机，但主要是出于社会效益的考虑，如改善国民生活质量、提高福利状况、增加就业机会以及维持社会稳定等。

2. 推进型旅游业发展模式

推进型旅游业发展模式是指先发展国际入境旅游，再发展国内旅游，然后随着社会经济的发展和人民生活水平的提高，再发展出境旅游，最终形成以国内旅游为主，国内与国际旅游协调发展的模式。

这种发展模式适用于大多数发展中国家。此时，政府发展旅游业往往有强烈的经济动机，追求的目标不仅是旅游业自身的经济效益，更强调旅游业对国民经济相关产业的带动作用，将之作为经济腾飞的突破口。

（三）根据资源调节机制划分

根据资源调节机制划分，旅游业可分为政府主导型、政府干预型和市场主导型三种发展模式。

1. 政府主导型旅游业发展模式

政府主导型旅游业发展模式是指在以市场为基础配置资源的前提下，全面实行政府主导型的旅游发展模式。政府主导型旅游业发展模式开发的旅游项目往往是出于资源保护、科普教育或扶贫的目的。该类开发模式中的旅游代表项目以自然保护区、各类文化博物馆、展览馆、文化遗产、民俗保护村等为主。政府主导型旅游业发展模式，具有地区规划、资金信息、基础设施、资源整合等方面优势。

2. 政府干预型旅游业发展模式

政府干预型旅游业发展模式是指政府与企业或其他组织合作，共同开发旅游资源的模式，这是目前旅游项目开发最常见的模式。在该模式中，政府作为引导者，为旅游的开发提供政策、资金、基础配套等支持，但最终落地仍以企业为主。该模式的优势在于市场竞争力较强，资源整合利用率较高。

3. 市场主导型旅游业发展模式

市场主导型旅游业发展模式，即完全由企业或营利组织开发运营。该模式以企业利益最大化为终极目标，商业目的最为明显，但由于缺乏政府的引导和管控，有时难免会将重心倾向于商业而非旅游资源保护，这也是目前国内旅游开发过程中存在的较为普遍的问题。

三、世界旅游业发展的典型模式

由于各个国家在政策、经济上的差别，导致各个国家在发展旅游业时都有自身的特

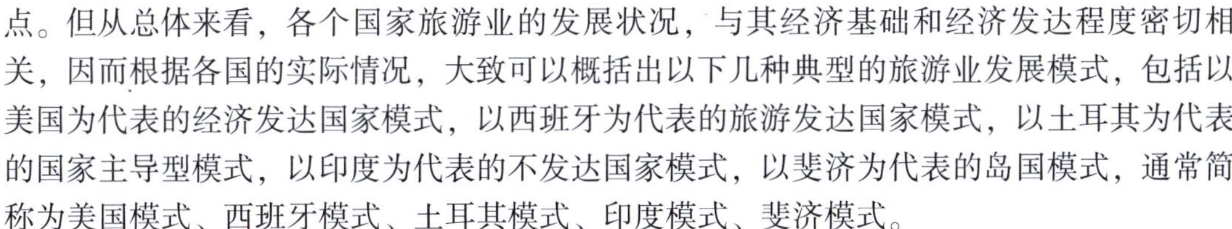

点。但从总体来看，各个国家旅游业的发展状况，与其经济基础和经济发达程度密切相关，因而根据各国的实际情况，大致可以概括出以下几种典型的旅游业发展模式，包括以美国为代表的经济发达国家模式，以西班牙为代表的旅游发达国家模式，以土耳其为代表的国家主导型模式，以印度为代表的不发达国家模式，以斐济为代表的岛国模式，通常简称为美国模式、西班牙模式、土耳其模式、印度模式、斐济模式。

（一）美国模式

美国模式是以美国为代表的经济发达，同时旅游业也相应发达的国家的旅游业发展模式。美国、英国、法国、德国、加拿大、日本、荷兰、挪威等国家均属此类模式。这些国家人均国民生产总值超过 40 000 美元，服务业在国内生产总值中所占比重超过 60%。

这一模式的主要特点如下：

1. 旅游业发展水平与经济发展水平相适应

发达国家国民生产总值远远高于其他国家，经济实力雄厚，因而在旅游业资金投入、资源开发、设施建设、市场营销、行业管理、人才培养等方面优势非常明显。在这些国家，旅游业是随着本国经济发展而发展起来的，一般都经历了由国内旅游到区域（邻国）旅游，再到国际旅游的发展过程。

2. 国内旅游、入境旅游和出境旅游同步发展

在发达国家，国内旅游业和国际旅游业均已发展成熟，其中，国内旅游是整个旅游业的基础，入境旅游是旅游业发展的支柱，出境旅游是旅游业发展的保证，它们共同构成了一个完整的旅游产业体系，并对世界旅游业的发展产生了强烈的影响。这些国家一直是世界国际旅游的主体构成，既是主要的客源国，又是主要的接待国。

3. 政府积极促进旅游业的发展

虽然旅游业在这些国家是重要的经济活动，但旅游业得到政府的充分重视，更多的是由于其政治、文化等方面的意义。例如，美国把发展国际旅游业作为促进经济稳定、发展友谊与了解、提高国家声誉的手段；英国把发展旅游作为扩大就业的重要途径；日本则把发展旅游，特别是出境旅游，作为改善日本在国际社会中的形象以及提高公民文化素质的手段。为了更好地促进旅游业的发展，这些国家普遍提倡消除旅行障碍，如简化或取消出入境手续、开放天空等政策，并且对入境旅游者提供购买劳务不征收增值税、购买商品可以退税等优惠措施。

4. 实行较为松散的旅游行政管理体制

在旅游行政管理体制上，美国模式属于地方政府主导型，整体来看，管理比较松散。中央政府中通常不设专门的旅游主管部门，即便有，也是小规模的，且不直接从事或干预旅游企业的经营，其主要职能是从事海外促销、国际交往和政策执行。有些地方政府设有专门的旅游主管机构，职能全面，政策有力，资金充裕，是旅游业真正的组织者和领导者。特别是旅游行业管理，主要依靠半官方的旅游机构，如行业协会进行协调。

5. 旅游企业经营机制灵活

旅游业经营以大企业为主导，小企业为基础，绝大部分是私有企业。一些大型旅游公司、饭店、航空公司实行集团化经营，在旅游经营和市场份额上占主导地位。

如在美国，国际联号酒店占全国旅馆总数的60%以上。但是，在这些国家，私营小企业也仍然发挥着重要作用，特别是旅行代理商、旅馆业与餐饮业，如在英国，全国有各种旅行代理商6 000多家，但真正的旅游经营商才几百家。由于旅游业的发展比较均衡，不同规模、性质的企业运用灵活的经营机制，都能在市场中找到一席之地。

（二）西班牙模式

这是以西班牙为代表的，经济中等发达，而旅游业特别发达的一些国家的旅游业发展模式。采用这种模式的还有奥地利、瑞士、葡萄牙、希腊、摩洛哥、突尼斯、墨西哥、泰国、新加坡等国家。这些国家的地理位置比较优越，与主要旅游客源国相邻；旅游资源丰富独特，或是度假胜地，或是历史遗迹与风土人情旅游胜地；人均国民生产总值较高，超过20 000美元，服务业占国民经济比重在50%左右。

这一模式的主要特点如下：

1. 把旅游业作为国民经济的支柱产业

上述这些国家，在一定的经济基础之上，依托其地理位置与旅游资源的优势发展旅游业。旅游业已成为国民经济的支柱产业，国内和国际旅游总收入相当于国民生产总值的5%~10%。旅游业不仅为社会创造了大量的就业机会，而且成为政府财政收入的重要来源。

2. 旅游发展速度快

在这些国家中，虽然有的早已是驰名世界的旅游目的地国，但大多数国家的旅游业是20世纪60年代以后才发展起来的，20世纪70年代以来旅游业持续高速发展，无论在入境旅游者人次还是国际旅游收入上，其发展速度都高于世界旅游平均增长速度，也高于美国模式国家的平均速度。

3. 入境旅游和出境旅游均以区域内短途旅游为主要特征

这些国家旅游资源集中，特点突出，而且多靠近主要客源国，有便利的交通条件，因而成为邻国的主要目的地国，短途入境旅游十分发达。同时，由于这些国家国民旅游消费能力与发达国家相比有一定的差距，出境旅游也多以短途旅游为主，例如区域内的驾车旅游、周末旅游或短期度假旅游等。为了更好地吸引邻国旅游者，这些国家在出入境、外汇管理与税收等方面的限制较少。旅游企业以优质服务、薄利多销取胜，注重旅游产品多样化，旅游项目不断翻新，以期树立多样化的旅游目的地形象。

4. 政府高度重视旅游业尤其是国际旅游业的发展

由于旅游业对国民经济发展的影响很大，各国政府都十分关注旅游业的发展，各方面予以大力支持，西班牙在这方面的表现尤为突出。西班牙旅游业自20世纪60年代开始起飞，20世纪70年代至80年代中期迅速发展。1985年，为了加强对旅游业的宏观管理，协调交通部、旅游部和邮电部的业务，西班牙设立了专门的政府机构，并制定了全国旅游发展总政策，调整产业结构中不合理的部分。进入20世纪90年代，由于出现环境污染、货币贬值、设施老化、景区人满为患、传统旅游产品吸引力下降等一系列问题，为了重振旅游业，西班牙政府做了大量工作：1992年，与旅游行业共同制订了旅游发展计划，以制止旅游业下滑的趋势；1995年，推出了旨在改善和保护旅游环境的“优秀旅游计划”，同时还成功召开了“可持续旅游发展世界大会”，以加强国际的交流与合作；1997年，又召开了全国旅游大会，进一步统一认识，以推动旅游业的发展。经过长期不懈的努力，西班牙作为世界旅游大国的地位不断得到巩固，近年来稳居全球第二大旅游目的地国之位。

（三）土耳其模式

这一模式可称为国家主导型旅游业发展模式，即以国家为中心，以中央政府产业政策为基础，以市场经济为依托，有力推动旅游业的快速发展。具有代表性的国家是土耳其和以色列。

这一模式的本质特点，是将国家和市场有机地结合起来，通过中央行政权力的强制性干预，使旅游经济有序繁荣和高速增长。具体特征包括以下几个：

1. 采用政府主导型的旅游行政管理机制

在这种模式下，内阁设置强有力的、职能齐全的旅游部，全面管理旅游业，并对地方旅游业实行垂直领导。

2. 国家有一整套鼓励旅游业优先发展的产业政策

国家鼓励多种经济成分从事旅游投资、经营和竞争，并给予一系列的优惠政策。例如，以色列对旅游业投资者的优惠政策是：无论是内资还是外资，只要投资于建设旅游部导向的重点旅游开发项目，均可获得项目总投资额 25%的政府补贴。土耳其政府在 1982 年通过一项鼓励旅游业的法令，对主要的旅游公司给予特许，在税务与货币方面采取了许多鼓励措施，后来又以放宽的外汇兑换条例中的优惠待遇充实了这些鼓励措施。

3. 国家给予旅游业大量的资金支持

国家从中央财政拨款和吸引外资两个渠道大量集中资金，通过旅游部密集地投入旅游业中。

（四）印度模式

印度模式是以印度为代表的许多发展中国家（包括一些经济欠发达国家）的旅游业发展模式。巴基斯坦、斯里兰卡、尼泊尔、孟加拉、肯尼亚、坦桑尼亚、卢旺达等国均在此列。这些发展中国家经济上相对落后，有的人均国民生产总值在 1 000 美元以下，农业仍是国民经济的主体，工业与服务业处于低水平。

从这些国家的旅游业发展现状来看，具有以下特点：

1. 采取超前发展入境旅游业的政策

这些国家大多经济落后，居民普遍缺乏旅游消费能力，旅游业的发展以接待入境旅游者为主要目标，以期利用本国旅游资源和吸引力赚取外汇，弥补贸易逆差和减缓外债压力，带动本国经济的发展，改变落后的经济面貌。

2. 旅游业总体发展水平较低

这些国家大多拥有独特的旅游资源，具备发展旅游业的潜力，但由于受到经济条件的制约，旅游业的发展缺乏良好的社会、经济基础，旅游业的总体发展水平不高，普遍存在资金短缺、设施不全、产品单一、经营困难、管理落后、人才匮乏等问题，在国际市场竞争中处于不利地位。

3. 国有企业在旅游业发展中处于重要地位

这些国家为了发展旅游业，大多成立专门的旅游开发公司，从事旅游资源开发和旅游服务设施的投资、建设和经营，这类国有企业在本国旅游业发展中起主要作用。不过，在旅游业发展到一定程度后，私营企业在行业中的地位渐渐得到提升。例如，印度原先国有企业在旅游业中占据绝对主导，甚至是垄断的地位，自 1985 年开始，随着一些国有企业的转型改制，国有企业和私营企业渐渐处于平等的地位。

（五）斐济模式

斐济模式代表着岛国发展旅游业的模式。这些岛国面积比较小，人口比较少，经济资源有限但旅游资源得天独厚，如有独特的海洋风光、岛国风情、野生动物、民族舞蹈以及宗教活动等。有些国家，在历史上曾是某些西方国家的殖民地、附属国，或处于国际交通要冲，靠近主要客源国。斐济模式主要以加勒比海诸国、南太平洋若干岛国、马尔代夫、马耳他、塞浦路斯、塞舌尔、贝宁、冈比亚等国为代表。这些岛国经济状况差异很大，但一般为中等或中等偏上，有的国家人均国民生产总值有 10 000 多美元。

这一模式的主要特点有以下几个方面：

1. 国际旅游业是国民经济的主体产业和重要支柱

这些岛国大多风光秀丽、气候宜人，并且由于靠近旅游客源国或地处交通要塞，又与西方发达国家政治、经济、文化与种族等方面存在长期、紧密的联系，发展国际旅游业的条件非常优越。现在旅游业在这些岛国中已成为最重要的产业，是外汇收入的主要来源，也是最主要的就业部门。

2. 旅游行政管理机构地位高

由于旅游业对国家经济有至关重要的作用，这些国家中的旅游行政管理机构在政府的地位一般都比较高，权限比较大，而且多由国家首脑和政府要员直接管辖。这些机构的重点工作是颁布旅游法令，制定发展规划，负责投资征税和海外促销。

3. 外国公司在旅游业中发挥着重要作用

由于这些岛国地域狭小，资金、人才匮乏，在发展旅游业的过程中，不得不大量引进外资和外方管理。甚至在有些国家，旅游业主要依靠外国企业来经营。这虽然解决了本国旅游设施建设和经营能力的不足，但也造成了外汇收入的严重漏损，不利于本土经济的发展。

四、中国旅游业的发展模式

中国旅游业是随着改革开放政策的推行，经过 40 年的努力发展起来的，具有起点低、步子稳、发展快的特点。在理论和实践的不断探索和总结中，中国旅游业形成了一种具有中国特色的发展模式。

（一）适度超前型发展模式

作为一个发展中国家，20 世纪 80 年代初开始发展旅游业时，客观存在的社会、经济和消费传统等基本国情，决定了我国只能采用适度超前型旅游业发展模式，这种适度超前是指在相当长的一段时间内，总体水平上的适度超前。基本含义包括两个方面：一是“超前”，即旅游业发展速度既要超过我国国民经济的总体发展速度，又要超过国际旅游业的平均增长速度，以体现出旅游业作为一个国际化的外向型新兴产业的生命力；二是“适度”，即旅游业的超前发展不是盲目的，而必须适度。旅游业的发展要略快于国民经济及工农业发展的速度，但必须同相关产业适应协调，特别是交通和城市建设，这是由中国基本国情与旅游业的综合性和依赖性较强的特点所决定的。

在旅游业适度超前发展的战略思想下，我国旅游业形成了一种具有中国特色的发展模式。从旅游业演进进程看，我国旅游业经历了从单一入境旅游市场到入境旅游、国内旅游两个市场并举，再到入境旅游、国内旅游、出境旅游三个市场并存的发展过程。现阶段，我国旅游业的总体发展方针是：“大力发展入境旅游，积极发展国内旅游，适度发展出境旅游。”我国旅游业从入境旅游开始起步，其目的在于增加外汇收入，支持我国国民经济的发展；国内旅游是我国旅游业发展的基础，虽然国内旅游在我国真正发展只有40余年的时间，但发展速度非常快，规模已远远超过入境旅游，它对扩大内需，拉动我国经济增长也起到了十分重要的作用；出境旅游在短短十几年时间内，已呈现出很好的发展势头，但是，出境旅游消费较大，在我国国民经济发展水平和国民收入水平相对较低的情况下，宜采用“适度发展”的方针。

（二）政府主导型发展模式

政府主导型发展模式强调政府是主体，市场是基础，按照旅游业自身特点及发展要求，在以市场为主配置资源的基础上，充分发挥政府的主导作用，促进旅游业的更大发展。

我国在旅游业发展中实施政府主导型战略，是由我国的基本国情及旅游业的特点所决定的。

首先，我国是一个以公有制经济为主体、多种经济成分并存的社会主义国家，这就决定了国家和政府在经济生活领域里的主导地位；同时，在我国市场机制还不是很健全的情况下，政府主导显得尤为必要，高效率的政府行为能弥补市场自我调节机制方面的缺陷，促进旅游市场发育完善。

其次，旅游产品具有综合性、跨地域性、公共性等特点，旅游产品的生产、经营和销售往往是跨企业、跨区域的，并且涉及很多公共资源，如风景名胜区、人文古迹等，这些企业的联合、区域的协作，以及各种资源的整合和利用，往往需要政府的组织、规范、协助和引导。

再次，随着旅游行业进入世界大市场步伐的加快，我国旅游业将面临日趋激烈的世界性竞争，而对外的举国竞争必须建立在国内竞争有序化与机制完善化的基础之上。因此，不仅企业管理的微观性要素将在竞争中发挥更大的作用，政府宏观管理要素的重要性也日趋明显。只有形成政府主导型战略，以企业竞争为基础，以联合竞争为主体，以国家直接参与和组织竞争为龙头，形成举国竞争机制，才能真正提高我国旅游业在国际中的竞争实力。

我国旅游业之所以能够快速地发展，与国家的政策扶持和政府的大力支持是分不开的。在以往的旅游业发展过程中，各级政府都采取了重要的支持性措施，包括：建设和完善旅游法制体系，使旅游管理纳入法制管理的轨道；将旅游管理部门纳入政府部门序列，并适时扩大和调整其职能范围，以适应旅游业发展的需要；通过国家及地区旅游总体发展战略的制定和实施，来引导旅游业健康、持续地发展；加强旅游基础设施的建设；加大旅游目的地国家或地区形象的宣传力度；等等。

可以肯定的是，在未来很长一段时间内，政府的主导作用仍将对我国旅游业的发展有积极重要的影响。

（三）推进模式

如上所述，世界旅游业有两种发展模式：一种是国内旅游向国际旅游延伸的常规发展模式；另一种是国际旅游向国内旅游推进的非常规发展模式。从社会经济背景来看，延伸发展模式的引入是内聚式生活消费方式变化的必然结果。在一些国家里，随着生产力水平的提高、科学技术的进步、工作节奏的加快，人们的生活方式也得到改变。在紧张工作和生活环境的压抑下，人们需要暂时摆脱枯燥的城市生活环境，到大自然中寻求精神上的调整和体力上的恢复，于是旅游消费就成为这些国家居民生活消费的重要组成部分。最初，居民的旅游活动仅限于国内地域范围，随着国际政治经济关系的改善和旅游需求力度的增强，国内地域已不能适应旅游活动发展的需要，人们开始走出国门，去领略异国的自然风光和风土人情。

所谓国际旅游向国内旅游推进模式，是一种先发展国际接待旅游，通过国际接待旅游的发展，来全面带动以城市为主体范围内的旅游资源的开发、旅游设施的建设，逐渐形成以中心城市为重心的国际旅游体系。随着国内经济的发展、人民生活水平的提高，国内居民的旅游活动开始引入，成为这个体系的一个组成部分。

中国的社会条件、经济条件和消费条件，决定了我国旅游业发展只能采用推进发展模式。采用这一模式使我国旅游业发展具有以下几个基本的特点：

一是旅游业发展以基础和资源条件较好的城市为中心，由旅游城市向其他地区推进，逐渐形成我国的旅游业体系。因此，旅游城市便构成中国旅游业发展的基本框架。不论是旅游资源的开发、设施的建设，还是旅游线路的设置、区域的划分，都是以旅游城市为依托的。

二是旅游资源的开发是以现存的自然和人文景观为基础，由观光型旅游资源为主向混合型旅游资源推进。因此，中国旅游目的地大多是由自然景观与人文景观较为丰富的地区构成的。

三是旅游的组织方式，是以全程旅游线路为主体，由线路型产品向板块型产品推进，逐步形成路线型产品为基础，主题型产品与特种型产品为主体的旅游产品体系。

四是旅游设施的建设以高等级为主体，由高档设施向中、低档设施转化，最终形成以中档旅游设施为主体，高、中、低相结合的旅游设施体系。

（四）跳跃式非均衡模式

旅游业的跳跃式非均衡发展包含两层含义：一层是跳跃式发展，是指旅游业发展在历史阶段的超越性，在较短的时间内走完常规发展的历程，这是在时间意义上的发展；另一层是非均衡发展，是指旅游业发展在地区布局上的不均匀状态，是旅游业在不同国家或地区的地位和作用不同，这是在空间意义上的发展。

从时间发展意义上而言，中国旅游业发展充分利用国情，选择跳跃式发展模式，有可能较快地跨越单一的接待海外入境旅游者阶段，进入接待海外入境旅游者和接待国内旅游者共同发展的阶段，从而形成具有特色的旅游产业发展道路。到 20 世纪末，中国成为世界旅游业方面的发达国家，即大体用十几年的时间，走完国内其他产业和发展中国家 30~40 年间走的路程，这是我国旅游业的发展趋势。

这一判断的依据：一是中国的旅游业的基础国情，兼具发达国家和发展中国家的双重特征。一方面，由于人口众多，人均水平的诸多指标在世界各国排序中处于较低水平，表现出发展中国家特点；另一方面，国家整体的经济实力并不弱，2022 年整体经济实力位居世界第二，产业门类齐全，特别是旅游所依托的相关部门已成规模。旅游业是天然的外向型产业，国家总体对外的实力水平至关重要，我国的国家经济实力完全能够支撑我国成为入境旅游业的接待大国。二是中国旅游业的客源市场广阔丰富。虽然中国远离欧美等主要国外旅游客源产出地，但是在 2019 年，中国在入境方面位居世界前列。整体看我国拥有巨大的客源市场，表现在拥有大量具有血统亲缘的华裔客源，拥有以日本、东南亚等为代表的邻近国家或地区的旅游客源市场，再加上国内发达地区自然产生和“示范效应”激发的国内旅游者数量可观。多层次多渠道的巨大客源市场，促使我国旅游业实现跳跃式发展。

从空间意义上而言，国际上旅游发达城市和国土面积相对狭小的国家和地区，旅游业成为国民经济支柱产业甚至主体产业者不乏其例，如意大利、西班牙、奥地利、泰国、新加坡等。中国现代化交通网络建设以及经济高速发展，使得旅游业成为国家战略性支柱产业。在北京、西安、杭州、桂林、昆明、承德、深圳等城市，旅游业发展成为支柱产业。

综合来看，中国采取的政府主导下的适度超前推进型非均衡旅游发展模式是符合中国国情的有中国特色的发展模式，并取得了重大的发展成就。

知识链接

从资源驱动到创新驱动：共同构建开放高效的协同创新网络

《“十四五”旅游业发展规划》将“坚持创新驱动发展”放在七项重点任务之首，提出要充分运用数字化、网络化、智能化科技创新成果，升级传统旅游业态，创新产品和服务方式，推动旅游业从资源驱动向创新驱动转变。

近年来，技术快速发展为旅游业赋能，改变着旅游业的整体生态。5G、大数据、云计算等技术应用在流量监测监控、科学引导分流、建设大数据平台等方面，提升了服务水平；VR、AR、智能旅游装备等新技术应用在文物和文化资源数字化展示、创意产品开发等方面，增强了旅游产品的体验性和互动性。

“越往后的创新越强调系统性，越要啃以往没有解决的‘硬骨头’。‘十四五’时期旅游业必须牢牢把准创新方向、抓住创新重点。”北京第二外国语学院首都文化和旅游发展研究院执行院长厉新建指出，要持续开展技术创新，利用数字化技术促进新的文化形态，用好材料科技、生物科技等方面的成果；也要重视旅游业发展的模式创新、理念创新和制度创新，在产业生态“重建”过程中探索新模式、闯出新道路。

中国旅游研究院战略所副研究员韩元军指出，未来要加快旅游业增长从资本、土地、景区等初级生产要素驱动向高技术、高素质人力资本为代表的高级生产要素驱动转变，提升旅游业高质量增长的空间、速度和关联性，既要加快推进以数字化、网络化、智能化为特征的智慧旅游，又要深化“互联网+旅游”，用新技术改造景区、旅行社、酒店等传统旅游业态，加快传统旅游业态转型升级。

《“十四五”旅游业发展规划》还创造性地提出“创新链”概念，不再局限于点上的创新，而是沿着产业链拓展，包括加强旅游大数据基础理论研究，建立旅游部门与其他部门数据共享机制，推动政府、企业、高校、科研院所等主体间资源整合联动，共同构建开放高效的协同创新网络。

资料来源：https://www.gov.cn/xinwen/2022-01/30/content_5671297.htm

课后练习

一、单选题

1. 目前我国国家级旅游管理行政组织是（　　）。

A. 国家旅游局　　B. 文化部

C. 文化和旅游部　　D. 中国旅游协会

2. 世界旅行社协会联合会的英文缩写是（　　）。

A. WATA　　B. UFTAA　　C. WTO　　D. TAWO

3. 世界旅游组织的英文缩写是（　　）。

A. UNWTO　　B. WHO　　C. PATA　　D. IACA

4. 下列属于全国综合性旅游行业协会的是（　　）。

A. 中国旅游协会　　B. 中国旅游饭店协会

C. 中国旅行社协会　　D. 中国旅游景区协会

二、多选题

1. 旅游公共管理基本手段有（　　）。

A. 经济手段　　B. 法律手段　　C. 行政手段　　D. 技术手段

2. 根据旅游经济发展与国民经济的总体关系，旅游发展模式分为（　　）。

A. 超前型发展模式　　B. 滞后型发展模式

C. 政府主导型发展模式　　D. 市场主导型发展模式

3. 旅游智慧管理的基础主要有（　　）。

A. 云计算　　B. 物联网

C. 移动通信　　D. 虚拟技术与人工智能

4. 决定和影响旅游发展模式的因素有（　　）。

A. 社会经济发展水平

B. 社会经济制度和经济发展模式

C. 旅游业形成时期和所处的发展阶段

D. 国际环境

三、判断题

1. 中国行业协会比发达国家的行业协会独立性更强。（　　）

2. 旅游数字化建设与旅游统计管理不属于旅游公共管理的内容。（　　）

3. 我国采取的是政府主导下的、超前的、推进型旅游经济发展模式。（　　）

4. 以美国为代表的经济发达国家旅游发展中对旅游企业干预较多，以国有垄断企业为主。（　　）

四、简答题

1. 简述旅游智慧管理的内容。

2. 根据资源调节机制，旅游业发展模式的分类有哪几种？

3. 简述我国旅游业发展模式。

参 考 文 献

[1] 白翠玲. 旅游学概论 [M]. 杭州：浙江大学出版社，2013.

[2] 李天元. 旅游学概论 [M]. 天津：南开大学出版社，2015.

[3] 田里. 旅游学概论 [M]. 北京：高等教育出版社，2021.

[4] 谢彦君. 基础旅游学 [M]. 北京：商务印书馆，2015.

[5] 吴必虎，黄潇婷. 旅游学概论 [M]. 2 版. 北京：中国人民大学出版社，2013.

[6] 黄潇婷，吴必虎. 旅游学概论 [M]. 4 版. 北京：中国人民大学出版社，2023.

[7] 王宁. 旅游学概论 [M]. 武汉：武汉大学出版社，2018.

[8] 王德刚. 旅游学概论 [M]. 济南：山东大学出版社，2012.

[9] 刘伟. 旅游学概论 [M]. 广州：广东旅游出版社，2021.

[10] 刘纯. 旅游心理学 [M]. 北京：高等教育出版社，2011.

[11] 彭璟，项玉枝. 旅游资源概论 [M]. 北京：北京理工大学出版社，2016.

[12] 张俊，洪涛. 旅游新业态发展研究 [M]. 北京：旅游教育出版社，2017.

[13] 历新建，张辉. 旅游经济学原理 [M]. 北京：旅游教育出版社，2016.

[14] 黄安民. 旅游目的地管理 [M]. 武汉：华中科技大学出版社，2021.

[15] 乔花芳. 2023 中国旅游业发展报告 [M]. 北京：中国旅游出版社，2023.

[16] 周书云，陈健. 旅游业概况 [M]. 广州：广东高等教育出版社，2017.

[17] 王嵩. 邮轮旅游对区域经济影响研究：基于国内主要邮轮港口城市分析 [D]. 海口：海南热带海洋学院，2023.

[18] 赵奕，胡金华. 元宇宙景点场场爆 [N]. 华夏时报，2023-10-09 (012).

[19] 黄潇婷，郭福美，林谷洋，等. “旅游者行为研究前沿” 系列笔谈 [J]. 旅游论坛，2022，15 (3)：1-22.

[20] 王琳. 从走马观花到深度体验 [N]. 经济日报，2021-10-02.

[21] 付军. 风景区规划 [M]. 气象出版社，2006.

[22] 司有山，封莎丽，秦学. 国内外邮轮旅游研究回顾与展望 [J]. 重庆交通大学学报 (社会科学版). 2017，17 (6)：65-72，7.

[23] LEIPER N. Tourist attraction research [J]. Annals of Tourism Research，1990，17 (2)：367-384.

[24] 卞显红，王苏洁. 旅游目的地空间规划布局研究 [J]. 江南大学学报. 2004 (1)：61-65.

[25] 马晓龙. 区域旅游系统空间结构要素分析及其优化：以西安地区为例 [D]. 西安：西北大学，2004.

[26] PEARCE D G. Tourism in Paris studies at the micro scale [J]. Annals of Tourism Re-

search, 1999, 26（1）: 79.

[27] 卞显红. 城市旅游空间结构及其空间规划布局研究［D］. 南京：南京师范大学，2002.

[28] 黄金火，吴必虎. 区域旅游系统空间结构的模式与优化：以西安地区为例［J］. 地理科学进展，2005（1）: 116-126.

[29] 陈志军. 区域旅游空间结构演化模式分析：以江西省为例［J］. 旅游学刊，2008，23（11）: 35-41.

[30] 杨荣斌，郑建瑜，程金龙. 区域旅游合作结构模式研究［J］. 地理与地理信息科学，2005（5）: 95-98.

[31] 舒小林，王爱忠，麻新华. 区域旅游竞争与合作关系的初步分析［J］. 云南地理环境研究，2007（2）: 115-118.